カトリック教会は刷新できるか

〈信仰・組織・倫理〉に関する教理省・国際神学委員会の
公文書の翻訳と解説（2014-22年）

阿部仲麻呂／田中 昇❖編

阿部仲麻呂／髙久 充／田中 昇❖訳

教 友 社

日本語訳出版版権許諾　番号 N.0003449/2022

凡　例

AA　　第二バチカン公会議『信徒使徒職に関する教令』(*Apostolicam Actuositatem*)

AAS　　*Acta Apostolicae Sedis*『使徒座官報』

AA.VV.　　autori vari　共著

art.　　articulus　項目

can. /cann.　canon/canones　　『教会法典』の条数を示す。通常は（現行）『教会法典』(CIC' 83) の条数を示す。ただし異なる『教会法典』の条文が一緒に示される場合に限り、can._CIC（教会法第○条）, can._CCEO（カトリック東方教会法第○条）, can._CIC' 17（旧教会法第○条）と表記を区別する。

CCCM　　*Corpus Christianorum Continuatio Mediaevalis*, Turnholti 1966-.

CCE　　*Catechismus Catholicae Ecclesiae*『カトリック教会のカテキズム』(1997 年)

CCEO　　*Codex Canonum Ecclesiarum Orientalium*『カトリック東方教会法典』(1990 年)

CCSL　　*Corpus Christianorum Series Latina*, Turnholti 1953-.

CSCO　　*Corpus Scriptorum Christianorum Orientalium*, Louvain 1903-.

CSEL　　*Corpus Scriptorum Ecclesiasticorum Latinorum*, Wien 1866-.

CDF　　Congregatio pro Doctrina Fidei　教理省

cf.　　confer　参照

CIC　　*Codex Iuris Canonici*（現行）『教会法典』(1983 年)

CIC'17　　*Codex Iuris Canonici*（旧）『教会法典』(1917 年)

DS　　デンツィンガー、シェーンメッツァー編『改訂版　カトリック教会文書資料集』(*Enchiridion symbolorum, definitionum et declarationum de rebus fidei et morum*) エンデルレ書店、1974 年

DV　　第二バチカン公会議『神の啓示に関する教義憲章』(*Dei Verbum*)

FC　　*Fontes Christiani*, Freiburg 1991-2003, 2011- / Turnholti 2002-2011.

Funk　　Franz Xaver von Funk (ed.), *Patres apostolici*, vol. 1, *Doctrina duodecim apostolorum. Epistulae Barnabae, Clementis Romani, Ignatii, Polycarpi huiusque martyrium. Papiae Quadrati presbyterorum apud Irenaeum fragmenta. Epistula ad Diognetum. Pastor Hermae*, Tübingen 1901.

FuP　　*Fuentes Patrísticas*, Madrid 1991-.

GCS　　*Griechische Christliche Schriftsteller*, Leipzig 1897-1941 / Berlin 1954-.

GS　　第二バチカン公会議『現代世界憲章』(*Gaudium et Spes*)

LG　　第二バチカン公会議『教会憲章』(*Lumen Gentium*)

n. /nn.　numerus / numeri　番号

PG　　Jacques-Paul Migne (ed.), *Patrologiae Cursus Completus*, Series Graeca,

Paris 1857-1886.

PL Jacques-Paul Migne (ed.), *Patrologiae Cursus Completus*, Series Latina, Paris 1844-1864.

PO 第二バチカン公会議『司祭の役務と生活に関する教令』(*Presbyterorum Ordinis*)

p. /pp. pagina / paginae ページ

§/§§ paragraphus / paragraphi 教会法条文の条以下の項数を示す

° 教会法条文の号数を示す

SC 第二バチカン公会議『典礼憲章』(*Sacrosanctum Concilium*)

SCh *Sources Chrétiennes*, Lyon 1942-.

ScoVat. *Ioannis Duns Scoti Opera Omnia*, ed. Commissio Scotistica, Civitas Vaticana 1950-2015.

SRRD (SRRDec) *Sacrae Romanae Rotae decisiones seu sententiae*, Romae / Città del Vaticano 1909-.

SST Sacramentorum Sanctitatis Tutela 教理省『教理省に留保される犯罪に関する規則』[2021 年改訂版] を伴う教皇ヨハネ・パウロ 2 世自発教令『諸秘跡の聖性の保護』(2001 年)

Wartelle André Wartelle (ed.), *Saint Justin. Apologies*, Paris 1987.

VELM:Motu Proprio *Vos Estis Lux Mundi* 教皇フランシスコ自発教令『あなたがたは世の光』(2019 年初版、2023 年改訂)

目　次

5

第2部　教会共同体および組織の刷新

7

第3部　教会の倫理的刷新

はじめに

　本書は、2014 年から 2022 年にかけて教皇庁教理省ならびに国際神学委員会が発行した、信仰、教会、倫理上の問題を扱った主な公文書を紹介するものです。これらの文書は、日本のカトリック教会において、神学の学習・研究用としてだけでなく、現実にさまざまな方面で信仰生活を営まれている聖職者・修道者・信徒のすべてにとって生涯養成の資料としても、実務上のヒントとしても活用されるべき重要な内容のものばかりです。なぜなら、これらの文書は、今後の日本の教会のさまざまな現場において、信者として信仰の実態を見つめ直し、教会の共同体の在り方、教会の組織運営、倫理上の問題解決への姿勢を見直していくうえでも是非とも参考にされるべき非常に多くの示唆に富むものだからです。

　本書の第 1 章では、教会のすべての信者の信仰そのものについて考え、またその内実を問う教皇庁国際神学委員会の文書を二つ紹介しています。それが、『教会の生活における信仰の感覚』（センスス・フィデイ）［2014 年］と『秘跡による救いの営みにおける信仰と諸秘跡の相互関係性』（2020 年）です。これらはいずれも、私たちキリスト信者の信仰の実態そのものに疑問を投げかけると同時に、信仰生活を根底から刷新するよう促すものです。

　続いて第 2 章では、教会の共同体、組織の在り方をその本性から問い直す内容の教皇庁教理省の文書、教会の生活および使命のための「位階的な賜物」と「カリスマとしての賜物」の関係についてのカトリック教会の司教たちへの書簡『教会は若返る』（*Iuvenescit Ecclesia*）［2016 年］、そして国際神学委員会の『教会の生活および使命におけるシノダリティー（協働性）』（2018 年）を紹介します。これらの文書は、本来、教会共同体を成り立たせているのは信仰のカリスマ、なかんずくキリストの愛によるのであって、決して制度的・法的な教会が先行的な仕方で、あるいは信仰や愛

といったカリスマから独立した仕方で教会の実態を形作っているのではないことを思い起こさせるのと同時に、神の民としての教会を飾るそれぞれの信仰者のもつかけがえのない価値を確認したうえで教会全体が交わりであり、その交わりをどのように深めていったらよいのかヒントを与えるものです。特に、現代のカトリック教会においてこの交わりとしての教会を歩むために神の民の構成員全体の一致、シノダリティー（協働性）を深める努力の重要性を理解し、実践するよう促しています。これは2023～2024年に行われる世界代表司教会議のテーマとなっているもので、この国際神学委員会の文書はその基礎的資料と言えるものです。

　最後に第3章では、教会の倫理的な問題を扱います。ここでは、近年大きな問題となっている聖職者によって犯される重大な教会法上の犯罪に関する特別規則の最新版である教理省の『教理省に留保される犯罪に関する規則』（2021年10月11日改訂版）を紹介します。そしてその特別規則のうち、特に未成年に対する聖職者の性的虐待の事案の規定に関して具体的な手続き方法を示した手引き書『聖職者による未成年者への性的虐待事例を扱う手続きにおけるいくつかの点に関する手引き ver. 2.0』（2022年6月5日）を併せて紹介します。聖職者によるさまざまなトラブルは、教会のキリストの御顔の輝きを減じてしまう重大な問題です。中でも未成年者への性的虐待の問題は大変深刻で、教会はさまざまな法的手段を制定することを通して、その規範を明確に定め解決に向けた努力にとりくんでいます。こうした問題に対して教会は問題解決のための法的手段を有しているということ、また教会のすべての信者は自己の権利としてそれらの手段に訴えることができるのだということを知っていただきたいと思います。そして教会、特に責任ある権威者は、心から苦悩を訴える人びとによりいっそう真摯な対応をするよう呼びかけられているということ、また教会の全構成員も自己の召命からして、そうした苦しい立場におかれている人びとに寄り添い適切な支援を行い、共に解決に向かって歩むことが当然の義務であ

ることを知るべきです。教会にとって「無知は誤りの母」[1]なのです。これらの文書は、教会内で信者の尊厳や教会の聖性が傷つけられたとき、私たちがどのように賢明な仕方で振る舞うべきか、その対処の道筋を示すものです。

このように本書で紹介する諸文書は、ポストコロナ時代を教会が力強く生き抜いていくための非常に大きなヒントとなるものと思います。

現代に生きる教会は、パンデミックや経済状況をはじめとする大きな世界的動揺の中にあります。信仰、希望、愛に基づく信仰共同体は、否応なくその活動を縮小させられ、一定の割合で信者は教会生活、信仰実践から離れてしまっています。ミサに訪れる信徒も特に高齢者と若年者を中心に激減しました。そしてただでも十分でなかった信仰教育も、刷新どころか、さらにその規模や勢いが小さく弱くなりました。こうした中、司牧者の対応も分かれました。なんとかして真に信者の善を考えた司牧活動を展開し続けようと腐心するものもあれば、パンデミックを過度に恐れるあまり、信徒への寄り添いという使命から遠ざかり、信者が秘跡的な恩恵に近づくことに必要以上の条件や制限をかけたり、教会の扉に鍵をかけたりしてしまうといった状況までみられました。そして社会と同様に高齢化が一段と進んでおり、ここ数年で一気に組織の衰退が加速したかのように感じられるようになりました。しかしこうした状況も長い信仰の歴史からすれば何度も繰り返された経験の一つなのです。そして聖霊は、いつの時代もどのような場所でも、教会に活力を与え、回心の恵みと刷新のエネルギーを与えてくれてきたのも事実です。ポストコロナ時代における教会の刷新、再興にあたって、本書で紹介する教会の知恵、聖霊の働きというべき恩恵を糧としていただくことは、私たち自身の刷新、再興の歩みを力づけ、これを適切な方向に向かせるのに必要不可欠なことではないかと思います。邦訳の刊行がなされないことによる情報伝達の遅れが、教会の発展を促す聖霊の働きかけを阻害してはならない。それが、このタイミングで本書の出

---

1) 第4トレド教会会議の規定第25条（Mansi, X, col. 627）。

版を決意した理由です。

　本書所収の文書の翻訳の経緯について述べたいと思います。本書に紹介する教皇庁の公文書は、もともと神学者の阿部仲麻呂神父様（サレジオ会）と私、田中が、特に神学の教育現場で教育・研究用の資料として私訳しておいたものが基になっています。しかしすぐには止むことのないパンデミックの中で、それまでの教会刷新の勢いは弱まり、教会共同体の熱意は冷め、信仰の感覚の脆弱化といった危機感を現場でひしひしと感じ、今後の教会再興のためにも、これらの文書はより多くの人の目に触れるべき資料的価値があるものと思い、翻訳家で教会史研究者の髙久充氏の協力を得て、翻訳を見直し、より正確なものとなるよう作業を進め、私がすべての下訳を教皇庁が公表した英語およびイタリア語の公式文書と比較対照を行い、訳文を確定させました。そのため最終的な文責は私にあります。なお、各文章の日本語表記は、原則として原文の表記法に基づいた各訳者の意向を反映させています。

　本書で紹介する各文書は、その正確な理解のためには、教義神学はもちろん教父学、教会史、教会法など多岐にわたる専門知識を要するものであることから、結果として3名それぞれの協力が必要でした。それでも、いかなる文章も完璧なものとすることはそもそも困難であり、本文書の内容の難解さからしても、その訳語選択の問題、文章表現の適切さの問題、そして誤訳の積み残しといった問題は、必然的に存在しています。皆様には、そうした不備についてはどうか平にご容赦いただき、寛大な心でご教示いただければ幸いです。とはいえ正確さを極める作業に固執するあまり情報提供を遅らせるより、聖霊の働きとしてもたらされたこれらの価値ある文書をできる限り速やかに日本の教会に生きる皆様にお伝えしたく、2023年のシノドスを前に刊行することを教友社さんにお願いした次第です。

　慣例であれば、この種の教会の公文書は、カトリック中央協議会から公式訳として整えられたものが発刊されるべきです。しかし近年は、教理省、特に国際神学委員会の専門的な文書の邦訳が発行されなくなって久しいことから、そうした公式訳が出されるその日までの参考資料として多くの方

に分かち合えるよう、バチカンの出版局（Libreria Editrice Vaticana）より翻訳出版の権利をいただき、教区長の許諾を得て正式に出版する運びとなりました。こうしたさまざまな点においてデリケートな状況にも関わらず、その困難を顧みず快く本書の刊行に協力いただいた方々、特に阿部仲麻呂神父様、髙久充氏、教友社のスタッフの方々、その他、本書作成に尽力されたすべての方へ心より感謝申し上げます。

　日本の教会にとって何かしら益となるものであれば幸甚です。

2022 年秋
東京、カトリック北町教会にて

編訳者　田中　昇

第１部

信仰の刷新

田中　昇

1．教会の現状を見つめて思うこと

　司牧の現場においてよく目にする現象で、これまで大いに疑問を感じてきたのに見過ごしてきたことがあります。それは入信の秘跡を受けた信者のその後の生活の多くが、まるで秘跡の効果を帳消しにしたような生き方になってしまっている現象を、果たしてどのように説明すべきなのかということであり、またそのことから我々司牧者も信徒も今後どのように対処していくべきなのかということです。

　多くの人は、具体的に秘跡がいったい何であるのか、そしてその効果については曖昧な理解、どこか雲をつかむようなものとしてしか理解しておらず、それゆえ心から真剣に生活における秘跡の現実的な効果まで期待していないのではないかと思うのです。人びとは往々にして、単純に祭儀に与ったという事実からくる安心感や、決められた典礼行事をやったという達成感で満足しているのではないでしょうか。もしくは、多くの人が「神様のお恵み」任せで自身は大した努力もしないでいる、教会の信仰の感覚（sensus fidei Ecclesiae）など関係なく無責任、無関心でいることの表れなのかもしれません。しかしこの態度は、旧約時代のパレスチナに始まり、日本も含めた多くの国々で一般にみられる世俗化した宗教のそれなのかもしれません。もちろん、神の恩恵は無償で人間の愚かさを超えて働くのも確かですが、少なくとも自分が受けた恵みに対していただきっ放しでいるのではなく、自ら感謝と喜びをもって果たすべき応答義務、誠実な生き方というものが必ず伴うという道理、いうなれば秘跡を介して神との関係性（契約・約束）を生きるのがキリスト教の信仰であることを多くの信者は見落としているように思います。

　少し意地の悪い提案かもしれませんが、日曜に教会に集まった人に家で

どれほど祈っているか、聖書をどれほど開いているか、教会の教えをどれくらい知っているかアンケートをしてみるといいでしょう。おそらく家に聖書がないという信者、神の十戒や七つの秘跡、教会の五つの掟さえ言えない信者がかなりの数いるのではないでしょうか。もっとも、単なる知識が重要なのではなく、神がいつくしみと愛であることを信じ、その方の差し出す恵みに自らの生活をもって誠実に応えていくことこそが何よりも大事ではありますが……。要するに、多くの信者は、キリスト教という皮を被ってはいるものの、自分の信仰の内容をほとんど説明すらできない、中身はまるで日本の世俗的な宗教意識、倫理、正義感に近いものなのではないかと思えるのです。教会の精神、つまり聖なる唯一普遍の使徒的な信仰の感覚（sensus fidei fidelium）を生きているとは言えない状況にある人が多いのではないかということです。神のいつくしみの感覚、聖性の香り、牧者の優しさ、そういうものを微塵も感じさせないキリスト者が相当数存在しているように思います。そうなると秘跡も典礼祭儀も神社仏閣の祈祷やお守りよろしくただのプラセボか、いいところ一過性の効果しかない精神安定剤のようになってしまう可能性があります。そして、もし今まで、本当に心から秘跡の効果を期待していたのなら、今頃、教会共同体はさらなる危機感をもって皆熱心に信仰養成に、そして神の愛情を感じ、深い信仰の慰めと喜びを感じられる共同体づくりに励んでいたはずではないかと思うのです。

2．秘跡の実践と信仰の質の問題

　カトリックの教会は、こと秘跡に関しては、二千年の歳月のなかで教義学、典礼学、教会法学において明確かつ重厚な定義づけ、制度化をしてきました。いうまでもなく、秘跡はキリストご自身が制定した恩恵をもたらす目に見えるしるしです（教会法第 840 条、カテキズム 1130 番）。
　ここでいくつかの教会の現場での実例をあげてみましょう。

洗礼の秘跡

　洗礼は信仰による救いにとって欠かすことのできない入信の秘跡であり、諸秘跡の門です。受洗者は、洗礼によって原罪の縄目から解かれ、あらゆる罪をゆるされ、神の子として新たに生まれ、キリストと教会に組み入れられます（教会法第849条、カテキズム1215番）。ところが、教会で仮に年間100人が洗礼を受けたとして、5年後まで教会生活をきちんと継続できている人は3割もいないように思われます。そして意外に多くの信者がキリストとその教会の教えを理解せずに平気で生活している現実があります。

堅信の秘跡

　堅信は、信者がキリストと教会により深く結ばれキリストの証人として信仰を広め擁護するいっそうの務めをいただく秘跡であり、入信の秘跡を完成に導く恩恵が付与されます（教会法第879条、カテキズム1285番）。ところが現実はどうでしょうか。司教様が小教区に来て、仮に30人に堅信の秘跡を授けたとしましょう。4、5年経って教会に熱心な信仰者としてその姿を見ることのできる人はいったい何人いるでしょうか。おそらく3割もいたら良いほうです。このことは、教会のカテキズムや教会法典で大々的にうたわれている秘跡の効果とは全く逆の現象が起きていることを示しています。しかし果たしてそれをそのまま放置しておいていいのでしょうか。普通、高血圧や糖尿病、抗がん剤などが所定の効果をもたらさなかった場合、深刻な問題として患者は医師に訴えるでしょうし、医師も別の治療方法をとるはずです。ところが、こと教会の洗礼や堅信といった入信の秘跡が、所定の効果を生まないでいることに、多くの信者や聖職者は慣れっこになっているようです。しかし本当にそれでよいのでしょうか。

聖体の秘跡

　聖体はキリストご自身がパンと葡萄酒の形色のうちに信者と一致する比類のない救いの恵みをもたらす、まさに教会の生命であり一致の要、かつ信仰生活の源泉でありまた頂点とも言える秘跡です（教会法第897条、カ

テキズム 1324-1327 番）。ところがミサの最中、祈りやみことばにさほど集中せず、奉献文の間もぽーっとしていて、聖体拝領の際には落ち着いて祈ることもせず、余計なことに気が行っている人は少なからずいます。司祭のほうもまた、式文の言葉を口にする際にさほど心を込めて「祈る」こともせず、ある人はこれ見よがしに、またある人は機械的に無機質な仕方でミサをしているように感じます。そして説教も、まともに聖書が「読めている人」の語りかけとは思えないことがよくあります。ひどい時はその日の聖書の言葉とは無関係な、まるで神不在の話しかしない司祭も珍しくありません。そして案の定、ミサが終わってみると、多くの信者は、その日の福音の使信などはまるで忘れ去られたかのような態度で日常へと戻っていくのです。ひどい場合、他人のよくない噂話や口喧嘩をしてみたり、小教区の今後についての話し合いや典礼の準備・協力にも興味を示さず、さらに信仰教育に至っては教会学校の担当者や司祭、神学生任せにして自分では何も学ぼうとせずカテキズムはおろか聖書すら開くことをしない人たちがどれほどいるでしょうか。ミサでいったい何を聞き何をいただいたのでしょうか。そこには素晴らしい神との出会い、慰めと励まし、喜びはなかったのでしょうか。おそらく何も変わらない人にとってミサは何でもなかったのです。

ゆるしの秘跡

この秘跡は信仰者としてのあらゆる生活上の問題、中でも神の御心を生きることができなかった心の重荷をキリストの代理者である司祭の前で告白し、それまでの態度を改めて再びキリストの道を歩む決意をするために、キリストご自身が私たちを罪から解放し福音に生きる決意を祝福してくれるこの上ない希望と喜びの秘跡です（教会法第 959 条、カテキズム 1422-1424 番）。しかしどれほどの人がこの秘跡を大事にしているでしょうか。自身の信仰者としての至らなさを痛感し、心から悔い改めているでしょうか。どれほどの人が、自らに向けられたキリストの愛の眼差し、ゆるしの恵みを痛感できているのでしょうか。赦免をいただいた後、深い喜

びをもって再び歩み出す人はどれくらいいるのでしょうか……。せいぜい大方の人は、深い信仰心からの行いとしてではなく、たいした罪意識などなく、ただ四旬節が来た、待降節になったからといって、習慣として、あるいは雰囲気任せに仕方なく適当な話を司祭に告げて済ませているのではないかと思うのです。そして初聖体後、ないし堅信後、もはや死ぬまでゆるしの恵みに与らないでいる信者も相当数いるように感じます。

病者の塗油

　この秘跡の重要さをいったいどれだけの信者が理解しているでしょうか。司牧現場の感覚では、ほとんど死の間際のお別れの挨拶程度にしか思っていない高齢者は未だ相当数います。実際この秘跡の恵みをいただこうと思っている信者は予想外に少ないように感じています。病床の聖体拝領や塗油の秘跡の依頼を受ける数よりも、直に帰天の知らせをもらったり、急に葬儀を依頼されたりする数の方が圧倒的に多くなってきています。つまり死ぬまで多くの信者は秘跡的恩恵に与らずに亡くなっているのです。確かに教会では、こうした秘跡に与ることができなくとも、完全な痛悔があれば、その人は救いに招き入れられるとも教えられています（カテキズム1452番）が、真の信仰なくして、つまり神の恩恵に頼らずして大方のキリスト信者が聖人として生涯をまっとうできているといえるのだとしたら、そもそも教会にこうした秘跡があることのほうが滑稽に思われてきます。そして教会とその役務そのものも不要なような気がします。

　ちなみにこれと関連する葬儀について言えば、最近は葬儀式を教会でする人が減ってきています。これは、新型コロナウイルス感染症の拡大以前から継続する問題なのですが、主な原因として当事者の家族に信者がいないからか、いたとしても信仰の実践がないから、あるいは身内に自身の最後をどうして欲しいかを伝えていないせいだとも言えます。要するに、自分の家族にも自らの信仰をしっかり伝えていないばかりでなく、どのように自分を見送ってほしいかさえも伝えることすらできていないのが現実なのではないかと考えられます。そのため、亡くなったことさえ教会に連絡

されないというケースが増えています。皮肉なことですが、そういう人は、教会の名簿の中では永遠に生きていることになっています。一見美しい話のように思われますが、ただ本当はその方々がどこに行かれたのかは甚だ疑問です。

叙階の秘跡

　この秘跡によって、司祭は神のいつくしみの奉仕者として教会共同体のために立てられます（教会法第1008条、カテキズム1534-1536番）。司祭は、信徒の身分のときもそうであったのですが、叙階の秘跡によりキリストに特別な仕方でかたどられ、キリストの代理者として教える任務、聖化する任務、司牧する任務を遂行します。ところが、中には人びとに寄り添うことを知らず、人の話を聞かず、慈しみ深い牧者、教父というよりも、組織の事務・管理・監督に勤しむ官僚的な人物というイメージが強い司祭は案外めずらしくないように感じます。また教える任務においては、ろくに勉強もせず積極的に信徒を教えることなどせず、いっぽうで妙に教条主義的だったり、実際は浅学なのにも関わらず自分の知識や思想をさも優れたものと吹聴する司祭の態度を目にすることもあります。そして日々、情熱をもって積極的に、創造力豊かに宣教に取り組もうという姿勢の司祭に出くわすことはなかなかありません。大概は自分の心地良い場にこもっているのです。これに追い打ちをかけるように、近年では、聖職者によるパワハラ、セクハラ、モラハラにはじまり、性暴力、教会財産の私物化、使い込みなどさまざまな問題が公に訴えられるようになってきたのは周知の通りです。こうしたことは叙階の秘跡の根本的な意義とあまりに矛盾した状況ではないかと思います。そもそも司祭の務めとは要領よく事務的に仕事をこなすことや自分の正しさや主義主張、才能を人びとにアピールすることではありません。自分のつまらない考えで人を変えてやろうというものではなく、神のいつくしみを伝えること、人びとをキリストの愛でつつむこと、神の真理によって人びとの生き方を輝かすことです。多くの信者は、キリストのように考え、キリストのように話し、キリストのように行う司

祭と出会えることを期待しているはずです。しかし、これは自戒の念を込めて言わなければなりませんが、現実その期待は、相当数、裏切られているように思います。なぜなら私自身、残念ながらそういう悲しい体験を重ねてきた経験があるからです。

婚姻

教会において、どれほどの信者が結婚を自身の召命としてしっかり歩めているでしょうか。近年、そもそも信者の多くは教会できちんと結婚式をしない傾向にあります。気がついたら民法上結婚し名前が変わっていたということが珍しくありません。また多くの信者は世俗のセレモニー会場での結婚式と教会の結婚式とを同一視しているようです。この現実は実に嘆かわしいことです。世俗の曖昧な結婚観と教会の教える真の結婚との間は、そもそも大きな違いがあるのですが、それらが一緒くたに見られているように思います。ただし教会法上のプロセスを無視したままの単なる民法上の婚姻関係は、教会においては正式に夫婦とは認められていません。このことを知らない聖職者も信者も相当数いると思います。実際のところ信者の離婚率も社会の統計上のそれと大差のない状況にあり、教会の婚姻の効果というものがどこまで救いに役立っているかという評価は非常に難しいものがあります。こうして教会における結婚は、人間の救いという恩恵をもたらす秘跡的なものであるという意識などまるで感じられない状況が広がっているのです。時折、初聖体や堅信の後、すっかり見かけなくなった信者が、突如、結婚式のためだけに姿を見せることがありますが、ご都合主義や親の自己満足、もしくは教会関係者の身内に促された半ば強制的な形だけの式に終わっているのかもしれません。概してこういう信者が次に教会に来るのはクリスマスの時か葬儀の時くらいで、しかもゆるしの秘跡もせず何食わぬ顔で聖体拝領してそそくさと帰っていく状況をよく目にします。もはや教会の掟や法、信仰の感覚など何ら意味も機能も果たしていないのです。さらに、信者の間であっても世間並みに事実婚や同棲が黙認されており、結婚と関係なく子供をつくっているという現実を見ることが

当たり前になってきましたが、それこそ教会における教導、特に性倫理についての教えの怠慢、世俗に対する教会の宣教の敗北以外の何ものでもないのです。おまけに、婚姻の異宗障害免除の条件とされる信者の約束書の内容は、結婚後、その多くが無視され、教会に子供を連れてくることはおろか、本人さえ教会に来なくなるという始末は珍しくありません。あの約束ほど教会で破棄されているものもないように思うのですが、それは立派な罪、違反ではないかとも思うのです。その意味で、この婚姻障害の免除条件は司牧実践上の大きな課題の一つです。

準秘跡

日々の生活を教会の信仰の感覚において生きるうえで、準秘跡は非常に重要な役割を果たしてきました。信者はミサに与るときだけ信者であるわけではなく、生活全体において信仰の感覚が貫かれていること、神のいつくしみと愛、真理と正義、平和……信者の生活全体はまさに聖性に彩られている必要があります。そうしてこそ、キリストに似るものとして日々成長していけるわけです。その際、細々とした日常における信仰のしるしとして教会には準秘跡というものがあります。七つの秘跡に準ずるもので、教会が公認した信仰の業において信者の信仰に応じて恩恵が与えられるものなのですが、日常を聖化するという点で、準秘跡は非常に貴重なものです。それには日々の『教会の祈り』に代表される教会の公的な祈り、祝福式や誓願式、一連の葬儀式、悪魔祓い、また一定の聖遺物や聖画像を介した信心行為などが含まれます。もちろん準秘跡に該当しない伝統的な信心業、免償を伴う信心業も日々の生活の聖化に役立ちます[1]。準秘跡は、いわゆる「民間の信心」として日々の信仰生活を助け深めるうえで重要なものとして教皇フランシスコがたびたび教えていることと直結するものでしょう。ところが、意外なことに現代社会の中にある教会ではこうした準

---

1) 田中昇『改訂新版 ゆるしの秘跡と内的法廷——免償を含む実践上の課題と指針』教友社、2021 年、163 頁以後を参照。

秘跡や信心行為、教会の伝統というものが、軽々しく扱われていたり、あまり価値のないものとして見られていたり、単なる古めかしいもの、または迷信と同列に考えられていたりします。あるいはカトリック信者であるにもかかわらず、それらを知らないという現実もよくみられるのです。それは実に残念なことです。秘跡をいただくことだけが信者にとって価値があるとでもいうのでしょうか。準秘跡を否定的に見ている人間が、秘跡を大切に思うということも、迷信を信じ込んでいるのと同じくらい矛盾したおかしなことではないでしょうか。まさにカトリック教会の伝統を否定することは自己否定にもつながりかねない態度と言えます。これら準秘跡や信心業もまた大切な教会の信仰の遺産であることを覚えておくべきです。私たちは科学技術・情報化社会に生きる中で、スマートな信者に成り下がっているのかもしれません。悪魔などいない、聖霊の働きなどないと果たして真剣に言えるのでしょうか。もしそういう人がいたらそれこそ異端であり、非キリスト者に他なりません。私たちは、日々、自分の内と自分の周りにうごめく悪霊のはたらきを退け、教会と共に歩まれる主キリストの恩恵、聖霊の働きにより頼む信仰を実直に生きる必要があります。

3．教会の実態と信仰の質

　このようにみてみると、教会にとって、否、今日の教会の人びとにとって秘跡（準秘跡も含めて）とはいったい何なのだろうと思わざるを得ません。そして実際、どの程度、信仰生活にその効果が及んでいるのだろうかと訝しく思うのです。主任司祭として小教区に5、6年いる間に、教会の全信徒名簿のうち実際に教会で出会う信徒の数は半分もいないのが現実です。残りの半数、否それ以上の数の信徒は、教会に姿を見せず、その後いったいどこで何をしているのかさえわかりません。教会から時折発送する案内が届いているにも関わらず。彼らが受けた洗礼や堅信は、どこまで有効あるいは適当だったのでしょうか。もちろん神のいつくしみはあらゆる人間の弱さ、罪深さをはるかに凌駕しますし、秘跡は立派な信者のため

の褒美ではありません。神の側の無償の愛である秘跡は、弱い私たち皆の魂に超自然的な恩恵の痕跡を必ず残します。ただ、その効果がどれだけ発露するかは我々の側、信者の信仰の質にも負うところがあるのです。

　そして、多くの人は次のように言います。何はどうあれ、秘跡さえ有効に受けられればそれで十分なのだ、と。意外なことに、こうした人びとの主張というものは、実に教会法学が外面的理論として正しいものと擁護してきたそれなのです。ところがそのような人びとに限って、教会の原則の話をすると、教会法というのは規則で信者を縛るものでよくない、信仰とは関係ないなどと言うのです。個人の信仰の質、理解の程度はともかく、形式上の有効性は保証するという教会の配慮に感謝すべきではないのでしょうか。もしキリストが、このような矛盾に満ちたご都合主義というものを見たら果たして何と言われるのでしょうか。

　おそらくこの種の問題は、上述した通り信者一人ひとりの内面の実態を無視して、カトリックの信仰の感覚を生きられているかどうかなど関係なく、ただ習慣的、機械的に秘跡をそのようなものとして思考停止した状態で漫然と、ただ外面的にだけやってよしとしてきた無責任の産物ではないかと思います。これこそ、教会全体の不信仰、努力不足のなせる業ではないでしょうか。確かにナザレに帰ったイエスは、奇跡的な業ができなくなるほど人びとの不信仰に驚かれましたし（マコ6:1-6）、また10人の重い皮膚病を患っていた人びとは、イエスに出会った後、全員が清くされたと語られているのに、「あなたの信仰があなたを救った」とイエスに宣言してもらえたのは一人の異邦人だけだったのです（ルカ17:11-19）。これらの聖書のメッセージは大変意味深いものと思います。

　いずれにしても、教会の現場において諸秘跡の制度は破綻しかけているといってほぼ問題ないでしょう。別の言い方をすれば、秘跡的効果と教会生活とが大きく乖離してしまっているのです。教会において肝心要のキリストの秘跡、信仰の神秘を聖なる領域に追いやってしまい、それに力づけられて世にあって世の聖化のために生きていくという真の聖性を追求する基本姿勢・カリスマとの連携、そのダイナミックな循環が崩壊しているの

です。だとすれば、後に残るのはいったいどんな教会の姿でしょうか。それは信仰共同体としては骨抜きの、他の宗教団体と何も違わない単なる一宗教団体、ないし宗教団体を表看板に掲げた中途半端な NPO や NGO のような組織の姿ではないでしょうか。しかしキリストはこのような宗教団体を設立したかったわけではありません。教会の構成員は、それが誰であれ、教会の信仰の感覚、つまり世界に広がる普遍の教会の信仰の感覚を失った行動をしたとき、是正措置に訴えることは良心の要請であるところの義務といえるでしょう。

　以前から、教会の宣教がうまくいかない、それは社会の世俗化のせいだとか、日本のような文化には根本的にキリスト教は異質で根づきにくいせいだとか、まるで他人のせいにしたような講釈を見聞きしますが、そもそも宣教が捗らない、教会の神秘を伝えられていない一番の問題は、教会そのものが信仰や宣教の情熱、信仰の感覚とその神秘、結果としてもたらされる聖性の尊さを失っているからではないでしょうか。つまるところ社会の人びとからみて、本当に素晴らしい神の愛と真理、いつくしみと正義に生きる人びとの集いだという印象を与えることができていないせいではないでしょうか。実際、生きることそのものに希望を失った人の多くは教会の扉を叩いていないという現実があります。彼らは他所を頼っています。しかし、教会は礼拝の時だけ門を開くただの宗教施設でもなければ、立派な信者だけを受け付ける役所でもありません。主は、「わたしの家は、すべての人の祈りの家」（イザ 56:7、ルカ 19:46）だと言われたのです。

　しかし恐ろしいことに、こうした教会の本質、中身の弱体化、崩壊は、ほとんど気づかないうちに静かに進行しているのです。その現実に、おそらく悪魔は笑いが止まらないでしょう。明らかに教会の内部の人間は自己批判能力を欠いているように思われることがあります。それは典礼も含めた教会行事や教会運営を単にルーティンワークとしてこなしていればそれで良いのだと、何らその内実や本質を問うたり向上を目指して改善したりすることをせず、ただただ良かれと思い込んで漫然と繰り返してきた霊的思考停止の成せる産物なのです。加えて、他者からの批判に対して自らの

現実を見つめることをせず、誠実に反省するどころから指摘してくれる人を毛嫌いしたり差別したりする高慢な姿勢、謙遜を説くその裏で自分の正しさを信じて疑わない傲慢な体質が拍車をかけているように感じます。現に教会組織が何らかの責任を問い質された時など、うやむやにして忘却に任せたり、切実な訴えや突きつけられた課題に対しても正面から誠実に向き合わず、聖パウロが教えたように（一コリ 6:1-11）信仰者として対話による相互理解や解決の道ではなく顧問弁護士などを立てて訴訟も辞さない態度であったり、自分たちが利することだけしか真剣に取り組もうとはしていないように思えることがあります。そこから組織の権威者や声の大きい人びとの言うことに迎合し、反対意見など言わず波風立てぬ者ほど覚えめでたく歓迎され登用されていくという、前時代的な古臭い嫌な構図さえ見えてくるのです。現代の教会に、果たしてどれほど七つの徳の香りが感じられるでしょうか。教会は、真の人びととの対話、傾聴、寄り添い、いつくしみと優しさを感じられる場となっているでしょうか。

　ともかく、現在、教会の分母の大多数の信仰の根幹は間違いなくゆらいでいます。ことに新型コロナウイルス感染症の経験によって、篩にかけられ多くの信者の信仰が弱体化しているように感じます。ここで、それらへの根本的な注力をせず、大部分の信者の信仰生活の充実に積極的に寄与しようと策を労することもせず、教会の指導者やその協力者が、組織編成や財政活動の議論ばかりを気にしていたり、教会にとってあくまで副次的業務と言ってもよい社会的活動や設備投資のような事業に邁進していられるほど現実はそうあまくないでしょう。さまざまな統計の数字を見ればわかりますが、教会は確実に霊的にも物理的にも衰弱してきているのは明らかです。

４．翻訳した公文書について

　少々長くなりましたが、ここまではあくまで前置きです。教会の神学や法学について議論する以前に、教会の現場の実態がこれなのです。この現

実を見落として、ただ神学的な議論や教会法学的な論理解釈を漫然と繰り返すのは意味をなさないと思うのです。これまでの指摘は、単なる私の個人的な警戒感や特定の教会組織、人物への不満ではないということです。同様の指摘は、いみじくも教皇庁国際神学委員会が2014年に発表した『教会の生活における信仰の感覚（センスス・フィデイ）』[2] ならびに2020年に発表した『秘跡による救いの営みにおける信仰と諸秘跡の相互関係性』[3] という文書（特に第8項および131項）においても明確に指摘されています。これらの文書を紹介する本書第1部で皆さんと分かち合いたいテーマはまさに私たちの信仰の実態の見直しの必要性、そしてそのためのヒントとなる教会の知恵なのです。

　私たちは自己流の信仰を勝手に生きていればそれでいいというのではありません。使徒的な教会と共に歩むこと（sentire cum Ecclesia）、その教会の精神を生きることが求められています。Lex Orandi, Lex Credendi, Lex Vivendi という古くから教会に伝わる格言は実に心に銘記すべき言葉です。つまり、正しく祈ることができる者は、正しく信じる者であり、それゆえ正しく生きることができるのです。一方で、注意が必要なのは、こうした議論をする際、秘跡が自動的、機会的に恩恵を与えるという考え方への批判的姿勢と同時に、いうなれば宗教的エリート主義という姿勢にも注意が必要だということです。

　間違いなく秘跡は信仰を前提とします。ただしそれに必要な信仰の度合いについては、これで良い悪いなどと測ることができるものではありません。それでも、蓋然的であっても秘跡の有効性のためには、教会の行うところの秘跡を望むことは、挙行者側であれ、受領者側であれ、多かれ少なかれ必要とされています。

　少なくとも次のことが言えます。秘跡の挙行に際しては、ともかく私た

2）　Commissione teologica internazionale, *Sensus fidei nella vita della Chiesa*, 2014.

3）　Commissione teologica internazionale, *Reciprocità tra fede e sacramenti nell'economia sacramentale*, 2020.

ちは、法律行為としての秘跡の有効性についてだけでなく、その十全な秘跡的効果についても配慮する必要があります。秘跡の効果を確実に保証し、またその実り豊かな恵みに与るために、信仰養成、特にあらゆる秘跡についてその準備の重要性を繰り返し説くことは必須です。今日、明日の教会そのものの生命力を衰弱させないためにも、これまで以上に正真正銘の信仰の行為として秘跡が祝われるよう配慮する必要があります。なぜなら秘跡こそ教会の生命の源泉であり頂点だからです。世俗化という名の悪魔の勢力は実に物凄い力で迫ってきています（マタ 11:12 参照）。だからこそ、信仰者はいつも目覚めて祈る必要があるのです。使徒が教えるとおり巧妙な悪の力に打ち勝てるのは実に真の信仰なのです（一ヨハ 5:4）。そのため、積極的・意識的に教会の信仰の感覚のうちに生きること、そして教会の教え、治め、聖化する任務に共に参加する必要があるのです。そのために常にみ言葉を聞いて理解し、それを生きることを基礎として、キリストと教会の神秘に関するさらなる深い知識や神の恩恵の意味、キリスト者の身分に伴う尊厳とその責任について成熟した信仰者として生きることができるよう日々養成されることが特に大切なのです。教会は常に刷新され続ける（Ecclesia semper riformanda）必要があるというのであれば、そのすべての構成員も常に適切な養成（生涯養成）を通して、自らの聖性を高めるよう努力し続ける必要があります。それも、ごく一部の信者だけの信仰養成、いうなればミニ聖職者を作るような養成に留まってしまうようなものであってはならず、教会全体のボトムアップに寄与する総合的な養成となるものが講じられなければならないのです。

こうして、神の民である信者たちの間にも確実に広まっている「脱キリスト教化」、ならびに単に「習慣に従っただけの」、「規則的、機会的なだけの」、もしくは単なる「帰属意識だけに後押しされた」典礼や教会活動への参加姿勢が増加しつつある傾向を踏まえれば、生き生きとした信仰の表現としての自らの生活を整え直すことが非常に重要な意味を持っていることがわかるでしょう。そして、こうした信仰の養成を十分に行い、キリストとの交わりである諸秘跡を通して信仰生活を豊かに営めれば営める

ほど、つまり秘跡的効果を十全に受けて諸徳において充実した人生を歩めれば歩めるほど、信仰者とその体である教会共同体はいよいよ聖性の輝きを増してゆくことになります。いつくしみと愛の溢れる共同体、霊的な恩恵に鼓舞された教会から放たれる真善美なる存在と働きこそが、この世を聖化する要となるものなのです。間違っても世俗の価値観や人間観、偶像崇拝という罪穢れを教会に持ち込んではなりません。また経済的豊かさや社会事業を主要な教会の任務の目的とすべきでもありません。霊的に充実した共同体にこそ、真の教会的な豊かさがあり、それは自ずと人びとを救いに招くものとなるでしょう。教会はNGOやNPOではなく、またカルチャースクールでもありません。それは神と出会い一致する祈りの家、喜びと慰め、希望と愛の家です。今こそ聖霊の創造的な力に従って、教会が真に神の民として豊かになることを目指すべきでしょう。

1．教皇庁教理省国際神学委員会

『教会の生活における信仰の感覚 (センスス・フィデイ)』

（2014 年）

前書き

　教皇庁国際神学委員会は、8 度目を迎える 5 年間にわたる委員会活動において、「信仰の感覚 (センスス・フィデイ)」（sensus fidei）の性質および教会生活におけるその位置づけについて研究しました。この作業は、ポール・マクパルラン師が主宰する小委員会で行われ、以下の構成員から成っていました。事務局長のセルジュ・トーマス・ボニーノ師（O.P.）、サラ・バトラー師（M.S.B.T.）、アントニオ・カステラーノ師（S.D.B.）、アデルバート・デノー師、トミスラフ・イヴァナリッチ師、ヤン・リーゼン司教、レオナルド・サンテディ・キンクプ師、トーマス・セーディング博士、イェジー・シミック師。

　このテーマの一般的な議論は、小委員会の数多くの会合や、2011 年から 2014 年にかけて催された国際神学委員会の本会議で行われました。本文書『教会の生活における信仰の感覚』（*Il sensus fidei nella vita della Chiesa*）は、委員会の構成員の過半数が書面投票により規定の形式によって承認した後、同委員会の委員長であるゲルハルト・L・ミュラー枢機卿（教理省長官）に提出され、公刊することが承認されるに至りました。

はじめに

1. 聖霊の賜物、すなわち「御父のもとから出る御子を証しする真理の霊」（ヨハ 15:26）によって、洗礼を受けたすべての人は「誠実で真実な証人」（黙 3:14）であるイエス・キリストの預言者としての職務に参与します。彼らは、教会と世界において、福音と使徒的な信仰の証人となるのです。聖霊は彼らに油を注ぎ、その崇高な召命のために彼らを整え、教会の信仰について非常に個人的で親密な知識を授けます。使徒ヨハネの第一の手紙の中で、信者たちは次のように言われています。「あなたがたは聖なる方から油を注がれているので、皆、真理を知っています」。「（キリストから）注がれた油がありますから、誰からも教えを受ける必要がありません」。「この油が万事について教えます」（一ヨハ 2:20、2:27）。

2. その結果、信じる者は福音の真理に対する本能を備えており、ほんもののキリスト教の教えおよび実践を理解し、支持するとともに、それらに従うことができるのです。この超自然的な本能は、「センスス・フィデイ＝信仰の感覚」（sensus fidei）と呼ばれ、教会の交わりにおいて受けた信仰の賜物と本質的に結びついてキリスト信者が預言者としての召命を果たすことを可能にしています。教皇フランシスコは、初めてのアンジェラス（お告げの祈り）の際の教話において、かつて出会った謙虚な年配の女性の言葉を引用しました。「主がおゆるしにならなければ、この世界は存在し得ないのです」(註1)。その言葉を聞いた教皇は、「それこそが聖霊が与えてくださる知恵なのです」と、感嘆の声をあげたほどです。この女性の洞察こそが「センスス・フィデイ」の顕著な現れでした。「センスス・フィデイ」とは、信仰の事柄に関して一定の識別を可能にするだけでなく、真の知恵を育み、そして真理についての宣教を生み出すものです。したがって、「センスス・フィデイ」とは、今日、教会にとって主要な責務の一つである新しい福音化のための重要な土台であることが明らかです(註2)。

3. 神学的な概念としての「センスス・フィデイ」は、異なる二つの現実を指し示しています。しかし、これら異なる二つの現実は互いに密接に結びついています。一つ目の現実の適確な主体は「『真理の柱であり土台』である教会」（一テモ 3:15）であり^{（註3）}、二つ目の現実の主体は「入信の秘跡によって教会に属する者となり、特に定期的に聖体祭儀を祝うことによって教会の信仰と生活に参与する個々のキリスト信者の姿」です。一方で、「センスス・フィデイ」は、「教会の交わりにおいて、信仰の真理を見分ける信者の個人的な能力」を意味しています。他方で、「センスス・フィデイ」は、共同体的、教会的な現実、すなわち教会が主を認め、そのみことばを宣べ伝える「教会自身の信仰の本能」を意味しています。この意味での「センスス・フィデイ」は、洗礼を受けた人びとが信仰に関する教え、キリスト教の教えを生き生きとした仕方で実践するように務める点に反映されています。この「同意」（consensus）は教会において重要な役割を果たしているのです。「コンセンスス・フィデリウム」（consensus fidelium）¹⁾ とは、特定の教義や信仰の実践が使徒的な信仰に属するかどうかを判断するための確かな基準です^{（註4）}。本文書では、「信仰の問題について正確な識別を行うためのキリスト信者の個人的な適性」を指すために「センスス・フィデイ・フィデーリス」（sensus fidei fidelis）²⁾ という術語を使用します。そして、「教会自身の信仰の本能」を指すために「センスス・フィデイ・フィデリウム」（sensus fidei fidelium）³⁾ という術語を使用しています。文脈によって、「センスス・フィデイ」は前者か後者かのどちらかを指し、後者の場合は「センスス・フィデリウム」（sensus fidelium）⁴⁾ という言葉も使うことにしました。

---

1)　訳者註：信じる者全体の同意＝信仰の真理についてのすべての信じる者の同意のこと。

2)　訳者註：信者個人の信仰の感覚のこと。

3)　訳者註：信者の総体としての信仰の感覚、教会全体の信仰の感覚のこと。

4)　訳者註：同上。

4. 教会生活における「センスス・フィデイ」の重要性は、第二バチカン公会議でも特に強調されました。教会の位階制度のみが強圧的に幅をきかせてしまう結果として、信徒はひたすら受動的にのみ生きることを余儀なくされるというゆがんだ表現や、特に「教える教会」（Ecclesia docens）と「学ぶ教会」（Ecclesia discens）とを厳格に分離するという考え方を公会議は排除しました。第二バチカン公会議は、洗礼を受けたすべての人が、それぞれ適切な仕方で、預言者・祭司・王としてのキリストの三つの職務に参与すると教えました。特に公会議は、キリストの預言者としての職務は、位階制度によってのみ果たされるのではなく、信徒を介しても行われることを教えました。

5. しかし、このテーマに関する公会議の教えを受けて、それを適用するにあたっては、特に教義上または道徳上の諸問題に関する論争に関連した多くの疑問が生じます。「センスス・フィデイ」とはいったい何なのでしょうか。そして、果たして、どのようにして識別することができるのでしょうか。この考え方の聖書における典拠とは何でしょうか。そして、信仰の伝統において「センスス・フィデイ」はどのように機能しているのでしょうか。「センスス・フィデイ」は、教皇や司教が発揮する教会における教導職の権能やその根拠づけをなす神学とどのように関わっているのでしょうか[註5]。真の「センスス・フィデイ」の行使のための条件とはいったい何なのでしょうか。また「センスス・フィデイ」は、特定の時や場所における信者の多数意見とは違うものなのでしょうか。もし違うものだというのなら、信者の多数意見とどのように違うというのでしょうか。今日の教会で「センスス・フィデイ」という考え方がより完全に理解され、より確かなものとして使用されるためには、これらの質問のすべてに答えておく必要があります。

6. この文章の目的は、「センスス・フィデイ」について網羅的に説明することではなく、単にこの重要な概念のいくつかの重要な側面を明らかにし

つつ深めることで、ある種の問題に対応することにあります。特に、例えば教導職の教えと「センスス・フィデイ」を表現していると主張する見解とのあいだに緊張関係があるような論争の状況において、ほんものの「センスス・フィデイ」をどのように識別するのか、ということに関して述べたいと思います。そのために、まず「センスス・フィデイ」という考え方の聖書における典拠を明らかにするとともに、この考え方が教会の歴史や伝統において、どのように発展し、機能してきたのかを考察することにします（第1章）。続いて、「センスス・フィデイ・フィデーリス」の性質と、信者の個人的な生活における「センスス・フィデイ」の顕れについて考察します（第2章）。次に、この文書では「センスス・フィデイ・フィデリウム」、つまり教会的な形態の「センスス・フィデイ」について考察し、まずキリスト教の教義や実践の発展に対して貢献してきた役割を考え、次に教導職と神学との関係を考え、さらにエキュメニカルな対話における重要性も考えます（第3章）。最後に、真の「センスス・フィデイ」への参与に必要な心構えを明らかにし、真の「センスス・フィデイ」を識別するための基準をつくりあげるに際して教会の具体的な生活へと結びつけるためのいくつかの適用の試みに関して考察することにします（第4章）。

第1章　聖書と伝統における信仰の感覚

7.「センスス・フィデイ」という言葉は、第二バチカン公会議までは、聖書にも教会の正式な教えにも登場していませんでした。しかし、教会はキリストの体であり花嫁でもあるので（一コリ 12:27、エフェ 4:12、5:21-32、レビ 21:9 参照）、教会全体がその信仰において不可謬であり、教会のすべての構成員は真理の霊（ヨハ 16:13 参照）に恵まれ、万事について教えるべく油が注がれている（一ヨハ 2:20、2:27 参照）という考えは、キリスト教の始まりの時からいたるところで明らかにされています。本章では、まず聖書において、そしてその後の教会の歴史において、この考えがどのよ

うに発展していったのか、その主な筋道をたどってゆきます。

1. 聖書の教え

a) 神のことばへの応答としての信仰

8. 新約聖書全体を通して、信仰とは、福音に対する人間の基本的かつ決定的な応答です。イエスは、人びとを信仰に導くために福音を宣べ伝えています。「時は満ち、神の国は近づいた。悔い改めて福音を信じなさい」（マコ 1:15）と。パウロは使徒として、初代教会のキリスト信者たちの信仰を新たにし、これを深めるために、イエス・キリストの死と復活を宣言していました。「兄弟たち。わたしがあなたがたに告げ知らせた福音を、ここでもう一度知らせます。これは、あなたがたが受け入れ、生活のよりどころとしている福音にほかなりません。どんな言葉でわたしが福音を告げ知らせたか、しっかり覚えていれば、あなたがたはこの福音によって救われます。さもないとあなたがたが信じたこと自体が、無駄になってしまうでしょう」（一コリ 15:1-2）。新約聖書における信仰の理解は、旧約聖書、特に神の約束を完全に信頼したアブラムの信仰に根ざしています（創 15:6、ロマ 4:11、4:17 参照）。この信仰は、神のことばの宣言に対する自由な応答であり、そのようなものとして、真に信じる者が受け取るべき聖霊の賜物なのです（一コリ 12:3 参照）。パウロにとって、「信仰による従順」（ロマ 1:5）とは、人間を救い、教会の一員となる資格を与える神の恵みの結果として理解されています（ガラ 5:1、5:13）。

9. 福音が信仰を呼び起こすのは、単に宗教的な情報を伝えるからではなく、むしろ神のことば、あるいは「救いをもたらす神の力」を宣べ伝えているからなのです。それこそがまことに受け取られるべきものだからです（ロマ 1:16-17、マタ 11:15、ルカ 7:22 、またイザ 26:19、29:18、35:5-6、61:1-11 も参照）。それは神の恵みの福音であり（使 20:24）、神の「秘められた計画の啓示」（ロマ 16:25）であり、「真理のことば」（エフェ 1:13）で

す。福音には、神の国の到来、十字架につけられたイエス・キリストの復
活と昇天、聖霊における神による救いと栄光の秘義という実質的な内容が
あります。福音は、強い主体、イエス御自身を有しています。福音とは、
神のことばそのものであるイエス御自身が、使徒とその弟子たちを派遣す
ることであり、霊感と権能を受けた使徒たちの言葉や行いによる宣言と
いう直接的な形をとっています。福音を受け取るためには、「心を尽くし、
精神を尽くし、思いを尽くし、力を尽くして」（マコ 12:31）、全人格的に
いのちをかけて応答することが必要とされます。これこそ信じる者の応答
の仕方であり、「望んでいる事柄を確信し、見えない事実を確認すること」
（ヘブ 11:1）なのです。

10.「『信仰』とは、『信じることや信頼することの行為』であると同時に、
『信じたり告白したりするその内容』で、それぞれ『フィーデス・クア』
（fides qua）、『フィーデス・クエ』（fides quae）と呼ばれています。信仰と
は、明確な内容のメッセージに聞き従うことであり、告白とは、単なる口
先だけのものではなく、心からのものでなければならないので、これら
二つの側面は不可分であり共に働くのです」[註6]。旧約聖書も新約聖書も、
信仰の形式と内容が共に進行するものであることを明示しています。

b）信仰の個人的な次元と教会的な次元

11. 聖書は、信仰の個人的な次元が教会的な次元に統合されていることを
示しています。「わたしたちは信じます」（ガラ 2:16 参照）と「わたしは信
じます」（ガラ 2:19-20 参照）という一人称の単数形と複数形の両方が見ら
れるからです。パウロはその手紙において、キリスト信者の信仰を個人的
なものと教会的なものの両方として認識しているのです。パウロは、「イ
エスは主である」と告白する人はみな、聖霊の霊感を受けていると教えて
います（一コリ 12:3）。聖霊は、すべてのキリスト信者をキリストの体に
組み入れ、教会を建設するために信者全員に特別な役割を与えます（一コ
リ 12:4-27 参照）。エフェソの信徒への手紙では、唯一の神への信仰告白が、

教会における信仰生活の現実と結びつけられています。「体は一つ、霊は一つです。それは、あなたがたが、一つの希望にあずかるように招かれたのと同じです。主は一人、信仰は一つ、洗礼は一つです。すべてのものの父なる神は唯一であって、すべてのものの上にあり、すべてのものの父なる神は唯一であって、すべてのものの上にあり、すべてのものを貫き、すべてのものの内におられます」（エフェ 4:4-6）。

12. 個人的な次元および教会的な次元において、信仰には以下のような本質的な側面があります。

　i) 信仰には「悔い改め」が必要です。イスラエルの預言者や洗礼者ヨハネによる宣言（マコ 1:4 参照）、またイエス御自身による福音宣教（マコ 1:14 参照）や使徒の言明（使 2:38-42、一テサ 1:9 参照）において、悔い改めとは、自らの罪を告白し、神の契約の共同体において生きる新しい人生の始まりを意味します（ロマ 12:1 参照）。

　ii) 信仰とは、「祈りや典礼」（leitourgia レイトゥルギア）において表現され、またそれによって養われます。祈りには、問いかけ、懇願、讃美、感謝など、さまざまな形がありますが、信仰の告白こそ特別な祈りの形です。典礼的な祈り、とりわけ聖体祭儀を祝うことは、当初からキリスト信者の共同体の生活に不可欠なものでした（使 2:42）。祈りは、公の場でも（一コリ 14 章参照）、私的な場でも（マタ 6:5 参照）行われます。イエスにとって、「わたしたちの父よ」（マタ 6:9-13、ルカ 11:1-4）と呼びかける祈り［主の祈り］は、信仰の本質を表現しています。それは「福音全体の要約」だからです[註7]。重要なのは、その言葉が「わたしたち」あるいは「わたしたちの」という共同体性を示す言葉であることです。

　iii) 信仰は「知識」をもたらします。信じる者は、神の真理を理解することができるようになります（フィリ 3:10 以下を参照）。このような知識

は、啓示に基づくもので、キリスト信者の共同体において共有された神の経験についての洞察から生まれます。これは旧約聖書や新約聖書の両方の知恵に基づく学びの証しなのです（詩111:10、箴1:7、9:10、マタ11:27、ルカ10:22参照）。

iv）信仰は「証し」（marturia マルトゥリア）につながります。聖霊の霊感を受けたキリスト信者は、自分が信頼している方を知り（二テモ1:12参照）、福音の預言的で使徒的な宣教（ロマ10:9以下）のおかげで、自分の心の内にある希望を説明することができるようになります（一ペト3:15参照）。彼らは自分の名によってそれを行いますが、それはキリスト信者同士の交わりにおいて行うことなのです。

v）信仰は「信頼」を伴うものです。神に信頼するということは、神の約束に自分の全人生を賭けることです。ヘブライ人への手紙11章では、数多くの旧約時代の信仰者たちが、「わたしたちの信仰の先駆者」（ヘブ12:3）として、信仰の完成者であるイエスに導かれて、時空を超えて天の神に向かう大行列の一員として言及されています。キリスト信者はこの行列の一員なのであり、同じ希望と確信を共有しており（ヘブ11:1）、既に「多くの証人の群れに囲まれている」（ヘブ12:1）のです。

vi）信仰とは、特に「**慈善および奉仕（diakonia ディアコニア）に全力を尽くす責任**」を伴うものです。弟子たちは「その実によって」（マタ7:20）知られるからです。慈善および奉仕の業は、実は本質的に信仰に属するものです。信仰は、神のことばに耳を傾けることで得られ、神の御心に従うことを必要とするからです。私たちを義とする信仰（ガラ2:16）は、「愛の実践を伴う信仰」（ガラ5:6、ヤコ2：21-24参照）なのです。兄弟姉妹への愛は、実際に神への愛の基準となるものなのです（一ヨハ4:20）。

c）真理を知り、それを証言するキリスト信者の能力

13. エレミヤ書では「新しい契約」が約束されており、それは神のことばを内在化することを伴うものです。「わたしの律法を彼らの胸の中に授け、彼らの心にそれを記す。わたしは彼らの神となり、彼らはわたしの民となる。そのとき、人々は隣人どうし、兄弟どうし、『主を知れ』と言って教えることはない。彼らはすべて、小さい者も大きい者もわたしを知るから」（エレ31:33-34）です。神の民が、律法を理解して、それに聞き従うことができるようになるためには、新たに創造され、「新しい霊」を受ける必要があるのです（エゼ11:19-20）。この約束は、聖霊の賜物によって、イエスの宣教および私たちの教会生活において実現されます。特に聖体の秘跡を祝うことを通して、キリスト信者は主の血による「新しい契約」である杯を受け取るのです（ルカ22:20、一コリ11:25、ロマ11:27、ヘブ8:6-12、10:14-17参照）。

14. 最後の晩餐の文脈において、イエスは告別の説教の中で、弟子たちに「弁護者」、つまり「真理の霊」の到来を約束されました（ヨハ14:16、14:26、15:26、16:7-14）。霊は、イエスのことばを私たちに想い出させ（ヨハ14:26）、神のことばを証言できるようにし（ヨハ15:26-27）、「罪と義と裁きについて、世の誤りを明らかにし」（ヨハ16:8）、弟子たちを「すべての真理に導く」（ヨハ16:13）のです。これらはすべて、主が来られるまで、キリスト信者の共同体の生活において、特に聖体の秘跡において祝われる「過ぎ越しの秘義」を介した聖霊の賜物によるものなのです（一コリ11:26参照）。弟子たちは、現実にイエスにおいて受肉した神のことばの真実さと、その今日的な意味についての霊感を常に備えています（二コリ6:2参照）。そして、このことが、聖霊に導かれた神の民が、教会および世界において自分たちの信仰を証しする原動力となっているのです。

15. モーセは、すべての民が主の霊を受けて預言者となることを願っていました（民11:29）。その願いは預言者ヨエルを通して終末論的な約束とな

り、聖霊降臨（ペンテコステ）においてペトロがその約束の成就を宣言しています。「終わりの日に、わたしの霊をすべての人に注ぐ。すると、あなたたちの息子と娘は預言する」（使 2:17、ヨエ 3:1 参照）ようになると。約束された聖霊（使 1:8 参照）が注がれると、信じる者は「神の偉大な業」（使 2:11）を語ることができるようになるのです。

16. エルサレムにおけるキリスト信者の共同体についての最初の記述は、四つの要素からなっています。「彼らは、『使徒の教え』、『相互の交わり』、『パンを裂くこと』、『祈ること』に熱心でした」（使 2:42）。この四つの要素への献身は、使徒的な信仰を力強く表すものです。信仰は、イエスの教えを覚えている使徒たちの真正な教えを根拠として（ルカ 1:1-4 参照）、キリスト信者たちを相互の交わりへと導き、パンを裂くことによって主と出会う喜びを新たにされ、祈りにおいて養われるのです。

17. エルサレムの教会で、ヘレニスト（ギリシア人）とヘブライ人（ユダヤ人）との間で、毎日の食料の分配について対立が生じたとき、12 人の使徒は「弟子たちの共同体全体」を召集し、「共同体全体が喜ぶ」決定を下しました。全共同体は「霊と知恵に満ちた評判のよい七人」を選び出し、使徒たちの前に立たせました。そして使徒たちは祈って彼らに手を置いたのです（使 6:1-6）。アンティオケイアの教会で割礼や律法の実践に関する問題が生じたときも、この課題はエルサレムの母教会の判断に委ねられました。この使徒会議は、教会の将来にとって最も重要なものでした。ルカは一連の出来事を丁寧に記述しています。「使徒たちと長老たちは、この問題について協議するために集まりました」（使 15:6）と。ペトロは、聖霊の霊感を受けて、コルネリウスとその家族が割礼を受けていなかったにもかかわらず、洗礼を授けたことを語りました（使 15:7-11）。パウロとバルナバは、現地つまりアンティオケイアの教会での宣教体験を語りました（使 15:12、15:1-5 参照）。ヤコブはそれらの経験を聖書に照らして考察し（使 15:13-18）、教会の一致に有利な決定を提案したのです（使 15:19-21）。

それから、「使徒たちと長老たちは、教会全体と共に、自分たちの中から人を選んで、パウロやバルナバと一緒にアンティオケイアに派遣することにしました」（使 15:22）。この決定を伝える手紙は、信仰の喜びをもって共同体に受け容れられました（使 15:23-33）。ルカにとって、これらの出来事は、使徒や長老たちの司牧的な奉仕と、信仰によって参加する資格を受け取った人びととの共同体への参与の両方を含む、教会共同体にとって適切な行動を示しています。

18.　コリントの信徒への手紙一において、パウロは、十字架の愚かさと神の知恵が同一であることを示しています（一コリ 1:18-25）。この逆説（パラドックス）がどのように理解されるのかを説明するために、彼は「わたしたちはキリストの思いを抱いています」（一コリ 2:16; ἡμεῖς δὲ νοῦν Χριστοῦ ἔχομεν; nos autem sensum Christi habemus）と述べています。ここでの「わたしたち」とは、すべての信者共同体の一部として、現に使徒と交わりを持っているコリントの教会を指しています（一コリ 1:1-2）。十字架につけられたメシアを神の知恵として理解する能力は、聖霊によって与えられています。それは賢い者や律法学者の特権ではなく（一コリ 1:20 参照）、貧しい者、疎外された者、そして世間から見れば「愚かな」者に与えられているものなのです（一コリ 1:26-29）。それでもパウロは、コリントの人びとが「まだ肉（神から離れた生き方をしている状態）のまま」であり、「固い物を食べる準備ができていない（大人になっていない）」と批判しています（一コリ 3:1-4）。彼らの信仰は、成熟に向かい、彼らの言葉や行いにおいて、よりよく表現される必要があったのです。

19.　パウロは自らの働きを通して、共同体の信仰に対する敬意を証明し、信仰が深まることを望んでいます。コリントの信徒への手紙二の 1 章 24 節で、彼は使徒としての自らの使命を次のように述べています。「わたしたちはあなたがたの信仰を支配するつもりはなく、むしろ、あなたがたの喜びのために協力する者です。なぜなら、あなたがたは信仰に基づいてしっ

かり立っているからです」。また、パウロはコリントの信者たちに対して
「あなたがたの信仰に基づいてしっかりと立ちなさい」（一コリ 16:13）と励
ましています。テサロニケの信者たちには、「あなたがたを励まして、信
仰を強め、苦難に遭っていても誰一人動揺することのないようにするため」
（一テサ 3:2）に手紙を書き、他の共同体の信仰のためにも同様に祈ってい
ます（一コリ 1:9、エフェ 1:17-19 参照）。パウロが働きかけるのは、他の人
びとの信仰を高めるためだけではありません。彼は、いわば信仰の対話に
おいて、自分の信仰も強められることを知っていたからです。それは、「あ
なたがたのところで、あなたがたとわたしたちが互いに持っている信仰に
よって、励まし合いたい」（ロマ 1:12）と言っている通りです。「共同体の信
仰」は、パウロの教えの強調点であり、彼の司牧の中心点であり、パウロ
とその共同体との間に互恵的な交流を生み出しているのです。

20. ヨハネの手紙一では、使徒的な伝統について言及されており（一ヨ
ハ 1:1-4）、読者は次のように自らの洗礼を想い起こすよう促されています。
「あなたがたは聖なる方から油を注がれているので、皆、真理を知ってい
ます」（一ヨハ 2:20）。その手紙は続けて次のように述べています。「いつ
もあなたがたの内には、御子から注がれた油がありますから、誰からも教
えを受ける必要がありません。この油が万事について教えます。それは真
実であって、偽りではありません。だから、教えられた通り、御子の内に
とどまりなさい」（一ヨハ 2:27）と。

21. 最後に、黙示録において、ヨハネは預言者として諸教会に宛てたすべ
ての手紙の中で（黙示録 2-3 章参照）、大切な呼びかけを繰り返しています。
「耳のある者は、聖霊が諸教会に語っていることを聞きなさい」（黙 2:7 他）
と。教会の構成員は、聖霊の生きたことばに耳を傾け、それを受け取り、
神に栄光を帰すように命じられているのです。信者たちが、自分たちが受
けている教えを聖霊の教えを通して真に理解し、与えられた指示に答える
ことができるのは、それ自体が同じ聖霊の賜物である信仰に基づく従順に

よるのです。

2. 思想の発展と教会の歴史におけるその位置づけ

22. 信仰および道徳に関する教義の識別や発展において、「コンセンス
ス・フィデリウム」（consensus fidelium）[5] が決定的な役割を果たしている
ことは、既に教父たちの時代ならびに中世の時代に認識されていましたが、
「センスス・フィデイ」の概念は、宗教改革の時代に、より体系的な方法
で練り上げられ、使用されるようになりました。しかし、いまもって必要
とされていることは、この点における信徒の具体的な役割にもっと注目す
ることです。この課題は、特に 19 世紀以降注目されるようになりました。

a）教父の時代

23. 最初の数世紀の教父たちや神学者たちは、教会全体の信仰を、使徒的
な伝統の内容を有するかどうかを識別のための確かな基準点と考えていま
した。信仰および道徳の課題についての全教会の識別の堅固さ、さらには
不可謬性についての彼らの確信は、度重なる論争において表明されまし
た。教父たちは、すべての教会で行われていたことと比較することによっ
て、異端者が持ち込んだ危険な新しいことに反論しました [註8]。テルトゥ
リアヌス（160-225 年頃）は、「全教会が実質的に同じ信仰を持っている
という事実は、キリストの存在や聖霊の導きを証明するものであり、全教会
的な信仰を棄てた者は、道を踏み外すことになる」と述べていました [註
9]。聖アウグスティヌス（354-430 年）は、「司教から最も小さな信仰者に
至るまで」の全教会が真理を証しすると述べました [註10]。キリスト信者
の一般的な同意は、使徒的な信仰を決定するための確実な規範を通して機
能するのです。「全世界の判断は確かなものである」（Securus judicat orbis
terrarum）からです [註11]。聖ヨハネス・カッシアヌス（360 頃-435 年）は、

5）　訳者註：信じる者の総体の同意、つまり教会全体の同意のこと。

信仰者の普遍的な同意が異端者を打ち負かすのに十分な論拠になるとしており[註12]、レランスの聖ヴィンケンティウス（445年頃没）は、どこでも、いつでも、誰でも保持している信仰（quod ubique, quod semper, quod ab omnibus creditum est）を規範として提唱しました[註13]。

24. キリスト信者同士の論争を解決するために、教父たちは共通の信念だけでなく、絶え間ない実践の伝統をも考慮して訴えかけました。例えば、聖ヒエロニムス（345頃-420年）は、司教や信者の実践を指摘することで、聖遺物の崇拝を正当化しています[註14]。また、エピファニウス（315頃-403年）は、聖マリアの永遠の処女性を擁護するために、「『処女』を付けずに彼女の名前を口にする勇気のある人が果たしているのだろうか」と問いかけていました[註15]。

25. 教父の時代の証言は、主に神の民全体の証言と関係しており、それはある種の客観的な性質を備えています。信じる人びとは、全体として、信仰の問題で誤ることはないと主張されていました。なぜなら、彼らはキリストからもたらされる油を注がれており、すなわち約束された聖霊を受けており、それによって真理を見分けることができるからです。教父の中には、信仰によって動かされ、聖霊に抱かれたキリスト信者が、教会において真の教えを維持し、誤りを排除するという主観的な能力を有していることを考察した者もいました。例えば、聖アウグスティヌスは、「内的な教師である」キリストは、信徒や司牧者が啓示の真理を受け取るだけではなく、それを承認して伝えることも可能にすると主張し、この点に注意を促しました[註16]。

26. 最初の5世紀において、教会全体の信仰は、聖書の正典を決定するうえで、また、例えば「キリストの神性」や「聖マリアの永遠の処女性」、「神の母である聖マリア」、「聖人の崇敬と執り成し」などに関する主要な教えを定義するうえで、決定的なものとなりました。また、ジョン・ヘンリー・

ニューマン枢機卿（1801-90年）が指摘したように、特に信徒の信仰が重要な役割を果たした場合もありました。最も顕著な例は、4世紀に起こったアレイオス派との有名な論争で、アレイオス派はニカイア公会議（325年）で非難され、イエス・キリストの神性が定義されました。しかし、その後、第一コンスタンティノポリス公会議（381年）に至るまで、司教たちの間ではキリストの神性に関する不確かさが残っていました。実に、その間、「不可謬の教会に託された神の伝統は、司教団よりもはるかに多くの信仰者によって宣べ伝えられ、維持されていました」。つまり「『教える教会』（Ecclesia docens）の機能が一時的に停止していたのです。司教団は信仰の告白に失敗したのです。彼らの意見は一致せず、互いに反論し合いました。ニカイア公会議以降、60年近くの間、確固とした揺るぎない一貫した証言は何も一つありませんでした」^(註17)。

b) 中世の時代

27. ニューマン枢機卿は次のようにも述べています。「後の時代において、ドイツ（ラバヌス・マウルス、780-856年頃）とフランス（ラトラムヌス、870年頃に死去）の学識あるベネディクト修道会の成員たちが、『現存』する教義の表明に困惑を示したとき、それを肯定したパスカシウス（790-860年頃）は信徒から支持を受けました」^(註18)。そして、教皇ベネディクト12世が『ベネディクトゥス・デウス』（Benedictus Deus）［1336年］という憲章において定義した「煉獄」の教義が制定されてから、裁きの日の前に魂が既に享受している祝福された者の有り様に関する教義に関しても同様のことが起こりました^(註19)。「定義の拠り所となった伝統は、歴代の司教がなし得なかった明確さをもって、『コンセンスス・フィデリウム』（consensus fidelium）の中にこそ現れていました。数多くの司教たちが、『使徒たちの時代から続く聖なる教父たち』（Sancti Patres ab ipsis Apostolorum temporibus）の伝統を生きていたにもかかわらずそうだったのです」。「つまり『センスス・フィデリウム』に特別の配慮がなされたのです。その際に、信者たちの意見や助言は明確な形では求められてはいま

せんでしたが、しかし彼らの証言が集められ、彼らの気持ちを汲むような対話がなされ、彼らが苛立つことが最も恐れられたのです——このことを私は強調しておきたかったのです」[註20]。当時、一部の神学者たちが教義としての成立に反対していたにもかかわらず、信者たちの間では「聖母マリアの無原罪の御宿り」への崇敬および献身が継続的に発展したことは、中世期において「センスス・フィデリウム」が果たした役割のもう一つの主要な例です。

28. 中世期のスコラ神学の時代に生きていた博士たちは、忠実な信者たちの集まりである教会が、神に教えられ、かしらであるキリストと結ばれ、聖霊に内包されているので、信仰の問題で誤ることはないと認めていました。例えば聖トマス・アクィナスは、主イエスが約束したように、「すべての真理」（ヨハ 16:13）を教えてくれる聖霊によって普遍教会が支えられていることをその根拠とするとともに、このことを前提ともしています[註21]。彼は、普遍教会の信仰がその先達によって権威的に表明されていることを知っていましたが[註22]、それだけではなく、それぞれの信者の個人的な信仰の本能にも特に関心を持ち、それを信仰という神学的な美徳と関連させて探究したのです。

c）宗教改革と宗教改革後の時代

29. 16世紀の宗教改革派のキリスト信者たちが提起した課題は、「センスス・フィデイ・フィデリウム」に新たな注意を払う必要があり、その結果として、最初の体系的な扱いがなされるようになりました。改革派は、聖書における神のことばの優位性（Scriptura sola：聖書のみ）と、祭司としての信仰者の尊厳を強調しました。彼らの考えでは、聖霊の内的な証言によって、洗礼を受けたすべての人に、神のことばを自分で解釈する能力が与えられている、とされていました。しかしこの信念は、彼らが教会で教えたり、信仰者を指導するためにカテキズム（信仰教育書）を作成したりすることを決して妨げるものではありませんでした。宗教改革者たちが設

定した教義においては、伝統の役割と位階制、教皇と司教による教導職の権限、公会議の不可謬性などが問題にされていました。キリストの臨在と聖霊の導きの約束は、十二使徒だけでなく、すべての信者を含めた教会全体に与えられている、という彼らの主張を受けて^(註23)、カトリックの神学者たちは、司牧者たちがどのようにして人びとの信仰を支え、人びとに仕えているのかをより詳しく説明するように導かれました。その過程で、カトリックの神学者たちは位階制度の教導権に対してますます注意を払うようになったのです。

30. 宗教改革派に対抗したカトリック側の神学者たちは、体系的な教会論を展開しようとする、以前からの努力に基づいて、啓示とその源、そしてその権威の問題を取り上げました。最初、彼らはある教義に対する改革派の批判に対して、信徒と聖職者とを統合した教会全体の不可謬性に訴えることで対応しました^(註24)。実際、トリエント公会議は、カトリックの教義の争点となっている条項を弁護する際に、繰り返し教会全体の判断に訴えたのです。例えば、『聖体の秘跡に関する教令』（1551 年）では、特に「教会の普遍的な理解」（universum Ecclesiae sensum）に言及しています^(註25)。

31. トリエント公会議に出席したメルチョル・カノ（Melchior Cano, 1509-1560 年）は、神学的な議論における伝統の証明する力に対するカトリック信者たちの理解を擁護する中で、「センスス・フィデイ・フィデリウム」を初めて幅広い角度で取り扱いました。カノは、論文『神学が扱う領域』（*De locis theologicis*）［1564 年］^(註26)において、教義および実践が使徒的な伝統に属するかどうかを判断するための四つの基準の一つとして、現実の信徒の共通の同意を挙げています^(註27)。「教義に関する教会の権威」についてという章では、教会は「キリストの配偶者」（ホセ 2 章、一コリ 11:2）であるとともに「キリストの体」（エフェ 5 章）でもあり、聖霊が教会を導いている（ヨハ 14:16、14:26）ため、教会の信仰が誤ることはないと論じ

ています(註28)。また、カノは「教会」という言葉が、ある時には、司牧者を含むすべての信者を示すものだとし、また別の時には、彼らの指導者や司牧者（principes et pastores）を指すことがあるとし、その理由として、これらの者もまた聖霊を有するからであると指摘しました(註29)。カノが、教会の信仰が決して誤ることがない、教会は信じることにおいて欺かれることはない、不可謬性は過去の時代の教会だけではなく、今活動している教会の中にも聖霊の導きが確かに存在する、と主張するときに、「教会」という言葉を第一の意味において用いました。そして、教会における司牧者は、権威ある教義上の判断を下すとき、その任務において聖霊に助けられているため、不可謬であると彼が主張する際には「教会」という言葉を第二の意味において用いました（エフェ4章、一テモ3章)(註30)。

32. ロベルト・ベラルミーノ（1542-1621年）は、宗教改革派の人びとによる批判からカトリックの信仰を守るために、「すべての信者の普遍性」を目に見える形で現す教会を出発点としました。彼にとって、信じる者が信仰について（de fide）考えるすべての事柄とともに、司教が信仰に関するものとして教える事柄は、すべて必然的に真実であり、信じるべきものである、とされました(註31)。ベラルミーノは、教会の公会議は、このような「普遍教会」（Ecclesiae universalis）としての同意を備えているので、決して誤ることはないのだと、と主張しました(註32)。

33. トリエント公会議以降の他の神学者たちは、教会（司牧者を含む教会全体を意味します）の不可謬性を「信仰に生きる教会」（Ecclesia in credendo）という立場に沿って肯定し続けましたが、「教える教会」と「学ぶ教会」との役割をかなり鋭く区別するようになりました。「信仰する教会」の「能動的な」不可謬性を強調していた以前の考え方は、次第に「教える教会」の能動的な役割を強調するようになりました。そして、「学ぶ教会」（Ecclesia discens）は「受動的な」不可謬性しか持たないという考え方が一般的になりました。

d）19世紀

34. 19世紀は「センスス・フィデイ・フィデリウム」という教理にとっては決定的な時代となりました。カトリック教会では、歴史の意識が高まり、教父や中世の神学者への関心が復活するとともに教会の秘義への新たな探究が見られるようになりました。これは、近代主義の思想的な代表者や他の教派のキリスト信者からの批判に応えるものであり、また内面的な成熟によるものでもありました。この状況において、ヨハン・アダム・メーラー（1796-1838年）、ジョヴァンニ・ペローネ（1794-1876年）、ジョン・ヘンリー・ニューマン枢機卿などのカトリック神学者たちは、聖霊がどのようにして教会全体を真理において保つのかを説明し、教会の教義の発展を正当なものとするために、神学的な位置づけとして「センスス・フィデイ・フィデリウム」に新たな注意を払いました。神学者たちは、教会の信仰を維持しながら伝えるうえで、教会全体、特に信徒の貢献が積極的な役割を果たすことを強調し、教皇庁は聖母マリアの無原罪の御宿りの教義の制定（1854年）に至る過程で、この洞察を暗黙のうちに確認しました。

35. チュービンゲン大学の学者であるヨハン・アダム・メーラーは、合理主義の思想からカトリックの信仰を守るために、教会を生きた有機体として描出し、教義の発展を支える原理を把握しようとしました。彼の見解では、キリストの共同体を形づくる信仰者ひとりひとりを活気づけ、導き、団結させるのは聖霊であり、彼らの中に信仰の教会的な「意識」（Gemeingeist または Gesamtsinn）、つまり国民的精神に似たものをもたらしている、とされました[註33]。伝統の主観的次元である「センスス・フィデイ」は、実は教会の教えという客観的な要素を必然的に含んでおり、信じる者の心の中で生きている事実上の伝統と同等なものなのです。なぜなら信じる者のキリスト教的な「感覚」は、彼らの心の中で生き、実質的には伝統と同等のものとみなされるため、キリスト教信仰の内容からは決

して切り離せないものだからです^(註34)。

36. ジョン・ヘンリー・ニューマン枢機卿は、当初、教義の発展に関する困難を解決するために、「センスス・フィデイ・フィデリウム」を精査しました。彼は、後者のテーマに関する体系的な論説として『キリスト教教義の発展に関する小論』（1845年）を発表した最初の人物であり、「センスス・フィデイ」について忠実な姿勢で発展の特徴を綴りました。真の発展と偽の発展とを区別するために、彼は聖アウグスティヌスの規範、すなわち「全世界の判断は確かなものである」（Securus judicat orbis terrarum）という全教会の総意を採用しましたが、教会を真理において保つためには不可謬の権威が必要であると考えたのです。

37. ペローネはメーラーとニューマン枢機卿からの洞察を用いて^(註35)、教皇による「聖母マリアの無原罪の御宿り」の教義の制定を求める広範な要望に応えるために、「センスス・フィデリウム」に関する教父の理解を取り戻しました。彼は、信じる者とその牧者との全会による一致（conspiratio）において、この教義の使徒的な起源を保証する根拠を見出しました。彼は、最も優れた神学者たちが「センスス・フィデリウム」が重要であることの証明を与えており、そればかりか、ある「伝統という道具」の強さが、例えば「教父たちの沈黙」のような他の道具の不足を補うことができることを主張しました^(註36)。

38. ペローネの研究が教皇ピオ9世による「聖母マリアの無原罪の御宿り」の教義の制定を推進する決定に影響を与えたことは、教皇が「聖母マリアの無原罪の御宿り」を定義するよりも前に、世界中の司教たちに「聖母マリアの無原罪の御宿り」に対する聖職者や信仰者の献身［信心行為］について書面で報告するように求めていたことからも明らかです^(註37)。この定義を含む使徒憲章『イネファビリス・デウス』（Ineffabilis Deus）［1854年］の作成過程において、教皇ピオ9世は、この課題に関す

る司教たちの考えを既に知っていたにもかかわらず、特に司教たちに、この点に関する信者たちの敬虔さと献身について報告するように求めたことを述べ、「聖書、由緒ある伝統、教会の永続的な感覚（perpetuus Ecclesiae sensus）、カトリック教会の司教と忠実な信者との格別な一致（singularis catholicorum Antistitum ac fidelium conspiratio）、記憶に残るような先人たちの行いや教え」のすべてが、この教義を見事に説明し宣言したのです⁽註38⁾。このようにして、教皇はペローネの論文の言葉を使って、司教たちと信者たちが一致して証言を表したことを意味づけたのです。ニューマン枢機卿は「共に生きる、一致する」（conspiratio）という言葉を強調して、「教会が教えることと教会が教えられることの二つは、一つの事柄の表裏二重の証言としてまとめられ、互いに説明し合い決して分かたれることはない」と述べています⁽註39⁾。

39. ニューマン枢機卿が、後に『教義の問題について信者に諮問することについて』（1859 年）を書いたのは、（司牧者とは別の）信者が信仰を保存し伝えるうえで独自の積極的な役割を備えていることを示すためでした。「使徒の伝統」は、「さまざまな構成要素と機能とを備える『一つの有機体のように結束した』（modum unius）教会全体に委ねられています」が、司教と信徒は異なった方法でそれを証ししています。「あるときは司教団の口から、あるときは博士たちから、あるときは民衆から、あるときは典礼・典礼様式・祭儀・慣習から、または事件・紛争・運動から、そして歴史という名の下に構成されるその他のすべての現象から、伝統は、さまざまな時に、さまざまな形で現れてきます」と彼は述べています⁽註40⁾。ニューマン枢機卿にとって、「『牧者と信じる者との一致』（pastorum et fidelium conspiratio）においては、司牧者たちだけにはない何かがある」⁽註41⁾のです。この著作において、ニューマンは、「聖母マリアの無原罪の御宿り」の教義の制定を支持するために、ジョヴァンニ・ペローネが 10 年以上前に提案した議論を長々と引用しました⁽註42⁾。

40. 第一バチカン公会議の教義憲章『パストール・エテルヌス』（*Pastor Aeternus*）では、教皇の教導職の不可謬性が定義されているのですが、それは決して「センスス・フィデイ・フィデリウム」を無視しているわけではなく、逆にそれを前提としているのです。憲章の原案は『スプレミ・パストーリス』（*Supremi pastoris*）［至高の羊飼い］といい、これが『パストール・エテルヌス』の基礎となったのですが、これに教会の不可謬性に関する章（第 9 章）が含まれているのです^(註 43)。しかし、教皇の不可謬性の課題を解決するために、公会議の議事日程が変更されたとき、「センスス・フィデイ・フィデリウム」の根拠についての議論は延期され、結局、再び取り上げられることはありませんでした。しかし、フィンツェンツ・ガッサー司教は、教皇の不可謬性の定義についての「関連記録文書」（relatio）において、教皇に与えられた特別な支援は、教皇を教会から切り離すものではなく、協議や協力を排除するものでもないと説明しています^(註 44)。しかも、「聖母マリアの無原罪の御宿り」の教義の制定は、「教皇が自分の判断を前進させるために、通常の手段を踏まえる形で、教会の考えについて司教たちに尋ねる必要があると考えるほどに困難な事例」の一例であると述べているのです^(註 45)。これは、まさにガリカニズム（国家教会主義）を排除することを意図した表現で、『パストル・エテルヌス』は、信仰および道徳に関する教皇の聖座からの教義の制定（ex cathedra）は、「それ自体で効力を持っているので、教会の同意に基づく必要はなく（ex sese non autem ex consensu Ecclesiae）」変更不可能であると主張されたのですが^(註 46)、それは「教会の同意」（コンセンスス・エクレジエ）を除外できる余分なものとするものでは決してないのです。除外されるのは、そのような制定が、権威あるものとされるために、先行するか後続するかにかかわらず、この同意を得ることを必要とするという理論なのです^(註 47)。近代主義者たちによる思想的な危機に対応するため、教皇庁の教令『ラメンタビリ』（*Lamentabili*）［1907 年］では、「学ぶ教会」に対する「教える教会」の自由を確認しています。この教令は、信者が既に信じていることだけを司牧者が教えることを可能にするような命題を非難しているのです^(註 48)。

e）20世紀

41. 20世紀のカトリック神学者は、伝統に関する神学、新たな教会論、信徒の神学の文脈で、「センスス・フィデイ・フィデリウム」の教えを探究しました。彼らは、「教会」は司牧者とは同一ではないこと、聖霊の働きによって教会全体が伝統の主体または「器官」であること、そして信徒は使徒的な信仰の伝達において積極的な役割を果たすことを強調しました。聖母マリアの栄光ある「聖母被昇天」の教義の制定につながる協議においても、第二バチカン公会議が「センスス・フィデイ」の教えを復活させて確認したことにおいても、教導職はこれらの展開を支持していたのです。

42. 1946年に教皇ピオ12世は前任者の例に倣って、全世界の司教に回勅『デイパレ・ヴィルジニス・マリエ』（*Deiparae Virginis Mariae*）［神の母であるおとめマリア］を送付し、「最も祝福された聖母マリアの被昇天に対するあなたがた聖職者と人びとの献身（信者たちの信仰と信心を考慮に入れて）について」報告するように求めました。こうして教皇は、教義の制定を行う前に信者に諮問（相談）するという慣習を再確認し、使徒憲章『ムニフィチェンティッシムス・デウス』（*Munificentissimus Deus*）［1950年］において、自身が受け取った「ほぼ満場一致の賛同を通じての回答」を報告しました[註49]。「聖母マリアの被昇天」に対する崇敬は、まさに「信者たちの心に完全に根づいていた」ものなのです[註50]。教皇ピオ12世は、「教会の通常の教導に関する自己の権威に基づいて、一致した教えとキリスト信者の一致した信仰」について言及し、ちょうど教皇ピオ9世が「聖母マリアの無原罪の御宿り」の教義の制定の際に述べたように、いま「聖母マリアの被昇天」の教義に関して、「特異なカトリックの反体制派と忠実派の一致」があると述べました。さらに、この一致は、「聖母マリアの被昇天」が「神によって啓示された真理であり、忠実に守られ、不可謬なものとして教えられるためにキリストが御自分の教会に対して与えた神の預託物に含まれていること」を「完全に確実かつ不可謬な方法で示している」と付け加え

ています^(註51)。このように、どちらの場合も、教皇による教義の制定は、信者たちが深く信じていることを確認し祝福しています。

43. イヴ・マリー・コンガール（Yves M.-J. Congar, 1904-1995 年）は、「センスス・フィデイ・フィデーリス」および「センスス・フィデイ・フィデリウム」の教理の発展に大きく貢献しました。彼は『信徒の神学のための道標』（*Jalons pour une Théologie du Laïcat*）［1953 年］において、教会の預言者的な働きへの信徒の参加という観点からこの教えを探究しました。コンガールはニューマン枢機卿の業績を知っており、同じ方式（すなわち、教会の三つの職務と、預言者的な職務の表現としての「センスス・フィデリウム」）を採用しましたが、それを直接ニューマン枢機卿に帰すことはしませんでした^(註52)。彼は「センスス・フィデリウム」を「位階制および信じる者の総体に共に与えられている聖霊の賜物」と表現しており、信仰の客観的な現実（伝統を構成しているもの）および主観的な側面である信仰の恵みとを区別しました^(註53)。先行する著者が「教える教会」と「学ぶ教会」との区別を強調していたのに対して、コンガールは、両者の有機的な一体性を示すことのほうに関心を寄せていました。彼は、「愛する教会、信じる教会、つまり信じる者の体は、特定の行為や判断ではなく、信仰を生き、それを保っていることにおいて不可謬なのだ」と書きました^(註54)。位階制の教導とは、交わりに奉仕するものなのです。

44. 数多くの点で、第二バチカン公会議の教えはコンガールの貢献を反映しています。例えば、『教会憲章』の第 1 章「教会の神秘について」では、「聖霊は教会の中に、また信者たちの心の中に、あたかも神殿の中にいるかのように住む」と教えています。聖霊は、教会をすべての真理の道に導き（ヨハ 16:13 参照）、聖体祭儀や宣教活動において教会を一致させ、位階とカリスマに基づいたさまざまな賜物によって教会を養い、導き、その実りで教会を飾るのです（エフェ 4:11-12、一コリ 12:4、ガラ 5:22 参照）^(註55)。続く第 2 章では、信徒と聖職者の区別に先立って、「神の民」として教会

全体を扱っています。「センスス・フィデイ」に言及している項目（『教会憲章』12項）では、「聖なる方から注がれた油」（一ヨハ2:20、2:27参照）を備えているので、「信者の総体は……信仰において誤ることができない」と教えています。「真理の霊」は、「超自然的な信仰の感覚（センスス・フィデイ）」を神の民全体に喚起し、これを維持します。これは、「『司教をはじめとしてすべての信徒を含む』信者の総体が……信仰と道徳の事柄について全面的に賛同する」ときに示されます。「センスス・フィデイ」（信仰の感覚）によって、「神の民は、聖なる教導職の指導のもと、これに忠実に従い、もはや人間のことばではなく真に神のことばを受け入れる（一テサ2:13）」のです。「これにより、……神の民は『聖なる者たちに一度伝えられた信仰（ユダ3章)』に完全に従い、正しい判断によって信仰をいっそう深く掘り下げ、それを生活のうちにより完全な仕方で実行していく」のです。それこそ信者が「キリストの預言職」に参与する手段なのです(註56)。

45. 『教会憲章』は続いて第3章と第4章で、キリストがどのようにして教会の司牧者を通してのみならず、信徒を通してもその預言者的な職務を行使するのかを説明しています。それによると、「主の栄光が完全に現れるまで」、主は「ご自分の名と権能によって教える聖職位階だけでなく、また信徒を通しても」この職務を果たすことができる、と教えています。後者については、次のように続けて述べられています。「そのためキリストは信徒を証人として立て、信仰の感覚とみことばの恵みを授けて［sensu fidei et gratia verbi instruit］（使2:17-18、黙19:10）、福音の力が家庭と社会の日常生活の中に輝きわたるようにした」のです。信徒は、諸秘跡によって強められ、「希望する事柄に対する信仰の強力な伝達者となり」（ヘブ11:1）、「世の福音化のために崇高な働きをすることができ、またそうしなければなりません」(註57)。ここで、「センスス・フィデイ」（信仰の感覚）は、キリストから信者への贈りものとして提示されており、再び、信者が神の啓示の真理を理解し、生き、宣べ伝えることができる能動的な能力と

して説明されています。それは、彼らの福音化の仕事の基礎となるものだからです。

46. 使徒的な信仰の継承という文脈の中で、教義の発展に関する公会議の教えにも「センスス・フィデイ」が呼び起こされています。『神の啓示に関する教義憲章』では、使徒的な伝統は、「聖霊の助けによって教会の中で発展する」と述べています。「事実、それは物事の理解のみならず、伝達されたみことばの理解をも促します」。公会議は、その実現には三つの道があるとしています。それは、「信者たちが観想と研究によってそれらを心の内で思いめぐらし」（ルカ 2:19、2:51）、彼らが「体験した霊的な事柄を深く理解し」（ex intima spiritualium rerum quam experiuntur intelligentia）、あるいは「司教職の確かな賜物を受けた人たちが告げ知らせるから」であるとしています^{（註58）}。この文章は「センスス・フィデイ」を明示することはしていませんが、この文章が言及している信者の思索や研究、経験は、すべて「センスス・フィデイ」と明らかに関連しており、ほとんどの解説者は、公会議の教父たちが意識的にニューマン枢機卿の教義の発展に関する理論を呼び起こしていたことに同意しています。この文章を、『教会憲章』の 12 項の「聖霊によって喚起された超自然的な信仰の感覚」という記述と照らし合わせて読むと、同じ考えを表していることがよくわかります。使徒によって伝えられた信仰の宣言と実践において、司教と信者との間に存在すべき「驚くべき調和」に言及するとき、『神の啓示に関する教義憲章』は、実際に、マリアの二つの教義の制定の際に見られたように、まさに「司教と信者たちがみごとに心を一つにするのである」（singularis fiat Antistitum et fidelium conspiratio）という表現を使用しているのです^{（註59）}。

47. 第二バチカン公会議以降、教導職は「センスス・フィデイ」に関する公会議の教えから重要な点を繰り返しており^{（註60）}、また新たな課題、すなわち教会内部（または外部）の世論が、「センスス・フィデイ」（フィデ

リウム）と必ずしも同一のものであると推定しないことの重要性を取り上げています。教皇ヨハネ・パウロ2世は、シノドス後の使徒的勧告『家庭——愛といのちのきずな』（*Familiaris consortio*）［1981年］の中で、「超自然的な信仰の感覚」が「信じる者の同意」や社会学的かつ統計学的な調査によって決定される多数意見とどのように関係するのか、という問題を検討しました。「信仰の超自然的な感覚」は、「信じる者の同意の中にのみ成立するわけではなく、また必ずしもそうではない」と教皇は書いています。教会の司牧者の任務は、「すべての信者の中に信仰の感覚を奮い立たせ、その表現の真正性を吟味し、権威をもって判断し、信者をこれまで以上に成熟した福音的な識別に向けて教育すること」なのです^(註61)。

第2章　信者の個人的生活における「センスス・フィデイ・フィデーリス」（信じる者の総体の信仰の感覚）

48.　この第2章では、「センスス・フィデイ・フィデーリス」（sensus fidei fidelis）の性質に焦点を当てます。特に、個々のキリスト信者のうちで信仰がどのように作用しているのかを反映させるために、古典的な神学が提供する議論や分類方法の枠組みを利用します。聖書の信仰観は何よりも幅広いものですが、古典的な理解では、啓示された真理に愛をもって知性を委ねるという本質的な側面が強調されています。このような信仰の概念は、今日でも「センスス・フィデイ・フィデーリス」の理解を明確にするのに役立っています。こうした観点から、本章では、キリスト信者の個人的な生活における「センスス・フィデイ」のいくつかの顕れについても考察しますが、特に「センスス・フィデイ」の個人的な次元と教会的な次元とが不可分であることは明らかです。

1. 信仰の本能としての「センスス・フィデイ」（信仰の感覚）

49.「センスス・フィデイ」は、ある特定の教えや実践が、福音や使徒的な信仰に合致しているか、それとも合致していないのかを、信者たちが自発的に判断できるようにする一種の霊的な本能なのです。それは信仰の徳そのものと本質的に結びついており、信仰から流れ出る、まさに信仰の本質なのです（註62）。それが本能になぞらえられるのは、それが主に理性的な熟考の結果ではなく、むしろ自発的で自然な知的形態であり、一種の感覚あるいは感情的な感じ方（aisthesis）であるからに他ならないのです。

50.「センスス・フィデイ・フィデーリス」（sensus fidei fidelis）は、何よりもまず、信仰の徳が、信じる主体と真正な信仰の対象、すなわちキリスト・イエスにおいて啓示された神の真理との間に確立する「本質的同一性」（connaturalitas）から生じます。このことは、一般的には、ある主体Aが他の主体Bと非常に親密な関係を持ち、AがBの自然な性質をあたかも自分のものであるかのように共有している状況のことを指します。このような「本質的同一性」（connaturalitas）は、特殊で深遠な形態の知識の体得を可能にするものです。例えば、ある友人が他の友人と結ばれている限り、その友人は他の友人の性向を共有しているので、他の友人にとって何が良いのか悪いのかを、自ずと判断することができるようになります。これは言い換えれば、概念化や推論によって理解される客観的な知識とは異なる次元の知識なのです。それは「共感による理解力」、つまり「心情による理解力」なのです。

51. すべての「美徳」は、その主体、つまり美徳を持つ人を、その対象に、つまりある種の行動に馴染ませるものです。ここでいう「美徳」とは、知的にも道徳的にもある特定の方法で行動する人の「安定した気質」（habitus：習性、習慣）のことです。「美徳」とは一種の「第二の天性」のことであり、人間は人間の本性に刻まれた徳のダイナミズムを正しい理性

に基づいて自由に実現することで、自分自身を構築してゆくのです。それによって、既に自然に備わっている能力による活動に対して、よりいっそう明確で安定した方向性を与え、徳のある人が今後も「自然に」、「容易に」、「自分に合わせて」、「喜びをもって」達成する行動へと向かってゆけるよう生き方を駆り立てるようになるのです^(註63)。

52. すべての「美徳」には二重の効果があります。第一に、「美徳」を備えている人をある目的（ある種の行動）に向かって自然に駆り立てることです。そして第二に、その目的に反するものから、その人を自ずと遠ざけることです。例えば、貞節の徳を身につけた人は、「第六感」のようなもの、「一種の霊的本能」^(註64)を備えており、最も複雑な状況でも、何をするのが適切で、何を避けるべきなのかを自ずと察知して、正しい行動を見究めることができるのです。道徳主義者の概念的な推論が、当惑や優柔不断につながる危険性がある一方で、貞淑な人は、それによって本能的に正しい態度をとることができるのです^(註65)。

53.「センスス・フィデイ」は、すべての「美徳」に付随する本能が、信仰の「美徳」において選びとる形式です。「他の『美徳』の習慣によって、人はその習慣に関わるものを見つけるように、信仰の習慣によって人間の心は正しい信仰に関わるものに同意し、それ以外のものには同意しないように仕向けられるのです」^(註66)。神学的な「美徳」としての信仰は、神が自分自身と万物について備えている知識にキリスト信者が参加することを可能にします。それがキリスト信者の中で、「第二の性質」の形式をとっているのです^(註67)。恵みと神学的な徳とによって、キリスト信者は「神の本性に参与する者」（二ペト 1:4）となり、ある意味で神に自らを委ねているのです。その結果、生物が自分の性質に合うものや合わないものに本能的に反応するのと同じように、信仰者は参与した神性に基づいて自発的に反応するようになるのです。

54. 「信仰の知識」（シエンチア・フィデイ scientia fidei）と呼ばれる神学とは異なる「センスス・フィデイ・フィデリウム」は、信仰の秘義を明らかにする際に、信仰に関する概念を徐々に構築しつつ合理的な手続きを用いて結論に達するような内省的な知識ではありません。それは「センスス」（sensus）という名称が示しているように、むしろ自然な、即座の、自発的な反応に似ており、信じる者が信仰の真理に合致するものに自発的に固く結ばれ、それに反するものを避けようとする動きであり、言わば重要な本能やある種の「直感」に匹敵するものなのです^(註68)。

55. 「センスス・フィデイ」は、その対象である真の信仰に関して、それ自体不可謬です^(註69)。しかし、キリスト信者の実際の精神世界では、「センスス・フィデイ」の正しい直観は、さまざまな単なる人間的な意見、あるいは特定の文化的な文脈の狭い範囲に結びついた誤りと混ざり合うことがあります^(註70)。「神学的に考察された信仰は間違いないものだとしても、キリスト信者のすべての思考は必ずしも信仰から生じているわけではないので、依然として誤った意見を持つこともできるのです。つまり、神の民の間に出回っているすべての考えが、いつでも信仰と両立するわけではないのです」^(註71)。

56. 「センスス・フィデイ・フィデーリス」（sensus fidei fidelis）は、信仰に基づく神学的な徳から派生してくるものです。信仰の徳とは、神によって啓示された真理がそのようなものとして理解されるとすぐに、躊躇なくその真理全体に従うという、愛に促された内面的な気質のことです。それゆえ、信仰は必ずしも啓示された真理の全体を明示的に知っていることを意味しません^(註72)。したがって、ある種の「センスス・フィデイ」は「世間的にキリスト信者という名称で呼ばれてはいるが、しかしカトリックの信仰を完全には公言していない洗礼を受けた人びと」の内にさえも存在し得るものなのです^(註73)。したがって、カトリック教会は、「カトリック教会の存在の仕方とは異なった完全な交わりを持たない教会」あるい

は「そのような教会共同体のキリスト信者」を介して聖霊が自分たちカトリック教会の構成員に対していったい何を語ろうとしているのかに注意を払う必要があるのです。

57.「センスス・フィデイ・フィデーリス」（sensus fidei fidelis）は、信仰という神学的な美徳の性質を持つため、信仰の美徳の成熟に比例して発展するものです。信仰の徳が、キリスト信者の心や精神に根づいて、日々の生活に影響を与えれば与えるほど、「センスス・フィデイ・フィデーリス」はキリスト信者の内で発展し強化されます。ところで、知識の一形態として理解される信仰は愛に基づいているため、それを活き活きとした「養成された信仰」（fides formata）にまで成熟させるために、つまり信仰に活力を与え、信仰に確固とした方向性を与えるためには、慈愛が必要となるのです。このように、キリスト信者の内で信仰が強まることは、特にその人の中で愛が育つことに依拠しており、それゆえ「センスス・フィデイ・フィデーリス」は、その人の生活における聖性に比例するものなのです。聖パウロは、「神の愛は、わたしたちに与えられた聖霊によって、わたしたちの心に注がれました」（ロマ 5:5）と教えており、キリスト信者の心の内に「センスス・フィデイ」（信仰の感覚）が育つのは、特に聖霊の働きによるものであることがわかります。人間の心に愛を植えつける愛の霊としての聖霊は、愛の絆に基づいて、真理であるキリストをより深く、より親密に知る可能性をキリスト信者に開きます。「真理を示すことは聖霊の性質であり、神秘の啓示をもたらすのは愛であるからです」（註74）。

58. 愛こそが、キリスト信者の内で聖霊の賜物を繁栄させることを可能にするものです。聖霊は、「すべての霊的な知恵と理解とにおいて」（コロ 1:9）、信仰の事柄をより深く理解するようにキリスト信者を導きます（註75）。実際に、神学的な美徳は、キリスト信者が聖霊に自らを導いてもらうときにのみ、キリスト信者の生活の中でその完全な尺度にまで達します（ロマ 8:14 参照）。聖霊の賜物とは、まさにキリスト信者の生活の中で聖霊が

活動するための基礎となる、無償で注ぎ入れられた内的な気質のことです。これらの聖霊の賜物、特に理解と知識の賜物によって、キリスト信者は「自分が経験する霊的な現実」を親密な形で理解し[註76]、信仰に反するいかなる解釈をも拒否することができるようにされるのです。

59. それぞれのキリスト信者の心の内にある「センスス・フィデイ」と、個人的な生活のさまざまな文脈における信仰生活との間には重要な相互作用があります。一方では、「センスス・フィデイ」は、キリスト信者が自らの信仰を実践する方法を啓発し導くのですが、その一方で、掟を守り、信仰を実践することによって信仰に対する理解がより深められるのです。「真理を行う者は光の方に来る。その行いが神に導かれてなされたということが明らかになる」（ヨハ 3:21）からです。家庭や仕事、文化的な関係性において、自身が実際に置かれている状況という具体的な現実において信仰を実践することは、キリスト信者の個人的な経験を豊かにしてくれます。それによって、与えられた教えの価値や限界をより正確に理解し、その教えを改善する方法を提案することもできるようになるのです。だからこそ、教会の名のもとに教える者は、キリスト信者、特に信徒の経験に十分な注意を払うべきなのです。信徒は、自分自身の具体的な経験や能力が発揮できる領域で教会の教えを実践しようと努力する者だからです。

2. 信者の個人的な歩みにおける「センスス・フィデイ」の顕在化

60. ここでキリスト信者の個人的な生活における「センスス・フィデイ・フィデーリス」の三つの主要な顕れを強調することができます。キリスト信者の個人的な生活において、「センスス・フィデイ・フィデーリス」は以下のことを可能にします。

　1）教会で実際に出くわす特定の教えや実践が、教会の交わりにおいて生きる真の信仰と一致しているかどうかを見分けること（本文書の 61-63 項を参照）。

2）説教で語られている内容において、本質的なものと二次的なものとを区別すること（本文書の 64 項を参照）。

　3）自分が生きている特定の歴史的、文化的な文脈において、自分がなすべきイエス・キリストの証しを決定し実践すること（本文書の 65 項を参照）。

61.「愛する者たち、どの霊でも信じてよいわけではありません。その霊が神からのものであるかどうか確かめなさい。なぜなら偽預言者が大勢世に出てきているからです」（一ヨハ 4:1）。「センスス・フィデイ・フィデーリス」は、ある教えや実践が、既に自分が生きている真の信仰と一致しているかどうかを見分ける能力をキリスト信者に与えるものです。個々のキリスト信者がその一貫性を認識したり、「感じる」のであれば、既に明確に教えられている真理の問題であれ、まだ明確に教えられていない真理の問題であれ、自発的にそれらの教えに内的に愛着を抱いたり、その実践に個人的に関与したりするようになれるのです。

62.「センスス・フィデイ・フィデーリス」はまた、個々のキリスト信者が、教えや実践と、自分が生きている純然たるキリスト教信仰との間に、不調和や支離滅裂な矛盾があることを察知することをも可能にします。これは、音楽愛好家がある曲の演奏中に間違った音に反応するようなものです。このような場合、キリスト信者は、その教えや実践に内面的に抵抗し、それらを決して受け容れず、関与することを避けます。「信仰のハビトゥス」（habitus；習慣）[6] は、貞節な者が貞節に反する事柄に対して防御姿勢を選ぶように導きます。こうして、キリスト信者は信仰に反するものに同意するのを防ぐ能力を持っていることがわかります[註77]。

63.「センスス・フィデイ」によって警告された個々のキリスト信者は、

　6）　訳者註：「ハビトゥス」（habitus）とは、人びとの日常経験において蓄積されていくが、個人にそれと自覚されない知覚・思考・行為を生み出す性向を指す。

正当な司牧者の教えの中に良き羊飼いであるキリストの声を認められない場合には、正当な司牧者の教えにさえ同意することを拒否することができるのです。「羊はその声を知っているので、（良い羊飼いに）従う。しかし羊は、他の者には決してついて行かず、彼から逃げ去る。他の者たちの声を知らないから」（ヨハ 10:4-5）です。聖トマスにとって、キリスト信者は、神学的な能力がなくても、自分の所属地域の司教が異端的な説教をした場合には、「センスス・フィデイ」によって抵抗することができ、また抵抗しなければならないと教えています^{（註78）}。このような場合、キリスト信者は、自分自身を信仰の真理の最終的な基準として扱うのではなく、むしろ、自分が困惑を覚える世間的には一見「評価される」ような説教に直面する際、その理由を正確には説明することができないまま、同意を延期して普遍教会の優れた権威者に内的に訴えることが求められます^{（註79）}。

64.「センスス・フィデイ・フィデーリス」はまた、キリスト信者が説教されている内容において、ほんもののカトリックの信仰に不可欠なものと、正式には信仰に反してはいなくとも信仰の核心に関しては偶発的なもの、あるいは無関心なものとを区別することを可能にします。例えば、個々のキリスト信者は、その「センスス・フィデイ」によって、正統な聖母マリアへの崇敬に忠実であるがゆえに、ある特定のマリア信心の形を相対化することができます。また、キリスト教の信仰と特定の政治的選択とを不当にも混同させるような説教からも距離を置くことができるでしょう。このように、キリスト信者の精神を真の信仰へ集中させることによって、「センスス・フィデイ・フィデーリス」は、ほんもののキリスト信者の生き方における自由を保証し（コロ 2:16-23 参照）、信仰の純化に貢献します。

65. また「センスス・フィデイ・フィデーリス」のおかげで、キリスト信者は、聖霊が与える超自然的な賢明さ、慎重さに支えられて、新しい歴史的で文化的な文脈において、イエス・キリストの真理を真正に証しする最も適切な方法が何であるのかを感じ取ることができ、またそれに従って

行動することができます。このようにして、「センスス・フィデイ・フィデーリス」は、既に生きている信仰に基づいて、キリスト信者共同体の実践の発展や明確化を予測することを可能にするという点で、将来的な次元を獲得するものだと言えます。信仰の実践とその内容の理解とは相互に関連し続けているので、このようにして「センスス・フィデイ」は、以前は暗黙の了解であったカトリック信仰の側面が、顕わになることを容易にするという信仰の照らしにも貢献しています。また、個々のキリスト信者が備えている「センスス・フィデイ」と教会全体における「センスス・フィデイ・フィデーリス」との間にも相互関連性があることから、このような発展は決して純粋に私的なものなのではなく、むしろ常に教会的なものであると言えるのです。キリスト信者たちは、教会の交わりにおいて、常に相互に、また教導職や神学者たちとも関わっているのです。

第3章　教会生活における「センスス・フィデイ・フィデリウム」

66. 個々のキリスト信者の信仰が、信じる主体としての教会の信仰に参与しているように、個々のキリスト信者の「センスス・フィデイ」（フィデーリス）は、聖霊によって授けられ支えられている教会自身の「センスス・フィデイ」（フィデリウム）、すなわち「センスス・エクレジエ」（sensus Ecclesiae；教会的感覚）(註80) と切り離すことはできません (註81)。また「コンセンスス・フィデリウム」は、特定の教えや実践が、使徒的な伝統に合致しているかどうか認識するための確かな基準を構成しています (註82)。したがって本章では、「センスス・フィデイ・フィデリウム」（信じる者の信仰の感覚）のさまざまな側面を検討します。まず、「キリスト教の教義と実践の発展における『センスス・フィデイ』（信仰の感覚）の役割」について考え、次に教会の生活と聖性とにとって非常に重要な二つの関係、すなわち、「『センスス・フィデイ』と教導職との関係」、および「『セン

スス・フィデイ』と神学との関係」について考え、最後に「『センスス・フィデイ』のいくつかのエキュメニカルな側面」について考えましょう。

1.「センスス・フィデイ」（信仰の感覚）とキリスト教の教義および実践の発展

67. 教会全体は、信徒の立場と位階的な立場にある者とが一体となって、聖書と生きた使徒的な伝統に含まれる啓示に対して責任を負っており、歴史においてその責任を橋渡ししてゆくものなのです。第二バチカン公会議は、聖書と伝統（聖伝）とが「神のことばの単一の聖なる遺産」を形成しており、それが「教会」、すなわち「司牧者に結ばれた聖なる民全体」に委ねられていると述べています [註83]。第二バチカン公会議は、信者は単に位階的な聖職者から教えられるばかりでなく、つまり信者は神学者が説明する事柄を受動的にいただくばかりの単なる受け手などではなく、むしろ教会の中で生きた能動的な主体であるという考え方を明確に教えています。この文脈において公会議は、信仰の明確化と発展を理解するに際して、信じるすべての者が果たす重要な役割を強調しました。「使徒に由来する伝統は、聖霊の助けを借りて教会の中で進歩してゆくのです」[註84]。

a)「センスス・フィデイ」（sensus fidei）の回顧的および将来的な側面

68. 教会生活の中で「センスス・フィデイ」がどのように機能し、現れているのかを理解するためには、「センスス・フィデイ」を歴史的文脈において眺める必要があります。歴史の中では、一日一日が聖霊の支えによって新たに主の声を聞くひと時となっているのです（ヘブ 3:7-15 参照）。イエス・キリストの生と死と復活に基づく福音は、生きた使徒的な伝承を通して教会全体に伝えられ、その中で聖書は権威ある文書として証しをもたらすものとされています。したがってイエスが語り行ったすべての事柄を教会に想い出させる聖霊の恵みによって（ヨハ 14:26 参照）、キリスト信者は、信仰生活と「センスス・フィデイ」との実践の際に、聖書と共に継続

する使徒的な伝統にも依拠することになるのです。

69. しかし、信仰と「センスス・フィデイ」は、決して過去に縛られているのではなく、むしろ未来に向けられています。キリスト信者の共同体は、歴史的な現実であり、「キリスト・イエス御自身を礎として、使徒と預言者の土台の上に建てられ」、「主にあって聖なる神殿に成長する」（エフェ 2:20-21）ものだからです。聖霊は、教会を「すべての真理に」導くとともに、信者に来るべきことを今すぐに告げるため（ヨハ 16:13）、特に聖体の秘跡において、教会は主の再臨と神の国の到来を予期しているのです（一コリ 11:26 参照）。

70. 主の再臨を待っている間、教会とその構成員は、常に新しい状況、知識や文化の発展、そして人類の歴史の課題に直面しています。そして、時のしるしを読み解き、「神のことばの光に照らされて、それらを解釈し」、それらが啓示された真理そのものを「より深く浸透させ、よりよく理解し、より深く提示する」ことを可能にする方法を見究めなければなりません[註85]。この過程において、「センスス・フィデイ・フィデリウム」は重要な役割を担っています。なぜなら、「センスス・フィデイ・フィデリウム」が、教会とそのすべての構成員が歴史において巡礼の道を歩むように、単なる受け身の反応ではなく、むしろ積極的かつ相互的に働くように後押しするからでもあります。したがって、「センスス・フィデイ」は決して回顧的であるわけでなく、むしろ前向きなものなのです。そして、あまり知られてはいませんが、「センスス・フィデイ」の前向きで積極的な側面は非常に重要です。「センスス・フィデイ」は、歴史の不確かさや曖昧さの中で正しい道を進むための直観を信者に与え、人類の文化や科学の進歩が語ることに注意深く耳を傾ける能力を与えてくれるものなのです。それは、信仰生活を活気づけ、真のキリスト教的な行動にまで導くものなのです。

71. この識別の過程が結論に至るまでには、長い時間がかかることがあり

ます。新しい状況に直面して、信者全般、司牧者、神学者はそれぞれの役割を担っており、「センスス・フィデイ」が明確になるとともに、真の「コンセンスス・フィデリウム」（consensus fidelium）、つまり「羊飼いと信じる者との一致」（conspiratio pastorum et fidelium）が達成されるためには、長く続く相互のやりとりを忍耐と敬意をもって行うよう心がける努力が必要となるのです。

b)「センスス・フィデリウム」に対する信徒の貢献

72. キリスト教の初めから、信じるすべての者はキリスト教信仰の発展のために積極的な役割を果たしてきました。共同体全体が使徒的な信仰の証人となり、歴史的に見ても、信仰に関する決定を下す必要があるときには、信徒の証言が司牧者によって考慮されていました。上記の歴史的な考察でも明らかなように(註86)、さまざまな教義が制定される際には、信徒が主要な役割を果たしたという証拠があるのです。時には、こうした問題について、神学者や司教たちの見解が分かれていたとしても、神の民、特に信徒たちは、教義の発展がどの方向に向かってゆくのかを直感的に感じていました。しかも、時折、明確な「コンスピラツィオ・パストールム・エト・フィデリウム」（conspiratio pastorum et fidelium；牧者と信じる者との一致）があったのです。そして、教会がある決定をするに至ったときには、しばしば「教える教会」は明らかに信者に「相談」しており、その決定を正当化する論拠の一つとして「コンセンスス・フィデリウム」（consensus fidelium）という発想を用いていたのです。

73. これまであまり知られておらず、一般的にもあまり注目されていないのが、教会の道徳的な教えの発展に際して信徒たちが果たした役割です。それゆえ、福音に従う適切な人間の行動についてのキリスト教的理解を見究めるうえで、信徒たちが果たした役割について考えることも重要となるのです。教会の教えは、一定の分野において、信徒が新しい状況から生じる必然的な事柄を発見したその結果として発展してきました。神学者の考

察、そして司教座に存する司教の判断は、信徒の忠実な直観によって既に明らかにされたキリスト教信仰の経験に基づいていました。例えば道徳的な教えの発展において、「センスス・フィデリウム」(sensus fidelium) が果たした役割が挙げられるでしょう。以下にそのいくつかの例を掲げておきましょう。

　i）聖職者や信徒が利息を受け取ることを禁じたエルビラ教会会議（306年頃）の規定第20条や、教皇ピオ8世がレンヌの司教に宛てた回答『気を散らさぬように』(*Non esse inquietandos*)［1830年］[註87] においては、商売に携わる信徒の間で新しい意識が生まれたことと、神学者の側で貨幣の性質に関して新しい考察がなされたことの双方によって教理の明確な発展が見られるのです。

　ii）教皇レオ13世の回勅『レールム・ノヴァールム』(*Rerum Novarum*)［1896年］に見られるように、教会が社会問題に対して開かれていることは、活動家や思想家などの信徒の「社会的な先駆者」の活躍が主要な役割を果たした成果として、長い時間をかけて熟成された準備作業の結果示された事柄でした。

　iii）教皇ピオ9世による『シラブス』（禁書目録）第10部（1864年）に登場する自由主義的な主張に対する非難から、第二バチカン公会議の『信教の自由に関する宣言』(1965年) に至るまでの同質的であっても顕著と言える発展は、人権のための闘いにおける数多くのキリスト信者の献身なしにはあり得なかったのです。

　上記のような事例において、真正な「センスス・フィデイ」を見分けることの難しさは、特に真正な「センスス・フィデイ」への参与に必要とされる心構えを特定する必要性を示しています。その心構えは、ひいては真正な「センスス・フィデイ」を見分けるための基準として役立つかもしれ

ません ^(註88)。

2.「センスス・フィデイ」（信仰の感覚）とマジステリウム（教導職）

a）教導職は「センスス・フィデイ」に耳を傾ける

74. 洗礼を受けた人は、信仰の問題に関して、決して受動的な態度に終始していてはいけません。彼らは聖霊を受け、主のからだの一員として「教会の刷新と建設のために生きるように」賜物とカリスマを与えられているため ^(註89)、教導職は、神の民の生きた声である「センスス・フィデイ」に注意を払わなければなりません。受洗者には自分たちの声を聞いてもらう権利があるだけでなく、使徒の信仰に属するものとして提案された事柄に対する自分たちの反応を、特に真剣に受け止めてもらわなければならないのです。なぜなら、使徒の信仰が聖霊の力によって担われるのは教会全体においてだからであり、使徒的な信仰は、教会全体によって、聖霊の力によってもたらされるものだからです。教導職は、独占的に責任を有するわけではありません。このため教導職は、教会全体の信仰の感覚に寄り添うべきなのです。信仰の感覚こそ、教義の発展において重要な要素となり得るものであり、それゆえ教導職は、キリスト信者に相談（諮問）する手段を必要としていると結論づけられるのです。

75.「センスス・フィデリウム」と教導職との関係は、特に典礼において認められます。洗礼を受けた者であるキリスト信者たちは、主に聖体の秘跡において行使される王としてのキリストの祭司職に参与しており ^(註90)、司教たちは、聖体の秘跡を司る「大祭司」であり ^(註91)、そこにおいて定期的に教導職をも行使しているのです。「聖体の秘跡は教会生活の源泉であるとともに頂点でもあるのです」^(註92)。特に、そこでは信者とその司牧者が、神に讃美と栄光を帰すという一つの目的のために一つの体として相互に働くのです。聖体の秘跡は、司教や公会議の教えが最終的に信者に「受け取られる場」であるため、「センスス・フィデイ」を形成し、信仰の

言葉による表現の定式化と洗練とに大きく貢献してきました。初期キリスト教時代から、聖体の秘跡は教会の教えの形成を支えていました。なぜならそこにおいて、信仰の秘義が実現されるべくそれが祝われていたからです。そして信じる者の中において、地方教会において聖体祭儀を司式していた司教たちは、信仰を言葉や定式句において表現するのに最も適した方法を決定するために会議を招集したのです。まさに、「祈りの法は信仰の法」（lex orandi, lex credendi）であったのです^(註93)。

b）教導職は「センスス・フィデリウム」（sensus fidelium）を育て、見分け、判断する

76. 「司教職の継承権とともに、真理の確かなカリスマを受けた者」^(註94)の教導職は、教会において、また教会のために行使される真理に関する務めであり、その構成員は皆、真理の霊によって油を注がれ（ヨハ 14:17、15:26、16:13、一ヨハ 2:20、2:27）、福音の真理に対する直感である「センスス・フィデイ」を与えられています。教導職は、教会全体が神のことばに忠実であることを保証し、神の民が福音に忠実であることを維持する責任を有するため、「センスス・フィデリウム」（sensus fidelium）を育み、教育する責任があります。もちろん、教導職を遂行する者、すなわち教皇や司教は、自身が洗礼を受けた神の民の一員であり、その事実そのものによって「センスス・フィデリウム」に参与しているのです。

77. 教導職はまた、神の民の間に存在していて「センスス・フィデリウム」に基づくものと思われる意見が、実際に使徒継承の伝統の真理に一致するかどうかを権威をもって判断します。ニューマン枢機卿が述べたように、「その伝統のあらゆる部分を識別し、判別し、定義し、公布し、力強く支える賜物は、もっぱら教える教会に属するものです」^(註95)。したがって、「センスス・フィデリウム」の信憑性についての判断は、最終的には信じる者自身でも神学でもなく、教導職に属するのです。とはいえ、既に強調したように、教導職が奉仕する信仰は、すべてのキリスト信者の内に

生きている教会の信仰であり、それゆえ教導職が、その本質的な監督の務めを果たすのは、常に教会の交わりに根ざした生活においてなのです。

c）受容

78.「受容」とは、聖霊に導かれた神の民が直感あるいは洞察をもって理解し、それを生活や礼拝の形式や構造に統合するプロセスであり、また真理の新たな証しとそれに対する表現形式とを使徒的な伝統に合致するものとして理解することで受け容れるプロセスであると表現することができます。この受け容れのプロセスは、神の国の完成に向かって歴史の中を旅する巡礼者としての教会の生活と健全さにとって基本的なものです。

79. 聖霊のすべての賜物、そして特別な手段において働く教会内の最も優れた聖霊の賜物は、信仰や共同体の交わりにおける教会の一致を育むために与えられています[註96]。またキリスト信者による公式の教えの受容は、それ自体、信者たちが、自分たちの持つ「センスス・フィデイ」によって、教えられたことの真理を認識し、それに従うとき、聖霊によって促されるものです。先ほど説明したように、教皇の不可謬性の定義は、「それ自体で、教会の同意によらずに」（ex sese non autem ex consensu Ecclesiae）[註97]決定される変更不可能なものというのが第一バチカン公会議の教えなのですが、このことは、教皇が教会から切り離されているということや、教皇の教えが教会の信仰から独立しているということを意味するものでは決してありません[註98]。これについては、祝福された「聖母マリアの無原罪の御宿り」および「天上への聖母の身体の被昇天」の両者についての教皇の不可謬性に基づく教義の制定に先立って、当時の教皇の明確な希望に基づいて、信者の意見の広範な精査が行われたという事実が十分に証明しています[註99]。むしろ、こうした経緯が意味することは、教皇による教義の制定、ひいては教皇と司教とが発するすべての教えが、彼らが備えている聖霊の賜物、すなわち「確かな真理のカリスマ」（charisma veritatis certum）ゆえに、それ自体が権威あるものだという事実です。

80. しかし教皇の教えを信者が受け入れる際には、困難や抵抗を伴う場合があり、そのような状況では双方の適切な行動が求められるようになります。信者は、与えられた教えをよく考え、理解し、受け容れるためにあらゆる努力をしなければならないのです。原則として、教導職の教えに抵抗することは、真の「センスス・フィデイ」とは相容れません。同様に、教導職は、制定した教えを省察し、本質的なメッセージをより効果的に伝えるために、それを明確化したり、再構成したりする必要があるかどうか検討しなければなりません。このような困難な時の相互の努力は、教会の営みにとって不可欠な交わりを表すものであり、教会を「すべての真理に」（ヨハ 16:13）導く聖霊の恵みを切望することにもなるのです。

3. 「センスス・フィデイ」（信仰の感覚）と神学

81. 信仰を理解するための奉仕として、神学は、教会内のすべてのカリスマや機能と一致することによって、教会に信仰の内容に関する客観的な正確さを提供しようと努めています。それは必然的に「センスス・フィデイ」の存在と、その正しい行使に根拠づけられています。「センスス・フィデイ」は神学者にとって単に注目すべき対象であるだけでなく、むしろ神学者の働きの基礎と場所を形成しているのです（註100）。したがって神学は、それ自体、「センスス・フィデイ」との次の二つの関わり方を備えていると言えます。第一に、神学者が研究し明示する信仰が、神の民の中に生きていることから、神学者は「センスス・フィデイ」に依拠していると言えます。この意味で神学は、神のことばの深遠な共鳴を発見するために、自らを「センスス・フィデリウム」という学びの場に置かなければなりません。第二に、神学者は、信仰の本筋を想い起こさせ、他所から持ち込まれた想像的な諸要素の影響による逸脱や混乱を避けるためにも、キリスト信者がほんものの「センスス・フィデリウム」を生きることを助けます。こうした二つの関わり方は、以下に掲げる a）および b）のように明

確にしておく必要があります。

a）神学者は「センスス・フィデリウム」（信じる者の総体の感覚［sensus fidelium］）に依拠する

82．神学は、「センスス・フィデリウム」という学びの場に身を置くことによって、使徒的伝統の現実で満たされています。そして、この使徒的伝統こそ、教会の教えが定式化されている文言の厳格な限界を、ときに超越しつつも、暗示しているのです。こうした事態は、「教会自身のすべて、教会が信じていることのすべて」を構成しているからです[註101]。これに関しては、具体的に三つの点を考察する必要があります。

　i）神学を遂行する神学者は、神の民の生活の場という土壌において、種のように成長している神のことばを見出すよう努力し、特定の強調点や願望、態度が実際に聖霊から来ているかどうか、したがって「センスス・フィデリウム」に対応しているものかどうか判断したうえで、それを自身の研究に統合すべきです。

　ii）神の民は、「センスス・フィデリウム」によって、提示された数多くの考えや教えのうち、何が実際に福音に合致していて、それゆえ確かに受け取ることができるものなのかを直感的に感じ取ることができます。神学は、神の民の生活において起こるさまざまなレベルの事柄の受容について慎重に調査する必要があります。

　iii）「センスス・フィデリウム」は、典礼や大衆の宗教性の中にしばしば見られる象徴的あるいは秘義的な言語表現とその真正さとをもたらすと同時にこれを理解するものです。神学者は、大衆の宗教性の表現を理解しながら[註102]、実際に地方教会の生活や典礼に参与して、教会とその構成員が今日の世界で信仰を生き、キリストを証ししようと努めている歴史的、文化的な現実の脈絡を、頭だけでなく心でも深く理解できるようにする必

要があります。

b）神学者による「センスス・フィデリウム」（sensus fidelium）の考察

83.「センスス・フィデリウム」（sensus fidelium）は、ある時には洗礼を受けた人びとの多数意見とは必ずしも同じではないので、神学はその識別のための原則と基準を提供する必要があります。特に教導職による識別が必要となるのです（註103）。神学者は批判的な手段によって、「信仰の真理に関する問題は複雑である可能性があり、その調査・研究は正確なものでなければならないことを理解し、実証する」ことで、「センスス・フィデリウム」の内容を明らかにし、明確にすることを助けます（註104）。この観点から、神学者は使徒的な伝統に対する忠実さゆえに、大衆的な宗教的表現、新しい思想の流れ、また教会における新しい運動を批判的に検討する必要があるのです（註105）。そうすることによって、神学者は、ある特定のケースにおいて、教会が扱っているものが、信仰の危機や誤解によって引き起こされた逸脱であるのか、または多元的なキリスト信者の共同体の中で適切な位置を占めていて必ずしも他の人に悪影響を与えることのない意見であるのか、あるいは聖霊の霊感や促しとして理解されるほどに信仰に一致しているものであるのかを見究める助けとなるのです。

84. 神学は、別の方法でも「センスス・フィデリウム」（sensus fidelium）を助けます。神学は、キリスト信者が、聖書の真の意味、公会議によって制定された教えの真の意義、伝統となっている適切な信仰の内容をより明確かつ正確に知ることを助け、またどのような課題が未解決のままであるのか、例えば現在における断定の仕方に曖昧さが残っているため、あるいは文化的な要因が伝承されてきたものに影響を与えているため、いかなる分野で以前の立場を修正する必要があるのかを知ることを助けます。「センスス・フィデリウム」は、神学が促進しようとしているところの信仰についての強靱かつゆるぎない理解に依拠しているのです。

4. 「センスス・フィデイ」のエキュメニカルな側面

85. 「センスス・フィデイ」（sensus fidei）、「センスス・フィデリウム」（sensus fidelium）、「コンセンスス・フィデリウム」（consensus fidelium）という概念は、カトリック教会と他の教会あるいは教会共同体との間のさまざまな国際的な対話において扱われたり、少なくとも言及されたりしています。大まかに言えば、これらの対話では、信徒と聖職者とを含めたキリスト信者全体が、教会の使徒的な信仰と証しとを維持する責任を負っていること、また洗礼を受けた各人は、神から油注がれているがゆえに（一ヨハ 2:20, 2:27）、信仰上の課題について真理を識別する能力を備えていることが合意されています。また、教会の特定の構成員が教え、監督するという特別な責任を果たすことは、常に他のキリスト信者と協力して行われるべきものであるという一般的な合意もあります[註 106]。

86. 「センスス・フィデリウム」に関わる二つの特別な課題が、もはや後戻りのできないほど重要な責務としてカトリック教会が示している「エキュメニカルな対話」の文脈において生じています[註 107]。

　i）すべてのキリスト信者の共通の同意を得ている教義だけが、「センスス・フィデリウム」を表現しているとみなされ、それが真正なものであるがゆえに拘束力を持つとみなされるべきなのでしょうか。この提案は、カトリック教会の信仰と実践に反するものです。カトリックの神学者と他の伝統ある教派の神学者らは、対話によって教会を分裂させるような課題について合意を得ようとしていますが、カトリック側の対話の参加者は、カトリック教会自身が確立した教義への同意を決して中断することはできないのです。

　ii）既にカトリック教会から分離したキリスト信者たちは、何らかの形

で「センスス・フィデリウム」（sensus fidelium）を生き、表現する働きに参与し、貢献していると理解すべきでしょうか。ここでは疑いなく、そうだと答える必要があります^{（註108）}。カトリック教会は、「数多くの聖化と真理の要素」が自らの目に見える範囲の外にも見出されることを認めており^{（註109）}、「キリスト教の秘義の特徴が、時として他の共同体において、より効果的に強調されてきた」ことを認めて^{（註110）}、エキュメニカルな対話は福音についての自らの理解を深め明確化するのに役立つものと考えています。

第4章　ほんものの「センスス・フィデイ」の顕れを見分ける方法

87.「センスス・フィデイ」は教会生活にとって不可欠なものですが、ほんものの「センスス・フィデイ」の顕れをどのように識別するのかを検討する必要があります。このような識別は、ほんものの「センスス・フィデイ」を、単なる世論や特定の利害関係、あるいは時代的精神の表現から区別する必要がある場合、特に緊張した状況において必要となります。「センスス・フィデイ」とは、個々のキリスト信者が参与する教会の現実であることを認識したうえで、この第4章の1項では、洗礼を受けた人びとが、真に「センスス・フィデイ」の主体となるために必要とされる特性、言い換えればキリスト信者が「センスス・フィデイ」に真の意味で参与するために必要な心構えを明らかにしようとしています。1項で提示された基準となる考察は、2項で「センスス・フィデイ」についての基準を実際に適用することについての考察によって補完されます。その際、2項では、三つの重要なテーマについて考察していきます。まず、「『センスス・フィデイ』と大衆の宗教性との間の密接な関係」、次に「『センスス・フィデイ』と教会内外の世論との間の必要な区別」、そして最後に「信仰および道徳的な問題について信じる者にどのように相談（諮問）するか」という課題

を扱います。

1.「センスス・フィデイ」への真の参加に必要な心構え

88. 気質というものは、単一のものではなく、むしろ教会的、霊的、道徳的な要因に影響された一連のものとして理解されます。一つの気質を単独で論じることはできず、それぞれの気質と他のすべての気質との関係を考慮しなければならないのです。それゆえ、聖書的、歴史的、体系的な調査から導き出された、「センスス・フィデイ」への真の参与のための最も重要な心構えのみを以下に示すことにします。

a）教会生活への参与

89. 第一の、そして最も基本的な気質としては、教会生活への積極的な参与が挙げられます。形式上の教会の構成員として生きるだけでは十分ではありません。教会生活への参与とは、絶えず祈ること（一テサ 5:17 参照）、典礼、特に聖体の秘跡に積極的に参加すること、ゆるしの秘跡を定期的に受けること、聖霊から受けた賜物やカリスマを識別して実践すること、教会の使命や奉仕（diakonia）に積極的に関わることを意味します。また、信仰および道徳に関する教会の教えを受け容れ、神の掟に従おうとする意志と、兄弟姉妹を矯正し、また自分自身も矯正を受け容れる勇気を持つことが前提となります。

90. このような参与の仕方には無数の方法がありますが、すべての場合に共通するのは、教会との積極的な連帯であり、それも心からの連帯であって、他の信者や教会全体との交わりを感じ、それによって教会の必要性や、教会を脅かす危険性が何であるのかを直感することです。必要な姿勢は、「センティーレ・クム・エクレジア」（sentire cum Ecclesia）［教会と共に感じ取る］、すなわち教会と調和して耳を傾け、感じ、了解するという表現において伝えられています。これは神学者だけでなく、すべてのキリスト

信者にも求められていることであり、巡礼の旅路を歩む神の民のすべての構成員を結びつけるものです。それは、まさに彼らが「共に歩む」ための鍵なのです。

91.「センスス・フィデイ」の主体は、教会生活に参与している教会の構成員であり、「わたしたちは、数は多いが、キリストに結ばれて一つの体を形づくっており、各自は互いに部分である」（ロマ 12:5）ことを知っているのです。

b) 神のことばに耳を傾ける

92.「センスス・フィデイ」に真の意味で参与するには、神のことばに深く、しかも注意深く耳を傾けることが必然的に求められます。聖書は、信仰共同体において世代から世代へと受け継がれてゆく神のことばの証しの原点です^{（註111）}。そのため聖書と伝統（聖伝）との一体性は、そのような聴く姿勢の主要な指標となるものです。「センスス・フィデイ」は、神の民が「単なる人の言葉ではなく、真に神のことばを受け取る」信仰の感覚なのです^{（註112）}。

93. 科学的な方法で聖書や伝統の証言を研究することは、すべての神の民の構成員に求められていることではありません。むしろ必要とされているのは、典礼における聖書の呼びかけに注意深く、受容する姿勢で耳を傾け、「神に感謝します」あるいは「主イエス・キリストよ、あなたに栄光がありますように」という心からの応答、信仰の神秘の熱烈な宣言、そして神がイエス・キリストにおいて御自分の民に命じられた事柄に対して「はい」と応える「アーメン」という告白こそが重要なのです（二コリ 1:20）。それゆえ典礼への参加は、教会の生きた伝統に参与するための鍵となるものであり、貧しい人びとや困っている人びととの連帯は、キリストの臨在とその声を理解するために心を開くきっかけとなるものです（マタ 25:31-46 参照）。

94.「センスス・フィデイ」の主体は、「聖霊に促されて喜びをもってみことばを受け取った」（一テサ1:6）教会の構成員です。

c) 理性への開放性

95.「センスス・フィデイ」への真の参与に必要な基本的気質とは、信仰と関係する事柄において理性の適切な役割を受け容れることです。信仰と理性は共に前進します^{（註113）}。イエスが述べているように、神は「心を尽くし、魂を尽くし、……力を尽くして」愛されるだけでは十分ではありません。さらにイエスは、神は「精神を尽くして」も愛されるべきであると人びとに教えたのです（マコ12:30）。神は唯一であるため、真理も唯一であるのですが、信仰と理性とによってそれぞれ異なる視点や方法で理解されます。信仰は理性を浄めてその範囲を広げ、理性は信仰を浄めてその一貫性を明確にするのです^{（註114）}。

96.「センスス・フィデイ」の主体は、「理にかなった礼拝」を挙行し、自らの信仰とその実践において信仰に照らされた理性の適切な役割を受け容れる教会の構成員なのです。すべての信者は、「心を新たにして自分を変えていただき、何が神の御心であるか、何が善いことで、神に喜ばれ、また完全なことであるかをわきまえる」（ロマ12:1-2）ように求められているのです。

d) 教導職への準拠

97.「センスス・フィデイ」に真の意味で参与するために必要なもう一つの気質とは、教会の教導職への配慮であり、自由な心で深く抱かれた信念に基づく行為として、教会の司牧者たちの教えに耳を傾ける意志を堅持することです^{（註115）}。教導職は、イエスの使命に、とりわけその教えの権威に根ざしています（マタ7:29参照）。それは、聖書と伝統の両方に本質的に関係しており、これら三つ（聖書・伝統・教導職）のうちのいずれもが、

決して「他のものなしには成り立たない」のです^(註116)。

98.「センスス・フィデイ」の主体は、イエスが遣わした使者に対して敬意をもって応対し、その言葉に耳を傾ける教会の構成員なのです。「あなたがたに耳を傾ける者はわたしに耳を傾け、あなたがたを拒む者はわたしを拒み、わたしを拒む者はわたしを遣わした方を拒む」（ルカ 10:16）とイエスも述べているとおりです。

e）聖性——謙遜、自由、喜び

99.「センスス・フィデイ」への真の参与には、「聖性」が不可欠です。「聖性」は教会全体とあらゆるキリスト信者の召命だからです^(註117)。基本的に、聖なるものとは、イエス・キリストとその教会において神に属すること、洗礼を受け、聖霊の力で信仰を生きることを意味します。「聖性」とは、まさに御父と御子と聖霊である神の命に参与することであり、神への愛と隣人への愛、神の意志への従順さと同胞への好意的な関わり方とを結びつけるものです。このような生活は聖霊によって支えられており、聖霊は、特に典礼において、キリスト信者に繰り返し呼び求められ、また受け取られるのです（ロマ 1:7-8、1:11）。

100. 教会の歴史において、聖人たちは「センスス・フィデイ」という光の担い手となっています。神のことばを完全に受け容れた全き聖なる方（Panaghia）である神の母マリアは、まさに信仰の模範であり、教会の母であるのです^(註118)。キリストのことばを心にとどめ（ルカ 2:51）、神の救いの業を讃美して歌う（ルカ 1:46-55）マリアは、「センスス・フィデイ」がキリスト信者の心において生み出す神のことばへの喜びと善い知らせとを宣べ伝えようとする熱心さを完全に体現しています。その後のすべての世代において、教会への聖霊の賜物は、聖性の豊かな収穫をもたらし、実に聖人のすべての数は神のみが知るところとなっているのです^(註119)。賞賛の内に列聖された人びとは、キリスト教の信仰や生活の目に見える模範

として存在しています。教会にとって、マリアとすべての聖なる人たちは、その祈りと熱意とをもって、それぞれの時代ばかりではなく、すべての時代に、それぞれの場所と同時にすべての場所において、「センスス・フィデイ」の優れた証人となっているのです。

101. 聖なるものは、基本的にキリストを模倣すること（imitatio Christi）を必要としているので（フィリ 2:5-8 参照）、聖なるものは本質的に謙遜を伴います。このような謙遜は、不確かさや臆病さとは正反対のものであり、精神的な自由における行為です。したがって、キリスト御自身の像に従って生きることによる「率直さ」（παρρησία；大胆さ）（ヨハ 18:20 参照）は、謙遜と結びついており、「センスス・フィデイ」の特徴でもあります。謙遜を実践する最初の場所は、教会の中にあります。謙遜は、司牧者に対する信徒の美徳であるだけではなく、教会のために職務を遂行する司牧者自身の義務でもあります。イエスは 12 人に次のように教えられました。「いちばん先になりたい者は、すべての人の後になり、すべての人に仕えるものになりなさい」（マコ 9:35）と。謙遜は、信仰の真理、司牧者の務め、そして信じる者、特に弱い者の必要性を習慣的に認めることによって生きられるものなのです。

102. 「聖性」の真の指標とは、「聖霊による平和と喜び」（ロマ 14:17、一テサ 1:6 参照）です。これらの賜物は、心理的、感情的な次元ではなく、何よりもまず霊的な次元で現れます。つまり救いの宝、高価な真珠を見つけた人の心の平安と静かな喜びです（マタ 13:44-46 参照）。確かに、平和と喜びとは、聖霊の最も特徴的な二つの実りです（ガラ 5:22 参照）。心を動かし、神に向かわせるのは聖霊であり、聖霊こそ「心の目を開き、『真理に同意し、それを信じること』（omnibus suavitatem in consentiendo et credendo veritati）に喜びと安らぎを与える」のです[註120]。喜びは、聖霊を悲しませる憎しみや怒りとは正反対のもので（エフェ 4:31 参照）、救いの特徴でもあります[註121]。聖ペトロは、キリストの苦しみを分かち合

うことを喜び、「キリストの苦しみにあずかればあずかるほど喜びなさい。それは、キリストの栄光が現れるときにも、あなたがたが喜びにみちあふれるためです」（一ペト 4:13）とキリスト信者に対して促しています。

103.「センスス・フィデイ」の主体は、聖パウロの「同じ思いとなり、同じ愛を抱き、心を合わせ、思いを一つにしてわたしの喜びを満たしてください。何事も利己心や虚栄心からするのではなく、謙って互いに相手を自分よりも優れた者と考えなさい」（フィリ 2:2-3）という差し迫った呼びかけを理解し、それに応える教会の構成員なのです。

f）教会の建設の追求

104.「センスス・フィデイ」の正統な表明の仕方は、一つの体としての教会の建設に寄与するものであり、教会内の分離主義や個人主義を助長するものでは決してありません。コリントの信徒への手紙一では、教会の生活と使命に参与することの本質は、このような（キリストの体の）「建設」にあるとしています（一コリ 14 章参照）。（キリストの体の）建設とは、自身の信仰の内面的な意識においてであれ、教会の信仰のうちに洗礼を受けることを望む新しい構成員においてであれ、教会を建てることを意味します。教会は神の家、聖なる神殿であって、聖霊を受けた信者によって構成されているのです（一コリ 3:10-17 参照）。教会を建てるということは、自分に与えられた賜物を発見し発展させることを追い求めることであり、他の人が自らのカリスマを発見し発展させることを助けること、またキリスト信者の慈愛の精神によって、他者の誤りを正し、自分も矯正を受け容れ、他者と共に働き、共に祈り、喜びや悲しみを共に分かち合うことをも意味します（一コリ 12:12、26 参照）。

105.「センスス・フィデイ」の主体は、聖パウロがコリントの信者に語った「一人一人に霊の働きが現れるのは、全体の益となるためです」（一コリ 12:7）という言葉を反映する教会の構成員自身なのです。

2. 適用に関して

106.「センスス・フィデイ」の固有の気質に関する議論は、いくつかの重要な実践的かつ司牧的な課題についての考察によって補う必要があります。特に、「『センスス・フィデイ』と大衆の宗教性との関係」、一方では「『センスス・フィデイ』と世論や多数意見とのあいだの必要な区別」、「信仰および道徳の問題についてどのように信者に相談（諮問）するか」などについてです。以下、これらの諸点を順に検討してゆくことにします。

a)「センスス・フィデイ」と大衆の宗教性

107. 人間には、自ずから生ずる「宗教性」というものがあります。すべての人の生活において宗教的な問いというものは自然と生じるものであって、膨大な数の多種多様な宗教的信心や大衆的な信仰の実践が促されているのです。それゆえ「大衆の宗教性」という現象は、最近では数多くの注目を浴びており、まさに研究の対象となっています^{（註122）}。

108. また、「大衆の宗教性」という言葉には、より具体的な用法もあります。すなわち、教会における神の民のあいだで見受けられるキリスト教信仰の非常に多様な表現に言及すること、あるいは、むしろそのような多数の方法によって表現を見出す「人びととのカトリック的な知恵」（洞察）にも言及することです^{（註123）}。その知恵とは、「神と人間、キリストとマリア、精神と身体、交わりと制度、個人と共同体、信仰と祖国、知性と感情とを創造的に結びつける」ものであり、人びとにとって「教会において福音こそが第一のものであるのか、それともその内容が空虚なものとされ、他の関心事によって息の根を止められている時とを自ずと感じ取る、識別の原理と福音的な本能」でもあるのです。このような知恵、原理、本能として、「大衆の宗教性」は明らかに「センスス・フィデイ」と非常に密接に関係しており、本研究の枠組みの中で慎重に検討する必要があるのです。

109. 「天地の主である父よ、あなたをほめたたえます。あなたはこれらの
ことを知恵ある者や賢い者には隠して、幼子のような者にお示しになりま
した」（マタ11:25、ルカ10:21）というイエスのことばは、この文脈におい
て非常に重要な関連性を持っています。これらは、謙遜な信仰者に与えら
れる神の事柄に対する知恵、あるいは洞察を示しているからです。非常に
多くの謙遜なキリスト信者（そして実際に、教会の目に見える範囲を超えて
生きている善良な人びと）は、少なくとも潜在的には、神の深い真理に特
権的に触れる機会を持っています。大衆の宗教性は、特にこのような人に
受け容れられた神に関する知識からもたらされるものです。それは「わ
たしたちの心に注がれた聖霊が働く、御心にかなう生活の表れです（ロマ
5:5 参照)」(註124)。

110. 原理や本能にしても、また特に献身（信心）や巡礼、行列などの文
化的な実践という形での多様性に満ちたキリスト教的実践にしても、「大
衆の宗教性」が「センスス・フィデイ」から生まれ、それを顕在化させる
ものであり、尊重されるとともに育成されるべきものでもあるのです。大
衆の信仰性こそ「信仰の〈受肉化〉の最初でありかつ基本的なかたち」で
あることを認める必要があるでしょう(註125)。このような信心は、「聖霊
によって促され導かれる教会の現実」(註126)であり、聖霊によって神の民
が、確かに「聖なる祭司」として油を注がれていることの証左となるもの
なのです。それゆえ、まさに神の民の祭司職が多様な仕方で表現されるの
は当然のことなのです。

111. 当然のことながら、神の民の祭司としての活動は典礼の中で最高潮
に達します。それゆえ人びとの献身が「聖なる典礼と一致」するように
配慮しなければなりません(註127)。より一般的な言い方をすれば、教皇パ
ウロ6世が教えたように、「大衆の宗教性」の健全な在り方は、幅広く理
解される必要があります(註128)。なぜなら、「数多くのゆがみや迷信を備

えた宗教性でさえも」、世間に浸透してしまう危険性があるため、健全な「大衆の宗教性」の働きが意識されることでその歯止めとすべきだからです。このように「大衆の宗教性」が注意深く手入れされ、「よく方向づけられた」場合、それは「価値に富むもの」だと教皇は教えました。「大衆の宗教性」は素朴で貧しい者だけが知ることのできる神への渇きを現すものだからです。信仰を表すことが課題とされる際には、寛大さと犠牲の力を英雄のように扱うべきです。健全な「大衆の宗教性」の在り方は、父である方、摂理そのものである方、常に存在し生きておられる方等、神の深遠な属性を鋭く認識させ、同じように忍耐、日常生活における十字架の感覚、自己放棄、他者への開き、献身など、他ではあまり見られない内面的な態度を生み出すことに寄与します。この「大衆の宗教性」は、それがうまく方向づけられれば、数多くの人びとにとって、イエス・キリストにおける神との真の出会いとなり得るのです（註129）。教皇フランシスコは、高齢の女性の発言を称賛することによって（註130）、教皇パウロ6世が表明していたあの「尊敬の念」に共鳴しているのです。もう一度言いますが、よく方向づけられた「大衆の宗教性」は、福音の深い秘義への洞察と勇気ある信仰の証しの両方において、「センスス・フィデイ」の顕れとして表現することができるものなのです。

112. 「大衆の宗教性」は、真に「教会的」であるとき「良好な方向性」を持つものと言えるかもしれません。教皇パウロ6世は、同文章において、教会的であるための一定の基準を示しています。教会的であるとは、神のことばによって養われていること、政治的になったりイデオロギーにとらわれたりしないこと、地方教会と普遍教会の両方、つまり教会の司牧者や教導職に強い絆で結ばれ交わりを保ち続けること、そして熱心に宣教することを意味しています（註131）。これらの基準は、大衆の宗教性が、それを支える「センスス・フィデイ」と同様に、それが真正であるための必要な条件を示しています。最後の基準が示すように、その真正な形態において、両者は教会の宣教にとって大きな資源となります。教皇フランシスコは、

「民間の信心」（大衆の宗教性）がもつ「宣教の力」を強調しており、「センスス・フィデイ」への言及に見られるように、「民間の信心の根底には」同様に「過小評価してはならない積極的な宣教の力」があるとまで述べています。なぜならそのように何らかの宗教性を認めないことは、聖霊の働きを認めないのと等しいことだからです^(註 132)。

b）「センスス・フィデイ」と世論

113. 最もデリケートなテーマの一つは、教会の内外を問わず、「センスス・フィデイ」と世論または多数派の意見との関係です。「世論」とは社会学的な概念です。「世論」は、まず政治的な社会において適用されます。「世論」の出現は、代議制民主主義という政治モデルの誕生と発展に関連しています。政治権力が国民からその正統性を得る限り、国民は自分の考えを明らかにしなければならず、政治権力は政府の運営を遂行することにおいて「世論」を考慮に入れなければならないのです。したがって、「世論」は民主主義生活の健全な機能にとって不可欠であり、適格かつ誠実な方法で啓蒙され、必要な情報を提供されることが重要となるのです。それがマスメディアの役割です。マスメディアは、特定の利益に有利になるように意見を操作しようとしない限り、社会の共通善に大きく貢献するものなのです。

114. 教会は、民主主義が支持する高度な人間的で道徳的な価値を高く評価していますが、教会自身は世俗的な政治社会の原則に従って構成されているわけではありません。人間と神との交わりの秘義である教会は、その構成の仕方をキリストから受け取っているのです。教会は、その内部構造と統治の原則とをキリストから受けているのです。したがって「世論」は、国民主権の原則に依拠する政治社会で合法的に果たす決定的な役割を教会で果たすことはできませんが、以下で明らかにするように、「世論」もまた、教会内部ではそれなりに適切な役割を備えているのです。

115. マスメディアは宗教的な問題について頻繁に言及しています。信仰上の問題に対する一般の人びとからの関心が活発なことは良い兆候であり、報道の自由は基本的人権として擁護されなければなりません。カトリック教会は、自分たちの教えに関する議論や論争を決して恐れてはいません。それどころか、信教の自由の現れとして、幅広い議論が巻き起こることを歓迎しています。すべての人は、教会を批判することも支持することも自由なのです。実際に教会は、公正で建設的な批判は、課題をより明確に捉え、より良い解決策を見出す際に役立つものと理解しています。また教会自体にも、不当な攻撃を批判する自由があり、必要に応じて信仰を擁護するためにメディアにアクセスする必要があります。こうして教会は、独立系メディアからの招待を大切にし、公共の場での議論に貢献しているのです。教会は、決して情報の独占を望んでいるわけではなく、むしろ複数の意見が交換されることをこそ歓迎しているのです。しかしながら、教会は自分たちの信仰や道徳的な教えの真の意味や内容について社会に知らせることの重要性をもわきまえているのです。

116. 時には保守的な立場であれ進歩的な立場であれ、一般的には教会の使命や生活に建設的に参与するために、教会の中では常に最大限の頻度で信徒の声が聞き入れられるべきです。教育による社会の大きな発展は、教会内の生活形態にも大きな影響を与えています。教会自体も、人びとに自らの声や自らの権利を与えることを目的とした教育プログラムを構築すべく世界中で取り組んでいます。したがって、今日、数多くの人びとが教会の教えや典礼、奉仕に関心を持っていることは良い兆候なのです。数多くのキリスト信者は、自分たちの能力を発揮して、教会生活に自分たちの適切な方法で参与したいと考えています。彼らは、教会を建設し、広く社会に影響を与えるために、小教区やさまざまなグループ、運動によって自分たちの会を組織し、ソーシャルメディアを通じて、他の信者や善意ある人びととの接触を求めているのです。

117. 教会内外の新しいコミュニケーションのネットワークは、新しい形の注意と批判、そして識別の技術的な更新を求めています。カトリックの信仰とは（ある程度）相容れない、あるいは完全には相容れない特別な利益団体からの影響もあり、特定の場所や時間にしか適用できない信念があります。また公共の場での議論における信仰の役割を弱めたり、伝統的なキリスト教の教義を現代の関心事や意見に妥協させて迎合させる圧力さえあります。

118.「センスス・フィデイ」と世論や多数派の意見との間には、単純な同一性がないことは明らかです。これらは決して同じものではないのです。

ⅰ）まず、「センスス・フィデイ」は明らかに信仰に関連しており、信仰は賜物であるがゆえに、必ずしもすべての人が持っているわけではないことから、社会全体の「世論」とは確かに一致しないものなのです。また、キリスト信者の信仰は、もちろん教会の構成員を結びつける第一の要因ではありますが、現代社会に生きるキリスト信者の見解は、社会からさまざまな影響を受けて形成されています。したがって、上で述べた気質に関する議論が暗黙のうちに示しているように、教会における「世論」や多数派の意見と、「センスス・フィデイ」とを単純に同一視することはできないのです。意見ではなく、信仰こそが注目されるべきです。意見は、しばしば、ある集団や文化の持つ気分や願望といった変化しやすい一時的な表現にしかすぎないものですが、信仰はすべての場所と時間にも有効な唯一不変の福音の響きだからです。

ⅱ）神の民の歴史において、真に信仰に生き、証しをしてきたのは多数派ではなく、むしろ少数派であったことが多いのは明らかです。旧約聖書では、王や祭司、イスラエル人の大部分に反して、時には非常に少数の信じる者である「聖なる残された者」がいたことを私たちは知っています。キリスト教自体も、公権力から非難され、迫害された少数派から始まりま

した。教会の歴史においても、フランシスコ会やドミニコ会、後にはイエズス会などの福音主義的な運動は、さまざまな司教や神学者たちから疑惑の目で疑われる小集団として始まりました。今日、数多くの国で、キリスト信者は、他の宗教や世俗的なイデオロギーによって、信仰の真理をないがしろにされ、教会共同体の境界を曖昧にさせられ弱体化させられるほどの強い圧力を受けています。それゆえ、「信じる小さな者たち」（マコ9:42）の声を聞き分け耳を傾けることが特に重要なのです。

119.「センスス・フィデイ」と世論や多数意見とを区別することは間違いなく必要です。それゆえ上述したような「センスス・フィデイ」に参与するために必要な心構えを明確にしておく必要があります。神の民全体が、その内的な一体性において、真の信仰を告白し生活しているのです。教導職と神学は、必要に際して、キリスト教の真理に関する支配的な概念と本物の福音の真理とを比較し、さまざまな状況における信仰の提示の仕方を新たなものとするため、たゆまず努力する必要があるでしょう。しかし、教会における経験は、神学者たちの努力や大多数の司教たちの教えによってではなく、むしろ信者の心の中において信仰の真実が守られていることがあることも私たちは心に留めて想起しなければなりません。

c）信者に相談する方法

120. すべてのキリスト信者は洗礼を介したキリストにおける新生のゆえに「尊厳性においても行為においても真に平等であるから、皆、それぞれ固有の立場と任務に応じて、キリストの体の建設に協働する」(註133) のです。したがって、すべての信者は「各人の学識、固有の権限、地位に応じて教会の善益について、自己の意見を教会の牧者に表明する権利および時として義務を有する。同様にまた、信仰および道徳の十全性並びに牧者に対する尊敬心を損なうことなく、共通の利益および人間の尊厳に留意し、自己の意見を他のキリスト信者に表明する権利および義務を有する」(註134) のです。したがってキリスト信者、特に信徒は、教会の牧者から尊

敬と配慮をもって扱われ、教会の利益のために適切な方法で相談を受けるべき存在なのです。

121.「相談（諮問）する」という言葉には、「判断や助言を求める」という意味合いとともに、「事実関係を尋ねる」という意味合いもあります。一方で、教会の司牧者は、統治や司牧上の問題では、一定の場合、信者に対しての助言や判断を求める意味で、信者に相談することができ、またそうしなければならないのです。その一方で、教皇庁が教義を制定するときには、「信じる者の大部分が、啓示された教義の伝統の真実の証人の一部となるのであり、キリスト信者の共同体を通して与えられる彼らの同意が不可侵の教会の声でもあるので、事実上の課題について尋ねるという意味で信者に相談することが適切とされるのです」(註135)。

122.「信者に相談（諮問）する」という習慣は、教会の営みにおいては決して新しいものではありません。中世の教会では、「すべての人に影響を与えるものは、すべての人によって議論され承認されるべきである」(Quod omnes tangit, ab omnibus tractari et approbari debet) というローマ法の原則が用いられていました。教会生活における三つの領域（信仰、秘跡、統治）において、「伝統は、位階的な構造に集会と合意の具体的な制度を組み合わせ」ており、これが「使徒的な実践」または「使徒的な伝統」であると考えられていました(註136)。

123. 信者の大多数が、教導職によって下された教義上または道徳上の決定に対して無関心のままであったり、それを積極的に拒否したりする場合には問題が生じます。このような受容の欠如という事態は、現代の文化を十分に批判的に受け容れていないことに起因する、神の民の側の信仰の弱さや欠如を示しているのかもしれません。しかし、場合によっては、信者の経験や「センスス・フィデイ」を十分に考慮せずに、あるいは教導職による信者への十分な聞き取り調査を行わずに、一部の権威者だけの判断に

よってある決定がなされたことを示している可能性もあります^{（註 137）}。

124. 実務的な課題や信仰および道徳の問題について、教会の構成員同士で常にコミュニケーションをとり、熱心な対話が行われるのは当然のことです。世論は、教会におけるコミュニケーションを促進するための重要な形態です。「教会は生きている体であるがゆえに、世論を必要とし、それはさまざまな構成員のあいだにおける対話によって育まれます。こうした条件があってはじめて、教義を広め、影響の輪を拡大することが可能となるのです」^{（註 138）}。教会における公的な思想や意見の交換に関する承認は、まさに「センスス・フィデイ」やキリスト教的な愛に関する公会議の教えに基づいて第二バチカン公会議の直後に与えられたものです。信者は、その公的な（思想および意見の）交換に積極的に参加するよう強く勧められました。「カトリックの信者は、『信仰の感覚』［＝センスス・フィデイ］および『愛』に由来する、自らの考えを話すことのできる真の自由を十分に理解すべきです。神の民が、尊敬の念をもって受け容れる正しい教えを示す教会の指導のもとで、初代教会の共同体に与えられた信仰に揺るぎなく根ざしつつ、真の判断力をもってその意味をより深く洞察し、生活の中でより完全に適用することができるように、真理の霊によって呼び覚まされ、養われる信仰の感覚に由来しています［『教会憲章』12 項］。なぜなら、愛によってこそ、……神の民は、神の意志に従って自由に判断することができるようになるからです。こうしてキリスト信者は、私たちを罪から清めてくださったキリスト御自身の自由を、親密な仕方で共有するように高められるのです。教会で権威を行使する者は、神の民のあいだで自由に保持され表明された意見が交換されるように責任をもって配慮すべきです。そればかりではなく、教会の権威者はこのことが行われるための規範や条件を設定すべきなのです」^{（註 139）}。

125. このような公的な意見交換は、通常の方法では「センスス・フィデイ」を測ることができる主要な手段です。しかし、第二バチカン公会議以

降、正式に信者の意見を聞き、協議することができるさまざまな制度的手段が確立されてきました。例えば、司祭やその他のキリスト信者が招待される部分教会の会議^(註140)、教区司教が信徒を構成員として招待することができる教区代表者会議（教区シノドス）^(註141)、「カトリック教会と完全な交わりを持つキリスト信者で構成される」各教区の司牧評議会などです。各教区の司牧評議会は、「カトリック教会と完全な交わりを持つキリスト信者の構成員、すなわち聖職者、奉献生活の会の会員、そして特に信徒」^(註142)で構成されます。さらに小教区の司牧評議会があります。そこでは、「信者が、役務として小教区の司牧に参与する者と共に、司牧活動を促進するよう援助しなければならない」^(註143)とされています。

126. 上述したような協議の仕組みは、教会にとって非常に有益なものです。しかし、協議の仕組みが有益なのは、司牧者と信徒とが互いのカリスマを尊重し合い、互いの経験や関心事に注意深くかつ継続的に耳を傾ける場合に限られます。すべてのレベルで互いに謙虚に耳を傾け合い、関係者同士が適切に協議することは、活き活きとした教会を実現するためには必要不可欠な要素なのです。

おわりに

127. 第二バチカン公会議は新しい聖霊降臨（ペンテコステ）であり^(註144)、公会議以降の教皇たちが求めている新しい福音化のために教会を準備させるものでした。公会議は、洗礼を受けたすべての人が「センスス・フィデイ」（信仰の感覚）を備えているという伝統的な考えを再び強調しました。「センスス・フィデイ」は、新しい福音化のための最も重要な動力源として備えられているのです^(註145)。「センスス・フィデイ」によって、信者は、福音に沿った事柄を理解するとともに、福音に反するものを断固として拒否することができるようになります。しかしそれだけではありません。

ちょうど教皇フランシスコが「歩むべき新たな道」と呼んだ、すべての巡礼者の信仰を感じ取ることができるようにもなるのです。司教や司祭が旅する人びとに寄り添い、彼らと一緒に歩む必要がある理由の一つは、まさに人びとが感じ取った「新たな道」を彼らが見つけ出すためなのです^{(註}146)。聖霊によって開かれ、照らし出されるこれらの新しい道を識別することが、新たな宣教のために重要なのです。

128.「センスス・フィデイ」は、教会全体が、歴史の中で巡礼の道を歩む際に、「信じる主体」として備えている「信仰における不可謬性」と密接に関わっています^(註 147)。聖霊によって支えられている「センスス・フィデイ」は、教会が与える証しと、教会の構成員が個人としても共同体としても、主に対して忠実に生き、行動し、語るためにはいったいどうすることが最善なのかを常に見究めることを可能にしてくれます。全員および各人が「教会と共に感じ」^(註 148)、一つの信仰と一つの目的を分かち持つとすれば、それはまさに直観を通して行われるのです。「センスス・フィデイ」は、司牧者と信じる人びとを結びつけ、彼らの間の対話を可能にしてくれるものです。こうした対話は、各人の賜物と召命の上に成り立つものであり、また、教会にとって本質的であると同時に、実りをもたらしてくれるものでもあるのです。

原註

（註 1）教皇フランシスコ「お告げの祈りでの演説」（2013 年 3 月 17 日）。

（註 2）教皇フランシスコ使徒的勧告『福音の喜び』（2013 年）119-120 項。

（註 3）聖書の箇所は、基本的に『新共同訳聖書』を用い、原文と表現が異なる箇所については訳し直しています。特に断りのない限り、第二バチカン公会議の文書からの引用は、カトリック中央協議会『第二バチカン公会議公文書　改訂公式訳』を用いています。ハインリッヒ・デンツィンガー『*Enchiridion symbolorum definitionum et declarationum de rebus fidei et morum*』（ペーター・ヒューナーマ

ン編、第38版、1999年）への言及はDHと段落番号を、『カトリック教会のカテキズム』（1992年）への言及はCCCと段落番号を、『1983年教会法典』への言及はCICと段落番号を、J・P・ミーニュ編 *Patrologia Latina*（1844-1864年）への言及はPLと巻・段落番号を示しています。

（註4）教皇庁国際神学委員会（ITC）は、『ドグマの解釈』に関する文書（1989年）において、神の民が「説教において、言葉は人間のものではなく神のものであることを認識し、それを断ち切れない忠実さをもって受け入れ、守る」（C, II, 1）ための「内的感覚」として、「信仰の感覚」（sensus fidelium）について述べています。またこの文書は、ドグマの解釈においてコンセンスス・フィデリウムが果たす役割をも強調しています（C, II, 4）。

（註5）教皇庁教理省国際神学委員会は、『今日のカトリック神学——展望・原理・基準』（2012年）と題した最近の文書の中で神学の基本的な位置や参照点として「信仰の感覚 sensus fidei」を挙げています（35項）。

（註6）『今日のカトリック神学——展望・原理・基準』13項。

（註7）テルトゥリアヌス『講話』1巻6項（*De oratione*, I, 6; in *Corpus Christianorum series latina*［以下、CCSL］, 1, p.258）。

（註8）イヴ・M・J・コンガールは *Jalons pour une Théologie du Laïcat*（Paris: Éditions du Cerf, 1953), 450-53において、センスス・フィデリウム（sensus fidelium）が使われたさまざまな教義上の問題を挙げています。英訳は *A Study for a Theology of Lay People*（London: Chapman, 1965), Appendix II: The 'Sensus Fidelium' in the Fathers, 465-467.

（註9）テルトゥリアヌス『異端者の処遇について』21、28項（*De praescriptione haereticorum*, 21, 28, CCSL 1, pp.202-203 and 209）。

（註10）聖アウグスティヌス『予定された聖人について』14巻27項（*De praedestinatione sanctorum*, XIV, 27（PL 44, 980）。彼は『知恵の書』の正統性についてここで述べています。

（註11）聖アウグスティヌス『パルメニアについて』III, 24（PL 43, 101）。他に『幼児の洗礼について』（*De baptism*, IV, xxiv, 31（PL 43, 174）：Quod universa tenet Ecclesia, nec conciliis institutum, sed semper retentum est, nonnisi auctoritate apostolica traditum rectissime creditur.

（註12）カッシアヌス『キリストの受肉』（*De incarnatione Christi*, I, 6［PL 50, 29-30]）：Suffere ergo solus nunc ad confundum haeresim deberet consensus omnium, quia indubitatae veritatis manifestatio est auctoritas universorum.

（註13）レランスの聖ヴィンケンティウス『再考録』（*Commonitorium* II, 5［CCSL, 64, p.149]）。

（註14）聖ヒエロニムス『警戒への反駁』5項（*Adversus Vigilantium* 5［CCSL

79C, pp.11-13]）。

（註15）　サラミスのエピファニウス『異端者パナリオンに対して』78・6（*Panarion haereticorum*, 78・6; *Die griechischen christlichen Schriftsteller der ersten Jahrhunderte*, Epiphanius, Bd 3, p.456）。

（註16）　聖アウグスティヌス『ヨハネ福音書註解』（*In Iohannis Evangelium tractatus*, XX, 3 [CCSL 36, p.204]）、『詩篇講解』（*Ennaratio in psalmum* 120, 7 [PL 37, 1611]）。

（註17）　ジョン・ヘンリー・ニューマン枢機卿『教義の問題で信者に相談することについて』（*On Consulting the Faithful in Matters of Doctrine*）[ジョン・コールソン編、序文付、London: Geoffrey Chapman, 1961]、75-101 頁。また、彼の『四世紀のアレイオス主義について』（*The Arians of the Fourth Century* [1833; 3rd ed. 1871]）も参照。この問題の分析の、ニューマン枢機卿による用い方に対し、コンガールは若干の注意を促しています。Congar, *Jalons pour une Théologie du Laïcat*, p.395, 英訳版は pp. 285-286 を参照。

（註18）　ニューマン枢機卿『信者への相談について』（*On Consulting the Faithful*）104 頁。

（註19）　DH 1000 参照。

（註20）　ニューマン枢機卿『信者への相談について』70 頁。

（註21）　聖トマス・アクィナス『神学大全』IIa-IIae, q.1, a.9, s.c.; IIIa, q.83, a.5, s.c.（『ミサの典礼に関して』）; Quodl. IX, q.8（『列福について』）。また、聖ボナヴェントゥーラ *Commentaria in IV librum Sententiarum*, d.4, p.2, dub. 2（*Opera omnia*, vol.4, Quaracchi, 1889, p.105）:「[教会における兵士としてのキリスト信者の信仰] は、一部の人においては弱められることがあるかもしれませんが、マタイの最後の件によってキリスト信者は一般的に失われることはありません。なぜなら『見よ、わたしは世の終わりまでいつもあなたがたと共にいる』と主イエスが約束しておられるからです」（[Fides Ecclesiae militantis] quamvis possit deficere in aliquibus personis specialiter, generaliter tamen numquam deficit nec deficiet, iuxta illud Matthaei ultimo: "Ece ego vobiscum sum usque ad consumationem saeculi"）; d.18, p.2, a. un. q.4 （p.490）。『神学大全』IIa-IIae, q.2, a.6, ad 3 の中で、聖トマスは、普遍的な教会のこの不滅性を、イエスがペトロに約束した「彼の信仰はなくならない」（ルカ 22:32）と結びつけています。

（註22）　聖トマス・アクィナス『神学大全』IIa-IIae, q.1, a.10; q.11, a.2, ad 3.

（註23）　マルティン・ルター『排除されるべきバビロン捕囚について』（*De captivitate Babylonica ecclesiae praecludium*）WA 6, 566-567、ジャン・カルヴァン『キリスト教における制度について』（*Institutio christianae religionis*, IV, 8, 11）参照。キリストによる約束はマタイ 28:19 とヨハネ 14:16 と同 14:17 に記されてい

ます。

（註24）グスタフ・ティルス『「信じること」におけるキリスト信者の不可謬性について』（Gustav Thils, *L'Infaillibilité du Peuple chrétien 'in credendo'*):*Notes de théologie post-tridentine* (Paris: Desclée de Brouwer, 1963)。

（註25）DH 1637; DH 1726 も参照。これと同等の表現については、イヴ・コンガール『伝統と諸伝統』（Yves M.-J. Congar, *La Tradition et les traditions*, II. Essai théologique [Paris: Fayard, 1963], pp.82-83); 英訳は *Tradition and Traditions* (London: Burns & Oates, 1966), pp. 315-317.

（註26）メルチョル・カノ『神学が展開される場について』（*De locis theologicis*, ed. Juan Belda Plans [Madrid, 2006]）。カノは 10 の場を挙げている：「(1)神聖なる聖書、(2)キリストと使徒の伝統、(3)普遍教会、(4)公会議、(5)ローマ教会、(6)古代の聖人たち、(7)スコラ神学者、(8)自然の理性、(9)哲学者、そして(10)人類の歴史」(Sacra Scriptura, traditiones Christi et apostolorum, Ecclesia Catholica, Concilia, Ecclesia Romana, sancti veteres, theologi scholastici, ratio naturalis, philosophi, humana historia)。

（註27）メルチョル・カノ『神学が展開される場について』（*De locis theol.*, Bk.IV, ch.3 [Plans ed., p.117]：「もし教会共同体において、信者の同意が認められない場合、人間の能力では功を奏さなければ、使徒たちの伝統から解決を導き出す必要があります」。

（註28）同 *De locis theol.*, Bk. I, ch. 4 (pp.144-146).

（註29）同 *De locis theol.*, Bk. I, ch.4 (p.149)「普遍教会だけでなく、信者の集合体も真理の霊を常に保っており、牧者たちと王子たちの教会（おそらく司教たちと枢機卿たちからなるローマの教会の意味）も同様です」。同書第 6 巻で、カノはローマ教皇が教義を定めたときの権威を肯定しています。

（註30）同 *De locis theol.*, Bk. I, ch.4 (pp.150-151)：「かつての人びとがそうであったように、すべての信者が一致して、それが真実であると認める結論にたどりつくこと、それこそが教会なのです。このように教会博士の牧者たちは、信仰に関して誤り得ないことを確認するのであり、全く真実な事柄を保つキリストの信仰へと信じる民を導くのです」。

（註31）聖ロベルト・ベラルミーノ『キリスト教信仰に関する論争』（*De controversiis christianae fidei*, ヴェネチア、1721 年）II, I, lib.3, cap.14：「私たちは共に教会は誤ることができないと言うのですが、それは全世界の司教たちと同様に全世界の信じる者たちについても私たちはそのように理解しています。（信仰の）感覚が提示するところによれば、教会は誤り得ないのですが、そのためにはすべての信者が、単に（それを）信頼できるものとしてのみならず、真実でありまた信頼できるものであると堅持していることが必要です。それはすべての司教が信頼でき

るものとして一貫して教えていることが、真実であり信頼できるものであることが必要であるのと同様です」（73頁）。

（註32）聖ロベルト・ベラルミーノ、同上 *De controversiis* II, I, lib.2, cap.2:「通常の公会議は普遍教会を代表しており、それゆえ普遍教会との一致を保っているのです。というのは、適法に承認された普遍公会議が誤り得ないように、教会そのものも誤り得ないからです」。

（註33）メーラー『教会における統一あるいはカトリックの原則』（J. A. Möhler, *Die Einheit in der Kirche oder das Prinzip des Katholizismus* [1825], ed. J. R. Geiselmann. J. R. Geiselmann [Cologne and Olten: Jakob Hegner, 1957], 8ff., 50ff）。

（註34）メーラー『公の告白に基づく、カトリックとプロテスタントの独断的な反発の象徴または表現について』（J. A. Möhler, *Symbolik oder Darstellung der dogmatischen Gegensätze der Katholiken und Protestanten, nach i'll öffentlichen Bekenntnisschriften* [1832], ed. J. R. Geiselmann. J. R. Geiselmann [Cologne and Olten: Jakob Hegner, 1958], §38）。この本において、メーラーはプロテスタント教会の私的解釈の原則に対して、教会全体の公的な判断の重要性を改めて主張しました。

（註35）1847年、ニューマン枢機卿はペローネに会い、教義の発展に関するニューマン枢機卿の考えを示して話し合いました。ニューマン枢機卿はこの文脈で、教会の感覚（sensus Ecclesiae）の概念を使っていました。Cf. T. Lynch, ed., 'The Newman-Perrone Paper on Development', in *Gregorianum* 16 (1935), pp.402-447, esp. ch.3, nn.2, 5.

（註36）ジョヴァンニ・ペローネ『独断的な教令で制定できる「聖母マリアの無原罪の御宿り」の教えについて』（Giovanni Perrone, *De Immaculato B. V. Mariae Conceptu an Dogmatico Decreto definiri possit* [Romae, 1847], 139, 143-145）。ペローネは、もし「聖母マリアの無原罪の御宿り」の教えが「ほんのわずかでも疑問視される」ならば、キリスト信者は「根深い衝撃を受けざるを得ない」だろうと結論づけています（156頁）。ペローネは、教皇庁が教義の制定のためにセンスス・フィデリウムに依拠した例を他にも発見しています。例えば、「義人の魂は死者の復活に先立って既に歓喜の幻影を享受している」という教義が挙げられます（147-148頁）。

（註37）教皇ピオ9世回勅『第一の場所』（*Ubi primum*）[1849年] 6項参照。

（註38）教皇ピオ9世使徒的憲章『イネファビリス・デウス』（1854年）。

（註39）ニューマン枢機卿『信じる者への相談について』70-71頁。

（註40）ニューマン枢機卿、同上63頁および65頁参照。ニューマン枢機卿は通常、「司牧者」と「信じる者」とを区別しています。時々、彼は「博士」（神学者）を別のクラスの証人として加え、「信徒」と明記しない限り「信者」の中に下級聖

職者を含めています。

　（註 41）ニューマン枢機卿、同上 104 頁。

　（註 42）ニューマン枢機卿『信じる者に相談することについて』（*On Consulting the Faithful*）pp.64-70; cf. above, §37.

　（註 43）Mansi, III（51）, 542-543. 教会の不可謬性は、聖書と伝統において啓示されたすべての真理、すなわち、信仰の預託に及び、また、啓示されていないとしても、それを擁護し保存するために必要なすべてのものに及ぶと主張しています。

　（註 44）同 IV（52）、1213-1214 頁。

　（註 45）同 1217 頁。なお、ガッサーは「しかし、そのような場合は原則として分類することができません」（sed talis casus non potest statui pro regula）と付け加えています。

　（註 46）DH 3074；ガリカニズム派の立場による「四箇条」の一つ目としては、教皇の判断であっても「教会の同意が与えられない限り、法的な規定の形を変えることが決してできない」と主張していました。

　（註 47）ガッサー、Mansi 52、1213-1214 を参照。

　（註 48）非難された命題は次のようなものです。「『学ぶ教会』と『教える教会』とは、真理を定義する際、『教える教会』が『学ぶ教会』の意見を承認せざるをえないよう、『学ぶ教会』は『教える教会』と協力するのです」（DH 3406）。

　（註 49）教皇ピオ 12 世使徒憲章『ミニフィチェンティッシムス・デウス』（*Munificentissimus Deus*）［最も寛大なる神］12 項。

　（註 50）同 41 項。

　（註 51）同 12 項。

　（註 52）Congar, *Jalons pour une Théologie du Laïcat*, 6 章参照。この構想はニューマン枢機卿の『中道』（*Via Media*）の第 3 版（1877 年）の序文に見られるものです。

　（註 53）同 p.398; 英訳版は *Lay People in the Church*, p.288.

　（註 54）同 p.399; 英訳版は *Lay People in the Church*, p.289.

　（註 55）『教会憲章』4 項。

　（註 56）『教会憲章』12 項。他のいくつかの箇所で、公会議は、『教会憲章』12 項の「信仰の感覚」（sensus fidei）に類似した方法で、信者や教会の「感覚」に言及しています。つまり、「教会の感覚」（sensus Ecclesiae）［『啓示憲章』23 項］、「使徒的感覚」（『信徒使徒職に関する教令』25 項）、「カトリック感覚」（同 30 項）、「キリストと教会の感覚」、「交わりと教会の感覚」（『教会の宣教活動に関する教令』19 項）、「キリスト信者としての信じる者の感覚」（『現代世界憲章』52 項）、「真正のキリスト教的感覚」（同 62 項）という言及があります。

　（註 57）『教会憲章』35 項。

（註58）『啓示憲章』8項。

（註59）『啓示憲章』10項、*Ineffabilis Deus*, 18項、*Munificentissimus Deus*, 12項も参照。

（註60）例えば、教皇ヨハネ・パウロ2世が使徒的勧告『信徒の召命と使命』（*Christifideles Laici*）［1988年］において、すべての信徒が、キリストが示してくださった三位一体の神の職務を共有していると教えていることや、信徒が「信仰の問題では誤ることができない」という意味での「教会の超自然的な信仰」（sensum fidei supernaturalis Ecclesiae）に参加しています（『教会憲章』12項）」（14項）と言及していることを参照してください。また、『教会憲章』12項と35項、さらに『啓示憲章』8項の教えに関連して、教理省宣言『教会の秘義』（*Mysterium Ecclesiae*）［1973年］2項も参照してください。

（註61）教皇ヨハネ・パウロ2世、使徒的勧告『家庭──愛といのちのきずな』（*Familiaris consortio*）［1981年］5項。教理省は『神学者の教会的召命に関する教令』（*Donum Veritatis*）［1990年］において、「『多数のキリスト信者の意見』を『センスス・フィデイ』（信仰の感覚）と決して同一視しないよう」に注意を促しています。「『センスス・フィデイ』は『神学的な信仰の特性』なのであって、キリスト信者が『個人的に真理を愛すること』を可能にする神からの賜物であり、その結果、キリスト信者が信じることは教会が信じることでもあるのです。信者がいだく意見のすべてが信仰から出ているわけではなく、また数多くの人が世論に左右されるので、公会議が行ったように、『センスス・フィデイ』（sensus fidei）と、教導職を担う司牧者による神の民の導きとの間の不可分の結びつき」（35項）を強調する必要があるのです。

（註62）「センスス・フィデイ」は、信者の中に存在している信仰の美徳を前提としています。実際、ある教義が信仰の遺産に合致しているかどうかを信者が見分けることができるのは、信仰の生きた経験によるものであるからです。したがって、最初の信仰の行為にとって必要な識別力を「センスス・フィデイ・フィデーリス」に帰すことができるのは、むしろ大まかなこと、派生的なものにすぎないのです。

（註63）『カトリック教会のカテキズム』1804項。

（註64）『修道生活の刷新・適応に関する教令』12項。

（註65）聖トマス・アクィナス『神学大全』IIa-IIae, q.45, a.2参照。

（註66）聖トマス・アクィナス、同 IIa-IIae, q.1, a.4, ad 3. IIa-IIae, q.2, a.3, ad 2を参照。

（註67）聖トマス・アクィナス『聖書講解釈』III, d.23, q.3, a.3, qla 2, ad 2参照：「信仰の習慣は、理性的に生まれたものではなく、自然の摂理にしたがって道徳的な習慣と同じように、また原則的な習慣と同じように、特定のものへと傾くものです」。ただし「信仰に反するものが何もない限り」（quamdiu manet nihil contra fidem credit）という条件を考慮しなければなりません。

（註68）J. A. Möhler, Symbolik, §38 を参照。「教会の指導と祝福を受けている聖なる精神は、人間との関わりの中で、固有のキリスト教的な先駆者となっており、世界の中に立っているばかりではなく、世界のすべての事柄の中にも組み込まれている、信頼できる、確実な精神なのです」。

（註69）その対象との直接的な関わりのために、本能は誤ることがありません。それ自体が不可謬であるのです。しかし、動物の本能が不可謬なのは、決められた環境の中でのみのことであるのです。環境が変化すると、動物の本能は不適応の状態に陥ります。一方で、霊的な本能の場合は、より広い範囲と繊細さを備えています。

（註70）聖トマス・アクィナス『神学大全』IIa-IIae, q.1, a.3, ad 3 参照。

（註71）教理省、教令『神学者の任用について』（*Donum Veritatis*）［1990年］35項。

（註72）聖トマス・アクィナス『神学大全』IIa-IIae, q.2, a.5-8 参照。

（註73）『教会憲章』15項。

（註74）聖トマス・アクィナス『ヨハネ福音書註解』（*Expositio super Ioannis evangelium*）c.14, lect.4（Marietti, n.1916）。

（註75）教皇庁教理省国際神学委員会『今日のカトリック神学——展望・原理・基準』91-92項参照。

（註76）『啓示憲章』8項。聖トマスが発展させた聖霊の賜物の神学において、信じるべきものを見分ける適性としてのセンスス・フィデイ・フィデーリスを完成させるのは、特に知恵の賜物です。以下を参照。聖トマス・アクィナス『神学大全』IIa-IIae, q.9, a.1 co. et ad 2.

（註77）聖トマス・アクィナス『真理論』（*Quaestiones disputatae de veritate*, q.14, a.10, ad 10）、『聖書講解』（*Scriptum* III, d.25, q.2, a.1, qla 2, ad 3）参照。

（註78）聖トマス・アクィナス『聖書講解』（*Scriptum*, III, d.25, q.2, a.1, qla 4, ad 3）：「（信者は）信仰に反対して教える高位聖職者に同意してはなりません。彼が無知であることは全く許されることではありません。実際に、信仰の習慣は、救いに必要なすべてを教えてくれるため、そのような教えを習慣的に退けるようになるのです。また、すべての霊を安易に信用してはならないので、奇妙な教えに同意するのではなく、さらなる情報を求めるべきであり、自分の能力を超えて神の秘義に踏み込もうとしたりすることなく、ただ神に身をゆだねるべきなのです」。

（註79）聖トマス・アクィナス『聖書講解』（*Scriptum*, III, d.25, q.2, a.1, qla 2, ad 3）、『真理論』（*Quaestiones disputatae de veritate*, q.14, a.11, ad 2）を参照。

（註80）同30項参照。

（註81）Congar, *La Tradition et les traditions*, II, pp.81-101, 'L"Ecclesia", sujet de la Tradition'; pp.101-108, Le Saint-Esprit, Sujet transcendant de la Tradition;

英訳版は *Tradition and Traditions*, pp.314-338, 'The "Ecclesia" as the Subject of Tradition'; pp.338-346, The Holy Spirit, the Transcendent Subject of Tradition.

（註82）同3項参照。

（註83）『啓示憲章』10項（改訂訳）。

（註84）『啓示憲章』8項、『教会憲章』12、37項、『信徒使徒職に関する教令』2、3項、『現代世界憲章』43項も参照。

（註85）『現代世界憲章』44項（改訳）。

（註86）同第一章第二部を参照。

（註87）DH 2722-2724を参照。

（註88）『教会憲章』第4章を参照。

（註89）『教会憲章』12項。

（註90）『教会憲章』10、34項を参照。

（註91）『教会憲章』21、26項、『典礼憲章』41項参照。

（註92）『典礼憲章』10、11項参照。

（註93）カテキズム1124項。聖エイレナイオス『異端駁論』（*Adv.Haer.IV*, 18, 5 [Sources chrétiennes, vol.100, p.610]）参照：「我々の考え方は聖体に同調しており、聖体は我々の考え方を確証します」（カテキズム1327項も参照）。

（註94）『啓示憲章』8項。

（註95）ニューマン枢機卿『信者への相談について』63頁。

（註96）第一バチカン公会議『永遠の牧者』（*Pastor Aeternus*）［DH 3051］を参照。

（註97）第一バチカン公会議、同上、第4章（DH 3074）。

（註98）前掲書、40項参照。

（註99）前掲書、38、42項参照。

（註100）『今日のカトリック神学』35項を参照。

（註101）『啓示憲章』8項。

（註102）『啓示憲章』107-112項を参照。

（註103）『啓示憲章』第4章を参照。

（註104）『今日のカトリック神学』35項、『神学者の教会的召命に関する教令』（*Donum Veritatis*）［1990年］、2-5項および6-7項を参照。

（註105）『今日のカトリック神学』35項を参照。

（註106）この点で特に注目すべきなのは、以下の合意声明において示された部分である。ローマ・カトリック教会とギリシア正教会の間の神学的な対話のための共同国際委員会『教会の秘跡的性質の教会論的および聖書的な帰結：教会の交わり──公会議と権威』（*Ecclesiological and Canonical Consequences of the Sacramental Nature of the Church: Ecclesial Communion, Conciliarity and Authority*）［2007年、ラヴェンナ声明］7項；聖公会およびローマ・カトリック教

会合同国際委員会『権威の賜物』（*The Gift of Authority*）［1999 年］29 項；福音派およびローマ・カトリック教会宣教対話『1977-1984 年　報告書』1 章および 3 章；キリストの弟子たちおよびローマ・カトリック国際対話委員会『キリストにおける交わりとしての教会』（*The Church as Communion in Christ*）［1992 年］40 項および 45 項；ローマ・カトリック教会と世界メソジスト評議会の間の国際対話委員会『いのちのことば』（*The Word of Life*）［1995 年］56 項および 58 項。

　（註 107）教皇ヨハネ・パウロ 2 世、エキュメニカルな努力に関する回勅『一つになるために』（*Ut Unum Sint*）［1995 年］3 項参照。

　（註 108）前掲書、56 項参照。

　（註 109）『教会憲章』8 項参照。

　（註 110）*Ut Unum Sint*, n.14; nn.28, 57 参照。教皇ヨハネ・パウロ 2 世は、エキュメニカルな対話の中で起こる「賜物の交換」について言及しています。教理省は『交わりとして理解される教会のいくつかの側面に関するカトリック教会の司教たちへの手紙』（*Communionis Notio*）［1992 年］において、同様にカトリック教会が他のキリスト教会や教会共同体との交わりを失う場合に、自らが「傷つく」ということを認めています（17 項）。

　（註 111）『教会憲章』12 項、『啓示憲章』8 項を参照。

　（註 112）一テサ 2:13 を参照。『教会憲章』12 項も参照。

　（註 113）教皇ヨハネ・パウロ 2 世、信仰と理性の関係に関する回勅『信仰と理性』（*Fides et Ratio*）［1998 年］参照。

　（註 114）『今日のカトリック神学』63、64、84 項を参照。

　（註 115）同 74-80 項参照。

　（註 116）『啓示憲章』10 項。

　（註 117）『教会憲章』第 5 章「教会における聖性への普遍的召命」を参照。

　（註 118）『カトリック教会のカテキズム』963 項。

　（註 119）『現代世界憲章』11、22 項参照。

　（註 120）『啓示憲章』5 項（改訂訳）。

　（註 121）教皇フランシスコ使徒的勧告『福音の喜び』5 項参照。

　（註 122）典礼秘跡省『民衆の敬虔さと典礼に関する要綱』（2002 年）、10 項。「民衆の宗教性とは、普遍的な経験を意味しています。すなわち、人びとや国家の精神の中には、常に宗教的な次元があり、その集合的な表現があります。すべての民族は、超越的なものに対する総合的な見方や、自然、社会、歴史に対する概念を、礼拝的な手段で表現する傾向があります。このような特徴的な状況は、精神的にも人間的にも大きな重要性を持っているのです」。

　（註 123）CELAM 第 3 回総会（プエブラ、1979 年）『最終文書』448 項（カテキズム 1676 項に引用されています）。

（註124）教皇フランシスコ使徒的勧告『福音の喜び』125項。

（註125）Joseph Ratzinger, *Commento teologico*, in CDF, *Il messaggio di Fatima* (Libreria Editrice Vaticana, Città del Vaticano, 2000), p.35; CDWDS, *Directory*, n.91

（註126）CDWDS, *Directory*, n.50.

（註127）『典礼憲章』13項。

（註128）教皇パウロ6世使徒的勧告『福音宣教』（*Evangelii Nuntiandi*）［1975年］48項。コンガールは「疑わしい流行と異常な献身」（douteux engouements et dévotions aberrantes）について言及しています。「位階制度の特別な権威に対してばかりではなく、信仰の感覚そのものにすべてのことを過度に結びつけないように気をつけることも必要です」（*Jalons pour une théologie du laïcat*, p.399; 英語版は *Lay people in the Church*, p.288）と注意しているのです。

（註129）教皇パウロ6世使徒的勧告『福音宣教』（1975年）48項。教皇ヨハネ・パウロ2世は、CELAMの第4回総会の開会式での講話（1992年10月12日、サント・ドミンゴ）において、「本質的にカトリックとしての起源」を持つラテンアメリカにおける「大衆の宗教性」は、「宗派に対する解毒剤であり、救いのメッセージへの忠実さを保証するものである」と述べています（12項）。教皇フランシスコは、CELAM第3回総会の最終文書を参照して、キリスト教信仰がまことに文化の中に受容されている場合、「民衆の信心」は「民衆が継続的に自らに対して福音を説く」プロセスの重要な一部分であると述べています（使徒的勧告『福音の喜び』122項）。

（註130）同上、2項参照。

（註131）教皇パウロ6世『福音宣教』58項参照。ここでは、基礎的な共同体がまことに教会的なものであることを保証する必要性について言及しています。

（註132）教皇フランシスコ使徒的勧告『福音の喜び』126項。

（註133）教会法第208条。

（註134）教会法第212条第3項

（註135）ニューマン枢機卿『信じる者への相談について』63頁。「相談する」という言葉の二重の意味については、同書54-55頁を参照。

（註136）Y. Congar, 'Quod omnes tangit, ab omnibus tractari et approbari debet', in *Revue historique de droit français et étranger* 36（1958）, pp.210-259, ptic. pp.224-228.

（註137）同78-80項参照。

（註138）第二バチカン公会議の決定によって書かれた社会的なコミュニケーションの手段に関する教令『交わりとその促進計画』（*Communio et Progressio*）［1971年］115項。この教令はまた、教皇ピオ12世の次の言葉を引用しています。「もし教会に世論がなければ、（教会の）生活には何かが欠けているだろう。魂の牧者と

信者の両方がこのために非難されることになるだろう」（1950 年 2 月 17 日の説教，AAS XVIII ［1950］p.256）。

（註 139）『交わりとその促進計画』（*Communio et Progressio*）116 項。

（註 140）教会法第 443 条第 4 項。

（註 141）教会法第 463 条第 2 項。

（註 142）教会法第 512 条第 1 項。

（註 143）教会法第 536 条第 1 項。

（註 144）これは、教皇ヨハネ 23 世が来るべき公会議への希望と祈りを表明したときに、繰り返し使われた言葉です。例えば、使徒憲章『人類の救い』（*Humanae Saluti*）［1961 年］23 項を参照。

（註 145）同 2、45、65、70、112 項を参照。

（註 146）教皇フランシスコが 2013 年 10 月 4 日に、アッシジのサン・ルフィーノ教会で、聖職者、奉献生活者、司牧評議会の構成員に対する演説をした際の内容を参照。教皇は、主の弟子として「共に歩む」ことの特別な祝典としての教区シノドスにおいては「聖霊が信徒、神の民、そればかりかすべての人に対しても語っていること」を考慮に入れる必要がある、と付け加えました。

（註 147）2013 年 9 月 21 日に行われた「アントニオ・スパダーロ師による教皇フランシスコへのインタビュー」（『オッセルヴァトーレ・ロマーノ』2013 年 9 月 21 日、教皇フランシスコ使徒的勧告『福音の喜び』119 項を参照）。

（註 148）「アントニオ・スパダーロ師による教皇フランシスコへのインタビュー」（前掲書 90 項を参照）。

阿部仲麻呂、田中昇訳

2．教皇庁教理省国際神学委員会

『秘跡による救いの営みにおける信仰と
諸秘跡の相互関係性』

（2020 年）

前書き

　国際神学委員会では、第9次の5年の任期中（委員会創立50周年を祝う
ため特別に1年延長されました）に、カトリック信仰と秘跡の関係について
の研究を深めることができました。この研究は、イエズス会員ガビーノ・
ウリバッリ・ビルバオ師を小委員長とし、モンシニョール・ラヨシュ・ド
ルハイ、イエズス会員ペテル・ドゥボフスキー師、モンシニョール・ク
リストフ・ゴジッチ、カルメル会員トーマス・コランパランピル師、マ
リアンネ・シュロッサー教授、オスワルド・マルティネス・メンドーサ
師、カール・ハインツ・メンケ師、ターワス・ヘンリー・アカービアム
師、カプチン会員トーマス・G・ワイナンディー師を委員とする特別小委
員会の主導の下で進められました。本文書作成の基となった表題のテーマ
に関しては、2014年から2019年にかけて、小委員会のさまざまな会合に
おいても、国際神学委員会の年次総会においても議論されました。『秘跡
による救いの営みにおける信仰と諸秘跡の相互関係性』と題された本文書
は、2019年の国際委員会年次総会において書面投票を経て、委員の過半
数から明確な形で承認されました。その後、本文書は承認を求めて国際
神学委員会の委員長でもある教理省長官イエズス会員ルイス・F・ラダリ
ア・フェッレール枢機卿に提出されました。同枢機卿は、教皇フランシス
コから肯定的な評価を得た後、2019年12月19日に本文書の公表を許可
しました。

第1章　信仰と秘跡：その重要性と現状 [1]

1.1　神から差し出される救いは信仰と秘跡の相互関係を基礎としている

1.［聖書からの出発］「娘よ、あなたの信仰があなたを救った。安心して行きなさい。もうその病気にかからず、元気に暮らしなさい」（マコ 5:34）。大勢の群衆が周囲に押し迫ってくる中（マコ 5:24、5:31 参照）、出血が止まらなかったこの女性は、信仰を抱いてイエスに触れたことで、イエスが人類にもたらす救いの象徴として癒しを得ました [註1]。この長血を患った女性の話は、「人生に新しい地平を与え、それに伴って決定的な方向性をもたらす出来事や人物との出会い」 [註2] から、どのように信仰が生まれるかを示しています。信仰は、人と人との間の関係の中に位置づけられています。多くの病人がイエスに触れようとしています（マコ 3:10、6:56 参照）。それは、「イエスから力が出て、すべての人の病気を癒やしていたから」（ルカ 6:19）です。それでも、「人々が不信仰だった」（マタ 13:58）ために、ナザレではほとんど奇跡が起こることはなく、またヘロデの好奇心を満足させることもありませんでした（ルカ 23:8 参照）。イエス・キリストの人性は、神の救いの効果的な手段ですが、その効果は自動的な性格を帯びたものではありません。神の救いに与るためにはふさわしい方法でイエスの人性と接することが必要でした。自らを神の賜物に開いて、謙虚さをもって嘆願しながら、ふさわしい仕方でイエスの人性に触れる必要がありました [註3]。

　ここに挙げたような態度はみな、差し出された救いを受け入れるための最適な手段として、人を信仰へと導くものです。「信仰はまず」、イエス・

---

　1)　訳者註：イタリア語の原題は *La reciprocità tra fede e sacramenti nell'economia sacramentale*。

キリストのうちに示された「神に対する人間の人格的な帰依です」[註4]。教会の秘跡は、キリストが地上に生きている間になさった御業を、時を超えて存続させるものです。罪によって生じた傷を癒やし、キリストのうちに新しい命に与ることができるように、キリストのからだ、すなわち教会からほとばしり出る癒しの力が秘跡において実現するのです。

2.［伝統から］　三位一体的な救いの営みには、信仰と秘跡の豊かな交わりがあります。「信仰と洗礼は、互いに結びついて切り離すことのできない救いの二つのあり方です。実際、信仰は洗礼によって完全なものとなりますし、洗礼は信仰に根ざしています。そして両者とも、同じ名前によって完全に成就します。私たちは御父と御子と聖霊を信じていますが、同じように御父と御子と聖霊のみ名によって洗礼を授けます。まず救いをもたらす信仰宣言があって、続いてすぐに私たちの同意を刻印する洗礼が執り行われます」[註5]。

　三位一体の神との人格的な関係は、信仰と秘跡を通して実現します。信仰と秘跡の間には、相互的な秩序や循環性があります。一言で言うなら、本質的な相互関係性があるのです。とはいえ、今引用したバシレイオス[2]の文章が示しているように、信仰告白は秘跡の祭儀に先行します。その一方で、秘跡の祭儀は、信仰を確かなものとし、しるしづけ、強め、豊かなものにしてくれます。しかし今日、司牧の現場において、しばしばこの相互作用は薄らいでおり、時として完全に忘れられていることさえあります。

1.2　今日における信仰と諸秘跡の相互関係性の危機

a）信仰と秘跡：危機に瀕した相互関係性

3.［現状の確認］　国際神学委員会は、既に 1977 年に婚姻の秘跡に関し

　2）　訳者註：330 頃 -379 年、カッパドキア出身のギリシア教父、カイサレイア司教［370- 没年］、大バシレイオスと呼ばれる人物。

て、婚姻の秘跡を求める人のうち、「洗礼は受けたものの信仰のない人たち」の存在に警鐘を鳴らしていました。さらに、こうした事実によって、根の深い「新たな疑問」が生じていることも指摘していました[註6]。以来、このような現実は拡大の一途を続けており、秘跡の挙行にも不都合が生じるようになってきました。これは実際、婚姻の秘跡だけにとどまらず、秘跡の体系のすべてに関わる問題です。特に、その本性上、信仰と諸秘跡の相互関係性が特徴づけられる最たる場であるはずのキリスト教の入信においては、懸念される事態や不都合が頻繁に生じています。

4.［神学的哲学的な根拠］　信仰と秘跡の乖離は、社会的文化的な状況によるさまざまな要因に起因しているものと思われます。しかし表面的な見方で満足してよいものではないとすれば、この断絶の究極的な根拠について問わなければなりません。第一に、要理教育が十分でない可能性があり、また秘跡に関する考え方に反対するある種の文化的な偏向、さらに秘跡の論理を破壊する根深い哲学的な要因が存在しています。中世（唯名論）に始まり、近代にいたるまで広く流布したある種の思潮には、反形而上学的な二元論という特徴がありました。これは、ポストモダンの今も起きていることですが、思考と存在とを分離し、象徴的な性格を持ったあらゆる思想を断固として拒否するものです。こうした思考は、創造主が被造界に残した痕跡を認めません。つまり被造界は創造主の思いをそのまま映し出す鏡（秘跡的な像）であるという見方を受け入れないのです。こうして、世界は神によって明確に秩序が保たれた現実ではなく、人間が自らの判断で統制しなければならない種々の出来事が集まった単なる混沌として捉えられるようになりました。もはや人間の概念が、神のロゴスの「諸秘跡」のような存在ではなく単なる人間が作り上げたものだとするなら、信仰の個人的な態度（fides qua）と、いかなるものであれその内容を共有する信仰の概念的表現（fides quae）とは、さらに乖離してしまうことになります。要するに、決定的な要素としての存在の真理について知る理性の能力（形而上学）を否定する時、神の真理の知識に到達することはもはや不可能と

なることを意味しているのです [註7]。

5. 第二に、今日極めて重要なものとなっている科学的技術的な知識は、あらゆる知識的領域において、またすべての種類の対象に対して、自らを唯一絶対のモデルとして押しつける傾向があります。その経験論的自然科学的な確実性に対する根本的な志向は、形而上学的な知識のみならず、象徴的な種類の知識とも対立します。科学的知識は、人間理性が持つ能力を強調しますが、理性や知識のすべての次元を究明するものではありませんし、完全な人間生活に関する認知的な必要をすべて満たすものでもありません。豊かさと柔軟性を持った象徴的な思考は、一方で経験の倫理的情緒的次元を内省的に把握しまとめ上げますが、他方では主体の精神的認知的構造に触れそれを変化させます。このため、啓示の伝達とそれに伴う認知的な内容は、人類のあらゆる宗教的伝統とともに、経験論的自然科学的な領域ではなく、象徴的な領域に位置づけられます。恩恵の神秘への参与という秘跡的な現実は、こうした認知的かつ遂行的な象徴的経験の二重の次元と結びつくことによってのみ理解し得るものなのです。象徴的な思考を理解することのない科学主義的パラダイム [3] が支配するところでは、秘跡的な思考は妨げられてしまいます [註8]。

6. 第三に、新しい象徴の文明化に固有の重大な文化的変化によって、秘跡に関する信仰の神学的解明に新しい問題が突きつけられていることを再度強調しておかなければなりません。合理主義的な近代が、象徴の認知的な価値を過小評価していたという事実がある一方で、ポストモダンの現代は、象徴の遂行的な力を大いに称揚しているのです。その結果、象徴の効力はその基準を欠いた象徴化の情緒的な力によるものであるとする（ポストモダンの）行き過ぎた対極に陥ることなく、象徴的なものの認知的価値に対する合理主義的な（近代的）偏見を克服することが必要となります。

---

3)　訳者註：原文は scientistic paradigm。

つまり、キリスト教的な知性は、二重の空洞化の危険からキリスト教の秘跡の独自性を守らなければならないのです。その一方の空洞化は、いかなる変化も働きかけることなく、単に信仰の教義的な意味を手っ取り早く集約しただけの単純な認知的しるしの状態に象徴－秘跡を矮小化するものです（遂行的次元の排除）。もう一方の空洞化は、象徴化された神秘の現実への内的な一致の代わりとなる単純な象徴化の論理に基づいて、儀式の場面のうちに実現される純粋な美的暗示へと、象徴－秘跡を矮小化してしまいます（認知的次元の撤廃）。

7. ［信仰の歪曲］　他にも、現代社会には、カトリック信仰が提示する通りに信じることを困難にする現象がたくさんあります。無神論やすべての宗教的価値の相対化が、地球上の多くの地域に広がっています。世俗主義は、信じる喜びを育成するどころか、信仰を侵食し、疑念の種をまいています。技術万能主義的パラダイム（註9）4）の隆盛は、人格的な関係を基礎とする信仰とは真逆の論理を生みました。信仰が情緒的次元に矮小化されたことによって、キリスト教信仰の内容によって証明されている客観的な論理から離れた主体自身が統制する主観的信念が生まれました。既に述べた科学主義的文化は、神との間にある人格的な関係の可能性や、個人の生活や歴史に介入する神の能力を否定する傾向にあります。影響力を増しつつある一部の文化的な感性は、擁護すべき自由に関して不完全な概念を支持しているため、信仰宣言の客観性や秘跡の祭儀のために設定された条件を、自らの良心に基づいて信じる自由と比較したとき強要にも等しいものと理解するのです。この種の前提から生まれるのは、キリスト教的な考え方とは相容れず、教会が提示する秘跡的慣行とは何の関連も持たない、一種の個人的な信念ないしは信仰形態です。

8. ［司牧の失敗］　第二バチカン公会議以後の時代にも、信者や司牧者の

---

4)　訳者註：原文は technocratic paradigm。

間に広まっていた態度の中に、信仰と秘跡の健全な相互的関係を事実上弱めてしまったものがありました。そのため、福音宣教という司牧活動の場において、秘跡的な司牧的配慮がほとんど含まれていないような状況さえありました。そのようにして、神のみことばと福音宣教と秘跡との間の均衡が失われてしまったのです。またキリスト教的生活において愛徳を生きることが何よりも大切であるということが、決して秘跡への軽視を意味するものではないことを理解できていないといった状況もありました[5]。司牧者たちの中には、その任務において共同体の建設という自らの奉仕職に集中するあまり、その目的を達成するためには秘跡が決定的な役割を持っていることを軽視する人さえいました。地域によっては、カトリックの民間信心を信仰の中で育てる手助けをし、それによって完全なキリスト教への入信や秘跡への頻繁な参加に到達することを支援する神学的次元における再評価や司牧的な寄り添いが欠けていました。そして最後に、少なからぬ数のカトリック信者が、信仰の本質は福音を生きることにあるという結論に徹し、祭儀を福音の核心とは関係のないものとして軽視し、その結果、秘跡が福音の強烈な経験を促し強めているという事実を無視しているのです。それゆえ、「マルテュリア martyría」（証し）、「レイトゥルギア leitourgía」（典礼）、「ディアコニア diakonía」（奉仕）、「コイノニア koinonía」（交わり）相互の間の適切な連携の必要性を強調しておく必要があります。

9.［その結果］　司牧に当たる者が、秘跡を望む人たちの信仰や意思に強い疑念を持ちながら、秘跡の授与を求められることはたびたびあります。他にも、多くの人が、秘跡の実践を任意のもの、自分の好き勝手にすれば

---

5)　訳者註：原文はこのように回りくどい表現となっていますが、要するにキリスト信者が愛徳を生きるためにこそ秘跡の助けがあるのだということが理解されていない状況が問題視されています。言い換えれば、秘跡を受けることだけが重要で、自身の生活で愛徳を実践して生きることに無頓着な信者の態度は、信仰と秘跡とが乖離している点で問題だということです。

いいものと考え、これについて何ら配慮することなく、自分は信仰を完全に生きることができていると信じています。強調点はそれぞれ違うものの、ある種の危険な考えが広がっていると言えます。内面性の欠如か、あるいは社会慣行や伝統ゆえの、信仰を欠いた「儀式主義」、また、自己の良心や感情の内的空間に追いやられた信仰の「私物化」です。いずれの場合にも、信仰と諸秘跡の相互関係性は傷ついています。

b）本文書の目的

10.［本文書の目的］　私たちは、神の救いの営みにおける信仰と秘跡の相互の密接な関わりを示しながら、信仰と諸秘跡の本質的な相互関係性を明らかにすることを目的としています。そうすることで、二重の意味で、いたるところで確認される信仰と秘跡の断絶の克服に貢献することを望んでいます。二重というのは、一方では、自らの本質的な秘跡性を意識しない信仰を指し、また他方では、信仰なしに実行される秘跡の慣行や、信仰に関して、あるいは秘跡の実行に求められる信仰と一致した意思に関して、その効果に深刻な疑念が生じている秘跡の慣行も指します。いずれの場合でも、教会の中心にある秘跡の実行や秘跡の論理が、重大な懸念すべき傷を負っています。

11.［本論の骨格］　神の救いの営み——信仰も秘跡もこの中に含まれています——の秘跡的な性格（本文書の第2章）を出発点にしてみましょう[註10]。三位一体的、キリスト論的、聖霊論的、教会論的、対話的な次元における神の救いの営みそのもの、そのように理解される神の救いの営みの中で信仰と秘跡が占める地位、神の救いの営みに由来する信仰と諸秘跡の実効的な相互関係性を同時に内包する、神の救いの営みの理解についてまとめたいと思います。この理解は、後ほど扱うそれぞれの秘跡における信仰と秘跡の相互関係に固有の問題に取り組むうえでの神学的な背景となります。この章は、根本的に対話的なものである神の救いの営みの基礎にある秘跡的な論理に反するという点で、信仰を欠いた秘跡の祭儀がどれだけ無意味

であるかを示すものです。

12. その後、キリスト教入信の諸秘跡などに見られるように、理解の面に
おいても、実践の面においても、司牧において信仰と諸秘跡の相互関係性
の危機の影響を受けているいくつかの秘跡において、その相互関係性の影
響の範囲を示します（第3章）。各秘跡の有効性やその実りの豊かさに対
する信仰の固有の役割を教義的に説明することで、入信の各秘跡の祭儀に
おいてどのような信仰が必要とされているのかを明らかにするための判
断基準を提供します。その次の段階（第4章）では、婚姻の事例における
信仰と秘跡の相互関係を扱います。ここでひとまず歩みを止め、婚姻の本
性そのものから無視できない信仰と秘跡の相互関係性に関わる問題を取り
上げます。つまり、「洗礼は受けたものの信仰のない人たち」同士の婚姻
の結びつきを秘跡とみなすべきかどうかを明らかにすることです。これは、
第2章で述べた救いの営みにおける信仰と諸秘跡の相互関係性の説明が現
実に試される特別なケースです。本論は、短い結論（第5章）で終わりま
す。その章では、秘跡による救いの営みにおける信仰と諸秘跡の相互関係
性について、より一般的なレベルであらためて取り扱います。

13. ［教義的な性格］　本文書の意思は明らかに教義的なものです。もちろ
ん、取り扱う秘跡ごとにそれぞれ違いを持った司牧的な問題提起から出発
します。とはいえ、それぞれの秘跡に対して、具体的な個別の司牧的手順
を提供しようと意図するものではありません。有効性に関わる信仰の必要
性についての詳細な教義的説明を省くことなく、各秘跡の祭儀においては、
信仰が基本的な位置を占めていることを強く主張したいと思います。取り
上げるそれぞれの秘跡の論考の最後に提案しているように、ここから司牧
的活動の一般的な指標となるいくつかの判断基準を得ることができますが、
あえてその詳細にまでは立ち入りません。まして本文書を実例集とするつ
もりはありませんし、個別の事例ごとに必要な判断を行うつもりもありま
せん。

14. ［対象の選択］　私たちは、ゆるしの秘跡や病者の塗油の秘跡などの他の諸秘跡を取り巻く司牧の現状が、重大な不備に苦しんでいることも知っています。人びとは、しばしば神や教会共同体と前もって和解する必要性を全く自覚せずに、エウカリスティア［文脈に応じて聖体ないし聖体祭儀を意味する］に完全な仕方で参与していることさえあります。そのことによって、私たちは目に見えるキリストのからだという現実の中で、自分たちの罪によって神や教会共同体から分離してしまい、これらを傷つけています。多くの信者が、さらには叙階された役務者たちでさえ、キリスト教信仰の実践において、どの秘跡を「遂行」してどの秘跡を拒否するかを主観的に選ぶことができない教会という秘跡的な組織全体との調和ある一致を無視し、エウカリスティアに依拠した生活と和解の実践の間に乖離が生じています。病者の塗油も、身体も魂も含めてその人の救い主であるキリストとの人格的な関係を欠いて、神や神の霊の奇跡的な介入を呼び起こす一種の「まじない」であるかのように、魔術的要素に包まれて行われてきました。本文書では紙幅が限られているため、私たちはキリストのからだの構築と強化のために極めて重要なキリスト教入信と婚姻を構成する諸秘跡のみに集中しなければなりません。これらの秘跡に対する私たちのアプローチの方法、そして他の秘跡に関する個別の示唆や本論中に示されている全体的な神学的枠組みによって、ここで専門的に考察できない秘跡に関しても、結論を引き出すことができるでしょう。

第2章　秘跡による救いの営みが持つ対話的な性格

15. ［導入：基本的な枠組みとその目的］　本章では、信仰と秘跡の中に既に存在する相互関係性を認識するために、本論の直接的なテーマからひとまず離れ、一般的な性格を持った考察を二つ行います。まず本章の前半では、神の救いの営みについて考え、そこに秘跡的性格を見出します[註11]。

この考察によって、神の救いの営みを構成する次元としての、秘跡性について理解を深めることができます。このような秘跡性理解するためには、その性格上、信仰そのものに関しても議論を深める必要があります。こうして、信仰と秘跡性、より具体的に言えば信仰と秘跡の間にある相互のつながりも明らかになります。前半部分は、私たちの論述の中心テーマである秘跡による救いの営みの主要軸を総括することで終わります。こうして信仰と諸秘跡の相互関係性に初めて光を当てることができます。本章の後半では、少し立ち止まって、一方で信仰について、他方で信仰の秘跡そのものについて考察を行い、いずれの場合においても信仰と秘跡の間の密接なつながりを提示します。信仰は、本質的に人を秘跡の祭儀へと向かわせるものです。秘跡が持つ対話的な性格から、秘跡の祭儀にはふさわしい信仰が求められます。本章の前半も後半も、信仰と諸秘跡の相互関係性ならびにそれらの種々の派生が持つ広がりや深みを示すことのできる補完的な性格を帯びています。そして短い結論で本章は終わります。

2.1　三位一体の神：秘跡による救いの営みの源にして頂点

a）秘跡性の三位一体的な基礎

16.［秘跡性の概念］　例えば、キリストの人性のように、外的で可視的な次元を伴った意味をもつ現実と、キリストの神性のような、超自然的で不可視的、かつ聖化する性格を持ったもう一つの意味をもつ現実との間にある、切り離すことのできない相互関係こそ、秘跡の論理に帰されるものです[註12]。私たちが秘跡性について語る際には、この切り離すことのできない関係について述べているのです。それは秘跡的な象徴が、象徴された現実を含んでこれを伝えるようになるほどの関係です。このことは、秘跡的な現実の全体が、それ自体で、救いの源であるキリストと、キリストの救いの恵みを預かり分配する教会との間の、分かつことのできない関係を含んでいることの前提となるものです。

17. ［一にして三の神：その根幹］　秘跡的な論理を理解するために前提と
なるのは、三位一体の神から発出し、唯一の神の本質との一致における他
の人たちとの交わりへと導く神の救いの営みがどのように働いているかに
ついての理解と、永遠のみことばが際限のない神性を損なうことなく私た
ちの人性をすべてにおいて引き受けた贖いとしての受肉です。この枠組み
は、イエス・キリストの人性の中に、すなわち聖霊によっておとめマリア
のうちに受肉した、父から送られたみことばのうちに、神ご自身が現存す
ることをはっきりと肯定するものです。公的使命のために聖霊によって油
注がれたイエス・キリストの人性との出会いは、信仰を通して、受肉した
みことばとの出会いとなります。そして、これらを鍵として、感覚的で秘
跡的な、私たち人間にも知覚できる単なる言葉が、どうして同時に神の真
の言葉となり得るのかを理解できるのです。人類のみが、神と関係を築く
ためにも、「人間的」な方法で知覚し、経験し、伝えることのできる存在
です。秘跡的なしるしや聖書の聖なる言葉は、どのような仕方で、人間に
よって作り出されたものを超越し、神ご自身の現存を含むようになるので
しょうか。真の交わりが生まれるためには、単に言葉を送るだけでは十分
でないのです。受ける側が必要なのです。もし父なる神が、イエス・キリ
ストにおいて私たちに語りかけても、そのことば（信仰）を聞く者がいな
かったとしたら、神と人間の交わりは生まれなかったでしょう。新約聖書
の証言によれば、いずれにせよ人であるイエスと関係を築いた者は、その
誰もが、受肉したみことばとともに、神ご自身との関係に入っているので
す。聖霊は、イエスの人性の範囲内に含まれている神の言葉が、信じる者
に神のみことばとして知覚されるように働く存在です。ナジアンゾスのグ
レゴリオス[6]は、この現実を「御父である光から、聖霊の光のうちに、私
たちは御子である光を理解します」と定式化しています。そして、「これ
は、短くて簡単な三位一体の神学です」と付け加えています[註13]。

---

6)　訳者註：325/330-390年頃、カッパドキア出身のギリシア教父。

18. ［秘跡的な啓示を対話的に受け入れるものとしての信仰］　したがって、ここで関係してくるのは、イエスの人性と神のみことばとの不可分性だけではありません。信者の側が、聖霊の働きを通して、神からのものとしてこの言葉を受け入れること（信仰）も含むのです。ここには、秘跡の論理があります。そしてこれを通して、神ご自身が、秘跡の中で自らを与えてくれるのです。イエス・キリストの第一義的な秘跡性、教会に由来する秘跡性、そして七つの秘跡の秘跡性は、三位一体への信仰を基礎としています。イエス・キリストは、真の神であったがゆえに、私たちに神の顔を明かすことができるのです。そしてその時、イエス・キリストとの秘跡的交わりは、神との秘跡的交わりになります。聖霊が真の神であるならば、秘跡的なしるしを通して、神に向かって私たちを開き、神の命へと導くことができます[註14]。

19. ［秘跡性の伝播］　啓示は秘跡的になされるがゆえに、秘跡的要素が、信じる存在のすべてに、そして信仰そのものに浸透していなければなりません。実際、啓示や恩恵、教会の秘跡性の後には、この啓示の受け入れと返答としての信仰の秘跡性が続きます（『神の啓示に関する教義憲章』5項参照）。秘跡性のうちに神ご自身が自らを差し出すという仲介を通して起きる生きた神との出会いのうちに信仰は生まれ、培われ、成長し、自らを表現します。それゆえこの秘跡性こそ信仰の家なのです。それと同時に、このダイナミズムの内部では、信仰は秘跡的なものへ至る門として登場します（使14:27参照）。秘跡の中で、創造、歴史、教会、聖書におけるキリスト教の神と出会うための門、関係を築くための門です[註15]。信仰がなければ、秘跡的な性格の象徴の意味は実現せず、逆に沈黙してしまいます。秘跡性は、教会と秘跡的な仲介を通した神と信者との人格的なコミュニケーションや交わりを意味しているのです。

20. ［秘跡性と人間論との相互関係］　人間は、肉体と霊魂が一体となった存在です[註16]。私たち人間は、魂を欠いた単なる物質ではありませんし、

身体を欠いた天使のような霊魂でもありません。したがって、より真正な人間の定義は、可視的な物質 – 身体と、物質に束縛されないが、物質を通してその存在を知ることができる霊魂 – 非身体との、相互補完的な結びつきと定義することができます。物質的な身体の表現である人の顔においては、私たちの物質的存在である顔と、私たちの精神的な現実や心の状態、個人のアイデンティティーとの間のこうした結びつきが見事に表れます。顔は、その人の全体を表しているのです。神の啓示の秘跡的構造は、私たちのより真正な現実に注意を向けます（註17）。それは、私たちの最も根源的な存在、そして意思伝達の最も深い次元における私たちの能力や相互作用のあり方にも見合ったものです。人と人との最も深い出会いは、常に相互的な性格を持っています。神との出会いも、このような性格を帯びています。それは聖書や教会、秘跡的なしるしの中で現実のものとなる三位一体の神との個人的な出会いなのです。

21.［信仰の秘跡性］「信仰の秘跡性」は、本質的に、キリスト教信仰に関して先ほど述べたことを想起させます。それは、天の祖国に向かう私たちの巡礼の間に教会が行う仲介のおかげで、キリスト教信仰のすべてが秘跡への信仰となっているからです。信仰は、神の秘跡的啓示を受け入れることであり、これに対する答えです。そして信仰は、秘跡的な形式で表現され、培われます。それが真のキリスト教信仰であるがゆえに、そうせずにはいられないからです。このような展望に基づくと、秘跡は根本的に教会の信仰の行為として理解されます。教会の信仰が重要なのです。その一方で、信仰は、秘跡的なものと無関係ではないばかりか、まさにその本質的部分において、秘跡的なものに満たされ、秘跡的な論理によって形づくられています。そのため、信仰と秘跡との関係には、緊密な相互関係性を持つ二つの要素が関わっているのです。すなわち個人および教会の信仰を前提としながら、これらを培う秘跡と、信仰の秘跡的表現の必要性です。ですから秘跡は、信仰を現実化し、可視化する一種の想起（アナムネーシス）をもたらすのです。

b) 創造と歴史の秘跡性

22. ［創造の神］ 聖書の証言によれば、創造（創 1-2 章）とは神の救いの営みの第一歩でした。キリスト教的な理解においては、創造の自由性が支持されています。神が創造したのは、必要に迫られていたからでも、何かが欠けていたからでもありません。もしそうであったなら、真の神ではなかったことでしょう。神は愛そのものですが、あふれるような愛の充満によって、創造に先立って愛の論理をもって受け入れ、応えることのできる存在に自らの善を分け与えるために創造したのです（註18）。

23. ［創造の秘跡性］ 父なる神は、みことばと聖霊によって創造の計画を実現しました。そのため、創造それ自体が、みことばによって形成された痕跡、神ご自身におけるその完成に向けて聖霊に導かれた痕跡を含んでいます。神が創造に際して被造物に自らの刻印を刻みつけたことから、神学は相似的な意味で一種の「創造の秘跡性」について語るのです。つまり創造そのものの中に、構造上創造されたということのうちに、創造主への言及（知 13:1-9、ロマ 1:19-20、使 14:15-17、17:27-28 参照）があります。これにより、やがて創造は何ら外面的な強制もなしに、贖いのわざのうちに高められ、成就することが可能となります。その意味で、「自然の本」と言われることがあるのです（註19）。

24. ［神に応える存在としての人間］ 可視的な被造物の中で、人間は神の似姿としてつくられた（創 1:26 参照）という点で他とは一線を画す存在です。聖パウロは、このイメージのキリスト論的次元を強調しています。それは、目に見えない神の像であるキリストです（コロ 1:15、二コリ 4:4 参照）。最初のアダムは、後に来るべき方を前もって表していたからです（ロマ 5:14 参照）。神は創造において自らを差し出しましたが、この事実によって人間は、この神の自己贈与が人格的でありかつ自由な答えであることを見出すことのできる存在となるのです。人間は神の似姿であるがゆえ

に、愛の関係（利他性）に関わっていけばいくほど、自己の存在そのもの（アイデンティティー）をより深く実現できるのです。

25. 神の似姿としての人間の豊かな現実には、さまざまな側面があります。その中で、神との類似性を通して自己の存在を神に近づけることで神に応える能力が際立っています(註20)。特に傑出した側面は、交わりと奉仕です(註21)。三位一体の神が本質的にペルソナ間の交わりや関係だとしたら、人間は神の似姿として、人と人との間の交わりや関係のうちに生きるために創造されたといえるのです。このことは、性の違いにおいて見事に表現されています。「神は御自分にかたどって人を創造された。神にかたどって創造された。男と女に創造された」（創1:27）のです。ですから人間は、人と人との間の、被造物との、そして神との関係と交わりの能力を示す程度によって、自己の本質に到達することができるのです。イエス・キリストにおいては、この交わりと関係についてのダイナミズムの行使がこの上なく輝いています。イエスにおいて明かされた神の子としての生活は、人間の使命の崇高さを示しています（『現代世界憲章』10項、22項、41項参照）。

26. 関係的な存在として、また交わりのために創造されたという点で、人間を言語能力によって定義することができるでしょう。ところで言語能力とは、一方で現実そのもの（神の創造）の表現を、他方で人と人との意思の疎通（交わり）を目的とする、象徴的な秩序の現実です。神の似姿としてつくられた象徴的な存在としての人は、創造された存在として、相互関係的な存在として、神との交わりに呼ばれた者として、自己の存在の豊かさのすべてを明らかにする象徴的表現という固有の領域で、自己の存在の実現を表すその程度に応じて、より真なる現実に到達するのです。秘跡は、この豊かな筋書きを効果的に集め、表現し、発展させ、強化します。

27. 人間は、その尊厳と神との友情の雄弁なしるしとして、他のあらゆる生き物に名を付け（創2:19-20参照）、神の計画に従ってこれらの生き物た

ちの世話をすることで、委ねられた被造物に対する支配を実行する任務を引き受けました[註22]。これにより、世界における人間の活動は、被造界に創造主の痕跡を認め、神に栄光を帰することに向けられるようになりました（『現代世界憲章』34項参照）。このようにして、人間は一種の「宇宙的な祭司職」を通して、自らの真の目的、すなわち神の栄光の表明に向かって被造界を導くのです。

28. ［歴史の秘跡性］　ご自身の賜物を伝えたいという神の望みは、被造界に自らの愛の痕跡を残すことに留まりません。イスラエルの民の歴史全体は、自らの民に対する神の愛の歴史と考えても間違いではないでしょう。この歴史の中で、いくつかの特別な出来事が目を引きます。これらの出来事は、神とその民との間に秘跡的な関係を築き上げ、キリストにおいてその頂点に達することになる本質的な側面を予示しています。そのいずれにおいても、神が自らの民と関係して恩恵を与える仕方の可視的な概念に気づかされます。こうして、これらの出来事の中に、後の時代に厳密な意味での秘跡的言語形成を準備する一種の「初級文法」を見出すことができます。秘跡的な読解が可能なこうした出来事のうち、特に注目すべきなのは、神がアブラハムやダビデ、イスラエル人を選んだこと、そして彼らに律法を授けたことです。これらは、すべての秘跡的な議論の基礎となるものです。また、神の唯一の計画の中における数多くの契約もそうです。この中で、神と人類の新しい関係が定められ、秘跡性が特別なあり方で実現されました。さらに、イスラエルのエジプトからの解放、エルサレムからの追放と帰還もあげられます。そこでは、教会の秘跡的な役割が与型（typos）的に表現されているのと同じように、将来のキリストの救いが実に新しい方法で予示されています。また、聖櫃や神殿において神が民の間に現存することも、そうした出来事の一つです。これらは、キリストやキリスト教の秘跡において特別な効果を持つようになります。イスラエルは、常に神の言葉の朗読に啓発されながら、さまざまな信仰の儀式（犠牲）、聖なるしるし（割礼）、祝祭（過越の祭り）を通して、この神の現存の効果を記憶

し、典礼的に実現することになります。キリスト教の神学は、これらの現実を古い律法の秘跡として描き、キリストとの関連ゆえに[註23]、また挙行する者の信仰に応じて（ex opere operantis）、これらに救いをもたらす性格を帰しました。その結果、救いの歴史そのものが、一種の秘跡的性格を帯びていることがわかったのです[註24]。緊密なつながりを持った歴史的な出来事やしるし、言葉を通して、神ご自身が、自らの民に近づき、自らの意思、愛、好意を伝え、それと同時に、神との友情の道、より真実な人の生き方を示してくれるのです。

29.［罪］　長い歴史の中で、あらゆる時代の多くの信仰者たちが、神からの賜物を受け入れ、神のいつくしみと忠実さに対して惜しみなく応答することで神との友情を生きました。とはいえ、神からのたび重なる働きかけにもかかわらず、人は必ずしもこの差し出された愛を受け入れてはきませんでした。当初から、人間であるということが意味するものを実現する最良の道である、神との友情の歩みを無視しようとする誘惑が存在していたばかりでなく、神から差し出されたものが拒否されることさえありました（創3章参照）。この友情が失われている時には（エゼ16章のように）、イスラエルの歴史、そして人類の歴史は、神が人間との間の愛にあふれた友情を取り戻そうとする困難な試みと理解することもできるでしょう。このことから、旧約聖書における救いの性格を帯びた信仰のしるしの多くは、事実上（浄めや犠牲などといった）贖罪や神との和解という深い意味を持っていることがわかります。

c）神の救いの営みの中心、頂点、鍵である受肉

30.［原秘跡としてのイエス・キリスト］　神の自らを与えたいという望みは、イエス・キリストにおいて、比類のない頂点に達します（『神の啓示に関する教義憲章』2項参照）。キリストの人性、つまり「罪を犯されなかったが、あらゆる点において、わたしたちと同様」（ヘブ4:15）である真の人間は、位格的結合（DS 301-302参照）によって神の子としての人性であ

り、「我々のため、我々の救いのため」（DS 150 参照）受肉した永遠のみことばとしての人性を有しています。最近の神学は、イエス・キリストが原秘跡（Ur-Sakrament）であり、救いの歴史の秘跡的構造の鍵であると主張しています。つまり、私たちはイエス・キリストにおいて、神の救いの営みを見出すのです。それは神が受肉したという意味において秘跡的だからです[註25]。ですから、まさに「秘跡はキリスト教の中心です。秘跡の喪失は、受肉の喪失にも等しいものなのです。その逆も然りです」[註26] と断言することができます。なぜなら、歴史の頂点、救いの時の充満（ガラ4:4 参照）としてのイエス・キリストにおいて、創造の象徴であるその人性と、象徴されるもの——歴史の中で子のうちに神の救いが現存すること——との間に、可能な限り最も緊密な結びつきが存在するからです。キリストの人性は、神のペルソナと分離することができない神の子の人性であるがゆえに、神のペルソナの「現実の象徴」なのです。この最高の事例において、被造物は最大限に神の現存を伝えるものといえます。

31. ［秘跡の基礎である栄光のうちに十字架につけられた方の人性］ 結果として、キリストの人性は、キリストが「すべての啓示の仲介者であると同時に充満」（『神の啓示に関する教義憲章』2 項参照）となるように、本来的に権限が与えられています。この人性は、まさに神の子の人性であるため（ヘブ1:1-2 参照）、他のいかなる創造の現実も、質的にこれをしのぐものはないのです。創造が大まかに目標としていたことは、イエス・キリストの人性において顕著に実現されるのです。聖霊によって油注がれた受肉した永遠のみことば、イエス・キリストのすべての言葉と行いは、受肉によってその力を得たのです。そのためキリストは、その言葉と行いと全人格が表すところにしたがって私たちに神の啓示を伝えるのです（『神の啓示に関する教義憲章』4 項参照）。このようにイエス・キリストご自身が、人間に伝えられ明かされた神の神秘そのものなのです（コロ2:2-3、1:27、4:3 参照)。そしてそれは、降誕、洗礼、変容など、その人生のさまざまな救いの神秘のうちに現れています。今や、キリストの神秘の現れは、その

死と栄光の復活、そしてこれに続く聖霊の賜物において頂点に達します（『神の啓示に関する教義憲章』4項参照）。そこには、この上ない神の愛（ヨハ 13:1 参照）とその贖いの力の啓示が、崇高で比類のないほど濃く凝縮されています。その結果こそが、聖霊の賜物を通して私たちを神性に参与させてくれる（二ペト 1:4 参照）罪のゆるし（コロ 2:13-14 参照）と復活した者の永遠の憩いへの参与です。こうして私たちは、あらゆる秘跡性の基礎や源泉が、イエス・キリストのうちにどれだけ集中しているのかを理解します。そしてこの秘跡性は、教会を生み出すさまざまな秘跡的なしるしへと展開していきます。教会には、罪のゆるし（告解）、病める者の癒やし（病者の塗油）、死と復活（洗礼と聖体）、共同体の牧者としての弟子の選出と指名（叙階）などのキリストの人生の重要な側面、濃密な瞬間が集められています。三位一体の啓示の中に刻み込まれている秘跡の論理は、諸秘跡へと延長され、そこに凝縮されました。そしてこれらの諸秘跡にこそ、キリストは特に強固な仕方で現存しています（『典礼憲章』7項参照）。信仰の秘跡的な構造と論理は、イエス・キリスト、受肉したみことばにして贖い主に基づくものなのです[註27]。

32. 実際イエスは、ただ単に神に関する重要な何かを私たちに伝えているのではありません。イエスは単なる教師の一人、伝令の一人、預言者の一人ではなく、被造物における神のみことばであるペルソナの現存です。イエスは真の人間として、「父」と呼ぶ神と分離することができないので、イエスとの交わりは、神との交わりをも意味します（ヨハ 10:30、14:6、9 参照）。御父は聖霊を通して、すべての人をイエス・キリストとの交わりへと招くことを望んでいます。イエス・キリストは、命につながる道であると同時に、命そのものです（ヨハ 14:6 参照）。言い換えれば、「イエスは救い主であると同時に、救いそのものでもあります」[註28]。聖霊において祝われるみことばの秘跡、特にその死と復活を記念する秘跡とともに、キリストの中に入ってその命に参与することを通して、私たちを神との交わりや人格的な関係へと導くための道筋、罪に流されることからの救いの法

が与えられています。こうして救いのわざが実現します。この救いのわざは、創造によって始まりましたが、今ここに完成しその頂点に達するのです。しかしながら神は、この賜物の受容は受け手側の協働次第によるものとしているのです。教会論的なキリストの弟子のモデルであるおとめマリアの事例が模範的に示しているように、恩恵は自由を尊重します。同意は恩恵そのものによって可能となるにしても（ルカ1:28参照）、恩恵は自由な同意なく強制的に課されるものではありません（ルカ1:38参照）。

d）秘跡による救いの営みにおける教会と諸秘跡

33.［基礎的な秘跡としての教会］　恩恵の歴史的な触知可能性は、イエス・キリストにおいて実現しましたが、聖霊のわざによって、優先的な仕方で、しかし派生的な仕方でも教会のうちに実現し続けます[註29]。教会の本質は、キリストから受け、聖霊のはたらきにより伝えることのできる目に見えない恩恵の伝達のために奉仕する、可視的で歴史的な構造にあります。教会と受肉したみことばとの間には、顕著な類似性があります（『教会憲章』8項、『典礼憲章』2項参照）。現代の神学は、これらを前提とし、第二バチカン公会議における救いの普遍的な秘跡としての教会理解に基づいて、「基礎的な秘跡 Grunt-Sakrament」としての教会理解を深めてきました[註30]。教会は秘跡として、世界の救い（『教会憲章』1項、『現代世界憲章』45項参照）と恩恵の伝達――その受容によって秘跡が可能となります――のために奉仕します。秘跡性は、他者の善益のために奉仕する宣教的な性格を常に帯びているのです。

34. 今や秘跡としても、神の恩恵や突然の神の国の到来を感知する力が、既に教会そのものの中に存在しています。そのため、一方で教会は神の国の設立のために奉仕する存在であり、他方では教会の中に神秘としてキリストの国が既に現存しているのです（『教会憲章』3項参照）。こうした恩恵の手段に助けられて、教会は真の意味でこの神の国の種となり、その始まりとなることができるのです（『教会憲章』5項参照）[註31]。旅する教会、

罪びとからなる教会という意味では、教会と神の国とを完全に同一視することはできませんが、恩恵によって創設された現実として、教会は、天の教会と聖徒の交わりを頂点とする終末的な次元を既に持っています[註32]（『教会憲章』48-49 項参照）。

35. ［キリスト論的、聖霊論的な現実としての教会］　教会は、三位一体的な被造物として、「御父と御子と聖霊の一致に基づいて一つに集められた民」[註33] です。教会は、自らが真にキリストのからだであると主張できるほど、受肉したみことばと親密な関係を保ち続けているだけでなく（『教会憲章』7 項参照）、聖霊ともそのような関係にあり続けています。それは、聖霊すなわち復活された方の大いなる賜物（ヨハ 7:39、14:26、15:26、20:22 参照）が、教会の創設時に働き（『教会憲章』4 項参照）、神殿のごとく教会と信者たちの中に住まい（一コリ 3:16、6:19 参照）、宣教のダイナミズム——これは教会に固有のものです——を教会に結びつけて生み出した（使 2:4-13 参照）からというだけでなく、教会が、共同体全体の善のために聖霊が信徒たちに気前よく与えたさまざまな賜物によって豊かにされた、霊的つまり聖霊的な民（『教会憲章』12 項参照）でもあるからです。これらのカリスマ的な賜物は、神のみことばや秘跡的な恩恵の豊かさを特別なあり方で自らのものとすることにより、共同体を強化し、その宣教を促進する（『信徒使徒職に関する教令』3 項参照）、つまり教会の秘跡性を強めるのです[註34]。

36. ［救いを提供する秘跡の継続性］　イエス・キリストとともに歴史的なものとなった救いの提供は、聖霊の働きによって、キリストのからだである教会を通して（ルカ 10:16 参照）、秘跡のうちに生き生きとした仕方で継続されています[註35]。「私たちの救い主の言行として書き記されていることは」、教会の「諸秘跡の働きへと移し変えられたのです」[註36]。カトリック教会は、七つの秘跡がキリストによって創設されたと考えています[註37]。なぜならキリストだけが、自らの救いをもたらす恩恵の賜物

を、権威を持って特定のしるしに効果的に結びつけることができるからです（註38）。この主張により秘跡は、教会が作り上げたものではないことが明らかになります。また教会は、秘跡の本質を変えることができないこと（註39）、むしろ受肉、生、死、そして復活が一体となったキリストにまつわる出来事に秘跡の基礎があることをはっきりとさせてきました。諸秘跡の起源には、その生涯のすべての神秘に現れるキリストの人性の独自性ゆえに、キリストが自らを差し出すという最高の賜物であり、聖霊の賜物を初めとするあらゆる恩恵の源泉でもある過越を頂点とした受肉の意義が関係しています（本論30-32参照）。聖霊降臨によって受けた霊に照らされ、キリスト教的な生活の源泉であり頂点でもある（『典礼憲章』10項および『教会憲章』11項参照）エウカリスティアの祭儀[7]（『司祭の役務と生活に関する教令』5項参照）によって鼓舞された教会は、キリストの秘跡的な賜物が、それぞれ違った形ではあるものの、キリストご自身に由来する七つの秘跡のしるしの中に傑出した形で継続していることを認識する（註40）と同時に、神の恩恵は七つの秘跡だけに留まらないことも支持しています（註41）。

37.　［秘跡的な恩恵と非キリスト信者］　義化し救いを与える恩恵、つまりその真の信仰は、可視的な教会の外においても与えられますが、イエス（原秘跡）や教会（基礎的な秘跡）と無関係に与えられることはないと教会は主張しています。聖霊の働きは、可視的な教会の範囲内に留まらず、「その現存や働きは普遍的で、時間も空間も限界がありません」（註42）。キリスト教以外の諸宗教も、真理のいくつかの側面を含んでおり、イエス・キリストの霊的な恩恵の間接的な手段やしるしとなり得ます。とはいえ、それらがキリストと並列した、あるいはキリストや教会とは無関係な救いの道筋だというわけではありません（註43）。

38.　［秘跡的な恩恵と信仰］　したがって、創造的であると同時に効果的な

---

7)　訳者註：聖体祭儀つまりミサ。

神のみことばは、秘跡的な言葉からなる人格間の言語を生み出しました。これこそが秘跡に他なりません。それはみことばが聖霊によって働きかけを続ける言葉です。例えば、「私は、あなたに洗礼を授けます」などといった役務者が教会の名において宣言する言葉のうちに、復活したキリストが語り続け、働きかけ続けているのです[註44]。諸秘跡は、聖霊の働きを通して、死んで復活した主との間に人格的な関係を現在も築くことを可能にするものであるがゆえに、「信仰」という言葉に要約されるこの関係がなければその意味を失ってしまうことになるでしょう。

39. ［諸秘跡：教会の秘跡性を最高の仕方で行使するもの］ 教会の基礎的な秘跡性は、諸秘跡の祭儀において優先的な仕方で、かつ特別な力を伴って行使されます。秘跡は、常に教会的な性格を持っています。教会は秘跡において、復活したキリストの救いをもたらす恩恵を聖霊の仲介を通して伝達するという奉仕に全存在をかけているのです。そのため、それぞれの秘跡は、本質的に教会の行為です。教父たちによれば、諸秘跡は教会に委ねられたものであるため、常に教会の信仰の中で挙行されてきました。それぞれの秘跡において、信者個人の信仰に先行して、教会の信仰がありました。実際、秘跡は教会の信仰の人格的な行使なのです。その結果、教会の信仰への参与がなければ、このような象徴的なしるしは沈黙してしまいます。信仰は挙行されている秘跡の意味の扉を開くものだからです。

40. ［準秘跡］ 教会の秘跡性は、秘跡の中だけに反映されるものではありません。他にも教会の活動や信仰の一部となっている秘跡的な性格を帯びた一連の現実が存在します。中でも聖書は特に重要です。キリスト教の信心をめぐっては、いわゆる準秘跡が特別な重要性を帯びています。準秘跡は、何らかの秘跡を模して定められた聖なるしるしで、これによって、さまざまな信者の生活の状況が聖化されます（『典礼憲章』60項参照）。秘跡の特徴は、すべての必要条件を満たしたうえで、キリストの恩恵を伝達するための、公に認可された確かな教会の働きを認識しているという点にあ

ります。一方で、準秘跡に関しては、秘跡と同等の効果を語ることはできません^(註45)。準秘跡は、恩恵を受け入れる準備をし、恩恵とともに働く用意をするもので、秘跡のみが持つ「なされた業（そのもの）から（ex opere operato）」（本論65項参照）の効果はありません。そのため洗礼の水が、秘跡の祭儀に当たって罪のゆるしの効果を持つのに対し、洗礼を記念する聖水は、それ自体では何の効果も及ぼしません。しかし、例えば教会堂に入る時に十字のしるしをするといったように、どれだけ信仰を伴ってそれを受けるかによって、その効果が生じてくるのです。

e) 秘跡による救いの営みの要点

41. 私たちがこれまで進めてきた議論の主な結果をまとめると、基本となる点を以下のように確定することができるでしょう。

　a）三位一体の神の救いの営みは、受肉という意味において、秘跡的なものです。キリストが創設し、教会が大切に保管し挙行してきた七つの秘跡は、秘跡的性格を持った神の救いの営みであるため、教会において最も重要なものです。

　b）神の救いの営みの秘跡性は、信仰と関連しています。この秘跡性を理解し宿らせるのは、信仰を介してなのです。信仰を介した秘跡性の感覚は、神の計画を歴史的かつ触知可能な形で可視化した受肉と、秘跡的なしるしを通して救いをもたらす恩恵を伝えながらイエス・キリストの賜物を永続させる聖霊と、秘跡の賜物を受け取った後、信者の信仰を培って強めるためにこれを挙行し続ける教会とに緊密に結ばれています。

　c）イエス・キリストは、信仰の神秘が可視的に表現されるように、秘跡を創設し教会に与えました。これらの神秘に参与する信者は、秘跡に表現されている賜物を受け取ります。その結果、信仰の伝達は、知的な性格の教義の内容を伝えるだけではなく、それらとともに回勅『信仰の光』が

見事に描写しているように、秘跡による救いの営みという枠組みに実存的に組み入れられることも意味しています。「しかし、教会の中で伝えられるもの、教会の生きた伝統において伝達されるものは、生きた神との出会いから生まれる新しい光です。この光は、人の中心、心に触れ、精神も意思も感情も巻き込んで、神や他者との交わりの中で、その人を生きた関係へと開いていきます。体も精神も、内面性も関係も含めて、全人格を巻き込んでこのような充足を伝えるための特別な手段があります。その手段とは、教会の典礼で祝われる秘跡のことです。秘跡において、イエスが生きた場所や時間と結ばれ、私たちのすべての感覚とつながりを持った受肉の記憶が伝えられます。人は秘跡において、生きた主体の一人として、交わりの関係の枠組みの中に組み入れられます。そのため、秘跡が信仰の秘跡と呼ばれている（『典礼憲章』59項参照）のが真実だとすれば、信仰は秘跡的構造を持つとも言わなければなりません。信仰の目覚めは、人間の命とキリスト教的実存の新しい秘跡的意味の目覚めだと考えられます。これらは、可視的で物質的なものとして登場することで、永遠の神秘に開かれています」^(註46)。

d）秘跡による救いの営みの構造は、対話的なものです。信仰は、人間が神の賜物である恩恵に答えた瞬間を示しています。一般的には信仰と秘跡性の間に、特殊的には信仰と諸秘跡の間に、本質的な相互関係性があります。

e）救いの営みの対話的性格（信仰）は、異なる秘跡の一つひとつを神学的に理解し、司牧的に提示する時、何らかの重大な結果を想定しています。これまで述べてきたことからすれば、仮に信仰を欠いている状況で効果的な秘跡が存在するというのなら、それは三位一体の神と人間との関係の領域、対話的性格や対人的性格の領域とは関係のない純粋に因果律のメカニズムによるものであるか、キリスト教の信仰や救いの営みの秘跡的な論理とは無関係の魔術的な種類の行為によるものであるか、あるいは被造

物がそれぞれ固有のあり方で神の行為を受け入れ、これと協働することを可能にする恩恵を、神の賜物それ自体が内含していることを考慮しないような、いずれもカトリックの教義とは両立しない神概念によるものと考えられると確かな根拠を持って主張することができるでしょう。言い換えるなら、秘跡的という意味において三位一体の救いの営みが対話的である以上、秘跡に現れる恩恵の行為を、一種の秘跡的なオートマティズム[8] として理解することはできないのです。

2.2　信仰と信仰の諸秘跡との相互関係性

a）弟子たちの信仰の歩みに見る光

42.［信仰の成長］　ペトロは弟子たちの代弁者として、イエスの問いかけに答える形で、「あなたはメシアです」（マコ 8:29 および並行箇所）と信仰を告白しました。とはいえ、イエスが自分は苦しみを受ける人の子であるところのメシア、つまりやがて十字架につけられることになるメシアであることをペトロに説明し始めたとき、ペトロはこれを拒否したがゆえに、イエスに厳しく咎められた（マコ 8:31-33 参照）ことを考えれば、ペトロにはこの原初的な信仰を成熟させる必要があったのです。そのためペトロは、キリストであるイエスに対する無条件な忠実さに、キリストであることが意味するあらゆる教義的側面の知識を結びつけることで、信仰における成長の歩みを実現していかなければなりませんでした。これはペトロだけに関わることではありません。すべての信者の現実を反映しているのです。使徒たち自身も、キリストに「わたしたちの信仰を増してください」（ルカ 17:5）と求めることによって、こうした成長の歩みを私たちに示しているのです。パウロは、このような段階的な成長を推奨していて、「神が各自に分け与えてくださった信仰の度合い」（ロマ 12:3、12:6 も参照）と

---

8)　訳者註：本来、心理学用語で本人の意識とは無関係に自動的に動作する現象のこと。自動的、機械的作用。

関係するがゆえに、これを目標としています。さらにパウロは、コリント
の信者たちに対して、固い食物を与えるのではなく「乳」を飲ませること
によって、「キリストとの関係で乳飲み子」として世話すべきだと忠告し
ています（一コリ 3:1-2 参照）。ヘブライ人への手紙は、キリスト教共同体
の成員に向けて話す際のこうした違いを反映したものです（ヘブ 5:11-14
参照）。固い食物は、キリスト教の教義や信仰の基本原理を超えて、キリ
スト教的な生活において善と悪の識別を実践する信者に向けられたもので
あり、その存在はすべて信仰の光に照らされた人たち向けのものなのです
（註 47）。

43.　弟子たちやその他のイエスの信奉者たち、つまり群衆は、過越以前の
イエスの姿に何らかの特別なものを認識していました。特に癒やしの文
脈において、「信仰」について語られています。聖書に登場する現象論は、
実に多様です。イエスは、時には信仰についてはっきりと言及することな
く（例えば、マコ 1:14-45、3:1-6、6:33-44）、時には他者のために仲介の労
を取る依頼者の信仰ゆえに（マコ 2:5、ルカ 7:28-29 参照）、また信仰が乏
しいとみなされる人びとの場合にも（マコ 9:24 参照）、そしてまさに信仰
のゆえに（マコ 5:34 参照）奇跡を行うのです。弟子たちは、信仰のうちに
（マタ 6:30、8:26、14:31、16:8、17:20 参照）、つまり神とその力に対する信
仰（マコ 12:24 参照）において、また神の計画におけるイエスの特異な役
割の理解（ヨハ 14:1 参照）において成長するようにと、さまざまな方法で
促されています。

44.　イエスの死は、弟子たちの当初の忠実さを試練にかけることとなりま
した。皆が散り散りになって逃げてしまいました（マコ 14:50 参照）。朝早
くにイエスの墓に到着した女性たちは、遺体に塗油しようという意思を
持ってそこにやってきました（マコ 16:1-2 参照）。しかし、約束されてい
た復活と聖霊の賜物の知らせを受けて（ヨハ 14:16-17:26 参照）、弟子たち
の信仰は強められました。それは、弟子たちが他の人たちに手ほどきをし

て、自分たちの信仰によって人びとを強めることができるほどでした（ヨハ 21:15-18、ルカ 22:32 参照）。弟子たちの信仰における歩みは、聖霊の降臨において頂点に達しました。弟子たちは、主であり生ける神の子でもあり、死んで復活したイエスに完全な忠実さを保ったばかりでなく、大胆な証人、パレーシア（大胆に包み隠さず話すこと）の絶頂となり、聖霊の助けによりあらゆる言語で神のわざについて語り、信仰を伝えることができるほどになったのです。そして今度は、イエスが十字架につけられて復活したメシアであり、生ける神の子であり、かつ生者と死者の主であると宣言して、証人さらには殉教者にまでなったのでした。このような信仰の姿、イエスを信じる忠実さには、復活の教義的内容やその意味の啓示が含まれています。さまざまな出典が示す通り、特に私たちのように、復活した方の出現を直接見なかった者（例えばヨハ 20:24-29 のトマスのように）にとっては、こうした復活における信仰の転換は、容易なものではありませんでしたし、自動的に起こるものでもありませんでした。エマオの一節（ルカ 24:13-35 参照）は、他の人に信仰の道の手ほどきをするうえでの貴重な手がかりを示してくれます〔註48〕。意気消沈しながら不安な様子を見せる人と歩調を合わせて歩きます。その人たちの不安に耳を傾け、それを受け入れます。こうした不安を、聖書に反映された救いの歴史の光に照らして辛抱強く検討し、神の計画をより多く、より深く知ろうとする望みを刺激します。このようにして、信仰特有の秘跡的教会的な次元において成熟する信仰への道が開けていきます。

45. ［辛抱強く見きわめることの必要性］　救いの歴史を反映した聖書には、進歩もあれば休止もあるダイナミックで生き生きとした現実としての信仰が、個人的な利益だけしか見ない現世的な恩恵の追求から真の信仰を表明する究極の愛の惜しみのなさにいたるまで、さまざまな角度から明かされる場面が多く登場します。イエスは、断固として偽善を拒否します（例えばマコ 8:15）。彼は回心を、そして福音を信じることを呼びかけます（マコ 1:15 参照）が、何らかの形で神の救いを熱望しながら自分に近づいてく

る多くの人を、広い心で受け入れています。そのため当初の信仰、成熟の歩みの途上にある信仰の価値は、確かに評価されなければなりません。この信仰は、神を知ろうと望む中で、疑問に思うこと、未解決なこと、とまどいを覚えることを排除するものではありません。これは、教会が啓示されたものと認める内容のすべてに忠実であることに少し困難を感じている不完全な信仰といえます。キリストの顔の全体を、死んで復活した主に対する信頼に満ちた忠実さを含む、教義的要素の全体を再発見できるようにするために、どのような状況であれ、信仰における成長を支えることは、司牧のために働くすべての人の義務です。こうした多様性を育むためには、秘跡のすべてに、あるいは人生の同じような状況に、全く同じ信仰を求めてはいけません。

b）信仰の転調

46. ［説明の必要性］　信仰や秘跡に関する古典的な考察から、キリストの賜物が取り消しができないものであること（「なされた業から」）と、秘跡の効果的かつ実り豊かな受容に対する必要な心構えとの間の関連性が明らかになりました。ここでいう心構えを、秘跡に近づくことを妨げたり、近づくのをより困難にしたりするために恣意的に課された一種の障害と考えるのなら、それは根本的な誤解です。また素朴な人たちの信仰を軽蔑するような「エリート主義」とは何ら関係のないものです。ここでは、ただ単に、キリストが秘跡において無償で贈ろうと望んでいるものを受け取るための信者の心の内側の心構えについて、はっきりさせたいだけなのです。つまり、この心構えの中に示されるのは、信仰と信仰の秘跡の間の必然的な関係です。信仰の秘跡は、その本性上、どのような信仰を必要としているのでしょうか。ここで、神学的考察によって得られた結果をなおざりにすることなく、個人的な信仰のさまざまな側面を提示しておくこともよいと思われます。次の諸章において、対話的な出会いとして理解される秘跡の祭儀の際に、個人的な信仰がどのようなあり方で関わってくるのかを見きわめていくためです。

47.［神学的な次元］　信仰の特殊性は、それが神との関係の中に明示的に刻み込まれているということにあります。神学は、唯一の信仰の行為に含まれるさまざまな側面を区別します[註49]。そのため、「神のことを信じること credere Deum」は、信仰の認知的要素や対象としての信仰（fides quae）を指しており他と区別されます。この信仰の特徴は、神に向けられているということです。そのため、この信仰には神‐中心的な特徴があります。一方、「神について信じること credere Deo」は、信仰の形式的側面、つまり自ら同意を与える動機を表明するものです。神は、態度としての信仰（fides qua）の原因でもあり、それゆえこの信仰には神‐論理的な特徴があります。要するに、神は信じられる対象であり、信仰の動機でもあります。とはいえ、こうした基本的側面は、信仰の行為のすべてを反映しているわけではありません。「神へと信じること／神を信じること credere in Deum」もあります。ここでは、意思の側面が明確に示されています。信仰は、先の二つの契機を統合して、神に対する望みや動き、永遠の命とともに終末論的な出会いにおいて完成される神へと向かう歩みを含んでいるためです。それゆえ、この信仰には神‐終末論的な次元があります。完全な信仰の行為は、これら三つの次元の結びつきを前提とします。こうして、特に「神へと信じること」のうちに、他の二つが含まれていることがわかります。

48.［三位一体的な次元］　キリスト教信仰において「神へと信じる／神を信じる credere in Deum」と言った場合、聖霊によってイエス・キリストを御子として信じることを含みます。信仰宣言は、神のペルソナのそれぞれを指して、「in Deum」を特別な方法で３度も繰り返すことで、三位一体的な次元を強調しています。信仰宣言は、例えば人の間で見られるような他のいかなる同様の信頼の行為とも、異なることを明らかにしています[註50]。三位一体の神との関係は、神が作り上げ、創造した他のいかなるものに対する関係とも違っています。信仰宣言において「神を信じ

る credere in Deum」というのは、人格的な関係の完全なイメージを表現するものなのです。これは、希望や愛をも含んでいます（註51）。聖アウグスティヌス[9] が書いているように、「したがって神へと信じる（credere in Deum）というのは、神とよく協働するために、信仰を通して神と結ばれることを意味しています」（註52）。これは、先ほど述べた「神のことを信じる」と「神について信じる」の二つの次元を含んだ信仰の真の姿です（註53）。「私は神を信じます credo in Deum」という定型文は、信仰の告白や確信を表明するだけに留まらず、回心と自己放棄の過程、信じる者の信仰の歩みを表現したものでもあるのです。そしてこの人格的な次元こそが、信仰宣言やそのさまざまな条文に一体感を与えているのです。さらにこのことは、聖霊の救いの営みに固有のものである秘跡の祭儀において、特に強く生じることです（註54）。秘跡の祭儀において、信仰こそが常に教会的なものだと感じられるのです（註55）。「教会は、秘跡の祭儀において、特に信仰宣言によって、自らの記憶を伝えます。その中では、抽象的な真理の全体に同意を与えるというだけではありません。逆に、信仰告白の中では、人生全体が、生きた神との完全な交わりに向けて歩み入るのです。信じる者は、信条（クレド）において自分が告白している神秘の中に歩み入り、自分が告白しているものへと変えられるように招かれているのです」（註56）。

49. 三位一体への信仰は、信じる者が聖なる三位一体のそれぞれのペルソナと人格的な関係を結ぶことを意味しています。聖霊は、信仰を通して私たちを導き、真理をことごとく悟らせてくれます（ヨハ 16:12-13 参照）。聖霊によらなければ、誰もイエスは主であると告白することができません（一コリ 12:3 参照）。したがって聖霊は、信じる者が自らの信仰を証しし、キリスト教的な愛徳を広め希望に生きるように、そして成熟した人間となって、キリストの背丈になるまで成長するように、その人の内に

　9）　訳者註：354-430 年、北アフリカのカルタゴ出身のラテン教父、ヒッポの司教［397- 没年］。

住まい、聖霊のうちに神に向かって歩む力を授けてくれるのです（エフェ4:13 参照）。そのため聖霊は、信じる者に対して、信じるという主体的行為そのものの中においても、信じる内容、すなわちその者に痕跡を残す生のダイナミズムにおいても働きかけるのです。このダイナミズムは、イエスの心、そして弟子たちの心を映した真福八端を、ある意味で深く自己のものにすることを意味します^{（註 57）}。聖霊は、その賜物によって、それぞれの信者を^{（註 58）}、そして教会を強めます。私たちは、信仰によってイエス・キリストが主であり生ける神の子であると告白し、その弟子となってイエスと同じような姿になるまで歩み続けます（ロマ 8:29 参照）。私たちは、信仰を通して、そして御子と聖霊の仲介のおかげで、父なる神の計画を知り、父なる神との関係に入り、父なる神をほめ、たたえ、愛される御子のように父なる神に従うのです。私たちは、父である神の私たちに対する意思を、歴史を、創造を成就するための歩みを開始するのです。

50. ［宗教改革とその影響］　宗教改革は、教会の信仰告白よりも個々の信仰の行為が優位性を持つという考え方に大きな影響を及ぼしました。特に際だった特徴は、信仰を自己の義化に集中させていること、恩恵をある意味で自己のものとするような信仰の行為を評価していること、信仰の確信と救いの確信とを同一視していることです。このような真理の潜在的な主観化は、個人主義の傘の下で片務的な主観主義的傾向を帯びるようになったとき、一部で最近のカトリック信仰の神学にも影響を与えるようになりました。そのため、これらのアプローチにおいては、信仰が、信仰の告白である以上に人格的な信頼関係（何者かに対する信仰）として描写されるようになり、少なくとも潜在的に、教義的信仰（何ごとかに対する信仰）と対置されるようになりました。

51. ［態度としての信仰 fides qua、対象としての信仰 fides quae］　神と人間との対話が、啓示の全体を貫く秘跡的な性格を帯びているとするなら、これに対する答えも、信仰を通して、聖霊に導かれ聖霊によって可能

となる秘跡的論理を帯びていなければならないはずです。したがって、啓示によって伝えられ、教会が大切に守ってきた神の正真正銘の真理（対象としての信仰）とつながりを持たない、主観性のみの信仰（態度としての信仰）理解は存在しません。そのため、「信じる行為と、私たちが同意を与える内容とには、深い一致が存在しています。使徒パウロは、『心で信じて……口で公に言い表して』（ロマ 10:10 参照）と書いたとき、この現実の中に入ることを可能にしました」[註59]。信仰を生み、表明し、大切に守ってきたのは、世界や歴史における神の現存の秘跡的なしるしです。キリスト教的な概念においては、主観的な信仰の私物化に反対するうえで秘跡的な表明を欠いた信仰も、儀式主義に反対するうえで教会の信仰が不在の秘跡の実践も考えることができません。仮に信仰が、信仰告白と教会の生活との同一視を排除するものであるなら、このような信仰は、もはやキリストの中に入っていく信仰とは言えません。私物化されグノーシス主義者たちによって肉体から切り離された信仰は、まるでそれが誘惑であるかのように、キリスト教の歴史のいたるところに存在しています[註60]。しかし、これに対抗しようとする傾向もしばしば見られます。つまり、信仰を個人的な理解や祈りを通して自分だけのものとすることなく、信仰宣言に文字通り忠実な外的な信仰です。主観的な私物化と儀式主義は、キリスト教信仰が何としてでも克服しなければならない危険なのです[註61]。

52. ［信仰におけるすべての信者の基本的な平等性］　それぞれの信者の個人的な信仰には、三位一体の神との関係の強さや、信仰の内容の解明の程度に、さまざまな段階が生じることがあり得ます。信仰は人格的な性質を帯びた関係であるため、一方で信仰の真理やその内的一貫性を理解して自己のものとし、他方で神に信頼し、神との親密な関係から全存在を神に向けることを決断するという二つの次元において成長する信仰の能力は、そのダイナミズムに本質的なものと言えます[註62]。

53. 神学の歴史において、信仰の内容を反映した知識や、いわゆる「暗示

的な信仰 fede implicita」の役割に関して、何が必要最小限とされるのか
という問題が持ち上がってきました。スコラ神学者たちは、素朴な人たち
（「素朴な者たち simplices」、「より小さき者たち minores」）の信仰を大いに評
価していました。聖トマス・アクィナス [10] によれば、信仰の内容の知識に
関しては、すべての人が同じ解明の度合いを示さなければならないわけで
はありませんでした [註63]。「暗示的な」信仰と「明示的な」信仰の違いは、
信仰そのものの一部である信仰の特定の内容に関して言われているもので、
その意味において、信仰の行為において「暗示的」だと定められているか、
信頼できる形で自覚的に信じられている（actu cogitatum credere）、すな
わち「明示的」とされるのです。素朴な信者が、知的に詳細にわたって三
位一体論や救済論の発展を説明できるようになる必要はありません。暗示
的な信仰は、それ自体、教会の信仰と同一のもので、これと一致している
という基本的な前提を含んでいます [註64]。

54.［信仰の最小限の内容としての信仰宣言］　聖トマスによれば、洗礼を
受けたすべての者が、信仰宣言（クレド）の条文を明示的に信じる義務を
負っています [註65]。そのため、神の包括的な救いの意思を信じているだ
けでは不十分で、キリストの受肉や受難、復活も信じなければなりません。
このことは、三位一体の神への信仰によってのみ可能となります。これこ
そ、「すべての人が新しい命に達する」信仰、すべてのキリスト信者が洗
礼を受ける際の信仰です [註66]。教父たちの時代においては、信仰者の規
則が同じような役割を果たしていました。これは、すべての信者に対して、
基本的な内容の要約、そして信仰に拘束される要素を確かめる指標とし
ての役割を持っていました [註67]。聖トマスは、このような信仰の知識が、
他には何の事前の知識も前提としておらず、素朴な人びとにも理解できる
ものだと述べています。さらに典礼暦を祝うことで、すべての人がその内

---

10)　訳者註：1224/1225-1274 年、イタリア中部出身のドミニコ会員、パリ大学で
教鞭を取り、中世最大の神学者の一人。

容に参加できるとも言っています。これと相関的に、信条において教会の
すべての構成員が持つ明示的な信仰の義務は、すべてのキリスト信者の平
等な尊厳という認識をも含んでいるのです。

55.［信仰の欠如に関する注意］　信仰の反対は知識の欠如ではありません。
むしろ信仰のいくつかの真理の拒否（註68）や無関心です。そうした意味で、
サン・ヴィクトルの聖フーゴー11) は、次の二つのタイプの信者を区別して
います。一方で、信仰の知的理解に乏しく神との深い人格的な関係を伴っ
ていないにもかかわらず、教会共同体には何とか帰属していて、生活の中
で信仰を実践している信者がいます（註69）。他方で、「名ばかりの、習慣だ
け」の信者もいます。この人たちは、「他の信者と一緒に秘跡を受けてい
るのですが、来世の善にいかなる思いも抱くことはありません」（註70）。こ
こでは、「やがて来る良いことを望む」（ヘブ11:1 参照）という点でも、こ
の望みが人間の行為を方向づけるほどに強いものだという点でも、キリス
ト教信仰の極めて重要な要素が述べられています。

c）信仰と諸秘跡の相互関係性

56.［秘跡の概念］　既に見たように、賜物を気前よく与えるために創造の
御業を行い、ご自身との交わりに招くために人間を創造した三位一体の神
は、創造によって、またしるしによって、仲介を通じて人間との関係に入
ります。これらのしるしのうち、キリスト教の諸秘跡は、傑出した位置づ
けを与えられています。それは神ご自身が、恩恵の確実で客観的な伝達に
結びつけたしるしだからです。実際、新しい律法（新約）の秘跡は、恩恵
を伝達する効果的な方法となっています（註71）。既に述べたように、秘跡
は、神がその恩恵を伝達する唯一の手段であると言っているのではありま

---

11)　訳者註：1096 頃 –1141 年、ドイツのザクセン地方または現在のベルギー出身
のアウグスティヌス律修参事会員でパリのサン・ヴィクトル大修道院の副院長、キ
リスト教神秘主義を特徴とするサン・ヴィクトル学派の創始者。

せん^(註72)。諸秘跡は、確実なものであり教会のものという点で際立っており、優先的な地位を保ち続けています。個人的な献身（信心）や崇敬は、霊的読書やキリストの人性の神秘の観想といった聖書と結びついたさまざまな形の祈りや、創造と歴史における神のわざの観想、種々の準秘跡（本論40項参照）など、多様な実践を通して示すこともできます。

57.［第二バチカン公会議による秘跡の定義における信仰と秘跡］　長い歴史の中で、さまざまな秘跡の定義が生まれてきました。第二バチカン公会議は次のように説明しています。「秘跡は、人びとの聖化のため、キリストのからだを形づくるため、さらに神に礼拝をささげるためのものである。また、しるしであることにより、教育にもかかわるものである。秘跡は信仰を前提とするだけでなく、ことばと事物をもって信仰を養い、強め、表現する。そのため、信仰の秘跡と呼ばれる。秘跡は恵みを授けるものであるが、秘跡の祭儀は、信者がこの恵みを豊かに受け、神を正しく礼拝し、愛を実践するために、もっともよい心構えをもたせるものである」^(註73)。

この緻密な文章は、これから総括するように、信仰と秘跡の本質的な相互関係性に関する種々の基本的な側面を明らかにしています。第一に、秘跡には、私たちの信仰にとって教育的な目的があります。救いの歴史が展開する方法も示されています。つまり「秘跡的な」方法によってです。イエス・キリストは、自身がもたらす救いを感覚的かつ可視的に——つまり人間の状況にふさわしい方法で——自ら伝え、私たちに伝達していることがわかるように秘跡を創設しました（特に本論20項および26項参照）^(註74)。第二に、秘跡は二重の意味での信仰を前提とします。まず、秘跡の神秘への「参与」としての信仰です。信仰が欠如していたら、秘跡は外的な象徴、中身のない儀式だけになってしまい、魔術的な所作に堕してしまう危険があります。そしてもう一つは、秘跡が客観的に持つ賜物を主観的に作り出せるようにするために必要な条件としての信仰です。第三に、秘跡は、主体となる人および教会の信仰を明らかにします。秘跡の祭儀は、一種の生

きた信仰宣言です。秘跡は、人を義化する信仰を宣言するしるしです。秘跡的な言葉は、信者の側の信仰の答えを必要とします。そして信者は、信仰のおかげで秘跡において実現される神秘を理解し認識します。第四に、秘跡は、基本的な二つのレベルで信仰を養います。一方で秘跡は、信者のキリスト教的生活を実現させ強化する神の恩恵の賜物を伝えます。他方で秘跡は、救いの神秘が効果的な意味を持つ祭儀であり、信仰に向けて教育し、継続的に信仰を養います。そのため秘跡は、その実現のダイナミズムのあらゆる側面において、つまり祭儀の前と、最中と、後において、信仰のしるしなのです。その結果として、秘跡が信仰を前提としていることから、秘跡を受ける者が教会の構成員とされることは明らかです。私たちは、信仰と信仰の諸秘跡を通して、父の右に座している贖い主との対話に、また命の触れ合いに入るということを忘れてはなりません。栄光のキリストは、ただ内面的にだけではなく、歴史的存在の具体性においても私たちのもとに来られ、私たちの存在の根本的な移り変わりを救いの秘跡的な瞬間へと高めてくれます。

58. ［信仰と秘跡の結びつき］　信仰は、回心の瞬間に永遠に保証されるものではありません。愛徳の実践や祈り、みことばを聴くこと、共同体生活、信仰養成を通して、さらには優れた地位にある者として熱意を込めた秘跡の実践を通して培っていかなければならないものです。関係する領域において明示的に示されていないものは希薄化する、あるいはなくなってしまう危険さえあります。卓越した神の賜物そのものであるキリストは、不可視的または私的なあり方のみで受け入れるべきではありません。むしろ逆に、キリストを受ける人は誰でも、自分自身の命、言葉、考え、そして行動においてキリストを具体的に示すことができるものとなり、またそうするように呼ばれています。このようにして、救い主の本来の秘跡性を、教会の基本的な秘跡性に変化させることに貢献するのです。実際、教会の七つの基本的な実現（秘跡）は、その意味する内容を実現するものなのです。とはいえ、秘跡の受容が実り豊かなものとなるためには、受け手の一人ひとりに、

受け取ったものを深化させ、生かし、証しするための意思が必要です。

59. 信仰と秘跡の間の本質的な結びつきは、他の基本的な側面を考慮することで明らかになります。特に顕著なものは以下の通りです。

　a) 秘跡の祭儀。祭儀において、既に意味を有している特定の行為や事物が救いの歴史との関係において、キリストにまつわる出来事によって明確化されます。しるしは、みことばを通して、救いの完成の実現と記憶と約束になります[註75]。このようにして、例えば水はそれ自体、洗うという特質を持っていますが、聖霊への祈願と結びついて初めて罪を消し去り再生する効果を持つものとなります。

　b) 秘跡と訳される「サクラメントゥム」（sacramentum）という語は、ギリシア語の「ミュステーリオン」（μυστήριον）の訳語として用いられました。教会で祝われる神秘は、神秘そのもの、すなわち「神の内に世の初めから隠されていた秘められた計画」（エフェ 3:9）に根ざしたもので、今やキリストご自身として知られるようになりました。キリストは、自らの受肉、受難、復活を通して「すべての人をご自分のもとへ引き寄せ」（ヨハ 12:32 参照）、「神と和解させ」（二コリ 5:19-21 参照）ることを望む方なのです。エフェソの信徒への手紙によれば（3:3-21 と 5:21-33。一コリ 1:25-27 および 2:2-9 も参照）、教会は「隠されていた計画」、すなわち神の救いの計画に属する「からだ」や「花嫁」として、キリストの神秘に組み入れられています[註76]。「ミュステーリオン」の新約聖書的な概念は、イエス・キリストによって人に伝えられる神の現実を示しています。これは、尽きることのない現実という意味では、あらゆる理解や概念化を超越するものであり、それゆえ啓示そのものの中に隠されているのです。「サクラメントゥム」というラテン語の翻訳語は、隠されていること以上に啓示（明かされていること）を強調するものですが、このラテン語の概念は、到達できないものへの言及という意味合いをも残しています。その結果、教

会の典礼を挙行するか秘跡を受ける人は、誰でも、個人として宣言した信仰を通して、信じている内容を超越し、さらに大きな神秘へと向かうように呼ばれているのです。

　c）秘跡という語に結びついた、極めて重要な第二の側面があります。本来、「サクラメントゥム」とは「神聖な誓い」を意味していました。これは、通常の「誓い」（jus jurandum）とは違い、神聖な拘束力を生じます。このことは、テルトゥリアヌス[12] が洗礼を「秘跡」と呼んだとき[註77] に念頭にあった考え方で、軍旗に忠誠を誓う軍人が帯びる義務と対置されています。つまり、誓いの内容を知ることなくして何かを決意することはできないのです。

60.［要理教育の必要性］　これまで述べてきたことをもとに、二つの基礎から出発しましょう。

　第一に、信仰を欠いた秘跡の祭儀はあり得ません。第二に、個人的な信仰は、教会の信仰への参与であり、聖霊を介して教会が証しし、提示する啓示の秘跡的な出来事に対する答えなのです。そのため秘跡の受容は、厳密に個人的な性格と明確な教会的特徴をも同時に有する行為となるため、秘跡の祭儀に先だって適切な要理教育が必要とされるのです。過越の神秘はキリスト教信仰の中心ですから、こうした要理教育においては、それが主要な位置を占めていなければなりません。洗礼の場合、古代教会が洗礼準備期間について議論を発展させていく中で認識していたように、要理教育は、教会に組み入れられるということの一部をなしています。別の見方からすれば、『使徒伝承』（Traditio apostolica）が証言しているように、洗礼の原初的な形態には、対話形式の信仰告白が含まれていました[註78]。信仰の告白と秘跡の受容との神−人の対話的性格は、秘跡を受けるたびご

12）　訳者註：160 以前-220 年以降、北アフリカのカルタゴ生まれ、弁護士出身のラテン教父。

148

とに行われる秘義教話的な要理教育（catechesis mystagogica）を通して継続されなければなりません。秘義教話的な要理教育は、ある意味で、祝われている神秘への参与を通して知識を継続的に向上させることで、秘跡の中で具体的な形を取る終末論的な現存を深化させるように提案するのです。

61.［信仰の表明］　秘跡は、信者を導く秘跡による救いの営みの一部をなしています。この救いの営みは、目に見えない恩恵の表現には可視的な側面があることを意味します。キリストにおいて啓示された神への信仰が恩恵の賜物であるとしても、その受け手はこの賜物の単なる対象ではありません。その意味で、聖トマス・アクィナスは、信仰が一種の「注入される徳、超自然的な徳」（virtus infusa vel supranaturalis）であることを明らかにしています。信仰は、「徳」であるという意味において、恩恵によって可能となる行動する能力で、その他の能力と同じように完成させることができるものです。言い換えるなら、ある信者のキリストとの関係が深ければ深いほど、その信仰の、その人の祈りの、告白の、教会との一体性の、そして愛の秘跡性はより強くなるのです。その結果、信仰は、それが徳であるがゆえに、可視的に神への愛と隣人への愛という二重の掟に対応した生活様式のうちに、祈る教会との関係のうちに、外面的に表れていなければならないのです。

62.　信仰そのものの中に、神への希望も、この希望に特有の神への愛も含まないような神の啓示への同意としての一般的な信仰も存在するかもしれません。「形相なき信仰」（fides informis）と「（愛によって）完成された信仰」（fides［caritate］formata）のスコラ学的な区別は、本質的な成熟にまだ達していない段階の信仰に固有の問題を反映したものです。ヘブライ人への手紙によれば、救いのためには信仰が必要です。「信仰がなければ、神に喜ばれることはできません」（ヘブ 11:6）。これは中世の信仰理解に根ざした確信なのです[註79]。真実であるものを信じるという単純な望み（形

相なき信仰）がキリストとの交わりを生み出さない一方で、愛によって完成された信仰には、救いをもたらす祝福された神の現実への参与を根づかせる効果があります。つまり、キリストとの人格的な関係によって内側から形づくられたものではない信仰の一形態が存在することも可能なのです。この意味で、「形相なき」信仰とみなされます。それはその形成にあたって、先行するキリストの愛に対する答えとして、キリストの愛から形相を受けたのではないからです。キリストとの人格的で愛に満ちた関係によって形成された、また別の種類の信仰が存在します。それゆえ、これは「愛によって完成された」信仰と呼ばれています。信仰が表現しようとする真理に備わった愛によって形づくられているからです。

63. この区分に従えば、愛によって完成された信仰こそが、実際に永遠の命の始まりであることが確認できるでしょう[註80]。信仰の人格的行為（actus credendi）や信仰の徳（virtus fidei）は、それ自体、救いをもたらす出来事が信者において効果的なものとなるように働きます。その一方で、信仰の行為は、この行為を可能にする現実に同意しない限り、実行することができません。しかし、どんな秘跡を受ける場合にも、同一の愛によって完成された信仰が想定されているわけではありません。このことは、特にゆるしの秘跡において顕著です。聖トマス・アクィナスによれば、洗礼も結婚も、エウカリスティア（聖体）の秘跡に求められるのと同じ程度の、愛に満ちた信仰を必要としているわけではありません。キリストとの交わりを実り豊かに受け取ることは、秘跡の両形色におけるキリストの現存への信仰だけでなく、キリストやキリストに結ばれた一つのからだと一致の絆を保とうとする意思も前提とするのです（本論 120 項参照）。

64. 超自然的な愛（caritas）は、恩恵の直接的な効果であるため、「愛によって完成された信仰」の存在を、人間的な基準を基に確かめることはできません。そのため、他者について、あるいは自分自身についてさえも、信仰がこの特性を持っているかどうか、確信を持って知ることは誰にもで

きないのです。これは、ただ状況的な証拠や効果によってしか推定することができません^(註81)。したがって、ある人がどのように神の前に出るかについて判断を下すことなど人間には決してできることではないのです。それに、他者に対して恩恵の超自然的な賜物としての信仰の有無を肯定または否定することも誰にもできないのです。とはいえ、秘跡の受容は、公の教会の行為ですから、外的で可視的な要素、つまり表明された意思や信仰の告白、人生における洗礼の約束への忠実さは極めて重大なものといえます。

d）秘跡の対話的性格

65. ［信仰の有効性と豊かさ］　トリエント公会議¹³⁾（DS 1608）は、秘跡が教会の名において、そして教会が秘跡に与える意味と一致しつつ正しく挙行されているとき、常にその意味するものが伝達されることを示すために、「事効的に」（ex opera operato）［なされた業から］という表現を用いました。この説明は、秘跡を授ける者や受ける者の参与が必要ないということを意味するものではありません。むしろその逆です。秘跡を執行する者には、「教会が行うことを行う（faciendi quod facit ecclesia）意思」が必要です（DS 1611）。秘跡を受ける側としても、「実り豊かな」（fecunda）受容と「不毛な」（infecunda）受容とを区別することが適当だとされています。「なされたわざ」（opus operatum）という表現は、秘跡を執行する者、秘跡を受ける者の参与と対立するものではありません。むしろこの言葉は、救いをもたらすのは、秘跡を授ける者の信仰でも、受ける者の信仰でもなく、秘跡的に仲介された贖い主の恩恵だけであることを強調しています。キリストが秘跡を通して働きかけるのは、秘跡において実現されることを、秘跡を授ける者や受ける者が信じているからではなく、教会が与えた意味に忠実に正しい仕方で秘跡が挙行されるたびごとに、キリストが自らの行

---

13)　訳者註：第19回普遍公会議、1545-1563年にイタリアのトリエントで開催された。

為を教会の行為に結びつけるからなのです。

66. トリエント公会議は、このような意味で、宗教改革者たちの神学に対する反応として、明確に秘跡の効果を主張することになります[註82]。とはいえ、有効性のみに専念するような教会の慣行は、教会という秘跡的な有機体を傷つけてしまいます。この有機体を、その本質的な側面の一つに矮小化してしまうからです。有効に挙行された秘跡は、恩恵の秘跡的行為の構成部分として、専門用語で「内実と秘跡」（res et sacramentum）と呼ばれるものを伝えます。これは、例えば洗礼なら「霊印」（character）のことを指します。とはいえ、秘跡は「内実」の、つまり秘跡固有の恩恵の伝達において、その完全な意味を決定し獲得します。洗礼の場合で言えば、罪のゆるしを含むキリストにおける新しい命の恩恵です。

67. ［秘跡にふさわしい信仰と意思］　秘跡の論理は、本質的な構成要素として、自由な応答、神の賜物の受容を含みます。一言で言えばそれは信仰です。特に洗礼の場合には、それは始められたばかりのものかもしれません。最近の神学は、秘跡において起こる恩恵の伝達を説明するために、基準として、象徴やしるしに固有の意味の世界を採用しています。この領域は、人間の言語や人間同士の関係と極めて近い場所にあります。秘跡は対話の領域、信者とキリストとの関係の領域に位置するものであるがゆえに、このアプローチにはそれなりの利点があります。象徴やしるしの意味は、象徴がその意味の中で作り上げる世界に参加しなければ、理解することができません。これと同じように、人がこれらの秘跡的なしるしが表現する世界に入り込まなければ、秘跡的なしるしによって伝えられる秘跡の恩恵の効果（実り豊かさ）を受け取ることはできません。信仰は、秘跡的な現実が実際に意味しているしるしそのものとなって、効果的に神の恩恵の原因となるように、この世界に入る扉の鍵を開けてくれるものなのです。

68. 秘跡の受容は、有効なものとも無効なものともなりますし、実り多い

ものとも不毛なものともなります。ふさわしい準備のためには、秘跡が意味するものに対して外面的あるいは内面的に反対しないだけでは十分ではありません。その意味で、秘跡の有効な受容が、自動的に秘跡の実り豊かな受容となるわけではないのです。実り豊かな受容となるためには、積極的な意思が必要です。つまり秘跡を受ける者が、教会を介して秘跡的にキリストが与えてくれるものを、その内容（対象としての信仰）も、本質的（態度としての信仰）にも信じていなければならないのです。教義への一致の度合いについては、さまざまな段階があります。ここで特に重要となるのが、秘跡を受ける者が教会の教えを決して拒否していないということです。信仰の強さにも段階があります。ここで決定的となるのは、秘跡が意味するものを受ける積極的な心構えができていることです。秘跡の実り豊かな受容はいずれも伝達の行為であり、キリストと信者個人の対話の一端をなすものです。

69. 意思に関する教義が、秘跡を授ける役務者側の本質的な要件に関する考察から生まれたことは確かですが、意思は極めて重要な位置を占めています。一方で、意思は、「なされた業によって」効果を完全に保ちます。つまり、秘跡的行為の効果は、秘跡を受ける者の信仰でも、授ける役務者の信仰でもなく、全面的にキリストのみに基づくものなのです。しかし、秘跡的な出来事の対話的性格も、魔術に堕したり、秘跡的なオートマティズムに陥ったりしないように助けてくれるものなのです。意思とは、救いをもたらす恩恵の秘跡的伝達という無償の出来事に対する個人的で自発的な参加に最低限必要なものを表しています。

70. 水や油、パンや葡萄酒、その他の可視的で外面的な要素を通して実行される秘跡的なしるしや象徴的な行為は、各信者に対して「信仰の内なる目」[註83] を開き、それぞれの秘跡の救いをもたらす効果を見る（理解する）ように勧めます。今挙げたような物質的な要素を用いてなされるこれらの象徴的な行為は、実際、救い主であるキリストの行為を実現するため

のものです。秘跡の挙行において起こるのは、例えば癒やしの業に見られるように、救い主であるキリストが地上に生きている間に行った行為において起きていたことに根ざしています。多くの人がキリスト（原秘跡）を信じ、例えばヤコブの井戸におけるサマリア人の女性（ヨハ 4:28-29 および 4:39 参照）や、イエスを自分の家に迎え入れたザアカイ（ルカ 19:8-10 参照）、不屈の信仰のおかげで娘を癒やしてもらったシリア・フェニキアの女性（マコ 7:24-30 参照）などのように聖化を達成しました。これらの物質的要素を用いて実現された「秘跡的な」イエスの象徴的行為は、信仰－内面的な視力によって、恵みを受けた者の信仰を強め、聖化するためのものです。堅固なものとなった信仰は、この世の生をキリスト教的に証しすることを通して、信仰の告白に変えなければならないのです。

71.［対話的性格］　典礼における秘跡の祭儀は、神のカタバティックな（下向きの）救いの行為を表しているだけでなく、これとは不可分に、「アーメン」という応答から、聖体拝領の際に手を広げるといった仕草にいたるまで、秘跡を受ける者のアナバティックな（上向きの）動きも表現しています。すべての秘跡は伝える行為であり、救いの営みの中に刻み込まれています。それは歴史において、人間と人格的な関係に入ろうとする神の望みの啓示を思い起こさせるものです。このように秘跡には、救いの歴史全体をしるしづけ、これに同伴する契約という性格が反映されています。秘跡の対話的性格が力を失ってしまっているところでは、魔術的な種類の曲解（儀式主義）が生じ、個人的な救い（主観主義的な私物化）に専念してしまうのです。

e）秘跡的な有機体

72.［秘跡的な有機体］　何世紀にもわたる発展を経て形成された教会という秘跡的な有機体 [註84] は、キリスト信者を信仰において強め、キリストと教会の神秘により生き生きと組み入れるために、個人や共同体の生活の重大な局面に同伴します。つまり教会はキリスト信者の信仰の歩みの全行

程に同伴し力づけるのです。教会はキリストの地上の生における神秘の啓示の重要な瞬間を集めるだけでなく、キリストの業が継続できるよう、その業を秘跡的に実行します。こうして、本来のキリストの秘跡性が各信者にまで達するようになり、教会の秘跡的な祭儀を通して、その人をキリストの生きた秘跡へと変えるのです。キリストと直接関連した意味を持ち、この意味を実現する水やパン、葡萄酒、油、そして秘跡的な言葉によって、これらのしるしをふさわしい準備を伴って受け入れさえすれば、信者は完全にこの現実に組み入れられ、その一部を構成するようになります。

73. ［入信の諸秘跡］　信仰の歩みの初めに位置する入信の諸秘跡は、信者を完全な意味でキリストに、そして教会共同体に組み込んで、恩恵によってその人自身が自らの人生において何らかの形でキリストの秘跡に変えられることを可能にします。それゆえ洗礼は入口の門となるのです。水において葬られ、水によって再生するということは、キリストの死と復活への参与を示しています。こうして人は、キリストのからだの中に入り、キリストと一致して、キリストの教会の生き生きとした積極的な一員となるのです（以下の第3章の1参照）。聖香油を受ける堅信は、これと同じ方向に向かうさらなる一歩を意味しています。キリストの塗油と並行する聖香油の塗油は、キリスト信者が、聖霊の賜物を通して、より宣教的かつ教会的な信仰においてキリスト教信者共同体における責任を証しする力を与えてくれるものです（以下の第3章の2参照）。キリストのからだの秘跡であるエウカリスティア（聖体）の秘跡を通して、キリストのからだへの組み入れ、キリストのからだとの交わり、一致、これへの完全な意味での参与が、キリスト論、秘跡論、教会論的にあらゆる意味で表現されています（以下の第3章の3参照）。キリスト信者は、入信が完了することで、キリスト教的な生活を送って真の意味でこれを証しすることを可能にするキリスト化（christificatio）の通常の手段をすべて受けているがゆえに、既にキリストおよびその教会の一員となっているのです。

74.［癒やしの秘跡］　入信の秘跡を受けた者が、常にこれらの秘跡が意味するものに対して、必ずしも十分な忠実さや完全性を保ちながら行動しているわけではありません。そのため、私たちの脆さや罪深さを考慮に入れた、癒やしの秘跡と呼ばれる秘跡もあるのです。信者は自らの生き方によって信仰を否定してしまった後、ゆるしの秘跡によって、キリストとその教会を代表して、キリストと教会の名において赦免の言葉を告げる役務者に迎え入れられることで、神との和解が成立するだけでなく、ゆるしを受けた者の共同体としてイエス・キリストにおいて神の全き善を宣言する教会との和解も果たすことができるのです。したがって、ゆるしの秘跡のおかげで、キリスト信者は自らの信仰の歩みを再び進めていくことができるのです。エウカリスティアは優れたキリストのからだの秘跡なので、キリストのからだに組み入れられることが意味するものを深刻に傷つけてしまった後で、神と和解して喜びのうちに共同体への帰属を回復させるいつくしみの賜物を受けていない人がこれに完全に参与したとしても意味をなさないのです。

75.　病者の塗油は、病気などで弱った状況の下で挙行されます。癒やしの効果を持つ香料の入った軟膏であるキリストの聖香油は、信仰生活への不一致と結びついた重大な失敗（罪）があったとしても、その人を完全に救い自らの栄光へと高める主の力を示します。それは、明らかにゆるしの効果を含んだものです（ヤコ 5:14-15 参照）。そのため、病気もまた、神の栄光が現れる機会になり得るという証言があります（ヨハ 11:4 参照）。さらに、主の栄光の道において主の受難と苦しみを私たちが共有している限り、病気においても、生きるにしても、死ぬにしても、私たちは主のものであるということも証言されています（ロマ 14:8-9 参照）。こうして罪も病気も、主のいつくしみは私たちの脆さよりも強いということを証しし、主と一致して成長する機会となるのです。

76.［交わりに奉仕する秘跡］　その他の秘跡は、交わりに奉仕することに

直接向けられたものです。共同体には、その秘跡的な現実を反映した構造と統治が必要です。こうした理由から、司祭職に叙階された役務者は、司牧的な愛の実践を通して、明確にキリストとともに自らを形作ることによって、かしらであるキリストを代理します。このことゆえにキリストは、ご自分の教会に現存し続けるのですが、それは教会を作り出した賜物として現存するだけではなく、教会を新たに、そして止むことなく作り続けることによって、自らを絶えず教会に与える者として、秘跡的にも教会に現存し続けるのです。さらに別の視点から、教会をからだとして考えると、叙階された役務者は、特に典礼の祈りにおいて、すべての人を代表して神を賛美し、その恩恵を懇願することによっても教会を代表しています。したがって、真の牧者でありかしらでもあるキリストは、歴史の中で自分のからだである教会を建設し続けているのです。叙階された役務者が、どれだけ主の賜物に、その言葉と秘跡に負っているかについては、教会全体が何度も繰り返し認識しています。叙階された役務者の側としても、自らの心に従って司牧者となることで、キリストに向けて自らの人生を形作っていかなければならないのです。

77. 聖霊によって水において再生された者は、夫婦として交わし合う愛においても信仰生活と切り離すことのできない自らの共通祭司職（『教会憲章』10項参照）を実践します。夫婦が公に交わし合う愛は、キリストの教会に対する愛を世界において歴史的に可視化し現存させる聖なる絆です。こうした意味で、キリスト教共同体は、婚姻によって成長します。愛の結実として子どもが生まれ、家庭に信仰が息づくことで、キリストのからだを構成する者の数は増えます。このように家族は家庭教会となりますが、これは受容と命と信仰の表現の優れた場です（以下第4章参照）。

f）秘跡による救いの営みにおける信仰と諸秘跡の相互関係性

78. 秘跡による救いの営みにおける信仰と諸秘跡の相互関係性に関して、共同で見直すことにより、私たちのテーマにとって極めて重要なさまざま

な側面が見えてきました。

a）神の救いの営みにおいて、すべては三位一体の神の救いをもたらす啓示から始まります。この救いの営みは、過越や聖霊降臨における霊の賜物を通して御父が御子を啓示した時に頂点に達しました。この救いをもたらす神秘は、聖霊の働きにより教会と秘跡を通して歴史において永続します。

b）この啓示と神とのかかわりは、秘跡的な性格を帯びています。目に見えるしるしを通して、目に見えない恩恵が伝えられます。啓示が持つ秘跡的な性格は、信仰を通して認識されるのです。

c）信仰は、三位一体の神との個人的な関係です。この信仰を通して、人は恩恵や秘跡的な啓示に応えていきます。そのため、信仰は本質的なものであり常に対話的なものでもあるのです。さらに信仰は、信者の全生涯に同伴するダイナミックな現実でもあります。どんな関係でもそうですが、信仰は成長して強化される場合もあれば、逆に弱体化してひどい時には失われてしまうことさえあります。同時に信仰は、人格的かつ教会的な刻印を残します。人は信仰を通して三位一体の神との人格的な関係を生きることから、信仰は救いと永遠の命の導き手なのです。

d）神の救いをもたらす行為、すなわち救いの営みは、教会の可視的な境界を超えて広がっています。この要素は、救いの営みの秘跡的性格を否定するかのように見えるかもしれません。しかし、そのような場合に、救いがどのように作用するかを注意深く考察すれば、暗黙的な信仰によって受容されたこのような神の救いは、神の救いの営みの秘跡性の枠外ではなく、まさに恩恵そのものによって実現されていることがわかります^{（註85）}。

e）秘跡の祭儀には、多様な姿形を取りつつも、常に信仰がさまざまな

面で伴っていなければなりません。それは、神へと向かうダイナミズムにおいて教会の信仰に参与し、望ましい教会への帰属を通してこうした教会の信仰への忠実さを保つか、あるいは少なくとも秘跡の祭儀に関する教会の個別の意思を自らの意思とするような個人的な信仰です。このような信仰があれば、秘跡の祭儀が秘跡的なオートマティズムに陥ってしまうことは決してないでしょう。

f) 信仰を生み出す救いの営みの秘跡的構造のゆえに、信仰そのものにはその本質的な部分において、自らを秘跡的に表現し、自らを秘跡的に成長させる自然な傾向があると言えます。（原秘跡である）イエス・キリストの救いをもたらす恩恵における信仰は、（基礎的な秘跡である）教会による時間と空間におけるキリストの歴史的永続と決して対立するものではありませんし、むしろそれとは別物だと考えるべきではないのです。

2.3 結論：信仰と秘跡性のダイナミズム

79. 要約すると、秘跡による救いの営みの対話的性格の考察から浮かび上がってくる一連の重要なダイナミズムについて、次のように結論づけることができます。

a) 信仰は、三位一体の神との秘跡的な対談における対話形式の答えを形作ります。これは、信仰と諸秘跡の相互関係性を決定づける要因です。信仰は、信者の歩みにおいて、人生のさまざまな局面で形を変えて自らを表現しながら、教会が地上の旅路の間にキリスト教的生活のためにささげる種々の秘跡に伴っていなければなりません。

b) キリスト教の信仰は、その構造上、秘跡的なものです。そのため、信仰と秘跡性には同一の性質があります。したがって、信仰の基本的なダイナミズムの一つが、自らを成長させ、強化し、豊かにし、表明する方法

としての秘跡的表現のうちにあるのです。

c) 信仰の秘跡的な表現においては、その個人的（主観的）次元も、教会的（客観的）次元も関係しています。個人的な信仰は、その成長のダイナミズムにおいて、教会の信仰との結びつきを一層強め、さらに一体化します。信仰と諸秘跡の相互関係性によって、教会の信仰（意思）と全く関係を持たない秘跡の祭儀の可能性は排除されます。

d) 信仰に固有の秘跡性は、信者を神の救いの営みのダイナミズムに積極的に組み込んで、極めて重要な役割——神の恩恵によってそのための能力が与えられます——を付与するので、常に宣教的なダイナミズムを必然的に伴います。一つの秘跡を受ける者は、聖霊によって自らのキリスト化を強め、自分が教会に組み入れられていることを再確認し、秘跡を通して私たちに自らの善を分かち与える神を賛美する典礼行為を果たします。こうした視点からすると、例えば洗礼を受ける人は、何よりもまず、無償で恩恵をその身にまとうのだということがわかるでしょう。また受洗者は、キリストの過越の神秘によって自らを再構築するのですが、それと同時に、教会の信仰が流れ出る賛美の生活を通して、受け取った賜物を証しするようにも呼ばれています。だれも、自分自身のためだけに秘跡を受けるのではありません。キリストの手段、道具（『教会憲章』1項参照）である教会を代表し、これをさらに強化するためにも受けるのです。そして、優れた神の秘跡であるキリストの救いを世に証ししながら、信頼できる証人、どんな希望においても効果的な希望のしるしとならなければなりません。そのため信者が、秘跡の祭儀、およびそれを人生において表現することを通して、キリストのからだは強化されてゆくのです。

第3章　キリスト教入信における信仰と諸秘跡の相互関係性

80. ［導入］　ここまで信仰と秘跡の間に存在する本質的な相互関係性について、秘跡による救いの営みと、信仰と諸秘跡という二つの基本的な枠組みにおいて見てきましたが、今度はその影響を、キリスト教入信の諸秘跡において考察してみましょう。つまり、これまで得られた認識や視点を適用して、入信の三秘跡のそれぞれと関連づける作業を行いたいと思います。それぞれの秘跡は固有の特性を持っているため、それらは尊重されなければなりません。とはいえ、主要な論題を体系的に深めていくために、それぞれの秘跡の考察に合わせた調整を加えながら、次の五つの段階において、この問題の解明を進めていきたいと思います。すなわち、①主要な聖書的根拠、②秘跡とその祭儀にふさわしい信仰との相互的関係、③今日、この相互的関係に関して生じている問題、④教会の伝統の選びとそれらの特別な瞬間からもたらされる気づき、および秘跡の祭儀における信仰の役割についてこれまで行ってきた考察に基づく気づき、⑤各秘跡の祭儀に必要な信仰に関する司牧上の神学的提案です。幼児洗礼と成人洗礼の違いを考慮して、この図式はそのどちらの場合にも合わせます。考察は、まず成人洗礼から始めて幼児洗礼の個別の要素を取り扱って終わります。ここでは、それぞれの秘跡についての、より広範な神学的知識が前提とされますが、私たちは単純に、入信の諸秘跡の各々において、信仰と秘跡の相互関係性に関する疑問に対して有意義な答えを出し見解を述べるために、本質的な要素を収集していきます。

3.1　信仰と洗礼の相互関係性

a)　聖書的根拠

81. 聖霊降臨の日のケリュグマ的大説教の後、「人々はこれを聞いて大いに心を打たれ、ペトロと他の使徒たちに、『兄弟たち、わたしたちはどう

したらよいのですか』と言った。すると、ペトロは彼らに言った。『悔い改めなさい。めいめい、イエス・キリストの名によって洗礼を受け、罪を赦していただきなさい。そうすれば、賜物として聖霊を受けます』。……ペトロの言葉を受け入れた人々は洗礼を受け」（使 2:37-38 と 2:41）ました。福音の宣言に対する人間的な答えである回心は、キリスト教生活の基本的な諸側面と結びついた洗礼の秘跡の典礼と分けることができないものと思われます。信者は、洗礼を通してキリストの洗礼において予示され、その受難と復活において実現された（マコ 10:38、ルカ 12:50 参照）、キリストの過越の神秘に参与します（ロマ 6:1-11 参照）。そしてキリストを着て、キリストとともに形づくられ、キリストのうちにキリストと共にいるようになるのです。こうして、私たちは養子に、つまり新しい被造物になるのです。使徒パウロは、洗礼によって「キリスト信者は心から従うべき『教えの規範』（typos didachés）に委ねられる」ことも理解していました。「人は洗礼によって、自らが告白すべき教えと具体的な生き方も与えられます。この生き方は、人格全体を用いることを要求し、その人を前に向けて歩ませます。その人は新しい場に移され、新しい環境を与えられます。すなわち、教会における新しい共通の生き方です」（註86）。

　同じように、受洗者はキリストのからだ（一コリ 1:11-16 と 12:13 参照）である教会に組み入れられます。洗礼を通して、約束された聖霊（使 1:4 参照）を受け、罪のゆるし（コロ 2:12-13 参照）と義化の恩恵に与ります。こうして、洗礼を受けたばかりの新しい被造物は、新たに生まれることで（ヨハ 3:3 と 3:5 参照）キリストとその教会に属し、新しい生を証しすることでキリスト教生活を送れるようになります。

b）成人洗礼と信仰

82. 洗礼は優れた信仰の秘跡です。既にマルコ福音書が、「信じて洗礼を受ける者は救われる」（16:16）と述べ、信仰と洗礼を関連づけています。さらに、マタイ福音書の最後にある洗礼の指示（マタ 28:19）には、教会

が三位一体の信仰の要約と考えた洗礼の定式が含まれています。その一方で、洗礼の典礼には、信仰の重要性が明確に反映されています。現在の求道期間の入門式では、求道者は教会に「永遠のいのち」を保証する「信仰」を求めるのです (註87)。古代教会では、3度水に浸す儀式的行為が、信仰宣言の質問に対する受洗者の応答の後で行われました (註88)。現在では、悪霊の拒否と教会の信仰の宣言が、この儀式に欠かせない要素となっています。求道期間のさまざまな段階で、前もって審査されてきた求道者の公の信仰宣言、そして教会の役務者から授けられる洗礼といったように、審査を伴った儀式の挙行そのものが、この出来事の対話的な性格を明確にしています。この審査そのものが、事前に与えられた教理的知識や倫理との一致、求道期間の祈りの実践の証明に加えて、受洗者側の教会の信仰への忠実を保証する役割を果たします。秘跡は神の賜物であるがゆえに、誰もこの秘跡を自分自身のために執行することはありません。みことばの説教と傾聴を通して受ける信仰と同じように、これらの諸秘跡も神の賜物の受容をめぐるこの論理に組み入れられているのです。

83. こうしてキリストに向けて形づくられたキリスト信者は、他の機会、他の秘跡や準秘跡の祭儀において聖霊を受けることで、信仰における巡礼の旅路を続けていきます。二つの類例がこの現実を照らし出します。一つは、神がアダムに命の息を吹き入れたことです（創2:7参照）。しかし、より重要なのは、イエスの公的な役務全体が、御父から遣わされた聖霊の受容にしるしづけられているものと思われることです。イエスは、洗礼において聖霊によって油注がれ（マコ1:10および並行箇所参照）、聖霊から荒れ野に送り出され（マコ1:12および並行箇所参照）、聖霊によって油注がれたことをナザレの会堂で明かし（ルカ4:16-21参照）、聖霊によって悪霊を追い出し（マタ12:28参照）、十字架上で聖霊を発出しました（マコ27:50、ルカ23:46参照）。つまり、イエスの使命の全体が、過越と関連した一種の洗礼であると考えることもできるのです（ルカ12:50参照）。このように、キリスト信者の一生は、イエスのように自らの命を御父に捧げることによっ

て、洗礼において初めて与えられた聖霊の賜物によって動き出したものを、自らの命がその役目を成就するまで徐々に展開していくことであると理解することもできます。

c）成人洗礼における信仰に対する司牧的な提案

84. キリストにおける新しい命[註89]と新たな誕生の秘跡である洗礼によって、人は新たな歩みを開始し教会の一員となり、秘跡による救いの営みの中に入ります。古代教会では、この命の変化は、信仰を宣言するために東を向いていた受洗者が、悪霊の拒否の間、西を向くことで、可視的かつ身体的に表現されていました。どの時代においても、求道期間やその他の形の宗教教育を通してなされる準備は必要とされていましたが、洗礼時の信仰が初期的な性格を持っていることもしっかりと意識されていました。このため求道者は、洗礼を受ける前の求道の道筋に真剣かつ熱心に取り組まなければなりませんし、洗礼の恵みによる賜物によって、受けた三位一体の神に対する信仰への忠実さ、ならびに信仰の知識と自らの人生との一致において信仰の歩みを続けていく望みを、責任を持って宣言するように招かれています。洗礼は入口の門ですから、洗礼時に求められる信仰は完全なものではなく、まだ始まったばかりのもので、成長の望みを持った信仰であるはずです。

85. 求道期間が入信の一部として理解されているのと同じように、洗礼もそれだけで閉じられた典礼ではなく、その後の受洗者の人生に現れる同様の内的なダイナミズムが要求されます。典礼において祝われた信仰の内容と信じる信仰の内容とは同じものであったとしても、信仰の理解もまた閉じられたものではないのです[註90]。ある意味でこれに対応するのが、個別の秘跡に向けられたさらなる宗教教育の段階である洗礼後のカテケージスです。古代教会の慣行は、「神秘」の真の理解は、これを受けた後から生じるものだという確信を反映しています[註91]。いずれにしても、その理解は、ひとりでに起こるものと考えられていたわけではなく、新受洗

者は秘義教話的カテケージスを通して他の諸秘跡に導かれていったよう
です。

86. ［伝統からの光］　エルサレムの聖キュリロス [14)] は、心からの回心につ
いて何度も言及し、「もしあなたが悪い考えに固執しているのなら……水
を受けたとしても、霊を受けることにはならないでしょう」[(註92)] と警告
しています。とはいえ山を動かすといったような、特別な力という意味で
の信仰の力が明示的に求められているのではありません。要求されている
のは、教会が告げるものに信者として忠実であることです。「人間の能力
を超えた信仰の賜物をかの方から受けるために、人間の信仰の内的な義務
をあなたの中で大切にしなさい」[(註93)]。信仰は成長させることができます
し、成長させなければなりません。これを実現する力は、洗礼を受けよう
とした決心の中に既に存在しています [(註94)]。

87. コンスタンティヌス帝 [15)] による政策転換 [16)] 以後に、さまざまな段階を
伴った厳格な古典的求道期間が徐々に姿を消していった時期、教会は、社
会が圧倒的にキリスト教的になるという新しい状況に順応しました。こう
した状態にあっては、教会の社会化一般には、それまでの時代よりもさら
に重要性を増した、ある種の宗教的な社会化も含まれていました。とはい
え、信仰の歩みにおいて基準となる教会的な人物（代父母）の役割や、責
任と良心を伴った個人的な忠実を実現できる最小限の洗礼前の宗教教育を
保証する必要性は変わりませんでした。ここで、かつての東西両インドの
例が手がかりとなります。彼の地ではさまざまな神学的傾向が存在してい

---

14)　訳者註：315 頃 -386/387 年、ギリシア教父、エルサレム司教 ［348/350- 没
年］。

15)　訳者註：コンスタンティヌス 1 世、270 頃 -337 年、ローマ帝国の皇帝（在
位 306-337 年）、元老院から「偉大なる者」（Maximus）という称号を授与され、
大帝と呼ばれた。

16)　訳者註：313 年のいわゆるミラノ勅令によるキリスト教公認を指す。

ましたし、当時の神学においては救いが洗礼と緊密に結びついていたにしても、インディオスたちの尊厳と諸秘跡の対話的性格を保護するほうがよいという意見が支持を集めました^(註95)。こうした流れの中で、ドミニコ会員フランシスコ・デ・ビトリア¹⁷⁾ は、他の神学者たちとともに、カテキスタの重責も担う司祭が極端に不足していた新大陸のキリスト信者にふさわしい準備について報告を書いています。「信仰だけでなく、少なくとも救いのために必要なキリスト教的慣習についても、十分に教育される前に洗礼を授けてはなりません。洗礼において何を受けるのか、あるいは何を答えるのか、何を信じるのか、どのように生きたいのか、どのようにして信仰を、キリスト教を保ち続けるのかを理解していると思われるまでは、洗礼を授けるべきではないのです」^(註96)。

88. ［司牧的な提案］　教会は、常に洗礼を挙行することを望んでいます。そこには、新しく信者となった者が義とされ、キリストに組み入れられ、キリストを救い主と認め、自分たちの生をキリストに向けて形づくられるものとし、教会の一員となり、聖霊——新受洗者は聖霊によって恩恵の受け手となり、聖霊に照らされるわけですが——のうちに新しい命を証しするという事実から来る喜びが含まれています。しかしながら、個人的な信仰が完全に欠けていたとしたら、秘跡の祭儀はその意味を失ってしまいます。秘跡の祭儀の有効性は、ふさわしい意思を持った役務者に由来する（本論65-70項参照）一方で、洗礼を受ける側に最小限の信仰もなかったとしたら、信仰と秘跡の間の本質的な相互関係性は姿を消してしまいます。目に見えるしるし（sacramentum tantum）が目に見えない恩恵を伝える（例えば、死から新しい命への移行としての浸水）という事実に対する信仰がなければ、これらのしるしは、罪のゆるし、義化、聖霊を通したキリストにおける再生、究極的な命へと入ることといった、それが意味してい

---

17)　訳者註：1492/93-1546年、バスク地方出身のスペインのドミニコ会神学者、後期スコラ学派に属するサラマンカ学派［ドミニコ会学派］の創始者。

る目に見えない諸秘跡の内実（res sacramenti）を伝えるものではありません。今論じているケースでは、洗礼は単なる社会的儀礼と化してしまうか、異教的な要素だらけのものになってしまいます。

89. こうした信仰の最小要件は、秘跡を受ける者が、教会の信じるものを実現する意思で受けるようにするために、欠かすことができないものと思われます。この信仰の最小要件を構成する要素のいくつかは、秘跡の祭儀のダイナミズムそのものから推測することができます^(註97)。新受洗者に三つの神のペルソナの助けを祈願する三位一体への信仰、命の水としての水に浸されることに象徴されるキリストにおける再生の確信^(註98)、白衣を着ることで表現される新たな命への誕生、復活祭のろうそくの光を受けることで表現されるキリストの光を受ける確信とそれを証しする望みなどです。

90. したがって、求道課程の申し出とその受諾における創造性とともに、教会の教義に対する忠実、愛徳、司牧的な思慮深さが必要となります。この最小要件を恐れて、秘跡が何であるか、何を意味するかを十分に擁護しなければ、信仰と教会の秘跡性にむしろ大きな害を与えてしまう結果になるように思われます。そして守ろうとする信仰そのものへの一体性や一致を損なってしまいます。もちろん、秘跡を受ける側の信仰は、秘跡において働く恩恵の原因とはなりません。信仰は、秘跡を豊かなものとするという意味で、その実り豊かさのために必要なふさわしい準備の一部です。しかし、いかなる形の信仰も欠いていれば、より低い段階で何の障害も持たないことが求められる準備に関して、欠くことのできない必要最小限の要件を満たしていると認めることは難しいように思われます^(註99)。この意味で、最小限の信仰を欠いていた場合、キリストについて書かれた手紙（二コリ 3:3 参照）の中で、受洗者をキリストの生きた「秘跡」に変えると言われている神の賜物はその実を結ばないでしょう。その一方で、キリストを主であり救い主であると告白する者は、できる限り緊密に、したがっ

て秘跡的に、キリストの救いをもたらす神秘の中核である過越に自らを結びつけることをためらわないはずです。

d) 幼児洗礼と信仰

91. 幼児洗礼は、古代からその実践が確認されています^(註100)。その義化は、自身の子どもが秘跡的な恩恵に参与し、キリストとその教会に組み入れられ、家族の一員であるのと同じように神の子らの共同体の一員ともなるという両親の望みにあります。実際、洗礼は原罪を初めとするあらゆる罪をゆるし恩恵を伝えるがゆえに効果的な救いの手段なのです。子どもは、自らが肉的な家庭に所属することを意識的に引き受けるわけではありませんし、ユダヤ教の割礼といった他の多くの入信の儀式にしばしば見られるように、それを誇りとしているわけでもありません。仮に洗礼についての社会化が通常の過程をたどるとしたら、それは青年期や成人になってから感謝とととともに行われるでしょう。とはいえ幼児洗礼において、私たちが洗礼を受けるその信仰は、まさに教会の信仰であること、そして私たちの信仰における成長は「私たち」が共同体に組み入れられることで生じるものであることが明らかになります^(註101)。祭儀は、信仰宣言とともに、これを荘厳な形で確認します。「これこそが私たちの信仰。これこそが教会の信仰。私たちはこの信仰を告白することを誇りとします」^(註102) 18)。この時、両親は子どもたちを自らの元に受け入れる教会を代表する者として行動します^(註103)。このことから幼児洗礼は、信仰教育の責任を果たすことによって受洗者が義化されるため、両親と代父母が、子供たちの人生のさまざまな過程、領域で子どもたちを教育する責任をともに引き受けるのです。

d) 幼児洗礼における信仰に関する司牧的提案

92. 信仰を生きる多くの家庭は、古いキリスト教的伝統に従って、生後ま

---

18)　訳者註：日本語の幼児洗礼の儀式書では「これこそ私たちの信仰、主イエス・キリストにおいて誇りをもって宣言する教会の信仰」と宣言されます。

もなく子供に洗礼を受けさせた後に信仰教育をすることによって、明示的にも黙示的にも信仰を子どもたちに伝えていますが、多くの問題も生じています。地域によっては、洗礼を受ける者の数が劇的に減っています。伝統的にキリスト教国であった国において、初聖体のための準備をしていた子どもたちが実はまだ洗礼を受けていなかったことに気づいたなどということも稀ではありません。親たちの中には、教会生活に参加することもなく、洗礼後に子どもに信仰教育を授ける意思や能力に深刻な疑いが持たれる状態の中で、社会的な儀礼や家族からの圧力といった理由から子どもの洗礼を求めるような事態も数多く起きています。

93. ［伝統から生じる光］　古代から幼児洗礼の慣行に対しては批判がありましたが、教会は絶えず幼児洗礼の合法性を擁護してきました。教会の最初期から、家族全員が洗礼を受けたという話があるように（使 16:15、16:33）、幼児洗礼の伝統はとても古いのです。『使徒伝承』にも、既にその証言があります[註104]。252 年のカルタゴ教会会議は、幼児洗礼を擁護しています[註105]。よく知られたテルトゥリアヌスの幼児洗礼に対する挑戦は、当時、仮に幼児洗礼の慣行が広まっていた場合に限って意味をなします[註106]。当時この慣行には、通常の教育に加えて必ず信仰教育にも携わる子どもに近しい重要な教会関係者（両親、代父母）を伴っていました。そして幼児洗礼が通常の慣例となって以降は、受洗者を信仰において教育するため、そして信仰から完全に離れてしまったり疎遠になったりすることをできるだけ避けるのに役立つよう、洗礼後のカテケージスの必要性がより明確なものとなりました[註107]。教会の信仰を代表する人物がいなければ、対話的性格を強調する信仰の秘跡である洗礼は、その本質的な部分を欠くことになってしまう可能性があるのです。

94. ［司牧的な提案］　幼児洗礼の場合、教育の責任を引き受ける大人の信仰によって、子どもたちが信仰に向けて教育されるという希望があるかどうかを確認しなければなりません。将来、信仰に向けて教育される希望が

全くなければ、洗礼を受けるために重要とされる最小限の条件を満たしてはいないのです^(註 108)。

3.2 堅信と信仰の相互関係性

a) 聖書的ならびに歴史的根拠

95. ［聖書的根拠］ 洗礼と同様に、堅信の秘跡も聖書にその根拠があります。既に述べたように、聖霊はイエスの生活と使命の中で重要な役割を果たしています（本論 83 項参照）。さらに聖霊は、キリスト教生活の中で中心的な位置を占めています。弟子たちは、復活したキリストの証人となる前に、「高い所からの力に覆われ」（ルカ 24:46-49、使 1:4-5、1:8 も参照）なければなりませんでした。使徒言行録によれば、聖霊は弟子たち（使 2:1-11）や異教徒（使 10:45）を含む他の大勢の人に下りました。こうして多くの人がキリストとその福音を宣言し、証言しました（使 2:43、5:12、6:8、14:3、15:12 およびロマ 15:13 参照）。約束された慰め主（パラクレートゥス）、すなわち聖霊（ヨハ 14:16、15:26、16:7 参照）は、弟子たちが信仰生活において成長し、信仰を世に証しするのを助けています。いくつかの箇所では、洗礼を受けることと、既に信仰に生きているキリスト信者に対する按手（使 8:14-17、19:5-6、ヘブ 6:2 参照）において使徒たちの介在に結びつけられた洗礼後の聖霊の充満とが区別されています。過越と聖霊降臨の瞬間を区別することができるのと同じように、秘跡による救いの営みに組み入れられるキリスト信者の人生においても、それぞれ異なるものの相互に関係しているこの二つの瞬間を識別することができます。一方の洗礼は、過越の神秘の形成に重点を置くのに対して、堅信は、聖霊を受容し教会の使命に完全な形で組み入れられることで、より直接的に聖霊降臨の神秘と関連しています。成人の入信式では、これら両方の側面が一つの祭儀の中に表されます。

96. ［歴史的根拠］ 既に古代より、洗礼そのものから必ずしも明確に区別

されるものではない按手や聖香油の塗油、十字のしるしといった一連の洗礼後に行われる儀式的行為が記録されています[註109]。教会は、常にこのような洗礼後に行われる儀式が、すべてのキリスト教入信の一部であることを支持してきました。時が流れ、キリスト信者の人口が増加した後も、東方では、洗礼と堅信と初聖体の連続的な統一性が維持され、香油の聖別こそ司教独自の特権であるものの、それら三つの秘跡のすべてが司祭によって挙行されてきました。一方、西方では、聖香油による堅信の秘跡は司教に留保されました[註110]。したがって堅信の秘跡は、1910年の教皇ピオ10世の措置[註111]にいたるまで、何世紀にもわたって、初聖体の前に司教が訪問した際に行われていました。既に4世紀の初めのエルビラ教会会議（302年頃）において、洗礼と堅信は別の機会に時間を離して行われることが認められました[註112]。

b）堅信と信仰

97. 堅信の儀式書では、悪霊の拒否を新たにし、洗礼の際の信仰告白を再び行います。これは洗礼との継続性を示すと同時に、洗礼が先に行われる必要性も示しています。堅信の特性は、信仰と結びついた二つの要素にあります。第一の要素は、「○○さん、父の賜物である聖霊のしるしを受けなさい」[註113]という式文そのものが示すように、より完全な（信仰の）忠実さと聖霊の「特別な力」（『教会憲章』11項）です。そして第二の要素は、堅信が「より固く教会に結ばれる」（『教会憲章』11項）という意味です。そのため、信仰の教会的性格が確認されます。その結果、洗礼の時点での信仰はさまざまな方向において強化されます。それは、教会の信仰を公に証言する心構えのできた信仰です。これは教会と一致した非常に力強い信仰です。洗礼における最初の聖霊の受容に続く聖霊の賜物を通して多くの事柄が形づくられていくという意味で積極的な信仰です。これらの（信仰の）諸側面は、洗礼に求められる最初の信仰に比べて信仰の成熟が見られます。こうした信仰の心構えがなければ、秘跡は中身のない儀式となってしまう危険があります。

98. 堅信の「本来的な」役務者（『教会憲章』26 項）である司教の立ち合い
は、堅信の教会的性格を力強く示すものです。聖霊との一致に、教会との
一致が加わります。堅信の秘跡への参与は、教会の交わりのしるしであり、
手段です。その地域の司教が挙行する堅信の秘跡は、司教と地域の教会の
霊的な一致を促進します。堅信を受けた者は教会に組み入れられ、キリス
トのからだの構築に貢献します（エフェ 4:12、一コリ 12 章参照）。さらに、
洗礼によって既に始められたキリスト教的生活を強化することにもなりま
す。新たな聖霊の賜物によって、聖霊降臨において起きたことと同様に、
受けた信仰の生きた証人となることができるのです。

c）現状の課題

99. 現在の西方における堅信の秘跡の立場は、神学そのものに由来する理
由とか、秘跡の特殊性に基づく理由以上に、歴史的司牧的な状況によるも
のです。成人のキリスト教入信においては、洗礼、堅信、聖体という、よ
り本来的で、神学的にも一貫性を持ったリズムが維持されています。堅信
の秘跡は、信仰教育を継続する可能性、教会への組み入れ、ならびにかつ
て両親や代父母が子どものために行った決意を、信者自身のものとするよ
うに促す可能性を与えてくれますが、青少年司牧の問題を解決したり、か
つて洗礼を受けた若者が教会組織や信仰に対して疎遠になるのを解決した
りすることを期待できるものではありません。時として、賞賛に値する努
力がなされているにもかかわらず、またより自覚的で分別ある教会への帰
属へと移行することで、より成熟した信仰の再発見がもたらされることも
あるものの、少なからぬ若者が、堅信の祭儀を一種の「大学の卒業証書」
のようなものだと感じています。彼らは、一度学位を取得したら、「教室
に戻る」必要はないと考えるのです。中には、多くの信者の感情の中にか
すかに見え隠れしているこの秘跡に固有のものを受け止めることもせず、
結婚といったさらなる段階のために必要な一つの条件のようなものとして、
単純に堅信の秘跡を理解している人もいます。

d）司牧的な提案：堅信のための信仰

100. 洗礼の重要性は、その神学的側面とともに、一貫して支持されてきました。堅信の延期――祭儀が長期間先延ばしされたり、全く執行されなかったりすることもあります――によって、キリスト教入信の基本的要素である聖霊と教会の秘跡としての堅信がキリスト教入信に占める地位の評価が難しくなっています。宣教地にある教会は、聖霊の力により自分たちの信仰の責任を完全に引き受ける堅信を受けたキリスト信者から構成されています。キリスト信者は、論理的にはキリストの秘跡である堅信を望むはずです。そのため、聖香油と按手によって教会に完全に組み入れられ、既に洗礼とともに（堅信を）受けているのでなければ、聖霊の賜物を当然求めることになります。キリストが水から出た際に聖霊に油注がれたように、キリストに向けて形づくられるキリスト信者も、堅信によって強められ、聖霊のうちに信仰の歩みを果たすのです（註114）。

101. 成人のキリスト教入信においては、堅信に求められる信仰は、洗礼のために必要な信仰と同じです。一方の秘跡を片方から延期して受ける場合には、洗礼の信仰はさまざまな方向に成熟していることでしょう。教会の信仰を自らのものとし、帰属意識を持つことにおいて進歩が見られるはずです。進歩とは、教会の信仰のさらなる知識やより優れた説明能力、ふさわしい信仰生活そのものの形成を意味します。それと同時に、特に祈りを通して、三位一体の神との人格的な関係の歩みを進められるでしょう。信仰は、教会においてキリストの後に従う歩みを実現することで、より決定的なあり方で存在そのものに命を与えるでしょう。堅信は、聖霊によって可能となった識別を通して、イエスの後に従って証しするふさわしい手段を見つけることで、この道を進み続ける望みと決意を意味します。これらすべての鍵となるのは、（信仰の）証しを促す祈り、教会への帰属、熱意ある秘跡の実践を通して得られる主との深い人格的な関係です。秘跡による救いの営みが過越とともに終わるのではなく、聖霊降臨をも含んでい

るのと同じように、キリスト教入信も洗礼で終わるのではありません。祈りに導かれた（使 1:14 参照）聖霊の賜物を受け入れる待機と準備の段階が存在するとすれば、堅信を受けるのにふさわしいカテケージス——教義、倫理といった他の要素も忘れてはなりません——も、祈りを通した主との関係を強め自分のものとする機会を提供してくれるでしょう。

3.3　エウカリスティアと信仰の相互関係性

a）聖書的根拠

102.　最後の晩餐（マタ 26:26-29、マコ 14:22-26、ルカ 22:14-23、一コリ 11:23-26 参照）の最中に起こったことは、常にエウカリスティア（聖体祭儀）の始まりだとみなされてきました。直接の根拠となるこれらの話の他にもエウカリスティア的な響きがあることを教会が認めてきた、パンの増加の奇跡（マコ 6:30-44 および並行箇所、同 8:1-10 および並行箇所、ヨハ 6:1-14 参照）、パウロによるコリントの共同体への勧告（一コリ 10-11 章参照）、あるいはエマオの弟子たちと復活したキリストとの出会いを締めくくるエピソード（ルカ 24:30-31 と 24:35 参照）も加えなければなりません。「わたしの記念としてこのように行いなさい」（一コリ 11:24。一コリ 11:25 およびルカ 22:19 も参照）という主の命令の力により、最初から（例えば使 2:42、2:46、20:7、27:35）今日にいたるまで、キリスト信者がいるところ、教会があるところでは、エウカリスティアが、主が再び来られるまで主の受難と死の記念が、すなわち「多くの人」、すべての人のための救いの賜物（ロマ 5:18-19、8:32 参照）が祝われてきました。

103.　主は最後の晩餐において、自らの全生涯と迫りくる死、そして将来の復活の意味に集中していました。これを愛の優れた記念、しるしとして弟子たちに伝えるためです。そのため、この出来事で起きたことと、その受難と復活の秘跡的な記憶は、格別な豊かさを示しています。教会はエウカリスティアにおいて、キリストから引き渡されたもの、つまりキリスト

が私たちすべてのために御父にささげた犠牲を、現在化、現実化して祝います。「キリストによって、キリストとともに、キリストのうちに」[註115] 御父に向けられ、聖霊の働きによって現実のものとなる感謝の行為としてのエウカリスティアにおいて、教会はキリストと一致し、キリストと結びついてそのからだとなります。そのため真の意味で、教会がエウカリスティアから生まれると主張することが可能となったのです [註116]。したがってエウカリスティアは、キリストの命の本質を、キリスト教的生活の本質を集約したものであるため、同時にキリスト教的生活の頂点であり源泉でもあるのです（『典礼憲章』10 項、『教会憲章』11 項参照）。

b）エウカリスティアと信仰

104. ［三位一体の信仰］　エウカリスティアは、必ず、「御父と御子と聖霊のみ名によって」始まります。洗礼の定式の記憶、三位一体の信仰宣言の記憶が、祭儀全体を貫き浸透しています。「エウカリスティアの信仰の第一の要素は、神の、三位一体の愛の神秘そのものです」[註117]。実際、私たちはエウカリスティアにおいて、三位一体の神の愛とともに、命の交わりに入ります。御父は、その愛の最高のしるしとして、私たちの救いのために御子を引き渡しました。そして御子は、「永遠の『霊』によって」（ヘブ 9:14）自らをささげました。私たちは、エウカリスティアにおいて、神との親密な関係のうちに備わったこの愛の流れに参加します。私たちは、エウカリスティアの祈りの頂点である栄唱が厳かに宣言するように、聖霊の交わりの中で、キリストのために、三位一体の神にでき得る限りの最高の賛美をささげるのです。御父の恩恵の行為は、私たちのために引き渡された御子によって、そして聖霊の賜物を通して、日々の生活における個人的な証言をも巻き込んだ賛美によって確認されます。

105. ［信仰と愛の一致］　エウカリスティアの祭儀の初めに行われる回心の行為は、誠実な信者の一人ひとりが、神との交わりに入るために、罪のゆるしを受け、神と兄弟姉妹と和解する必要性を示しています。さらに回

心の行為は、その奉献において速やかに記憶（アナムネーシス）されるキリストとの垂直方向の交わりと、他のキリスト信者、さらには全人類との水平方向の交わりが分かちがたいことを強調しています。真のエウカリスティアへの信仰とは、常に愛によって活動的なものとされている信仰です（ガラ 5:6 参照）。エウカリスティアにおいて、「神への愛と隣人への愛は、今や完全に結びついています。受肉した神は、私たちすべてをご自分の元へと引き寄せます。ここから、どのようにして愛（アガペー）がエウカリスティアの別の名前になっていったのかがわかります。神が私たちの中で、そして私たちを通して働き続けるために、エウカリスティアにおいて神のアガペーが身体的に私たちの元にやってくるのです」^{（註 118）}。

106.［神のみことばへの答えとしての信仰］ 9 世紀以降、洗礼の儀式を締めくくる信仰宣言が、主日と祝日のエウカリスティアの祭儀の一部分として固定化されました。この信仰告白は、神のみことばへの答えであると同時に、信者の一致の表明でもあります。私たちは、みことばの宣言において、信仰を介してキリストの声を聞くのです^{（註 119）}。ここで信仰の預言的な次元も浮かび上がってきます。力あるみことばは、提示された賜物とそれを祝う会衆とによって、エウカリスティアの祭儀の中でまさに起こっているように、世界を変えることができるのです。こうして終末論的な変化が始まります。キリストのからだである教会は、これを先取りした存在なのです。

107.［信仰の聖霊論的な次元］ 秘跡の聖霊論的な性格は、エウカリスティアの祭儀の中に、極めてはっきりと表れています。現行のラテン典礼には、二つのエピクレーシス（聖霊を求める祈り）があります。一つ目は、ささげられたパンと葡萄酒がイエス・キリストの引き渡されたからだと流されたその血に変えられる賜物に関するものです。二つ目は、聖徒の生きた交わりに入ることでキリストのからだに変えられる会衆に関するものです。この交わりは、厳かに歌われるサンクトゥス（聖なるかな）におい

て、既に感じ取ることができます。そこでは、天の声と地の声が、共通の賛美の中で一つになっています。こうして、私たちはエウカリスティアの典礼において、天上の典礼に参加するのです（『典礼憲章』8項）。その結果、教会の信仰の聖霊論的な次元が、エウカリスティアにおいて本質的な仕方で開始され、信者たちも地上の現実も、神との交わりと神への賛美へ高められ導かれることで変容されて、聖霊によって刻印されたその力を輝かせます。

108. ［神秘への忠実としての信仰］　聖別の言葉の後、司式者は「信仰の神秘 Mysterium fidei」[註120] と宣言します。この厳かな宣言は、同時にすべての人に向けられた主張であり告知、招待でもあります。エウカリスティアはこれほどまでに崇高な信仰の神秘であるがゆえに、信仰がなければ、これを理解することも祝うこともできません。この宣言は、祝われている秘跡的な真実、すなわちパンと葡萄酒の両形色がキリストの御からだと御血に変わることが、まさに信仰の神秘であることを示しています。信仰の目が、ナザレのイエスを神のメシアとして認識したのと同じように、今や同じ目が、イエス・キリストの秘跡的な現存をも覚知するのです[註121]。キリストの神秘は、啓示（一コリ 2:7-11、コロ 1:26-27、エフェ 1:9、3:3、3:9 参照）と信仰を通して知られるようになったのです。

109. ［秘跡による救いの営みの承認としての信仰］　エウカリスティアの祈り（奉献文）を厳かに宣言することで、そして感謝や祈願といった行為のうちに、創造から最後の終末論的な完成にいたるまでの神の救いの営みの偉大な里程標（マイル・ストーン）が思い起こされます。特に、主イエスの十字架への引き渡しとその復活、そして主自らが最後の晩餐の中で贖いの死に与えた意味を想起します。信仰は、神の救いの営み全体の中で、エウカリスティアの典礼において培われ強められます。

110. ［信仰の終末論的な次元］　神秘の秘跡的な祭儀において、過去、す

なわち既に起こったことの記憶と、現在、すなわち起こったことの実現と、未来、すなわち私たちが待ち望む最終的な完成の先取りとが一つに出会います(註122)。みことばの受肉、その生と死と復活によって始まった終末論的な知らせは、エウカリスティアにおいて起こる会衆と世界のキリスト化において既に実現し始めているのです。

111. ［キリストとの交わりと信仰］　交わりとは、その名が示す通り、聖霊を介した、信仰がなければ不可能なキリストとの緊密な一致のことです。ある人を無視したり、他の人の意思に反していたりしていては、その人と親密に交わることなどできません。「アーメン」という言葉でエウカリスティアの賜物に答える信仰は、単に秘跡を受けるだけでなく、秘跡を体現する心構えと結びついています。信仰は、こうしたキリストとの交わりによって、キリストとの命の交わりに付随するキリスト信者の個人的な聖化に到達します。この聖化は必ず派遣を含みます。

112. ［信仰の宣教的な性格］　エウカリスティアを終える最後の派遣、「Ite, missa est」（行きなさい、派遣されました）19)(註123)は、秘跡において受けた命を日常生活の中に現存させるため、そしてキリストと同じように、キリストのなさる方法で、世のためのエウカリスティアとなるために、日常生活へ宣教的に戻ることを想定しています。実際、エウカリスティアの奉献においては、キリストが自らをささげているだけでなく、エウカリスティアに参加する信者の一人ひとりが、キリストとともに自らをささげているのです（『典礼憲章』48 項および『教会憲章』11 項、ならびにロマ 12:1 参照）。個人の奉献や、派遣の受諾ならびに実践（宣教）は、信仰なしには実現しません。小さな罪のゆるし、洗礼の約束の更新、みことばの教話、キリストとの交わり、聖霊によるキリストのからだへの変化など、キリス

---

19)　訳者註：日本語のミサ典礼文では「行きましょう、主の平和のうちに」と一人称複数形となっています。

ト信者が秘跡において受けることのすべては、キリスト化された今、世界で信仰を証言し神の計画に沿って現実を変えることを可能にする信者の強化を意味しています。こうしてキリスト信者は、あらゆるエウカリスティア（感謝の祭儀）において起こることとして、聖霊のうちに受け入れた御子を引き渡すことを通して御父の賜物を受容した後、祭儀の終わりに明確な仕方で派遣されるのです。

113.［個人的な信仰の強化］　キリスト信者の信仰は、キリストとの親密な交わりによって、より豊かで、堅固、強いものとなります。こうして、エウカリスティアに参加する者の教会的な本性や、その可視的なキリストのからだへの組み入れは、現実化され強化されます。キリストのからだに組み入れられることは極めて重要であるがゆえに、聖アウグスティヌスも信者たちに次のように教えています。「したがって、もしあなたがたがキリストのからだであり、その四肢であるのなら、あなたがたの神秘は主の食卓にあるのです。……あなたがたは自分が見ているものでありなさい。そして自分がそうであるところのものを受けなさい」[註124]と。つまりエウカリスティアは、（キリストの）真の身体的で本質的な現存であるため、私たちは信仰を通して、エウカリスティアが私たちの内にキリストが現存する最も力強い方法であると認識するのです[註125]。まさにこのことから、信仰の視点から見たとき、エウカリスティアへの完全な参与は、キリストとの最大の交わりを意味しているのです。

114.［教会のからだの構築］　エウカリスティアにおいては、信者の個人的な信仰が強化されるだけではありません。その中で教会も生まれるのです[註126]。愛する花嫁としての教会のために自らをささげたキリストは、教会を自らのからだとしました[註127]。諸教会間の交わりは、受けた同じ信仰を分かち合う中で、古い伝統に則って、エウカリスティアの交わりを通して自己表現するものなのです。教会は、それ自体でキリストのからだです。このことは、秘跡における三位一体の神の働きのおかげで、神の計

画によってそのように定められました。このキリストのからだは、受けた信仰を宣言し、歴史を聖化し、三位一体の神への賛美を歌い、言葉と行いによる福音の宣言ゆえに宣教的に努力する時、その通り実現されます。

115.［秘跡に対する信仰の最大の表現としてのエウカリスティア］　そのため、「信仰の秘跡的性格は、エウカリスティアにおいて最大の表現を見出します。それは、信仰の貴重な糧であり、愛の最高の行為によって現実のものとなるキリストとの出会いです。このキリストの自己奉献が命を生み出します」(註128) という言葉で結論づけることができるでしょう。

116.［エウカリスティアの祭儀に参加するための信仰の必要性］　パウロがコリントのキリスト信者たちに与えた勧告は、特に大切な教訓となります。偶像崇拝的な振る舞いに捉らわれている人は、キリストの御からだも御血も拝領することはできません（一コリ 10:14-22 参照）。「主の食卓」の交わりは、キリスト教信仰に入信してキリストのからだの一員となることだけでなく、そこで意味されているものと自身の生活を一致させることも求められているのです。同じように、共同体内での不和や兄弟姉妹に対する愛の欠如（一コリ 11:21 参照）といった、キリスト教信仰に反する行動は、「主の晩餐を食す」（一コリ 11:19）こととは相容れません。このことから、私たちは、祝われているものと本質的に一致して生きているかどうかを判断することが課せられているといえます（一コリ 11:28 参照）。つまり、エウカリスティアへの参加には、愛を通して、そして偶像の放棄を通して表れる生きた信仰が必要なのです。エウカリスティアの実行には、愛の実践も、教義への一致や教会への組み入れも必要とされているのです。

117. 古代教会の懲戒制度は、自身の信仰を公に否定したり、信仰宣言や信仰生活の規則を破ったりした信者に対して、一定期間エウカリスティアの交わり（教会からではありません）から排除することを規定していました。公に躓きを与えた場合、罪を犯した者は、公に告白した後、エウカリ

スティアの交わりから一定期間排除（破門）され、改悛（和解）を果たした後に荘厳に再び迎え入れられました。このように、罪びととキリストとの和解のためだけでなく、教会の浄化のためにも、改悛が有用であったことは明らかです。罪を犯した者は、世の光たるべき教会にとっての石とみなされます。公の罪によって世の光であることをやめてしまったがゆえに、ある意味でこの光を「取り去る」こと（破門）、改悛によって「修復する」こと、元の状態に戻すこと（和解）が必要とされていました[註129]。その後、ゆるしを挙行する方法は変わり、公に行われることはなくなりましたが、根底となる神学は変わっていません。とはいえ、このようなゆるしとエウカリスティアの緊密な相互関係は、信仰を実践するキリスト信者のさまざまな環境において曖昧なものとなってしまいました。

c）現状の課題

118. カトリック信者であることを自認する多くの人が、主日のエウカリスティア（ミサ聖祭）に定期的に参加することを重荷に感じています。頻繁な聖体拝領の習慣を守っていたり、エウカリスティアに参加するたびごとに聖体拝領したりしていても、ゆるしの秘跡を決して受けないという人もいます。少なからぬ数の人が、エウカリスティアを、必要性や個人的な感情に従って、自らの都合で自由に参加を決められる個人的な信心のように見なしています。典礼上の大きな祝祭日、特に降誕祭や復活祭、地域に深く根ざした祝祭、あるいは結婚や葬儀などのたまたま挙行される祭儀においては、通常は教会に来ない一部の信者が、良心の呵責も一切なく聖体拝領を含めたエウカリスティアの祭儀に参加し、翌年まで、あるいは次の特別な機会まで姿を見せないということもよくあります。このような慣行は、神学的には一貫性がないのですが、それでもあまり信仰を実践していない信者や信仰から離れてしまった信者に、キリスト教信仰の影響を一定程度与えるものといえます。こうしたキリスト教的影響の残滓は、逸脱も見られるかもしれませんが、以前にも増して自覚的に教会に組み入れられるための新たな出発点となるものかもしれませんし、弱くなってしまった信仰

をもう一度やり直す可能性を提供してくれるものかもしれません。とはいえ、それはその曖昧さゆえに、教会がエウカリスティアの中で祝うことを宣言しているもの、エウカリスティアへの完全な参加のための要件、そしてこのような参加が日常生活にもたらす結果と、特別な機会にたまたま挙行されるエウカリスティアの祭儀において多くの信者が求めているものとの間に、多くの場合、どれほどの大きな距離があるのかをも示しています。

d) 伝統からの光

119. 古代以来、教会ではエウカリスティアに与るための条件が定められています。既に示したように、パウロはエウカリスティアに必須の要件を明らかにしつつ、これを受ける者に注意を呼びかけています。「主の体のことをわきまえずに飲み食いする者は、自分自身に対する裁きを飲み食いしている」(一コリ 11:28) からです。ヨハネ福音書からは、秘跡には信仰が要求されるため、信仰なしに、つまり聖霊なしに秘跡の形色を受ける者は、その恩恵を受けることがないものと推測できます (ヨハ 6:63-69 参照)。殉教者聖ユスティノス [20] は、必要とされる要件がどんなものであるかについて述べています。信者が、受ける賜物は、それが意味しているところのものだと信じていること、そして受け手が受洗者であり生涯にわたってキリストの教えを排斥しないことです [註130]。先に引用したパウロの勧告は、「聖なる者であれば、来たれ！ しからざる者は回心せよ」[註131] とする『十二使徒の教え』(Didache) や『使徒憲章』(Constitutiones apostolicae) [註132] の中に反映されています。既にモプスエスティアのテオドロス [21] が注解しているように、「聖なるものを聖なる人に」[註133] という典礼的な勧めにも反映されています。「聖なる人」とは、既にパウロが述べているように、何より

---

20) 訳者註：100 頃 -165 年頃、サマリア地方出身のギリシア教父、ローマで殉教したと伝えられる人物。

21) 訳者註：350 頃 -428 年頃、シリアのアンティオケイア出身、アンティオケイア学派の神学者、キリキア地方のモプスエスティア司教 [384/385- 没年]、アンティオケイアのテオドロスとも呼ばれる人物。

もまず受洗者、教会のうちに生きる者のことを言っています。このような意識は、聖ヨハネス・クリゾストモス[22]の講話[註134]にも、聖キュプリアヌスの講話（「キリストとの交わりを、教会との交わりから切り離すことはできません」）[註135]にも登場します。聖体博士（聖ヨハネス・クリゾストモス）は、自らの司祭たちに対して、必要ならば一部の人を遠ざけるように求めています[註136]。聖アウグスティヌスも、同じようにはっきりと注意を喚起して、秘跡的な食べ物が救いをもたらす効果と命を生むのは、信仰および目に見えないその内容とともに、そして正しい良心とともに[註137]、つまりキリストとそのからだへの愛に見合った生活を送りながら「霊的に」食べた場合のみであるとしています。

120. スコラ神学は、この準備を「養成された信仰」（fides formata）と呼びます。それは愛によって形相を与えられた信仰です（本論62-64項参照）[註138]。この意味で、この秘跡は「信仰の神秘」（mysterium fidei）であるがゆえに、その内容は信仰においてのみ受け取ることができるのだと聖トマス・アクィナスは説明しています[註139]。信じないことによって「教会の一致から分断」[註140]されてしまうため、（これはエウカリスティアが意味する一致に反する）「無信仰」（infidelitas）は特に秘跡を受けることを不可能にしてしまうものなのです。それでも、ある一定の状況下においては、信仰が秘跡の意味する内容に比べて不足していたとしても、ある人が「教会が与えるものを受けようと意思している」——この場合には秘跡を受けることを指します——ときがあります[註141]。エウカリスティアにおけるキリストの現存を信じているものの、恩恵の状態にない者は、秘跡を受けることはできても、重大な罪を犯すことになります[註142]。これについてトマスは、虚偽（falsitas）が犯されたと主張します。秘跡が表明するもの、

22）　訳者註：340/350-407年、シリアのアンティオケイア出身のギリシア教父、コンスタンティノープル司教［398-403年］、「黄金の口」（クリゾストモス）と呼ばれた人物。

183

キリストと信者を結びつける愛が、秘跡を受ける者の状態と符合しないからです[註143]。洗礼やエウカリスティア（聖体）に実り豊かな仕方で参与するためには、いかなる場合でも、信仰から生まれたさまざまな段階の準備が必要であることを聖トマスは理解しています。洗礼においては、教会が授けるものを受ける意思があれば十分です。一方、聖体拝領では、秘跡をありのままに理解し信じることが必要となります[註144]。

121. 特に東方典礼の伝統では、信仰と愛とエウカリスティアに与ることの間の相互のつながりがはっきりと意識されています。例えば、会衆に聖体拝領を呼びかける時、「神への畏れと、信仰と愛を持ってこちらに来てください」[註145]と言われます。聖ヨハネス・クリゾストモスおよび聖バシレイオスの聖体礼儀においては、助祭や司祭も、そして会衆も、拝領の直前に、御からだと御血のうちに現存するキリストの前で宣言される、「主よ、私はあなたが本当にキリスト、生きた神の子であることを、そしてあなたが私をはじめ、罪びとたちを救うために世に来られたことを信じ宣言します」[註146]というキリスト論的な信仰告白を唱えます。聖エフレム[23]の証言によれば、シリアの伝統は、エデンの二本の木（創2:17および3:22参照）と結びついた約束が、真の意味で果たされなければならないと理解していました。つまり「善悪の知識の木」から食べるという最初の過ちが堕罪を生みましたが、それはやがて正されなければならないものでした。そして「命の木」から食べるということは、十字架の木の上のキリストをエウカリスティアとして奉献することによって、聖体拝領において実現するのです[註147]。エウカリスティアの祭儀において、みことばの典礼は、「善悪の知識の木」からの修正をもたらす実り豊かな食事となります。この修正をもたらす食事の後で、すべての人は聖体拝領において、「命の木」から食べるように招かれるのです。

---

23) 訳者註：シリアの聖エフレム、306頃-373年、シリアで活動した修道士・神学者、シリア語で書かれた数々の聖歌で知られる人物。

e）司牧的な提案：エウカリスティアのための信仰

122. 洗礼は、終末（eschaton）に至って初めて頂点を迎える巡礼の旅の始まりです。そのためキリスト信者は、この歩みの糧、エウカリスティア（聖体）の秘跡を定期的に受けるのです。それゆえ教会は、過越の神秘を祝い、そのような意味で「聖書全体にわたり、御自分について書かれていること」（ルカ 24:27）を読み解き、十字架につけられて復活した救い主の自己奉献を信者たちの現在の生にもたらす食卓を祝うために集まることを決してやめませんでした。とはいえ、賜物それ自体によって信仰において本質的に自らが形づくられる準備ができていなかったら、キリストの本質的な犠牲が含んでいる賜物を適切に受け取ることはできないのです。信仰を持たなかったがゆえに、ピラトも、ローマ軍の兵士たちも、民衆も、イエス・キリストの十字架上の死において、どのように神がご自身と世を和解させようとしていたかを理解しませんでした（二コリ 5:19 参照）。信仰を持たなかったがゆえに、十字架の木につけられていたのは神の子であったこと（マコ 15:39 参照）が、彼らにはわかりませんでした。信仰を持つ者の目には、深い傷を負ったわき腹から血と水だけでなく、洗礼とエウカリスティアの上に成り立つ教会もほとばしり出たことが見えるのです（ヨハ 19:34 参照）。イエスのわき腹から流れ出る血と水は、教会の源であり活力です[註148]。神の子は、キリストの御からだと御血への参与を通して、それぞれのキリスト信者において真に「インマヌエル」となりました[註149]。

123. ［秘跡に対する信仰とエウカリスティア］　秘跡への信仰を持たなければ、エウカリスティア（感謝の祭儀）への参加、特に聖体拝領への参与は意味を持たないでしょう。エウカリスティアは、神との無差別的、ないしは一般的な関係ではありません。エウカリスティアの祭儀に介在する秘跡に対する信仰は、三位一体の神への信仰です。実際、私たちはエウカリスティアにおいて、三位一体の神との生きた関係を宣言します。聖霊の力のうちに、御子の賜物を通して受けた救いの賜物ゆえに、私たちは御父な

る神に感謝します。そしてこの賜物は、祭儀の中で記念され現実のものとなるのです。

124. 秘跡に対する信仰は、三位一体の神の働きが認識され、エウカリスティアの食卓が将来の終末における食卓を真に先取りするものであると理解されていることが前提となります。神の力がほとばしり、信者を変容させて聖化し、聖なる民に属する者（エフェ 2:19 参照）、天のエルサレムの民（ヘブ 12:22、黙 21-22 章、ヘブ 11:13 参照）とするのです。

125. 秘跡に対する信仰は、秘跡（「なされた業から ex opere operato」）やエピクレーシスにおける聖霊への呼びかけを通して聖別されるパンと葡萄酒の両形色とともに、受領者が、特定の時にそれを希望することができるだけでなく、聖別された形色が意味するものを信仰によって認識しているという結果を伴う、取り消すことのできないイエス・キリストに関する自動的相互関係をも表しています。

126. 秘跡に対する信仰は、受け手の秘跡化そのものも意味しています。受け手は秘跡を受けるだけでなく、聖霊の働きを通してキリストとの強い一致が実現され、その人自身がある意味で「秘跡」と化し、キリストおよび教会と緊密な結びつきの中で生きるようになるのです。これによって、秘跡を受ける者が自分自身を生きた霊的ないけにえとして捧げ（ロマ 12:1 参照）、キリスト教的生活を証しすることが可能となります。イメージを用いて言うなら、その人は信者共同体の生ける石（一ペト 2:5 参照）となります。このことは、秘跡がすべての人をご自身が住まうところに連れていくためにキリストが用いる手段や道具の一つであることを第二バチカン公会議（『教会憲章』6 項）も認めています。

127. ［秘跡に対する信仰とエウカリスティアにおける教会の交わり］　このような視点から考えると、それぞれの個人的な信仰の実現は、秘跡を

祝う共同体の信仰と切り離すことができません。祝われているもの（lex orandi 祈りの法）と、信じられているもの（lex credendi 信仰の法）と、生きるためのもの（lex vivendi 生き方の法）との間には一致と連続性があります。こうした状況の中で、キリスト教的生活、個人の祈り、秘跡の祭儀が進行していくのです。キリスト信者が告白する信仰の真理は、イエス・キリストという一人の人物なのですが、この人物は使徒やその後継者たちによって個人としても代理されなければならない存在です。各人のキリストとのエウカリスティアにおける交わりは、エウカリスティアの祭儀のたびごとに名を挙げて記念されている教皇や地域の司教との信仰の交わりに対応していなければなりません。聖体を拝領する者は、キリストを宣言するだけでなく、エウカリスティアに参加している共同体の信仰宣言とも交わりを保っていなければならないのです。

128. このことは、他のカテゴリーに置き換えてみると、教会の信仰への明示的で自覚的な忠実さを意味しています。ここでいう教会の信仰は、信仰宣言の中に集約されている三位一体の神への信仰、神の子にして、「多くの人にとって」も「私にとって」も主であるキリストの死の贖いの意味や復活に凝縮されているキリスト論的な信仰、祭儀の基本となる二つのエピクレーシスを通して特に生き生きと現存する聖霊論的な信仰、そしてキリストのからだ、教会のからだの秘跡としてのエウカリスティアが意味するものへの信仰を明確に含んでいます。これらすべてが、聖霊の力強い働きと永続的な助けに信頼しつつ、自らの人生をキリストの神秘に一致させ、人生の浮き沈みの只中で喜びに満ちてこの神秘を証しすることを渇望する信仰の旅路の中に位置づけられています。こうしてキリスト信者は、キリストとの交わりの賜物を受けるため、また永遠の命に達するまで信仰や希望、愛のうちに成長し続けるためにエウカリスティアの糧に頻繁に与るのです。

129. ［祝われているものに対する信仰を欠いたままエウカリスティアに参

加することの矛盾〕 エウカリスティアに対する完全な参加は、キリスト
のからだ（『教会憲章』3項参照）および教会との交わりを意味します。も
し、エウカリスティアにおけるキリストの秘跡的な現存が意味するものを
認識しないのであれば、祭儀の間に何度も嘆願され、信仰宣言を唱えるこ
とで確認された教会の三位一体の神への信仰を受け入れないのであれば、
そして個人の生活においてキリスト教的な愛徳が全く欠けているのであれ
ば、さらに信仰や教会の倫理が伝えるものを大いに損なってしまうような
何らかの自覚した故意による行動（大罪）を取ってしまっているのであれ
ば(註150)、一貫性をもってエウカリスティアに与ることはできないと考え
られます。

130.〔成長の過程〕 キリストとともに歩む者は、それが教会によって定め
られた義務だからではなく、主の溢れるばかりのいつくしみと愛に強めら
れたいという望みを持つがゆえに、主日のエウカリスティアに参加するので
す。この望みは、それが必要とされる場合には、キリストとその教会との
秘跡的な和解への準備も必然的に含んでいます。今や、こうした望みに対
する相応の感情的な圧力がなくても、カトリック信仰に参与する者は、自
分が秘跡的構造を備えた共同体に結ばれていることを理解しています。こ
のように、秘跡への参与、特にエウカリスティアへの参与こそが、恩恵の
可視性を明らかにし、自らが属する共同体である教会の秘跡性を強化する
ために、自由意思によって信仰の秘跡的な現実を証ししようと、信仰者が
自ら参与した公の証しの一部分となることを自覚する根拠にもなるのです。

131. 信仰とエウカリスティアの間に相互の因果関係が存在するため、教
会の組織的な限界から、定期的にミサを祝うことができなかった場所、あ
るいは現に祝うことができていない場所、そして秘跡的な要理教育（カテ
ケージス）も行えない場所においては、主日のエウカリスティアの慣行の
意味を見出すことはより困難になっています。同時に、個人的あるいは司
牧的な失敗を理由に、神のみことばとキリストのからだの食卓に信者が頻

繁に参加できないことは、より完全な秘跡に対する信仰に向けた成長を阻害することになります。教会の信仰までもが失われてしまっている場合には、エウカリスティアの意味するものと一致しつつその祭儀に注意を払うことに加えて、再びこれに組み入れるための道を模索し提案すべきです。その終点は帰還の旅の完了としてのエウカリスティアということになるでしょう。この他、自らエウカリスティアに参加できるほど福音化が十分にできていない人（未成熟な信仰者）のための要理教育や祈り、集会の場、エウカリスティア以外の祭儀などを併せて提案することもできます。

第 4 章　婚姻と信仰の相互関係性

132.　［問題提起］　さまざまな理由から、信仰と諸秘跡の本質的な相互関係性が特に試されるのは婚姻だと言えます。ラテン教会においては、婚姻の秘跡の定義そのものの中に、はっきりとした形では信仰は登場しません（本論 143 項参照）。それは、婚姻に先行する優れた信仰の秘跡、つまり洗礼が存在しているためだと考えられています。さらにラテン教会では、受洗者同士の婚姻が有効性を持つためには、秘跡を挙行する意思、すなわち婚姻の絆の秘跡性を望むこと、ないしは自覚することまでは必要とされていません [註151]。教会が自然的な婚姻に本来備わっていると考える諸特質に加えて、自然な、すなわち創造の秩序に従った婚姻を締結する意思だけが必要とされているのです。こうした婚姻理解の範疇において、「洗礼は受けたものの信仰のない人たち」同士の婚姻という複雑な問題を明らかにするのは神学の仕事です。こうした絆の秘跡性を過度に擁護することは、少なくとも婚姻のケースでは、キリスト教信仰にそぐわないものとして退けた（本論第 2 章参照）秘跡的なオートマティズム［自動化］を支持することとなり、秘跡による救いの営みに固有の信仰と諸秘跡の本質的な相互関係性を弱めてしまうことになりかねません。

133. ［アプローチ］「信仰と婚姻の相互関係性」という題で提案された問題の難しさを認識しながら以下のように考察を進めていきましょう。第一に、ラテン教会の伝統と東方教会の伝統に基づく婚姻に関する神学は、共通の核となるものを共有してはいるものの、かなりの差異があります。それゆえ、ここではラテン教会における理解のみに専念したいと思います。東方教会の豊かな伝統は、独自の特徴を持っています。両者において異なる点をいくつか挙げてみましょう。概ねラテン教会の神学においては、夫婦は秘跡の役務者であり、配偶者双方の自由で相互的な合意を通してこれを果たすものと理解されているのに対して、東方教会の伝統では、司教または司祭の祝福が完全に秘跡の本質の一部とされています[註152]。秘跡と結びついた聖化を果たすための聖霊を呼び求める（エピクレーシス）権限は、聖職者にのみ与えられています。そして完成された独自の法規範があります[註153]。これらは秘跡の聖化する効果を前面に出した独自の特徴と視点を持った神学に由来する婚姻の秘跡の概念に基づくものです[註154]。

134. 第二に、必要な修正を加えながら、慣例となった方法論（本論80項参照）に従って、婚姻の秘跡に関して通常の事例について扱います。その後、「洗礼は受けたものの信仰のない人たち」同士の婚姻の秘跡的特性に関する疑念を提示した問いに由来する私たちの分析を、二つのアプローチで進めていきます。それらのアプローチとは、まず問題の現状について考察し、そのうえで現行の婚姻の神学を否定することなく、信仰と諸秘跡の相互関係性と合致した解決策を求めて神学的な提案を示します。

4.1 婚姻の秘跡

a）聖書的根拠

135. ［神の計画における婚姻］　いずれの秘跡も、それぞれ個別の独自性を備えていますが、婚姻の事例は、その特殊性が際立っています。婚姻はそれ自体、創造の秩序に属し、神の計画の内にあります（『現代世界憲章』

48 項参照）。婚姻の自然的な現実は、男性と女性という性を異にする者同士の関係を結ぶ能力を基礎としており（創 1:27 参照）、その実りと密接に結びついた（創 1:28 参照）「一体」となるほどの一致の形を頂点としています（創 2:23-24 参照）。神の救いの営み全体に見られる神の秘跡的な対話は、ここに一つの現実を見出します。神の似姿として、三位一体の神の似姿として神から創造されたという現実^(註 155)、愛の関係を完全に表現することのできる現実、神と、常に象徴的に女性として表現されてきた花嫁としてのその民との契約の現実です。キリスト教的な視点においては、この創造の現実は、秘跡、すなわちキリストの教会に対する愛の目に見えるしるしとなります（エフェ 5:25、5:31-32 参照）。

136. ［イエスの教えにおける婚姻］ イエスは、離縁の慣行（申 22:19、22:29、24:1-4）に対して、「神が結び合わせてくださったものを、人は離してはならない」（マコ 10:9 およびマタ 19:6。創 2:24、一コリ 6:16 も参照）という神の本来の計画をあらためて確認し、離縁の制度が心の頑固さゆえの譲歩であったことを明らかにしました（マコ 10:5 およびマタ 19:8 参照）。時代の流れとともに、マタイの「不法な結婚（πορνεία）でもないのに妻を離縁して、他の女を妻にする者は、姦通の罪を犯すことになる」（マタ 19:9。同 5:32 も参照）という条項の解釈は大きな議論の的となりました。数多くの議論がなされましたが、「不法な結婚」（porneia）についても、それによってもたらされる厳格な結果についても、意見の一致を見ませんでした。そのような理由から、ラテン教会の伝統は、第一の結婚が有効に締結された後（マコ 10:10-11 参照）の第二の結婚の可能性を常に排除してきました^(註 156)。これは、マタイ福音書のテキストに見られる弟子たちの当惑（マタ 19:10 参照）とも矛盾がありません。

137. ［婚姻とミュステーリオン］ カナの婚礼（ヨハ 2:1-12 参照）へのイエスの参加ならびにメシア的な婚姻との関連におけるその意味、またそれ以外の結婚に関する暗示（マタ 9:15 およびその並行箇所、マタ 25:5-6 参照）

は、例えば夫婦の関係において、私たちが契約に対して不忠実であるにもかかわらず忠実さを保ち続ける（エゼ16章および23章、ホセ2章、エレ3:1-10、イザ54章参照）という神の神秘の深い側面を表現する能力を強調しています。エフェソの信徒への手紙（5:31-32）は、婚姻の契約を、キリストと教会の間の取り消すことのできない契約の「ミュステーリオン（サクラメントゥム）」（秘跡）と明らかに関連づけています。教会は、聖書の証言全体に基づいて、自然的な婚姻であれ、キリスト信者同士の婚姻であれ、不解消性がその基本的要素であると考えています。その本性上解消できない男女の一致は、夫婦の忠実と子どもの善のうちにその真実さを実現します。そして洗礼を受けた後（キリストによる夫婦の絆の形成と聖霊が住まうことによる聖化によって）、婚姻はある意味でキリストの忠実さの秘跡的な表現となります[註157]。キリスト信者の夫婦間の愛は、夫婦の生活と彼らのキリスト教信仰の新しい源泉と無関係ではありません。キリスト教的生活においては、信仰と愛は決して分離できないものなのです。

138. ［信仰に特徴づけられる婚姻］　教会は、聖パウロの教えに従って、婚姻関係は信仰の存在によってより優れたものとして特徴づけられると理解しています（一コリ7:12-16参照）。キリスト信者と非信者の結婚の事例についてパウロは、「信者でない夫は、信者である妻のゆえに聖なる者とされ、信者でない妻は、信者である夫のゆえに聖なる者とされている」（一コリ7:14）と言っています。これらの節（特に一コリ7:15）は、いわゆるパウロの特権の根拠とされており、恩恵の秩序において、自然的な婚姻よりも秘跡的な婚姻が重視されていることが垣間見えます。

b）伝統からの光

139. キリスト信者に固有の、典型的な「主における結婚」は、歴史上さまざまな形で表現されてきました。『ディオグネトスへの手紙』（*Epistula ad Diognetum*）によれば、当初はキリスト信者においても、特に他の人びととの結婚との違いはなかったようです。「他の人たちと同じように結婚し

ていました」(註158)と述べられている通りです。とはいえその後まもなく
発展が見られるようになりました。既にアンティオケイアの聖イグナティ
オス 24) は、司教に婚姻関係を知らせる必要性を認識しています(註159)。テ
ルトゥリアヌスも、教会に祝福された夫婦の一致を称賛しています(註160)。
これらの初期の神学者たちに表現されている範囲の厳密な解釈はともか
く、婚姻という出来事が、婚姻当事者の信仰とも、教会の信仰とも無関係
ではないことが強調されています。4-5世紀以降、教会の役務者による
祝福が既に所定の習慣となっていきました(註161)。この時代以降、ヴェー
ル（velatio）(註162)や花冠(註163)の着用、花嫁の引き渡し、手を結びあわ
せる儀式(註164)、指輪の祝福、アラス・コイン［スペインや南米、フィリピ
ンの結婚式で用いられるコイン］、新郎新婦のキスなどのように、典型的な
異教の慣行を取り入れつつこれらを変化させることで、キリスト教固有の
典礼が形成されていきました(註165)。同時に、ビザンチン典礼において典
型的な、新郎新婦への「共通のカリス」の奉献など、他の習慣も加わりま
した(註166)。婚姻の典礼は、祈りや所作の解釈において婚姻にまつわる聖
書のテキストを暗示することで、神の救いの営みの中で婚姻が占める特別
な位置を表明しています。ペトルス・ロンバルドゥス 25) も、第二ラテラノ
公会議 26) も、婚姻を秘跡とみなしています。この認識は、フィレンツェ公
会議 27) やトリエント公会議も力強く承認しています(註167)。トリエント公
会議では、秘跡の教義的理解を修正することなく、秘跡が有効であるため
の標準的な形式の必要性が明確に定められました。こうして、結婚を単な
る国家法上の問題であるとみなす宗教改革者たちの教義に反対して(註168)、

---

24)　訳者註：110 年頃没、アンティオケイア司教、使徒教父の一人で、ローマ
で殉教した。

25)　訳者註：1095/1100-1160 年、北イタリア出身のスコラ神学者、パリ司教
[1159- 没年]。

26)　訳者註：第 10 回普遍公会議、1139 年に開催された。

27)　訳者註：第 17 回普遍公会議、1439-1445 年、バーゼル－フェラーラ－フィ
レンツェ－ローマ公会議とも呼ばれる。

この問題が教会の現実に関わるものであり、「教会の面前で」[註169] 実現される信仰の秩序に属するものであることを示したのです。このようにして、婚姻は両当事者の私的な問題として理解されるべきものではなく、教会的な性格を持っていることが認識されました。

c) 秘跡としての婚姻

140. 諸秘跡が信仰を前提としている（『典礼憲章』59項参照）とすれば、婚姻も例外ではありません。「キリストの愛によって導かれる司牧者は、結婚する人を受け入れ、何よりも彼らの信仰を強め、育まなければならない。婚姻の秘跡は信仰を前提とし、これを求めているからである」[註170]。双方とも洗礼を受けていない男女の婚姻の絆は、キリスト教信仰の視点からすれば、極めて貴重な創造の現実であって、ある意味でその後の夫婦の改宗といった超自然的な秩序に高められ得るものです。言い換えるなら、「自然の」婚姻の中に、完全な実現、キリストにおける完全な成就に開かれた重要な現実が、現に存在しているのです。初期キリスト教共同体においては、婚姻の現実は信仰の範疇の外で営まれるものではありませんでした。キリスト信者は、「主に結ばれている」（一コリ7:39）夫婦の契約に生きています。夫婦関係の背景における公の信仰に反した振舞いのいくつかは、共同体からの除外の原因となり得ました（一コリ5章参照）。実際、キリスト信者の夫婦間の夫婦愛は、教会に対するキリストの愛を表現するしるしであり秘跡となったのです。この取り消すことのできない愛のしるしは、この絆が解消できないものであるときにのみ、それが真に意味するところのものを表現します。それは、「初めから」神の計画に既に存在しており、その神学的な核においてそれぞれの真の婚姻の現実を本質的に形作る一側面なのです。こうして、このような深い人間的な現実、つまり私たちの関係的な存在に特徴的である夫婦間の愛や、夫婦と子どもたちの間の相互に与え合う能力は、神の神秘の究極の深みである愛を表現するのです。

141. 洗礼を受け、堅信も受け、習慣的にエウカリスティアに参加してい

る2人のカトリック信者は、婚姻を祝う際、自分たちの信仰生活の中で驚くべき重要な一歩を踏み出します。婚姻の秘跡の恩恵を受け、「キリストと教会の間における一致と実り多い愛の神秘を示し、それにあずかる（エフェ5:32参照）。彼らはまた、結婚生活および子どもの出産と養育を通して聖なるものとなるよう互いに助け合い」(註171) ます。その信仰の歩みは、教会に対するキリストの愛の力を証しするために、お互いを豊かにするために、子どもをキリスト教的に教育するために、相互に聖化するために一つとされました (註172)。彼らは一つの「家庭教会」(domus ecclesiae) を形成しているのであり (註173)、「特別な秘跡によって強められ、いわば聖別され」(『現代世界憲章』48項) ているのです。こうして、一つのキリスト教的生活の身分（『教会憲章』11項参照）とキリスト教共同体の責任を引き受けて、堅信の秘跡に固有の信仰の成熟を具体的に示します。婚姻の祭儀において、それが秘跡におけるキリストの行為であることから、彼らの信仰が前提とされ、表現され、養われ、強化されて、婚姻の契約と神と教会の祝福の下で営まれる家庭生活とによって「彼らのもとにとどまります」(『現代世界憲章』48項)。カトリックの婚姻は、夫婦が秘跡において互いに自らを与え合う共通祭司職を行使する相互的な聖化の歩みとして（『教会憲章』10項参照）(註174)、信仰によって着想され、促進された生活の計画であることを力強く示しています (註175)。神の愛の秘跡であるという意識や覚悟は、夫婦のそれぞれの個人的な信仰を前提とし、これを表現します。こうして、イエス・キリストも愛の霊である聖霊（ロマ5:5参照）も効果的に作用する信仰の秘跡として、真の意味で婚姻の秘跡が登場するのです。夫婦が互いに宣言する愛は、受洗者の現実によって既に決定されています。秘跡の実現する聖化の働きは、この超自然的な愛を夫婦と家庭という共同体の実現へと導きます。

d) 信仰と婚姻の善

142. 信仰の現存と秘跡的恩恵の効果的な作用は、婚姻に固有の善の実現へと夫婦を後押しします。「2人が互いを分かち合うというこの深い一致

は、子どもの善と同様、夫婦間の完全な忠実を要求し、また彼らの一致が不解消であることを求め」（『現代世界憲章』48項）ます。不解消性（『現代世界憲章』49項参照）は、信仰の視点においては、夫婦関係の本質的な特徴として理解されます。そうでなければ、神の本来の計画から逸脱してしまいますし（創 2:23-24 参照）、キリストの教会に対する取り消すことのできない愛の目に見えるしるしではなくなってしまうでしょう。結婚した夫婦間の忠実や夫婦の相手方に対する惜しみない善の追求（『現代世界憲章』49項参照）は、信仰や主イエスとの個人的な関係から一貫して優美に流れ出るものとして実践されます。信仰は、罪びとのために命を与えた方を従うべき模範として示しながら、イエス・キリストとの個人的な関係を私たちに提示するからです（例えばマコ 10:45、ロマ 5:6-8 および 14:15、エフェ 5:2、一ヨハ 4:9-10）。キリスト信者の夫婦は、信仰によって、「受けるよりは与える方が幸いである」（使 20:35）という原理を、自分たちの結婚および家庭生活の中に導入することを追求します。私たちは信仰によって、結婚の実り（『現代世界憲章』50項参照）が神の計画の中に刻み込まれていることを知っています（創 1:18 参照）。その祝福のしるしの一つが子どもです。三位一体の神の愛は、信仰を通して、真の愛が常に最高の愛の相互性、相手に対する最大限の寛容さを含んでいることを私たちに教えてくれます。このような理由から、信仰は、結婚を夫婦の打算的な一種の利己主義であると理解することに反対します。夫婦双方の積極的な信仰は、神が結婚の創設者として、キリスト信者の夫婦が実践して証しする努力を惜しまない「種々の善と目的を賦与」（『現代世界憲章』48項）したという理解につながります。その結果、婚姻の絆の中で生き分かち合われた信仰は、周囲の環境や文化的な圧力にもかかわらず、自己中心主義的あるいは個人主義的な傾向がそれぞれの夫婦やカップルに深く根を下ろしてしまう可能性を減らしてくれます。

4.2　疑義ある問題（quaestio dubia）：「洗礼は受けたものの信仰のない人たち」の婚姻の秘跡的特性

a）議論のアプローチ

143.［定義］　婚姻は創造の現実です。洗礼によって自然の絆は超自然的なしるしへと高められます。「男女が相互に全生涯にわたる生活共同体を作るために行う婚姻の誓約は、その本性上、夫婦の善益と子の出産および教育に向けられています。受洗者間の婚姻の誓約は、主キリストによって秘跡の尊厳にまで高められました」[註176]。神学的な教義および現行の教会法の慣行によれば、受洗者間におけるすべての有効な婚姻契約は、締結者の側に信仰が欠けていたとしても「それ自体で」秘跡なのです[註177]。言い換えるなら、受洗者の場合、結婚をめぐる創造の秩序に適合する有効な婚姻の契約と秘跡との不可分性が確認されているのです。婚姻が人生においてこれほどまでに決定的な現実、秘跡的な意味を有する現実であるのと同様に、洗礼が受洗者に大きな影響を残さないとしたら、その人は洗礼によって同時に秘跡的な秩序に入ることはできなかったはずです。そして婚姻は、夫婦が洗礼の後で取り消すことのできない仕方で属する秘跡的な秩序からかけ離れてしまっていたことでしょう（以下の166項および167項を参照）。この教義は、「洗礼は受けたものの信仰のない人たち」の婚姻の絆にも適用すべきものなのでしょうか。このデリケートな問題として、これまで擁護してきた「信仰と諸秘跡の相互関係性」が疑問視されているように思われます。この問題に適切に対処するためには、より詳細にその現状や基本的な要素をはっきりとさせなければなりません。

144.［洗礼は受けたものの信仰のない人たち］「洗礼は受けたものの信仰のない人たち」という表現は、第2章で説明したように、三位一体の神との秘跡的な対話において、信者の側の人格的な答えに特有な、信仰の対話的な性格が存在する兆候が全く見られない人たちを指しています。このカテゴリーには、二つの種類の人たちが含まれています。一つは、子どもの

頃に洗礼を受けたものの、その後になって、いかなる理由であれ、自分たちの理解や意思を伴った個人としての信仰の行為を果たすには至っていない人びとです。これは社会の大規模な脱キリスト教化に伴って信仰教育がひどくなおざりにされている伝統的なキリスト教国によく見られる事例です。もう一つは、洗礼は受けたものの、自覚的にはっきりと信仰を否定し、自らをカトリック信者ともキリスト教徒とも考えていない人たちです。時には、他の教会、共同体、宗派に入るという動機がなくても、カトリックの信仰の放棄や教会からの離脱の正式な表明を行う人たちもいます。いずれの場合においても、「信じる心構え」[註178] ができているとは思えません。

145. ［問題の予備的定式］　その結果、次のような疑問が起こってきます。もし、先に挙げた二つのタイプのどちらかに属する 2 人の性別の異なる未婚の「洗礼は受けたものの信仰のない人たち」が、秘跡的な祭儀やその他の有効な結婚の形式において婚姻の絆に結ばれた場合、秘跡性は生じるのでしょうか。この主題に関しては、さまざまな論議が行われ、多くの文献が書かれています。極めて重要な要素が同時に数多く関係してくるので、その解決法は明確ではありません。ここから、責任を持ってこの問題の基本的な要素に対処していくために、最近の諸教皇や教会の公的機関の教えにおける近年の重要な発展のいくつかを分析していきたいと思います。

b)　問題の現状と諸要素

146. ［国際神学委員会］　国際神学委員会は、1977 年に『婚姻の秘跡に関するカトリックの教義』(*La dottrina cattolica sul sacramento del matrimonio*) と題する文書を作成しました。その中で議論されたテーマの中には、婚姻の秘跡性、「洗礼は受けたものの信仰のない人たち」の婚姻、婚姻の契約と秘跡の不可分性などがあります。かなり微妙なニュアンスを持った一連の論理が主張されていますが、秘跡の祭儀を挙行するための信仰の必要性の確信と、信仰を婚姻の秘跡性にとって決定的なものとして宣言することへのためらいのはざまで、一種の緊張が垣間見えます。その主張のすべて

を取り上げることはできませんが、以下の点は、私たちの主題との関連で注目されます。

147. 不解消性と秘跡性の間の構造的で相互的な関係の存在。「秘跡性は、婚姻の不解消性の唯一ではないにしても、究極的な基礎を構成します」（第2章の2項）と明言しています。

148. 婚姻における信仰と秘跡の相互関係については、婚姻の秘跡における恩恵の源泉が、婚姻を締結する主体の信仰ではなく、イエスにあることを支持しています。そして、「婚姻の秘跡において、恩恵が信仰と関係なく、あるいは信仰を全く欠いていても与えられるという意味ではありません」（第2章の3項）と付け加えています。信仰は婚姻の有効性ではなく実り豊かさのための「準備的要因」とされています。

149.「洗礼は受けたものの信仰のない人たち」に関しては、次のように述べられています。「『洗礼は受けたものの信仰のない人たち』の現実は、今日、特に信仰の欠如ないしは拒否が明らかに見られる場合に、新しい神学的な問題、そして司牧的なディレンマを示しています。要求されている意思——キリストと教会が行うことを行うという意思——は、秘跡的な現実の計画に関与する真の人間的な行為となるための必要最小条件です。もちろん意思の問題と、婚姻を締結する者の個人的な信仰に関わる問題とを混同してはいけませんが、両者を完全に分けることも不可能です。結局のところ、真の意思は生きた信仰から生まれ、生きた信仰に育まれるのです。信仰そのもの（「信念」、信じる心構えという意味で）の痕跡が全く見受けられず、恩恵や救いへの望みが全く欠けているような場合、事実上、全体的な意思、私たちが論じてきた真に秘跡的な意思が存在するか否か、婚姻が有効に締結されたか否かを判別しなければならないという問題が生じてきます。既に言及したように、婚姻締結当事者の個人的な信仰は、婚姻の秘跡性の構成要件ではありませんが、個人的な信仰の欠如は、秘跡の有効性

を損ないます」（第2章の3項、傍点は筆者によるもの）。

　当時の国際神学委員会事務総長のモンシニョール・フィリップ・ドゥレーは、この文書と同時に公表された解説の中で、次のように述べています。「問題を解決する鍵は、意思にあります。すなわち不解消性、忠実さ、実り豊かさ（子どもの誕生）をもたらす、秘跡をささげる際に教会が行うことを行う恒久的な意思です」^(註179)。

150.　この国際神学委員会文書は、これに続いて、契約と秘跡の不可分性について論じています。「実際、教会にとっては、秘跡から分離された2人の受洗者間の自然的な婚姻は存在しません。ただ存在するのは、秘跡の尊厳にまで高められた自然的な婚姻（秘跡としての婚姻）のみです」（第3章の5項）。

151.　［聖ヨハネ・パウロ2世］　聖ヨハネ・パウロ2世の教皇在職の全期間を通して、「洗礼は受けたものの信仰のない人たち」の婚姻および婚姻の秘跡のための信仰の必要性というテーマは、繰り返し議論されていました。1980年に開催された家庭について話し合われた世界代表司教会議（シノドス）第5回通常総会において承認された提言12の4は次のように述べています。「受洗者間の有効な婚姻は常に秘跡であるという主張が、信仰を失ってしまった人たちにも適用されるのか否かについて、より深く精査する必要があります。したがって、法的および司牧的な結果を示さなければなりません」^(註180)。

152.　その結果、ヨハネ・パウロ2世は、シノドス後の使徒的勧告『家庭——愛といのちのきずな』（*Familiaris Consortio*）において、結婚という行為は、受洗者が決定的な形で属している超自然的な現実について、自ら明確な意識を持っているかに関わりなく、そのような現実から本質的にその適格性を得るものであることを支持しています^(註181)。私たちが議論して

いるテーマに関しては、次のようにはっきりと述べています。「教会における婚姻の祭儀を受け入れるかどうかの基準を定めようとすると、結婚しようとする人たちの信仰の度合いが関わってくるように思われますが、特にそれには大きな危険があります。まず、いわれのない差別的な判断を宣告してしまうという危険があります。さらに、既に挙行された婚姻の有効性に疑義を生じさせる危険もあります。またキリスト教共同体に大きな害をもたらしかねませんし、夫婦の良心に正当化できない新しい心配の種をもたらしてしまう危険があります。カトリック教会と完全な交わりにある分かれた兄弟たちの多くの婚姻の秘跡性に反対したり、疑問視したりする危険にも陥りかねず、教会の伝統に反することになってしまうかもしれません」[註182]。

153. これらのすべてについて注意を払わなければなりませんが、それでも結婚しようとする人たちが、教会の婚姻の祭儀を求めつつも、同時に「受洗者の婚姻を挙行する際に教会が果たそうとするものを明示的かつ正式に拒否する」態度を見せることもあります。そうした場合については、こう述べられています。「魂の牧者（司牧者）は、そうした人たちを祭儀に受け入れることができません」[註183]と。これについて解釈を行うと、この場合には婚姻が真の秘跡とはならないためだと付け加えることができるでしょう。言い換えるなら、聖ヨハネ・パウロ2世は、（婚姻に際して）教会が行うことを明示的かつ正式に拒否しないということだけでよいとしても、婚姻当事者に最小限のことを求めているのです。ですから、私たちが絶対的な秘跡のオートマティズム［自動化］と呼ぶもの[註184]を、独自のあり方で拒否しているのです。

154. 同教皇は、この文書よりも少し後で、ローマ控訴院に向けた重要な訓話（2003年1月30日）の中で、自然的な婚姻と超自然的な婚姻の2種類の婚姻が存在するのではないことをはっきりと指摘しています。「仮に超自然的な視点からすれば準備が不完全であったとしても、婚姻の自然的

な現実に基づいて結婚する正しい意思が存在する限り、教会は準備が整った者（bene dispositus）としての結婚を祝うことを拒否できません。実際、自然的な婚姻と並ぶ、固有の超自然的な要件を伴った別のキリスト教的な婚姻のモデルを設定することはできないのです」[注185]。

　教皇聖ヨハネ・パウロ2世は、ローマ控訴院に向けた別の訓話（2001年2月1日）[注186] においても、既にこうした意見を明確に擁護しています。2001年の訓話では、伝統とは異質なものとして、信仰を最小要件として要求すべきでないことが強調されています[注187]。教皇は婚姻の自然な目的を認め、婚姻が超自然的な現実だけでなく自然的な現実からも成り立っていることを確認しています。こうした意味で、「したがって、婚姻の自然的な次元を曖昧にし、単純に主観的な経験に矮小化してしまえば、その秘跡性を暗に否定することにもつながりかねません」[注188] と付け加えています。つまり、すべての婚姻の基礎に自然的な創造の現実が存在するのです。

155.［新教会法典の制定］　新しい教会法典の草案作成に向けた作業において、婚姻の自然的な現実と、救いをもたらす現実としての秘跡的な婚姻との不可分性に関する問題が幅広く議論されました。最終的に立法者は、自らの管轄外であるとして、教義的な疑問を明確化しようと試みることなく、より一般的な教義を維持することに決めました。こうして新しい法典作成にあたって、より一般的に受け入れられている神学的な前提条件が集収されました[注189]。この（婚姻の秘跡性と契約の）不可分性に関しては、トリエント公会議においても議論されていました。反対者の中では、メルチョル・カノ[28]の姿が際立っています。彼の見解は、かなり有力な意見ではありましたが、定義されるには至りませんでした。ただし、彼の見解

---

28)　訳者註：1509-1560年、スペインのドミニコ会神学者、サラマンカ学派におけるビトリアの後継者として知られる人物。

をカトリックの教義として示す人も多くいます^(註190)。結局、教会法典は、既に言及した第1055条第2項でこのことに関して取り上げました^(註191)。

156.［ローマ控訴院の判例］　カトリックの教義に従ったローマ控訴院の判例では、不解消性が自然的な婚姻の本質的な特質であるとみなされています。とはいえ、教会の確信とは非常に異なった信念が広まり、それが深く根ざしている高度に世俗化された社会的文化的な背景においては、信仰が存在しないところにおいて事実上婚姻の不解消性が受け入れられるか否かという問題が生じます。それゆえ、判例においては、既にもう何年も前から、信仰の欠如が自然的な婚姻を挙行する意思に影響を及ぼし得ることが肯定されています^(註192)。これは、ベネディクト16世の教皇在職中の2005年10月に開催され、聖体をテーマとした世界代表司教会議第11回通常総会の提言40番に表現されている感性をどことなく反映しているように思われます。離婚して再婚した人に関する問題に対応するために出されたこの提言には、次のように書かれています。「シノドスは、婚姻の解消手続きに関して教会裁判所がもつ、司牧的性格、その存立、ならびに公正かつ迅速な活動を保証するために、可能な限り努力がなされることを望みます（教皇庁法文評議会、結婚の解消手続きに関して教会裁判所が守るべき規定に関する指針『婚姻の尊厳』（*Dignitas connubii*）［2005年1月25日］参照）。その際、教会裁判所は、有効な婚姻にとって必要不可欠な要素を深く研究するとともに、現代の人間生活の大きな変化から生じるさまざまな問題を考慮に入れなければなりません。こうした変化から、信者も特に堅固なキリスト教的養成を欠いている場合に影響を受ける危険があるからです」^(註193)。

157.［ヨーゼフ・ラッツィンガー／教皇ベネディクト16世］　教理省長官だったヨーゼフ・ラッツィンガー枢機卿は、1997年当時、明確な主張をしています。「2人の受洗者の間の婚姻が、本当にすべて『それ自体でipso facto』秘跡的な婚姻となるのかについて明らかにしなければなりません。実際、教会法典は受洗者間の『有効な』婚姻契約のみが同時に秘跡

であることを示しています（教会法第1055条第2項参照）。信仰は秘跡の本質に属するものです。どのような『不信仰』の証拠が、秘跡が実現しないという結果につながるのかについて、法的な問題を明らかにする必要が残っています」(註194)。

　教皇ベネディクト16世となってからも、2005年の司祭たちに向けた訓話の中で、これが非常に難しい問題であること、また信仰を婚姻の無効性の理由として理解することに疑問を感じていること、この件についてはさらに研究を深めていく必要があることを示しながら、この意見を再び取り上げています(註195)。

158.　教皇ベネディクト16世は、ローマ控訴院に向けた最後の訓話（2013年1月26日）(註196) において、重要だと考えていたこの問題について、改めて掘り下げるように依頼しました。この訓話による貢献をいくつか紹介してみましょう。教皇は考察の冒頭で、同訓話の中でも名前が挙げられている国際神学委員会と歩調を合わせつつ、信仰と意思の問題について、それとなく言及しています。「男女間の解消することのできない契約は、その秘跡性のためには、結婚当事者の個人的な信仰を必要とはしません。必要最小条件として求められるのは、教会が行うことを行う意思です。意思の問題と、婚姻を締結する者の個人的な信仰の問題とを混同しないことは重要です。とはいえ、この両者を完全に分離することは不可能です」(註197)。

159.　教皇はさらに続けて、信仰ならびに神へと開かれた態度が、あらゆる面において、そして特に生涯にわたる結びつき（不解消性、排他性、忠実さ）などのデリケートな問題において、どれだけ顕著に人生の理解を決定づけるかについて説明しています。「神の提案を拒否することは、実際、婚姻関係を含むあらゆる人間関係における著しい不均衡につながりますし、自由や自己実現の誤った理解に陥りやすくなります」。それゆえベネディクト16世によれば、そこから「婚姻関係を含むあらゆる人間関係におけ

る著しい不均衡」が生まれ、「自由や自己実現の誤った理解に陥りやすくなります。さらに、苦痛に辛抱強く耐えることから逃げてしまうことで、その人はエゴイズムや自己中心主義に閉じこもらざるを得なくなってしまいます」^(註198)。

160. このような信仰の欠如が、自動的に自然的な婚姻を不可能にするわけではないのです。しかしながら、「恩恵に支えられた神への信仰は、相互の献身と夫婦の忠実に生きるために重要な要素であると言えます。……もちろん、神に対して閉ざされた態度を取り、婚姻の結びつきの聖なる次元や恩恵の秩序の価値を拒否してしまえば、神の計画に基づいて教会が作り上げた婚姻の極めて高度なモデルを具体的に実現することが難しくなってしまいます。さらに、ローマ控訴院の判例からも確認できるように、この拒否が契約の有効性を損なうまでに至り、夫婦の忠実の義務の原則やその他の婚姻の本質的な要素や特質の否定へと転換してしまうことさえあります」^(註199)。

161. 教皇はさらに続けて、信仰が夫婦の善益に対してどのような形で決定的な影響力を持っているかについて深めています。「まさにキリスト信者の夫婦が、真の夫婦の交わり（communio coniugalis）に生きようとする決意のうちに、信仰特有のダイナミズムがあります。救いをもたらすよき知らせに対する誠実な個人的な応答である信仰宣言は、このダイナミズムを通して、信者を神の愛の動きの中へと引き入れるのです」^(註200)。教皇はなおも続けて、真理と愛とは分離できないものであるがゆえに、どのようにして信仰宣言が、抽象的なレベルに留まることなく、宣言した愛の中へとその人を完全に引き入れていくかについて論じ、次のように結論づけています。「ですから、まさに信仰の欠如ゆえに、夫婦の善益が損なわれる結果となる、すなわち合意そのものから排除される事例が起こり得ることを無視してはいけません」^(註201)。こうして信仰の欠如は、「神が望んだ自然的な秩序との関係性が、夫婦の契約に本来備わっている（創 2:24 参

照）ことから、必ずというわけではないにしても、婚姻の善益を損なう可能性があると言えるのです」(註202)。

162.［教皇フランシスコ］　教皇ベネディクト16世が求めていたようなさらなる探究の必要性は、近年の家庭に関するシノドスに先行する調査や教皇フランシスコの声明からしてもなおも有効です。そのため、世界代表司教会議第3回臨時総会（2014年）のための『討議要綱』(*Instrumentum laboris*) は、私たちの主題を次のように要約しています。「特にヨーロッパや北米で顕著な多くの事例が、……教皇ベネディクト16世が幾度となく勧めているように、婚姻における信仰と秘跡の関係の問題をさらに深めていく必要性を示しています」(註203)。シノドス第3回臨時総会の結論と第14回通常総会の提題解説の役割を担う最終報告も、この問題を暗に示しています(註204)。第14回通常総会の『討議要綱』(2015年) も同様です(註205)。シノドス後の使徒的勧告『愛のよろこび』(*Amoris Laetitia*) の導入部では、こう述べられています。「提起されている問題の複雑さは、いくつかの教義的、道徳的、霊的、司牧的な問題について、自由に深め続けていく必要性を示しています」(註206)。さらにこう付け加えています。「いずれにしても、結婚の典礼における神の働きかけについてさらに考察をしていく必要があります。聖霊の賜物のしるしとして婚姻締結者が受ける祝福を特に重視する東方諸教会においては、これが大きく強調されています」(註207)。「信仰と婚姻の相互関係性」という本論の考察も、ささやかながらこの流れに沿ったものです。

163.　教皇フランシスコも、さまざまな状況下において、私たちの主題に取り組んでいます。2015年1月23日のローマ教皇庁控訴院に向けた訓話(註208) の中では、婚姻の有効性に影響を及ぼし得る、合意に由来する潜在的欠陥について言及されています。そこでは（婚姻の有効性への影響が）、「有効な意思の直接的な不備によっても、また意思を決定づけるほど重大な婚姻の理解の欠如によっても（教会法第1099条参照）」(註209) 起こり得る

ことが強調されています。そして教皇はこう付け加えます。「実際、婚姻の危機の根源には、しばしば信仰に——すなわち神への忠実やイエス・キリストにおいて実現された愛の計画への忠実に——照らされた知識の危機があります」(註210)。

164. 自発教令の形式の使徒的書簡『寛容な裁判官、主イエス』(*Mitis Iudex Dominus Iesus*) ［2015年8月15日］(註211) は、この流れに沿って次のよう述べています。「婚姻無効訴訟を第1683条から第1687条に規定される略式裁判によって扱うことができる諸状況に含まれるものとして、例えば次のようなものが挙げられる。（婚姻に対する）合意の偽装や意思を決定するうえでの錯誤を引き起こし得る信仰の欠如」(註212)。

　したがって信仰の欠如は有効性を決定する要素となり得るものなのです。

165. 教皇フランシスコは、その翌年（2016年1月22日）、ローマ控訴院に向けた訓話の際(註213)、次のよう明言しています。「信仰の質は、婚姻の合意の本質的な条件ではないことをあらためてはっきりと確認しておくのが良いと思われます。不変の教義によれば、合意はただ自然的なレベルにおいてのみ弱められ得るのです（教会法第1055条第1項および第2項）」(註214)。教皇は、心理的に知覚できる信仰がなくても、洗礼後に作用する信仰のハビトゥス（habitus fidei ［信仰の習慣］）が存在することを支持する教説について述べています。そしてこう結論づけています。「信仰の養成の欠如や、婚姻の唯一性、不解消性、秘跡的尊厳に関する錯誤であっても、それが意思を決定するほどのものである場合（教会法第1099条参照）にのみ、婚姻の合意を無効とします。まさにこの理由から、婚姻の秘跡性に関する錯誤については、十分注意を払って評価しなければならないのです」(註215)。

166. ［問題の諸要素］　私たちのテーマに関わる最近の諸教皇や教会の公的機関の教えをこのように大まかに展望してみると、かなり焦点が絞られ

てはくるものの、根底にある問題がすべて解決したわけではないように思われます。一定の均衡が取れた解釈を求めてこれらを整理してみると、（信仰と秘跡との）相互関係とダイナミックな緊張の中で関係してくるのは、以下の側面です。

a) 他のすべての秘跡同様、婚姻にはキリストの恩恵の伝達があります。この恩恵は、役務者——ラテン教会の伝統では婚姻締結者です——の信仰に由来するものではなく、婚姻契約に能動的に現存するキリストおよび聖霊の賜物です。

b) 信仰のない秘跡はあり得ません。一種の秘跡的なオートマティズムは、信仰と諸秘跡の密接な関係を基礎とする秘跡による救いの営みの対話的な性格を否定することになりかねません（本論第2章参照）。そのため、「洗礼は受けたものの信仰のない人たち」の場合、婚姻が秘跡となるためには、そこにある種の能動的な信仰がなければなりません。配偶者双方において信仰を積極的に明確化することが困難であっても、またその信仰を全体として母なる教会に帰すうえで困難があったとしても、それは関係ありません。

c) 信仰の欠如を配偶者双方において確認することが実際困難であるという点は、司牧的観点から見て（本論61項参照）、厄介で複雑な問題です。とはいえ婚姻の秘跡をより綿密に理解するうえで中心的なこの点を教義面から明確化するのは神学の仕事です。

d) 有効に受けた洗礼は、「霊印 character」（本論66項参照）を刻むことで、受洗者を取り消すことのできない仕方で秘跡による救いの営みに組み入れます。その個人的な現実は、信仰に固有の理解と意思の意識的な行為を超えて^(註216)、既にこの（教会への）帰属にしるしづけられています。罪によって、また形が定まっていないものであれ成熟し

たものであれ信仰の欠如によって、取り消すことのできないキリストの賜物が生み出したものが取り消されたり無効にされたりすることはありません。

e）確立したカトリックの教義は、（婚姻における）契約と秘跡の不可分性を支持しています（本論155項参照）。ただし、この側面についての定義づけによる明確化はまだその途上にあります。もし、契約と秘跡が分離するのなら、私たちが今取り組んでいる問題に直接の影響を及ぼしていたことでしょう。しかし、現在のカトリック教義の状況からして、契約と秘跡の不可分性に関しては、（それを肯定する）最も共通した意見に従うのが適当だと思われます。

f）夫婦の信仰は、秘跡の実り豊かさに関して決定的なものと言えます（本論68項参照）。有効性ならびに秘跡性に関しては、真の婚姻の絆、すなわち自然的な婚姻の存在の有無次第となります。

g）（婚姻が）秘跡であるために最低限欠かせないものは、真の自然的な婚姻を結ぶ意思です（本論154項参照）。

h）婚姻の秘跡の場合、信仰と意思を完全に同一視することはできませんが、両者を完全に分離することもまた不可能です（本論149項および158項参照）。婚姻の秘跡に関する真実さが意思に由来すること、また信仰が意思に影響を与えていることは明白ですが、信仰の欠如がどのように、そしてどの程度まで意思に影響を及ぼすかは完全には明らかになっていません。

　私たちが見てきた（本論144項参照）「洗礼は受けたものの信仰のない人たち」の事例において、この最後の点について、さらに探究していきたいと思います。これは、私たちが擁護してきた信仰と諸秘跡の相互関係性に

関連する側面です。

167.［問題解決のために理論上考えられる代替案］　まず初めに、補足として、私たちの主題に対して理論上可能な解決策の一覧とそれらによる神学的な解決方法に目を通してみましょう。これらは、前に根拠を示して考察の対象とした神学的な展望に基づいて検討されるものです（本論第2章参照）。

　a）まず、絶対的な秘跡のオートマティズムの擁護を考えてみましょう。これによれば、洗礼という行為は、夫婦の信仰とは関係なく、婚姻の契約が「それ自体で」（eo ipso）秘跡の超自然的な現実へと高められることを含むとされます。しかし、この解決策は、私たちが合理的に示してきた秘跡による救いの営みの対話的性格と矛盾しており、したがってこれを採用することはできません。

　b）第二の可能性は、契約と秘跡の分離（可能性）の擁護です。契約と秘跡の同一性が公式に定義されていないのは事実ですが、その一方で、この分離を神学的に確立されたものであるとみなすためには、この問題に関して、個別に説得力のある立証を行う必要があります。したがってこの道を探索することはやめて、婚姻に関する現行のカトリック神学でより一般的に受け入れられている要素に従いたいと思います。

　c）第三の意見は、婚姻契約締結者の個人的な信仰が欠如している場合でも、教会の信仰の現存を有効とするものです。教会の信仰が、婚姻契約締結者側の信仰の欠如を補完するという考えです。とはいえ、この選択にも困難が伴います。一方で、秘跡の本質は夫婦の合意にあります。これを根拠に、長い歴史の成果として現在行われている通り、教会はその有効性のためのいくつかの形式的な必要条件を要求することができます。他方で、秘跡による救いの営みの対話的な性格の精査（本論第2章参照）において

示した通り、教会の信仰は個人的な信仰に先行し同伴するのですが、決して完全に個人の信仰の代わりとなることはできません。婚姻の秘跡性を教会の信仰のみに帰することは、秘跡による救いの営みの対話的な性格を否定することになりかねません。

　d）第四の可能性は、洗礼とともに刻まれた「霊印」と結びついた効果に秘跡性を帰するというものです。この「霊印」は、キリストの賜物が取り消すことのできないものであることと関係しています。このことは、救いの営みの秘跡的な現実に（受洗者が）組み入れられることを含むのですが、それ自体は秘跡性の能動的な行使を前提とすることなく、秘跡性の対話的な行使を可能にするのです。この「霊印」と結びついたハビトゥス（habitus）は、行動する心構えであり、それは能力でも行動でもありません。それは例えば意思のように、力を行使することが求められるといったものなのです[註217]。こうして、「霊印」が刻まれ、ハビトゥスを獲得することで、神からの秘跡的な対話が確かなものとして確認されるのですが、それだけでは恩恵を帯びた主体による個人的な霊印の対話的な応答が欠けています。とはいえ、その主体は答える能力を有してはいるのです。

　e）前にも触れたように、意思に関して論じる可能性が残されています。すべての秘跡の有効性は、それぞれの秘跡において教会が果たそうとするものを行う意思にあるはずだからです。

4.3　信仰の欠如の事例における婚姻の意思と絆の形成

a）秘跡が成立するために必要とされる意思

168.［意思の必要性］　既に述べた通り（本論67-69項）[註218]、伝統的な秘跡の教義には、秘跡を授けるためには少なくとも教会が行うことを行うという意思が必要だという確信があります。「これらの秘跡は三つのものから成り立っている。すなわち、質料としての要素と、形相としての言

葉と、教会が行うことを行う意向をもって（cum intentione faciendi quod facit Ecclesia）秘跡を授ける人である。この中のどの一つが欠けても秘跡は成立しない」[註219]。ラテン教会で一般的に受け入れられている意見によれば、婚姻の秘跡の役務者は新郎新婦であり、互いに婚姻の秘跡を授け合います[註220]。秘跡的な婚姻の場合、少なくとも自然的な婚姻を実現する意思が必要です。さて、教会が理解する自然的な婚姻には、本質的な特質として、不解消性や夫婦の忠実、そして夫婦の善や子どもの出産の善に向けられていることが含まれます。そのため、婚姻を締結する意思に、少なくとも暗黙のうちにこれらの特質が含まれていなければ、意思に大きな欠陥があり、秘跡的な婚姻に必要な基礎としての自然的な婚姻の存在自体が疑問視されかねません[註221]。

169.［信仰と意思の相互関係］　強調点はさまざまですが、最近の３人の教皇の教導は、生き生きとした明示的な信仰と真の自然的な婚姻（すなわち不解消かつ排他的であり、献身的で誠実な愛による夫婦の善を基礎とし、子どもの出産に開かれた婚姻）を挙行する意思の相互のつながりを確認しています。教皇ヨハネ・パウロ２世は、「受洗者の婚姻を挙行する際に教会が果たそうとするものを明示的かつ正式に拒否する」（本論153項参照）新郎新婦を受け入れないように求めている一方で、「婚姻の自然的な現実に基づいて結婚する正しい意思」（本論154項参照）の必要性を支持しています。教皇ベネディクト16世は、「婚姻の善益を損な」（本論161項参照）いかねない生活や関係性、婚姻の絆そのもの、あるいは夫婦の善の概念に関する信仰の欠如がもたらす多大な影響を指摘しています。教皇フランシスコは、婚姻の危機の根源として、「信仰に照らされた知識の危機」（本論163項参照）があることを強調し、合意の偽装を引き起こす原因となり得るものとして信仰の欠如（本論164項参照）を挙げています。ローマ控訴院の判例は、教皇ベネディクト16世が示した方針（本論156項参照）に沿うものです。より正確に言えば、上述の教会の機関や最近の２人の教皇は、生き生きとした明示的な信仰が欠如している場合、不解消で決定的、かつ

排他的で無償の相互の献身としての婚姻、子どもの出産に開かれた婚姻を真に挙行する意思に根拠のある疑いが生じかねないと考えています。このことは、夫婦が、根本的にそのような婚姻となる可能性を排除していない場合においてもあてはまります。これらのいずれの場合にも、短絡的な秘跡のオートマティズム［自動化］は起こらないでしょう。

b）婚姻に関する支配的な文化理解

170．［支配的な文化と婚姻の理解］　支配的な文化において多重婚——これは神の計画に反するものです（創1:26、2:18-24 参照）——がその価値を認められている国においては、明示的な信仰が欠如している場合、婚姻を締結する意思が、キリスト教的な概念に基づく自然的な婚姻に内在する排他性をそれ自体として含んでいると考えることはかなり困難なことでしょう。さらに多重婚の文化的背景は、多重婚とは無関係に現れ得るその他の諸側面も含めて、神にかたどって神の似姿としてつくられた創造の行為（註222）に根ざした自然的な婚姻の基本的な善の一つである夫婦の善（bonum coniugum）とも関係する、夫婦の「平等の原則」に反します。他方で、ある種の多重婚の現実的な実践は、事実上起きている現実として多くの西側諸国にも広まっており、そこでは婚姻や夫婦の絆が教会によって夫婦の秩序に排他的に帰属するとされている現実とは別の現実を同時に生きるうえで、何ら障害とはされていないものと理解されています。

171．かつて、伝統的なキリスト教国においては、社会にキリスト教信仰が及ぼしていた影響によって、婚姻の現実に関して一種の合意が支配していました。そうした背景においては、あらゆる自然的な婚姻は、生き生きとした明示的な信仰生活とは関係なく、教会が理解する自然的な婚姻の特質を婚姻の意思に自ずと含むということを基礎としていました。しかし現在では、カトリックによる婚姻の概念とは明確に異なる家庭に関する別種の概念が社会文化的に深く根ざし広まっており、新しい教義的かつ司牧的な問題が生じているため、さらなる慎重さが必要です。

172. 婚姻が創造の現実であるという事実は、それぞれ密接に関連した二つの意味で、人間論がその本質の重要部分をなしていることを意味しています。一方で、関係的な存在として自己贈与において自己存在を実現する人間とは何であるかという概念が全面的に関係してきます。他方で、婚姻の本質には、出産や神の契約——すなわち神とイスラエルの民との契約、そしてキリストと教会との契約——を反映したものとしての夫婦の契約を志向する神の計画の要素として、男性と女性の性的な区別の理解も関わってきます。いずれの要素も、不解消で排他的、かつ人間同士の愛に基づく夫婦相互の善や子どもの出産を基礎とする自然的な婚姻が完全に関係しています。こうして教会は、時に孤立無援で攻撃にさらされつつも、婚姻の自然的な現実を守る文化的な砦としてその姿を現します。しかしながら、悲観的な泣き言に堕することのない、私たちの文化的な背景に対する真剣な眼差しは、人間論の根幹において婚姻の自然的な基礎を疑問視することにつながる諸側面が議論の余地のない公理として現代文化においてますます立場を強めていることに気づかないままでいるわけにはいきません。その結果、すべてを余すことなく網羅しているとは言えませんが、支配的な諸々傾向の中に、例えば次のような広く流布した——時には（世俗の）立法者によって承認されていることさえある——根深く明らかにカトリックの信仰に反対する確信が自明なものとして含まれています。

　a）個人的自己実現の追求。婚姻や家庭の領域においても、より本質的な倫理的選択を正当化する人生の主要目的として自我を充足させることを基本とする考え方。このような考え方は、キリスト教信仰がその意味やその成就を驚くべき仕方で実現することで提示する愛ゆえの犠牲や、人格に関する真理の最大の成果としての自己贈与の意味に反対するものです。

　b）女性を蔑視する「男性優位主義」的なメンタリティー。これは夫婦の善と結びついた夫婦の平等を損ない、神の計画や本性、法的権利におい

て同等でない2人の間の契約として婚姻を理解するもので、聖書的概念にもキリスト教信仰にも反します[註223]。イエスの離婚に対する対抗文化（カウンター・カルチャー）的な態度（マタ19:3-8参照）は、当時の文化において弱い存在すなわち女性を擁護するものでした。

c）「ジェンダー・イデオロギー」。これはジェンダー・アイデンティティーの構築において、いかなるものであれ性的な特徴による生物学的な定義を否定するもので、創造主の計画に刻み込まれた両性の相互補完性を損なうことにつながります。

d）離婚主義的メンタリティー（離婚を当然のことのように肯定する精神性）。これは婚姻の不解消性をむしばみます。不解消性とは逆に、基本的に変更可能な現実として夫婦の絆をとらえるもので、一般的に「同棲生活」と呼ばれるものをも夫婦の絆として考えることにもつながります。これは、マルコ福音書10:9やマタイ福音書19:6（創2:24参照）にあるように、イエスの教えに全く反した考えです。

e）身体を個人の絶対的な所有物とする考え方。これによれば、特に制度的で安定的な夫婦関係から解放された性的関係の領域で、できる限りの快楽を得るために自由に身体を用いてよいとされます。しかしパウロは、「不法な結婚」（πορνεία）を排除し、本来身体は神に属するもので、身体が神の栄光を現すための手段となる（一コリ6:13-20参照）ほどのものであると述べています。

f）夫婦行為と出産との分離。聖書の時代（創1:28参照）から現代にいたるまで、カトリック教会のすべての伝統に反する行為です[註224]。

g）あらゆる形の結合を倫理的に、時として法的にも同等視する考え方。正式な婚姻契約を欠いた連続的な結婚、あるいは事実婚だけでなく、同性

婚も広まっています。連続的な結婚は不解消性を否定します。一時的な、あるいは「試しの」同棲生活は、不解消性を無視するものです。同性間の結びつきは、カトリック信仰に基づく婚姻の自然的な理解に内在する性差の人間論的な意味（創 1:27、2:22-24 参照）を認めません。

c) 自然的な婚姻を締結する意思を損なう可能性がある信仰の欠如

173. ［何らかの婚姻の善を伴った婚姻を挙行する意思を損なう可能性がある信仰の欠如］　教義神学の視点から考えると、これまで述べてきた分類に基づく「洗礼は受けたものの信仰のない人たち」同士の婚姻のケースにおいては、自然的な婚姻を締結する意思の重大な瑕疵――最近の 2 人の教皇がそれぞれ違った形で信仰の欠如について述べており、おそらくこの信仰の欠如にほぼ内在しているといってよい非常に蓋然性の高い結果として生じた瑕疵――によって、信仰の秘跡が実現されることを疑うだけの根拠があります。上述の類型に基づく「洗礼は受けたものの信仰のない人たち」における信仰の欠如は、明確なもの、生活の概念を決定するものとみなされ得るのです。そのため、教皇たちが一般的な意味で言及した疑念は、全体としてこれらのケースに当てはめることができます。人はよくわからないもの、あるいは明示的に拒否したものを真に望んだり、装ったり、愛したりすることはできないのです。

174. ［自然的な婚姻の善に関する信仰の欠如の影響］　キリスト教の婚姻においては、他のどんな秘跡にもまして、創造の現実と超自然的な現実、創造の秩序と贖いの秩序との間に大きな結びつきが存在します。「婚姻は、……創造主である神によってつくられ」[註225]、秘跡の尊厳にまで高められました。この緊密な結びつきから、婚姻の自然的な現実の変化や創造の計画からの乖離は、超自然的な現実、すなわち秘跡に直接影響することがわかります。このようなつながりは、少なくとも「洗礼は受けたものの信仰のない人たち」同士の婚姻の極端なケースにおいては、逆の方向にも向かっていきます。個人的に信仰を一度もその身に帯びたことのない受洗者

は、時として公的な行為として行われることも、信仰への忠実を完全に欠く場合もある、超自然的な現実の明示的な拒否や信仰の明示的な放棄によって、完全に婚姻や家庭に関する現行の社会的な見解のなすがままになっています。この事実は、人が婚姻の創造的な源泉に近づくことを妨げています。

175. 実際、先ほど大まかに述べた支配的な文化的公理と、教皇ベネディクト 16 世のローマ控訴院に向けた最後の訓話（2013 年 1 月 26 日）における考察の大筋とを合わせて考えると、明確かつ明示的な信仰の欠如の場合、婚姻の本質的な善に関する意思は大きく損なわれると言えるでしょう。教皇ベネディクト 16 世は、夫婦の善に関して、この点をはっきりと示しています。その出発点は次の通りです。「世界の大部分に影響する現在の信仰の危機が、どれほど夫婦共同体にとって危機をもたらしているかをつぶさに見たうえで、信仰年にあたって特に信仰と婚姻のいくつかの側面に触れてみたいと思います」[註 226]。言い換えれば、超自然的な要素は、自然的な現実に直接影響を及ぼすのです。そして教皇は続けます。「純粋に人間的な計画に根ざしているか、あるいは主の信仰の光に開かれているかによって、それぞれの人の基本的な考え方が、一生涯続く絆で結ばれた人間の選択に影響を及ぼすということから免れる人はいません。実際、人は神の真理に開かれることによってのみ、洗礼によって生まれかわった子として人についての真理を理解し、これを具体的な夫婦生活や家庭生活の中で実現することができるのです」[註 227]。

176. 自然的な婚姻における人間に関する真理は、神の計画に属しています。教皇ベネディクト 16 世は、真の寛大な愛の献身の能力や夫婦の善と、真理と愛の緊密な一致に始まる真の愛、つまり神に開かれた態度とを結びつけています。夫婦の善に固有の愛が贈られるためには、愛の究極の真理、すなわち神の愛に開かれていることが必要です。至高の善として個人の自己実現を宣言する社会においては、信仰が重大かつ明示的に欠如した場合、

夫婦の絆を献身的な愛において理解することは困難でしょう。そこで、教皇ベネディクト16世は次のように言います。「『人がわたしにつながっており、わたしもその人につながっていれば、その人は豊かに実を結ぶ。わたしを離れては、あなたがたは何もできないからである』（ヨハ15:5）。基本的に、人間はただ一人では真の善を達成するために必要なことを果たせないことに注意を向けながら、イエスはこのように弟子たちに教えたのです」^(註228)。特に他者の善を追い求める利他主義的な自己超越としての人生の理解と愛の実践は、神の恩恵とともに完成します。

177. 献身的な愛と利他主義的な自己超越は、夫婦相互の善に制約されることなく、夫婦愛の実り豊かさの崇高な果実としての子どもの出産の善に完全に刻み込まれています。もし夫婦間の愛の善がその根幹から傷つけられてしまうと、子どもの出産の善に直接明示的な影響を与えることはできません。

178. 私たちの文化的な背景においては、信仰の欠如そのものが、不解消性に関する深刻な疑念を意味しています。深く根ざした婚姻の絆の理解について、その共通意識は永続的であることが望ましいとされます。いずれにせよ何が本来的な絆であるかについての理解は、修正可能です。悲しいことではありますが、離婚がかなり広まっていることそれ自体は、神の創造の計画に対して忠実を保つ手段として信仰を認める具体的な源泉を欠き、婚姻を締結した際に絆の不解消性についての真の意思があったかどうかを疑うだけの理由があることを意味しています。

179. これまでのまとめとして、私たちは以下の点について議論を展開してきました。信仰は、その根底において、生き生きとした人間論を決定づけます。婚姻の本質的な現実は、人間論的、創造的な性格を持っています。また信仰の完全な欠如も、人間論を決定し、それとともに婚姻の自然的な現実も決定づけますが、これは支配的な文化的公理に左右されます。こう

した背景において、このような信仰の欠如によって、秘跡的な婚姻の根拠として欠かすことのできない基礎である真の自然的な婚姻の有無について、合理的に疑うことが可能となります。別の言い方をすると、上述の「洗礼は受けたものの信仰のない人たち」のケースでは、信仰の欠如によって自然的な婚姻を締結する意思が保証されているとは言い難いのですが、その一方で一概にこれを根底から排除することもできません。

180. ［秘跡性から］　この視点は、（特に本論 16 項において）私たちが擁護してきた秘跡性の概念とも完全に調和したものです。そしてこれが、可視的かつ外的で、意味を持った現実と、超自然的かつ不可視的で、意味づけられた現実との間に存在する分離不可能な相互関係から成り立っていることを思い起こしてみましょう。カトリックの婚姻の概念は、こうした秘跡性の理解の上に成り立っています。そのため、秘跡的な婚姻となるためには、可視的で外的な現実として、恩恵を通して受けた助けに加え、その特別な特性（婚姻の善、『現代世界憲章』48-50 項）によって神の愛を意味することが可能な、ある種の愛が必要となるのです。つまり、不解消性、忠実、相手の配偶者に対する献身的な心構えを含まず、子どもの出産に開かれたものでない婚姻の絆は、キリストの教会に対する愛を意味することのできるしるしとはならないでしょう。教会は、この種の絆が夫婦愛の真理を示すものでないことに確信を持っています。

181. ［結論］　私たちの提案は、二つの極論を否定しました。一方で、絶対的な秘跡のオートマティズム（特に 41 項の e と 78 項の e を参照）、すなわち受洗者間の婚姻は、「霊印」と結びついた最小限の能動的信仰の存在によって、あるいは洗礼を前提とするキリストと教会の介在によって、すべて秘跡となるという考え方を退けました。他方で、いかなる程度の信仰の欠如であっても意思を毀損しないがゆえに、婚姻は無効となると主張するエリート主義的な秘跡の懐疑主義をも拒否します。上述の「洗礼は受けたものの信仰のない人たち」の場合のような、明示的かつ明確な信仰の欠

如の事例では、自然的な婚姻の善を受け入れる意思の存在に関して深刻な疑念があるため、教会が了解する通り秘跡的な婚姻の存在に関して真剣に留保を主張することになります。そのため、教会の秘跡の慣行と歩調を合わせながら、教皇ヨハネ・パウロ2世が支持していた通り（本論153項および169項参照）、これらの条件において婚姻を求める人たちについては、婚姻の秘跡を拒絶します。

182.［司牧的な配慮］　先に述べたような文化的な背景（本論156項および170-172項参照）も、「洗礼は受けたものの信仰のない人たち」の婚姻の存在も、婚姻司牧が、教皇ヨハネ・パウロ2世や教皇フランシスコの指示と足並みをそろえて[註229]、婚姻の持つ活力や可能性を示すうえでのよい刺激となります。（教会の）すべての構成員が生きる信仰を核心とする、キリスト信者の家庭に息づく深い人間性の輝きは、人びとを惹きつけ確信を与えることのできる灯台や星のようなものです。その目標とする対象の中には、まさに「洗礼は受けたものの信仰のない人たち」の婚姻も含まれることでしょう。信仰の目覚めが、秘跡的な恩恵の力の出現を意味することにつながるかもしれないからです。いずれにしても、困難は伴いますが、どこにおいても皆が体験している「家庭の望み」に対する最良の答えは、「家庭に息づく愛の喜び」[註230]なのです。

第5章　結論：秘跡による救いの営みにおける信仰と諸秘跡の相互関係性

183.［恩恵の秘跡的な可視性］　受肉した救いの営みとしての秘跡による救いの営みは、それ自体、恩恵の可視性を要求します。キリストの業を受け継いで継続する存在としての教会は、この目に見えるしるしを歴史の中で構成しています。そのねらいは、自らに属する信者に救いの手段をもたらすだけでなく、神の救いをもたらす恩恵を世界の中で目に見えるものに

することでもあります。もし教会が消えてなくなってしまったなら、イエス・キリストにおける救いの歴史的な触知可能性もなくなってしまいます。そのため教会自体が、すべての人のために奉仕しているのです。教会は、イエス・キリストにおける救いの普遍的な計画の歴史的な存在を宣言する手段であり道具です。すべてのキリスト信者は、各秘跡がそれぞれの仕方で強化する、このような教会の使命に参加するものとされています。それぞれの秘跡には、神の賜物の受容、キリストによる形成、そしてこの世の生を通した教会の使命があります。

184. 秘跡の領域は、外的に確認可能な可視性に関わるものであるため、例えば離婚して再婚した人たちなどの事例において、秘跡への参与が拒否される場合、その人の信仰の質に関する真実について、すべての結論を出すことはできません。キリスト教の他の教派の信者は、その教義やキリスト教的生活における決定的な違いが継続的に存在しているため、カトリック教会と可視的で秘跡的な完全な交わりにはありません。そのため彼らにとって、秘跡の祭儀は完全な交わりを可視化することができないのです[註231]。カトリック信者は、救いをもたらす手段の客観的な完全性を享受しているわけですが、それでもカトリック信者でないキリスト信者による愛徳の業や祈りを通したキリストとの一致が、カトリック信者のキリストとの一致よりも強いものである可能性も原則的に排除できません。典礼が「あなただけがその信仰を知っておられる」（第三奉献文）[註232]とはっきり伝えているように、それぞれの人の信仰の質に関する最終的な判断は、神にのみ属するものなのです。

185. ［成長、求道期間］ 徳としての信仰はダイナミックな現実です。それは成長し、強化し、成熟することができ、またその反対もあり得るのです。求道期間は、自分が受け参与していくものについて、より意識的な信仰を持って諸秘跡を受けることを助けてくれます。司牧的な愛をもって、その人のこれまでの宗教的経験の質や強さを考慮しつつ、秘跡の種類や求

める人の状態に応じて、求道期間の具体的な期間を決定しなければなりません。基本となるのは、カテキスタの養成とその生活による証しです。その一方で、求道者は、秘跡の受容そのものによって、またそこから求められる参与も含めて、入信の秘跡や婚姻の秘跡の後も、当然、秘義教話的なカテケージスを通して求道期間を継続していくように招かれています。いわゆる新しい教会のムーヴメント（運動）の一部には、信仰における成長と、一種の求道期間の継続とが認められます。これらの運動には、信仰と教会への帰属に根ざした社会化が明示されています。さらに、感謝に満ちた神の賜物の受け入れ、主への礼拝、ある意味で頻繁な秘跡の受容を重視することで、取り消すことのできない神の賜物を何よりも大切にすることによって役務者の完徳の程度や秘跡を受ける者の功徳の状況に条件づけられることなく恩恵を諸秘跡に結びつける信仰の秘跡的次元が大きく強調されていきます。神の恩恵が人の弱さの中で道を開く（二コリ 12:9 参照）ような仕方で、世界を前に水平的に信仰を証しするために自らを頼みとしないがゆえに、秘跡性の垂直的な面が強化されるのです。

186. ［信仰と諸秘跡を通した秘跡による救いの営みへの組み入れ］　キリスト信者の秘跡による救いの営みへの組み入れは、信仰と諸秘跡を通して起こります。秘跡は、秘跡を望み、ふさわしく準備を整えた人に対して、永遠の命やキリストの愛に満ちた到来の証しなどの貴重な何がしかを与えてくれます。

187. 受肉やその論理の拡がりとしての秘跡による救いの営みの実現において、過越の神秘が、極みに至るまでの愛（ヨハ 13:1 および 15:13 参照）が実現する頂点として示されます。キリスト信者は、信仰の秘跡である洗礼を通してこの神秘に組み入れられ、秘跡的な仕方でイエスの死と復活に参与（ロマ 6:3-4 参照）し、同時に教会の生きた石となります。こうしてキリスト教的生活は、秘跡による救いの営みの本質的な核心に組み入れられることで始まります。

188. キリストの神秘は、それがもたらされるとき、復活した方の大いなる賜物としての聖霊の賜物を含んでいます。教会は、聖霊降臨において、つまりその設立の頂点において聖霊を受け取り恩恵に満たされたこと、また普遍的な使命に派遣されていることを完全に自覚しています。キリスト信者は、入信の諸秘跡を通して聖霊降臨の出来事に組み入れられ、教会共同体の内部に対しても（ad intra）、その外部に対しても（ad extra）、「宣教する弟子」としてみずからの責任と信仰を強めていくのです。

189. イエスは、最後の晩餐において、言葉と所作をもって自らの人生のすべての意味と自らの神秘、すなわち「多くの人」のために捧げられ流された自らのからだと血を予め示しました。キリスト信者は、エウカリスティアにおいて、この主の賜物をあらためて受けます。世界に現存するキリストのからだの能動的な一員としてあり続けるために、「アーメン」と唱えることによって、これをそのままはっきりと受け入れるのです。

190. 秘跡による救いの営みのダイナミズムは、神とその民との契約と理解することもできます。このイメージは、実際、結婚の特徴とも無関係ではありません。キリストの神秘全体の中で、最終的で取り消すことのできない神とその民との契約は、キリストその人によって新たにされるのです。キリスト信者の夫婦は、「主において」結婚することで、キリストと教会との関係をつかさどる愛を証しするしるしとなります。

191. イエスは、その生と死と復活によって、罪のゆるし、神との和解、兄弟姉妹の間での和解を含む神の救いをもたらし、隔ての壁を取り壊しました（エフェ2:4-6および2:11-14参照）。キリスト信者は、キリストとその福音に従うことの意味に反して行動してしまった後、改悛を示す信仰によってゆるしの秘跡を受ける時、神と教会と和解します。こうして、教会が新たにされてゆく一方で、ゆるされた者は、イエス・キリストのうちに

神のゆるしの使者となるのです。

192.　イエスは多くの病者に近づいて行き慰め、癒やし、その罪をゆるしました。病気や死の力が勝とうとするように見える瞬間に、塗油の秘跡を受ける人は、信仰とともに、永遠の命において自らの勝利と希望とを宣言するために、秘跡的にキリストと結ばれます。

193.　イエスは、神の国の神秘について教える弟子やつき従う者たちの集団を自らのそばに集め、その人たちに自らのペルソナの神秘を示しました。主の呼びかけに信仰を持って応え、叙階の秘跡を受ける人たちは、福音を告知し続けるために、かしらであり牧者であるキリストに向けて形づくられ、善き牧者と同じように共同体を導き、聖なる生きた犠牲をささげます。

194.　［信仰の秘跡的な本性］　神の救いの営みは、創造とともに始まり、歴史の中で実現され、永遠の完成に向かって進んでいきます。とはいえ、歴史に向けて注がれるすべてのまなざしが、歴史における神の行為の現存を把握しているわけではありません。例えば、出エジプトの出来事が、神の働きかけた解放であったこととして理解されていないこともあり得ます。同じように、イエス・キリストについて、奇跡を起こし十字架につけられたことは知っていたとしても、ただ信仰のまなざしのみが、それらの奇跡のうちに、ベルゼブルの力（マコ 3:22 参照）ではなく、そのメシア性（ルカ 7:18-23 参照）や神性（マタ 14:33、ルカ 5:8、ヨハ 5 章参照）のしるしを認めるのです。また十字架上では、ただ処刑だけでなく、罪のゆるし（マタ 27:39-44）や神との和解（二コリ 5:18-20）も生じたことが理解できない可能性もあるのです。

195.　このため私たちは、聖アウグスティヌスやオリゲネス[29] に従って[(註233)]、

---

29)　訳者註：185 頃 -254 年頃、エジプトのアレクサンドレイア出身のギリシア

救いの歴史の出来事に関する単純に歴史主義的なまなざしと呼ばれ得るものを区別することができます。その特徴は、出来事の知識の面にのみ限られているために、語られている証言に信憑性を与えはするものの、そこから歴史的−救済的な意味を理解することはないというものです。それに対して、信仰に固有のまなざしは、聖霊の賜物を通して、歴史的具体性において歴史的な出来事を知るだけでなく、それらのうちにその救いをもたらす本性を知覚するのです。すなわち信仰のまなざしは、起こっているものの真の秘跡的な現実に入っていくことができるものなのです。そして、歴史的に可視的なものを理解し、これらの出来事に現存して作用する恩恵の深さを感知するのです。キリスト教信仰に特有のこのような信仰の形態には、目に見える歴史における神の働きの現存の直観だけでなく、将来の生（永遠の命）に対する希望を抱きながらこれらの出来事のつながりを理解する能力にも関係します。そのため、この種の信仰は、永遠の命や至聖なる三位一体の神、そして私たちの主キリストを信じるだけではないのです。それは復活した方を、その出現において認識できる人がまさに持っているような種類の信仰でもあるのです。こうした信仰がなければ、歴史は、神の救いの営みの様相を帯びてきませんし、結局のところ、その意味を判別することが難しい事実の集積となってしまいます。いずれにしても、その意味は外側から与えられるものとなるのです。これに対して、信仰の賜物が伴っているのであれば、歴史的な出来事の経過の意義は、神ご自身が与える意味の中にあると言えます。神の救いの営みは、歴史をつかさどって統治し、永遠の命へと導きます。つまり、三位一体の神の救いの営みは、秘跡的な本性を持つものであるがゆえに、キリスト教信仰は真に秘跡的なのです。

教父。

原註

（註1）『カトリック教会のカテキズム』1116項参照。

（註2）ベネディクト16世回勅『神は愛』（*Deus Caritas est*）［2005年12月25日］1項。教皇フランシスコはあらためてこの節を引用している。フランシスコ使徒的勧告『福音の喜び』（*Evangelii Gaudium*）［2013年11月24日］7項。

（註3）オリゲネス『レビ記講話』（*In Leviticum homiliae*）IV, 8（PG 12:442-443）参照。

（註4）『カトリック教会のカテキズム』150項。傍点は原著では太字。

（註5）カイサレイアの大バシレイオス『聖霊論』（*De Spiritu Sancto*）XII, 28（SCh 17 bis: 346）。

（註6）教皇庁教理省国際神学委員会『婚姻の秘跡に関するカトリックの教義』（*La dottrina cattolica sul sacramento del matrimonio*）［1977年］第2章の3項。

（註7）教皇聖ヨハネ・パウロ2世回勅『信仰と理性』（*Fides et ratio*）［1998年9月14日］84-85項参照。

（註8）Joseph Ratzinger, "Die sakramentale Begründung christicher Existenz", ［1965］, en *Gesammelte Schriften* 11. *Theologie der Liturgie*, Freiburg-Basel-Wien 2008, 197-198参照。

（註9）教皇フランシスコ回勅『ラウダート・シ——ともに暮らす家を大切に』（*Laudato si'*）［2015年5月24日］106-114項参照。

（註10）教皇聖ヨハネ・パウロ2世回勅『信仰と理性』13項を参照。この箇所は、「啓示の秘跡的な地平」（傍点は原著からのもの）について語る。ベネディクト16世使徒的勧告『愛の秘跡』（*Sacramentum Caritatis*）［2007年2月22日］45項は、その中心的な考えをあらためて取り上げ、「キリスト教の啓示の秘跡的な展望」に言及する。

（註11）『カトリック教会のカテキズム』1076項、「秘跡による救いの営み」参照。本論註54項も参照。

（註12）ナジアンゾスの聖グレゴリオス『クレドニオスへの第一の手紙』（*Epistula ad Cledonium presbyterum contra Apollinarium I*）20項（SCh 208:44; PG 37:180A）：「もし簡潔に表現しなければならないとするなら、救世主を構成する実体は、『一つのもの』と『別のもの』（ἄλλο καὶ ἄλλο）からなっているけれども、目に見えないものは目に見えるものと同じではないし、時を超越したものは時に従属するものと同一視できないことから、『一つの対象』と『別の対象』（ἄλλος καὶ ἄλλος）が存在するわけでありません。そんなことは決してないのです」。

（註13）ナジアンゾスの聖グレゴリオス『神学講話』（*Orationes theologicae*）V

（PG 36: 135C; *Orationes* 31, 3［SCh 250:280]）。

（註14）『カトリック教会のカテキズム』1091 項参照。

（註15）ベネディクト 16 世使徒的勧告『主のことば』（*Verbum Domini*）［2010 年 9 月 30 日］56 項参照。

（註16）第四ラテラノ公会議「信仰宣言　第 1 章：カトリックの信仰について」（DS 800）参照。第二バチカン公会議、司牧憲章『現代世界憲章』（*Gaudium et Spes*）14 項も参照。

（註17）聖アンブロシウス『ルカ福音書註解』（*Expositio Evangelii secundum Lucam*）II, 79（PL 15: 1581）；聖トマス・アクィナス『神学大全』（*Summa Theologiae*）III, q. a. 1 参照。

（註18）アンティオケイアのテオフィロス『アウトリュコスに送る』（*Ad Autolycum*）、II, 10, 1（PG 6:1064; FuP 16:116）；リヨンの聖エイレナイオス『異端反駁』（*Adversus haereses*）、IV, 14, 1 と IV, 20, 4（SCh 100/2:538 と同 636）；ヨハネス・ドゥンス・スコトゥス『命題集註解』（*Ordinatio*）III, d. 32, q. un., n. 21（ScoVat. X:136-137）；『カトリック教会のカテキズム』293 項参照。

（註19）例えば、サン・ヴィクトルのフーゴー『三日間について』（*De tribus diebus*）IV（PL175:814B; CCCM 177: 9）；サン・ヴィクトルのリカルドゥス『三位一体論』（*De Trinitate*）I, 9；聖ボナヴェントゥラ『魂の神への道程』（*Itinerarium mentis in Deum*）I, 14；教皇ベネディクト 16 世使徒的勧告『主のことば』7 項参照。

（註20）シリアの聖エフレム『信仰賛歌』（*Hymni de fide*）18, 4-5（CSCO 154: 70 および同 155:54）参照。

（註21）教皇庁教理省国際神学委員会『交わりと奉仕──神の似姿につくられた人間』（*Comunione e servizio: La persona umana create a immagine di Dio*）［2004 年］参照。本論 20 項も参照。

（註22）教皇フランシスコ回勅『ラウダート・シ──ともに暮らす家を大切に』、特に 65-75 項参照。

（註23）聖アウグスティヌス『ファウストゥス駁論』（*Contra Faustum*）XIX, 13（PL 42:355）：「それゆえ、律法に基づいて順守され、挙行されてきた第一の秘跡［旧約の秘跡］は、キリストがやってくることを前もって告げ知らせるものであった。これらの秘跡は、キリストの到来とともに完成された時に、廃されることになった。古い秘跡が廃されたのは、完成されたためである。キリストは律法を廃止するためではなく、完成するために来たからである」。

（註24）リヨンの聖エイレナイオス『異端反駁』IV, 21, 3（SCh 100/2:684）；テルトゥリアヌス『洗礼について』（*De baptismo*）3（CCSL 1: 278-279）参照。

（註25）テルトゥリアヌス『死者の復活について』（*De resurrectione mortuorum*）8（CCSL 2:931）：「肉体は救いの蝶番（ちょうつがい）である」。教理省書簡『プ

ラクイト・デオ』（*Placuit Deo*［神は、よしとされた］）［2018 年 2 月 22 日］1-2
項および 4 項と 8 項（「受肉した」）、ならびに関連する 13-14 項（「秘跡的な」）を
参照。

（註 26）　ヨーゼフ・ラッツィンガーによる「序」（H. Luthe.［ed.］, *Incontrare Cristo nei sacramenti*, Cinsello Balsamo［Milano］1988, 8）。

（註 27）　聖トマス・アクィナス『神学大全』III, q. 60 a. 6 resp. 参照。

（註 28）　教理省書簡『プラクイト・デオ』11 項。

（註 29）　聖アウグスティヌス『ヨハネ福音書講解』（*In Johannis Evangelium tractatus*）IX, 10（CCSL 36:96; PL 35:1463）：「教会がつくられるように、キリストは死なれたのです」。

（註 30）　第二バチカン公会議、教義憲章『教会憲章』（*Lumen Gentium*）1 項と 9 項と 48 項と 59 項；『典礼憲章』（*Sacrosanctum Concilium*）5 項と 26 項、および『教会の宣教活動に関する教令』（*Ad Gentes*）1 項と 5 項、司牧憲章『現代世界憲章』42 項および 45 項参照。

（註 31）　教皇聖ヨハネ・パウロ 2 世回勅『救い主の使命』（*Redemptoris Missio*）［1990 年 12 月 7 日］18 項、教理省宣言『ドミヌス・イエスス』（*Dominus Iesus*）［2000 年 8 月 6 日］18 項参照。

（註 32）　国際神学委員会『教会論の選択的テーマ』（*Temi scelti d'ecclesiologia*）［1984 年］の第 10 章「教会の終末論的性格：神の国と教会」を参照。

（註 33）　第二バチカン公会議『教会憲章』4 項。本文に次のキュプリアヌスの言葉が引用されている。『主の祈りについて』（*De dominica oratione*）23（PL 4:553; CSEL 3/I:285）。

（註 34）　教皇庁教理省書簡『教会は若返る』（*Iuvenescit Ecclesia*）［2016 年 5 月 15 日］23 項参照。同 11 項、13 項も参照。

（註 35）　『カトリック教会のカテキズム』1116 項参照。

（註 36）　教皇大聖レオ 1 世『説教集』（*Sermones*）74, 2（PL 54:398）。ミラノの聖アンブロシウス『預言者ダヴィデ護教論』（*Apologia pro prophetae David*）XII, 58（PL 16:875）；『カトリック教会のカテキズム』1115 項参照。

（註 37）　トリエント公会議第 7 総会『秘跡についての教令』（*Decretum de sacramentis*）第 1 条（DS 1601）；『カトリック教会のカテキズム』1114 項参照。

（註 38）　聖トマス・アクィナス『神学大全』III, q. 64 a. 2 参照。

（註 39）　教皇クレメンス 6 世書簡『スペル・クィブスダム』（*Super quibusdam*）［1351 年］（DS 1061）；トリエント公会議第 21 総会『両形色による聖体拝敬と幼児の聖体拝領について』（*Canones de communio sub utraque specie et parvulorum*）第 2 章（DS 1728）；教皇ピオ 10 世書簡『エクス・クォ・ノノ』（*Ex quo nono*）［1910 年］（DS 3556）；教皇ピオ 12 世憲章『サクラメントゥム・オルディニス』

（*Sacramentum Ordinis*）［1947 年］（DS 3857）参照。

（註 40）扱われているそれぞれの秘跡に関しては、下記の聖書的根拠に関する短い註を参照。

（註 41）聖トマス・アクィナス『神学大全』III, q. 64 a. 2 a. 3 参照。

（註 42）教皇聖ヨハネ・パウロ 2 世回勅『救い主の使命』28 項。聖ヨハネ・パウロ 2 世回勅『聖霊　生命の与え主』（*Dominum et Vivificantem*）［1986 年 5 月 18 日］53 項；第二バチカン公会議、司牧憲章『現代世界憲章』22 項参照。

（註 43）教皇聖ヨハネ・パウロ 2 世回勅『救い主の使命』28-29 項；教皇庁教理省国際神学委員会『キリスト教と諸宗教』（*Il cristianesimo e le religioni*）81-87 項参照。

（註 44）聖アウグスティヌス『ヨハネ福音書講解』V, 18（CCSL 36:51-53; PL 35:1424）；聖ヨハネス・クリゾストモス『テモテへの第二の手紙についての講話』（*In Epistolam Secundam ad Timotheum homiliae*）2, 4（PG 62:612）参照。

（註 45）『カトリック教会のカテキズム』1670 項参照。第二バチカン公会議『典礼憲章』61 項も参照。

（註 46）教皇フランシスコ回勅『信仰の光』（*Lumei fidei*）［2013 年 6 月 29 日］40 項。

（註 47）教皇フランシスコ回勅『信仰の光』4 項参照。

（註 48）世界代表司教会議（シノドス）第 15 回通常総会「若者、信仰、そして召命の識別」、『最終文書』の各所、特に 4 項を参照。

（註 49）例えば、聖アウグスティヌス『信条について』（*De symbolo*）I, 181（PL 40:1190-1191）；ペトルス・ロンバルドゥス『命題集』（*Sententiae*）III. d. 23, c. 2-4（PL 192:805-806）；聖トマス・アクィナス『神学大全』II-II, q. 2 a. 2。

（註 50）パスカシウス・ラドベルトゥス『信仰、希望、愛について』（*De fide, spe et caritate*）I, 6, n. 1（PL 120:1402 以下）参照。

（註 51）リエのファウストゥス『聖霊論』（*De Spiritu Sancto*）I, 1（CSEL 21:103）参照。

（註 52）聖アウグスティヌス『詩篇註解』（*Enarrationes in Psalmos*）77, 8（CCSL 39:1073）。

（註 53）聖アウグスティヌス『ヨハネ福音書講解』XXIX, 6（CCSL 36:287; PL 35:1684）：「『あなたたちはあの方へと信じます』。これは、『あなたたちはあの方のことを信じます』というのとは違います。しかし、もしあなたたちがあの方へと信じているのなら、あの方のことを信じています。それでも、あの方のことを信じている人が、直ちにあの方へと信じているわけではありません」参照。聖トマス・アクィナス『神学大全』II-II, q. 2 a. 2 も参照。

（註 54）『カトリック教会のカテキズム』1076 項：「聖霊降臨の日、聖霊を注がれ

た教会は世に姿を現しました（『典礼憲章』6 項、『教会憲章』2 項参照）。聖霊が与えられたことで、『神秘の分配』の新しい時代が始まります。それは、教会の時代であり、その間に、キリストはご自分の教会の典礼を通して『（ご自分）が来られるときまで』（一コリ 11:26）その救いのわざを現し、現在化し、分け与えられるのです。キリストはこの教会の時代の間、ずっと、ご自分の教会の中で、また教会とともに、この新しい時代に固有な新しい方法で生き、働かれます。すなわち、諸秘跡を通して働かれるのです。これが、東方教会と西方教会の共通の伝承が『秘跡による救いの営み』と呼ぶものです。それは、教会の『秘跡の』典礼の執行に際してキリストの過越の実りを分け与えること（あるいは分配すること）によって行われます」。

（註 55）聖トマス・アクィナス『神学大全』II-II, q. 1 a. 9 ad 3 を参照。「信仰の告白は、あたかも信仰で結ばれた全教会を代表するかのように、信仰宣言の中に表現されています」。

（註 56）教皇フランシスコ回勅『信仰の光』45 項。

（註 57）教皇フランシスコ使徒的勧告『喜びに喜べ』（*Gaudete et Exsultate*）（2018 年 3 月 19 日）65-94 項参照。

（註 58）『カトリック教会のカテキズム』1830-1832 項参照。

（註 59）教皇ベネディクト 16 世自発教令『信仰の門』（*Porta Fidei*）［2011 年 10 月 11 日］10 項。

（註 60）最近では、教皇フランシスコ使徒的勧告『喜びに喜べ』43 項；教理省書簡『プラクイト・デオ』12 項参照。

（註 61）教皇フランシスコ使徒的勧告『喜びに喜べ』48-49 項；教理省書簡『プラクイト・デオ』2-3 項参照。

（註 62）サン・ヴィクトルのフーゴー『キリスト教信仰の秘跡について』（*De sacramentis christianae fidei*）I pars 10（PL 176:327-344）, cap. 3, 4「信仰の増幅について」（*De incremento fidei*）参照。

（註 63）聖トマス・アクィナス『真理論』（*Quaestiones disputae de veritate*）14 a. 11 resp.；聖トマス・アクィナス『神学大全』q. 2 a. 6.7.8 参照。

（註 64）聖トマス・アクィナス『真理論』14 a. 11 ad 7 参照。

（註 65）聖トマス・アクィナス『真理論』14 a. 11 resp. を参照。「しかし、恩恵の時代には、指導的立場にある者だけでなく一般の人びとも含めたすべての人が、三位一体や贖い主への明示的な信仰を持つものとされている。とはいえ、一般の人びとは三位一体や贖い主について信ずべきことの全部を明示的に信じる義務は負わず、これはただ指導者たちのみに課されている。その一方で、一般の人びとは、神は三にして一であること、神の子が受肉し、死に、復活したこと、またその他の教会が祝祭として定めていることなど、一般的な項目については、明示的に信じなけ

ればならない」。

（註66）聖トマス・アクィナス『神学大全』II-II, q. 2 a. 7 および a. 8 参照。

（註67）例えば、リヨンの聖エイレナイオス『異端反駁』I, 10, 1（SCh 264:154-158）；同 III, 12, 13、III の序以下、III, 5, 3（SCh 211:235-238 と 20-22 と 60-62）；アレクサンドレイアの聖クレメンス『ストロマテイス』（*Stromata*）IV, 1, 3（GCS 15: 249）；テルトゥリアヌス『異端者への抗弁』（*De praescriptione haereticorum*）13 および 36 項（CCSL 1:197-198 と 217）；テルトゥリアヌス『プラクセアス駁論』（*Adversus Praxean*）2 および 30 項（CCSL 2:1160 と 1204）、テルトゥリアヌス『処女のヴェールについて』（*De virginibus velandis*）、1（CCSL 2:1209）；オリゲネス『諸原理について』（*De principiis*）I, 序の 4（GCS 22:9-11; FuP 27:120-124）；ノウァティアヌス『三位一体論』（*De Trinitate*）1, 1 および 9, 46（CCSL 4:11 と 25）を参照。

（註68）聖トマス・アクィナス『神学大全』II-II, q. 5 a. 3 参照。

（註69）サン・ヴィクトルのフーゴー『キリスト教信仰の秘跡について』I pars 10, cap. 3 参照。

（註70）サン・ヴィクトルのフーゴー『キリスト教信仰の秘跡について』I pars 10, cap. 4。

（註71）『カトリック教会のカテキズム』1084 参照。

（註72）聖トマス・アクィナス『神学大全』III, q. 64 a. 7 参照。

（註73）第二バチカン公会議憲章『典礼憲章』59 項。

（註74）聖トマス・アクィナス『神学大全』III, q. 61 a. 1 参照。

（註75）聖アウグスティヌス『ヨハネ福音書講解』LXXX, 3（CCSL 36:529; PL 35:1840）：「言葉が要素に付け加えられ、秘跡となります。まるでそれ自身が、目に見える言葉であるかのようです」。

（註76）聖アウグスティヌス『書簡集』（*Epistulae*）187, 34（PL 33:846）参照。

（註77）テルトゥリアヌス『殉教者たちへ』（*Ad martyras*）3 項（CCSL 1:5）参照。

（註78）ローマの聖ヒッポリュトス『使徒伝承』（*Traditio apostolica*）16 項（求道期の開始）、17-20 項（求道期の発展）、21 項（洗礼の祭儀）（SCh 11:43-51）参照。

（註79）聖トマス・アクィナス『神学大全』II-II, q. 2 a. 5：「信仰の本質は、人を祝福された存在とすることである」。『神学大全』II-II, q. 1 a. 6 ad 1 も参照。

（註80）聖トマス・アクィナス『神学大全』II-II, q. 4 a. 1：「我々の永遠の命の始まり」。

（註81）聖ボナヴェントゥーラ『命題集註解』（*Commentaria in quattuor libros Sententiarum*）III, dist. 23 dub. 4（III 504ab）および II dist. 38 dub. 1（II 894b）；

聖トマス・アクィナス『神学大全』I-II, q. 112 a. 5；聖トマス・アクィナス『真理論』10 a. 10 ad 1.2.8 参照。

（註 82）トリエント公会議、第 7 総会『秘跡についての教令』第 6 条：「秘跡は……障害を持たない者に恩恵は与えられない……という者は排斥される」（DS 1606）。

（註 83）シリアの聖エフレム『信仰賛歌』53, 12 と 5, 18（CSCO 154:167, 23 および同 155:143, 17）参照。

（註 84）『カトリック教会のカテキズム』1076 項参照。

（註 85）教理省宣言『ドミヌス・イエズス』20-22 項参照。本論 37 項も参照。

（註 86）教皇フランシスコ回勅『信仰の光』41 項。

（註 87）ラテン語規範版儀式書『成人のキリスト教入信式』75 項。同 247 項も参照。

（註 88）ローマの聖ヒッポリュトス『使徒伝承』21 項（SCh 11:50-51）参照。

（註 89）聖アウグスティヌス『説教集』（*Sermones*）、「説教 8：復活祭の 8 日間の子どもに向けた説教」（*Sermo VIII in octava Paschatis ad infantes*）1 項（PL 46: 838）参照。

（註 90）カイサレイアの聖大バシレイオス『聖霊論』XI, 27（SCh 17 bis:340-342）参照。

（註 91）エルサレムの聖キュリロス『洗礼志願者のための秘義教話』（*Catecheses mystagogicae*）I, 1（PG 33:1065; Sch 126:84）参照。

（註 92）エルサレムの聖キュリロス『教話』（*Catecheses illuminandorum*）、「初めの教話」（*Procatechesis*）序、n. 4（PG 33:340A）。

（註 93）エルサレムの聖キュリロス『教話』「初めの教話」V, 11（PG 33:520B）。

（註 94）エルサレムの聖キュリロス『教話』「初めの教話」I, 6 と I, 4（「実を結ぶ」、PG 33:377 と 373-376）参照。特にヨハネス・クリゾストモスの新信者に対する教理教話（『教理教話』（*Catecheses ad illuminandos*）3/5, 2. 15. 21［FC 6/2:412-415 と 424 以下と 428-431］；『教理教話』3/7, 16-25［FC 6/2:478-487］）では、数々の勧告の中に、怠慢や熱心さを欠く態度に対する戒めが含まれる。

（註 95）教皇パウロ 3 世憲章『アルティトゥード・ディヴィニ・コンシリイ』（*Altitudo divini consilii*）［1537 年 6 月 1 日］参照。

（註 96）「インディオスたちの洗礼に関するサラマンカ大学の神学者たちの見解」。«Parere dei teologi dell' Università di Salamanca sul battesimo degli Indios», in *Colección de documentos inéditos, relativos al descubrimiento, conquista y colonización de las posesiones españolas en América y Oceanía*, vol. III, Madrid 1865 所収。報告の全体は 543-553 頁を参照。

（註 97）教皇フランシスコ回勅『信仰の光』42 項参照。

（註98）『バルナバの手紙』（*Epistula Barnabae*）11, 5（Sch 172:162）から読み取れるイザ33:16参照。フランシスコ回勅『信仰の光』42項で引用されている。

（註99）トリエント公会議、第7総会『秘跡についての教令』第6条（DS 1606）参照。本論註82項も参照。

（註100）リヨンの聖エイレナイオス『異端反駁』II, 22, 4（SCh 294:220）；オリゲネス『ロマ書註解』（*Commentarii in Epistulam ad Romanos*）V, 9（PG 14:1047）；聖キュプリアヌス『書簡集』（*Epistulae*）64項（CSEL 3:717-721）；聖アウグスティヌス『創世記逐語註解』（*De Genesi ad litteram*）X, 23, 39（PL 34:426）；聖アウグスティヌス『罪の報いと赦しおよび幼児洗礼について』（*De peccatorum meritis et remissione et de baptismo parvulorum*）I, 26, 39（PL 44:131）参照。教理省指針『パストラリス・アクツィオ』（*Pastoralis actio*）（AAS 72［1980］1137-1156）も参照。

（註101）教皇フランシスコ回勅『信仰の光』43項参照。

（註102）ラテン語規範版儀式書『幼児洗礼式』88項、116項。

（註103）聖トマス・アクィナス『神学大全』III, q. 68 a. 9 ad 1：「母親の子宮の中にいる子どもが、自分自身で栄養を摂るのではなく、母親から受ける栄養で養われているのと同じように、理性を用いることができない子どもは、あたかも母なる教会の子宮の中にいるかのように、自分自身ではなく、教会の行為を通して救いを受けるのである」（傍点は筆者）。

（註104）ローマの聖ヒッポリュトス『使徒伝承』21項（SCh 11:49）参照。

（註105）聖キュプリアヌス『書簡集』64, 2-6（CSEL 3:718-721）参照。

（註106）テルトゥリアヌス『洗礼について』18, 4-6（CCSL 1:293; SCh 35:92-93）参照。

（註107）セビリャのイシドルス『聖務日課論』（*De ecclesiasticis officiis*）II, 21-27：聖トマス・アクィナス『神学大全』II-II, q. 10 a. 12参照。

（註108）教理省指針『パストラリス・アクツィオ』15項と28項2（AAS 72［1980］: 1144-1145と1151）参照。

（註109）ローマの聖ヒッポリュトス『使徒伝承』22項（SCh 11:52-53）参照。

（註110）教皇インノケンティウス1世書簡『グッビオの司教デケンティウスに宛てた書簡「シ・インスティトゥータ・エクレジアスティカ」（*Si instituta ecclesiastica*）』［416年、DS 215］参照。

（註111）秘跡聖省教令『クァム・シングラーリ』（*Quam singulari*）［1910年8月8日］（AAS 2［1910］582以下 DS 3530以下）参照。

（註112）エルビラ教会会議第77条（DS 121; G. Martínez Díaz-F. Rodríguez, *Colección canónica hispana*, t. IV, Madrid 1984, 267）参照。

（註113）ラテン語規範版儀式書『堅信式』32項。『カトリック教会のカテキズム』

1294-1296 項を参照。

（註 114）『カトリック教会のカテキズム』1285 項、1294 項参照。

（註 115）奉献文の最後の栄唱。例えば、『ローマ・ミサ典礼書』（ラテン語規範版第 3 版）422 項を参照。

（註 116）教皇聖ヨハネ・パウロ 2 世回勅『教会にいのちを与える聖体』（*Ecclesia de Eucharistia*）［2003 年 4 月 17 日］、特に 1、21-25 項参照。

（註 117）教皇ベネディクト 16 世使徒的勧告『愛の秘跡』7 項。

（註 118）教皇ベネディクト 16 世回勅『神は愛』14 項。教皇ベネディクト 16 世使徒的勧告『愛の秘跡』特に 88-89 項を参照。

（註 119）『ローマ・ミサ典礼書の総則』29 項：「聖書が教会で朗読されるときには、神ご自身がその民に語られ、キリストは、ご自身のことばのうちに現存して福音を告げられるのです」。

（註 120）『ローマ・ミサ典礼書』（ラテン語規範版第 3 版）91 項のローマ典文。教皇ベネディクト 16 世使徒的勧告『愛の秘跡』6 項における教皇ベネディクト 16 世自身による解説も参照。

（註 121）聖トマス・アクィナス『神学大全』III. q. 76 a. 7 参照。有名な賛歌『アドロ・テ・デヴォーテ』（*Adoro te devote*）［謹んで御身を礼拝いたします］は、私たちが言おうとしていることを崇高な形で表現している。例えば、「In cruce latebat sola Deitas, At hic latet simul et humanitas; Ambo tamen credens atque confitens, Peto quod petivit latro poenitens（十字架上では神の本性のみが隠れていましたが、ここにはその人性も隠されています／主の二つの本性を信じてこれを宣言しつつ、悔い改めた盗賊が願ったことを私も乞い願います）」（*Rituale Romanum de sacra communione et de cultu mysterii eucharistici extra missam*, Città del Vaticano 1973, §198, pp.61-62）。

（註 122）教皇フランシスコ回勅『信仰の光』44 項参照。ある有名な交唱は、これを見事に要約している。聖体の祝日第二晩課、マニフィカトの交唱：「キリストが私たちの糧となる聖なる晩餐よ／主の受難の記憶が新たにされ／心は恩恵に満たされ／未来の栄光の保証が私たちに与えられました」（*Liturgia Horarum iuxta ritum romanum*, vol. III, *Tempus per annum. Hebdomadae I-XVII*, Città del Vaticano 2000, 54）。

（註 123）『ローマ・ミサ典礼書』（ラテン語規範版第 3 版）144 項、閉祭。［トマス・アクィナスによれば主語である女性単数の名詞は「hostia（いけにえ）」である。*Summa Theologiae*, III q. 83 a. 4 Ad 8 参照］。

（註 124）聖アウグスティヌス『説教集』、272（PL 38:1247 以下）。

（註 125）教皇聖パウロ 6 世回勅『ミステリウム・フィデイ』（*Mysterium Fidei*）［1965 年 9 月 3 日］5 項参照。

（註 126）教皇聖ヨハネ・パウロ 2 世回勅『教会にいのちを与える聖体』各所参照。

（註 127）教皇ベネディクト 16 世使徒的勧告『愛の秘跡』14、27 項参照。

（註 128）教皇フランシスコ回勅『信仰の光』44 項。

（註 129）『ヘルマスの牧者』（*Pastor Hermae*）「第 9 のたとえばなし」（Funk, 211 以下）参照。

（註 130）聖ユスティノス『第一弁明』（*Apologia prima*）66 項以下（Wartelle 190 以下）参照。

（註 131）『十二使徒の教え』（*Doctrina duodecim apostolorum: Didache*）10, 6 項 と 9, 5 項（Funk 6, 5）参照。

（註 132）『使徒憲章』（*Costitutiones apostolicae*）VII, 26, 6（SCh 336:57）参照。 「聖なる者であれば、来れ。そうでない者は、改悛によって聖なる者となりなさい」。

（註 133）「Τὰ Ἅγια τοῖς Ἁγίοις」．聖ヨハネス・クリゾストモスの聖体礼儀（*La divina Liturgia del santo nostro Padre Giovanni Crisostomo*, Roma 1967, 126-127）、聖バシレイオスの聖体礼儀（*Liturgikon. La divina Liturgia di San Giovanni Crisostomo, di San Basilio, dei Doni Presantificati*, Madrid 2016, 131）、先備聖体礼儀（id., 168）に登場する。

（註 134）聖ヨハネス・クリゾストモス『マタイ福音書講話』（*In Matthaeum homiliae*）82, 4（PG 58:743）：「現存に対する信仰」；聖ヨハネス・クリゾストモス、『説教集』（*Homiliae*）25, 3（PG 57:330 以下）；同 7, 6（PG 57 と 79 以下）；聖ヨハネス・クリゾストモス『ロマ書講話』（*In Epistulam ad Romanos homiliae*）8 (9), 8（PG 60:464-466）：「隣人愛」；聖ヨハネス・クリゾストモス『ヘブライ書講話』（*In Epistolam ad Hebraeos*）17, 4-5（PG 63:131-134）参照。

（註 135）聖キュプリアヌス『書簡集』57, 2（CSEL 3/2:651-652）参照。

（註 136）聖ヨハネス・クリゾストモス『マタイ福音書講話』82, 5. 6（PG 58: 743-746）：「執行における司祭の責任」を参照。

（註 137）聖アウグスティヌス『ヨハネ福音書講解』XXVI, 11（CCSL 36:264 以下）参照。

（註 138）聖トマス・アクィナス『神学大全』III, q. 80 a. 4 参照。

（註 139）聖ボナヴェントゥーラ『討論問題集──キリストの知について』 （*Quaestiones disputae de scientia Christi*）9 a. 1qq. 1-4：「秘跡的に、霊的に食べること」も参照。

（註 140）聖トマス・アクィナス『神学大全』III, q. 80 a. 5 ad 2 参照。

（註 141）聖トマス・アクィナス『神学大全』III, q. 80 a. 3 ad 2：「もし未信者が、秘跡的な形色を受けるならば、秘跡の下でキリストの体を受ける。したがって、もし『秘跡的に』という言葉が、食べられる側について言われているのなら、その者

はキリストを秘跡的に食べていることになる。しかし、食べようとする側について言われているのであれば、厳密に言えば、秘跡的に食べているのではない。なぜなら、受けるものを秘跡としてではなく、単に食べ物として用いているからである。他のことに関しても、あるいはこの秘跡そのものについても、真の信仰を持たないにもかかわらず、教会が授けるものを受けるのだということを未信者がはからずも理解しているというのでなければの話である」。傍点は筆者。

（註 142）聖トマス・アクィナス『神学大全』III, q. 79 a. 3 参照。

（註 143）聖トマス・アクィナス『神学大全』III, q. 80 a. 4 co.：「それゆえ、この秘跡を受ける者は誰でも、このこと自体によって、自分がキリストと結ばれ、その体に組み入れられていることを表明する。そしてこれは、愛によって完成された信仰を通してなされる」。

（註 144）聖トマス・アクィナス『命題集註解』（Scriptum super libros Sententiarum）IV dist. 9 q. 1, a. 2, q. 2, ad 2；トマス・アクィナス『神学大全』III, q. 79 a. 7 ad 2 および同 a. 8 ad 2（後者は洗礼とエウカリスティアの違いについて）参照。

（註 145）「Μετὰ φόβου Θεοῦ, πίστεως καὶ ἀγάπης προσέλθετε」（La divina Liturgia del santo nostro Padre Giovanni Crisostomo, 136-137）.

（註 146）「Πιστεύω, Κύριε, καὶ ὁμολογῶ ὅτι σὺ εἶ ἀληθῶς ὁ Χριστός, ὁ Υἱός τοῦ Θεοῦ τοῦ ζῶντος, ὁ ἐλθὼν εἰς τὸν κόσμον ἁμαρτωλοὺς σῶσαι, ὧν πρῶτός εἰμι ἐγώ. Ἔτι πιστεύω, ὅτι τοῦτο αὐτό ἐστι τὸ ἄχραντον Σῶμά σου, καὶ τοῦτο αὐτό ἐστι τὸ τίμιον Αἷμά σου」（La divina Liturgia del santo nostro Padre Giovanni Crisostomo, 128-131; Liturgia di San Basilio［Liturgikon, 133-135］）. コプト典礼においても同様（Die koptische Liturgie, ubersund kommentiert von Karam Khella,［1989］, 186）.

（註 147）シリアの聖エフレム『創世記註解』（In Genesim）II, 23（CSCO 152:39 および同 153:29-30）参照。

（註 148）シリアの聖エフレム『ディアテッサロン註解』（Commentarii in Diatessaron）XXI, 11（CSCO 137:145 および同 145:227-228）参照。

（註 149）シリアの聖エフレム『処女について』（De virginitate）37, 2（CSCO 223: 133）参照。

（註 150）『カトリック教会のカテキズム』1855-1861 項参照。

（註 151）教会法第 1099 条参照。

（註 152）カトリック東方教会法第 828 条参照。

（註 153）『カトリック東方教会法典』第 16 部：「神の礼拝、特に秘跡について」、第 7 章：「婚姻について」第 776-866 条。

（註 154）カトリック東方教会法第 776 条第 2 項：「受洗者間の有効な婚姻は、キリストによる創設ゆえに、それ自体秘跡である。そのため、両配偶者は、キリストと教会との完全無欠な結びつきさながらに神と結ばれ、あたかも秘跡的な恩恵に

よって聖別され、強められるかのようである」。

（註155）教皇庁教理省国際神学委員会『交わりと奉仕：神の似姿につくられた人間』（2004年）32-33 および 39 項参照。

（註156）トリエント公会議第 24 総会『婚姻の秘跡についての教理と規定』第 7条（DS 1807）参照。

（註157）聖アウグスティヌス『結婚と情欲』（*De nuptiis et concupiscientia*）I, X, 11（CSEL 42:222-224; PL 40:420）参照。

（註158）『ディオグネトスへの手紙』5, 6（Funk 137）。

（註159）アンティオケイアの聖イグナティオス『ポリュカルポスへの手紙』（*Epistula ad Polycarpum*）5, 2（Funk 107; FuP 1:186）参照。

（註160）テルトゥアリアヌス『妻に』（*Ad uxorem*）II, 8（CCSL 1:393; SCh 273:148）参照。

（註161）ナジアンゾスの聖グレゴリオス『書簡集』（*Epistulae*）231（PG 37:373）；アンブロシアステル『コリント前書註解』（*Commentarius in Epistulam I ad Corinthios*）7, 40（PL 17:225）；アンブロシアステル『テモテ前書註解』（*Commentarius in Epistulam I ad Timotheum*）3, 12（PL 17:470）；擬アウグスティヌス『旧・新約聖書の諸問題』（*Quaestiones Veteris et Novi Testamenti*）CXXVII（CSEL 50:400）；アンブロシウス『書簡集』（*Epistulae*）、書簡 9『トリエントのウィギリウスへの書簡』（*Epistula IX ad Vigilium Tridentem*）7（PL 16:984-985）；『予定された者』（*Praedestinatus*）III, 31（PL 53:670）参照。

（註162）バチカン図書館所蔵の写本『レジネンシス秘跡書』316（*Rerum ecclesiasticarum documenta, series major*, Fontes 4, L.K. Mohlberg（ed.）, 1447, 1449, 1453）、『ヴェローナ秘跡書』85 の *Hanc igitur*（Mohlberg, 1107）参照。［訳者註：「Hanc igitur」とは、ローマ典文の「私たち奉仕者とあなたの家族のこの奉献を受け入れてください。あなたの平和を日々私たちに与え、永遠の滅びから救い、選ばれた者の集いに加えてください」の箇所を指す。］

（註163）『ハドリアヌスの秘跡書』836（*Liber sacramentorum Gellonensis. Introductio, tabulae et indices*, J. Deshusses［ed.］, CCSL 159a, Turnholti 1981）；ノラの聖パウリヌス『歌謡』（*Carmina*）25, 199-232（CSEL 30:244-245）参照。

（註164）聖ヨハネス・クリゾストモス『テモテへの第一の手紙についての講話』（*In Epistolam Primum ad Timotheum homiliae*）第 2 章、講話 IX, 2（PG 62:546）参照。

（註165）ナジアンゾスの聖グレゴリオス『書簡集』（*Epistulae*）193（PG 37:316-318）参照。

（註166）さらなる詳細に関しては A. Raès, *Le mariage, sa célébration et sa spiritualité dans les Églises d'Orient*, Chevetogne 1959; K. Ritzer, *Formen, Riten und Religiöses Brauchtum der Eheschliessung in den Christlichen Kirchen des ersten Jahrtausends*, Münster 1962; B. Kleinheyer; E. Von Severus; R. Kaczynski（eds.）, *Gottesdienst der Kirche. Handbuch der Liturgiewissenschaft8. Sakramentliche Feiern II*, Regensburg 1984. を参照。

（註 167）ペトルス・ロンバルドゥス『命題集』（*Sententiae*）IV, d. 2 と 26（PL 192:842 と 908）；第二ラテラノ公会議、第 23 条（DS 718）；フィレンツェ公会議、アルメニア人合同の大勅書『エクスルターテ・デオ』（*Exsultate Deo*）[DS 1327]；トリエント公会議第 7 総会『婚姻の秘跡についての規定』「秘跡全般について」第 1 条（DS 1601）参照。

（註 168）トリエント公会議第 24 総会、婚姻法改定についての教令『タメトシ』（*Tametsi*）[DS 1813-1816]。

（註 169）マルティン・ルター『教会のバビロン捕囚』（*Von der babylonischen Gefangenschaft der Kirche / De capitivitate Babylonica ecclesiae praeludium*）[Weimarer Ausgabe（ワイマール版ルター全集）6:550]；ジャン・カルヴァン、『キリスト教綱要』（*Christianae Religionis Institutio*）第 4 巻、c. 19, 34（*Corpus Reformatorum*［宗教改革著作集］32:1121）参照。

（註 170）第二バチカン公会議『典礼憲章』59 項に言及しているラテン語規範版儀式書『結婚式』（*Ordo celebrandi matrimonium*）緒言 16 項（1989 年版）。同様の考えは 1969 年版の緒言 7 項にも見られる。

（註 171）第二バチカン公会議『教会憲章』11 項。同 41 項ならびに『カトリック教会のカテキズム』1641-1642 項も参照。

（註 172）教皇ピオ 11 世回勅『カスティ・コンヌビイ』（*Casti Connubii*）[1930 年 12 月 31 日]（AAS 22 [1930] 583）参照。

（註 173）使 16:15、18:8 参照。第二バチカン公会議『教会憲章』11 項；『カトリック教会のカテキズム』1655-1657 項も参照。

（註 174）教皇フランシスコ使徒的勧告『愛のよろこび』（*Amoris Laetitia*）218 項（2016 年 3 月 19 日）参照。

（註 175）教皇フランシスコ使徒的勧告『喜びに喜べ』141 項参照。

（註 176）『カトリック教会のカテキズム』1601 項。同項は教会法第 1055 条第 1 項をそのまま引用している。

（註 177）教会法第 1055 条第 2 項：「受洗者間においてはすべての有効な婚姻契約は、それ自体で秘跡である」。

（註 178）教皇庁教理省国際神学委員会『婚姻の秘跡に関するカトリックの教義』（1977 年）第 2 章の 3 参照。

（註 179）*Comentario* II（スペイン語版は Comisión Teológica Internacional, *Documentos 1969-1996*, ed. C. Pozo, Madrid 1998, 195）。

（註 180）世界代表司教会議［シノドス］第 5 回通常総会「今日の世界におけるキリスト者の家庭の役割」（1980 年 9 月 26 日〜 10 月 25 日）、『43 の提言』、提言 12 の 4（*Il Regno-Documenti* 13［1981］: 389）。提言 12 の 4 は賛成 196、反対 7、棄権 3 で承認された（«Les 43 propositions du Synode des évêques su la famille»: *La Documentation Catholique* 1809［1981 年 6 月 7 日］: 540）。私たちのテーマに直接関わる提言 12 のすべてを参照のこと。

（註 181）教皇聖ヨハネ・パウロ 2 世使徒的勧告『家庭』（1981 年 11 月 22 日）13 項、68 項参照。

（註 182）教皇聖ヨハネ・パウロ 2 世使徒的勧告『家庭』68 項。

（註 183）同上。

（註 184）トリエント公会議第 7 総会『婚姻の秘跡についての規定』「秘跡全般について」第 6 条（DS 1606）参照。本論注 82 も参照。

（註 185）教皇聖ヨハネ・パウロ 2 世『ローマ控訴院に向けた訓話』（*Discorso al Tribunale della Rota Romana*）［2003 年 1 月 30 日］（AAS 95［2003］397）8 項。傍点は筆者。

（註 186）教皇聖ヨハネ・パウロ 2 世『ローマ控訴院に向けた訓話』（*Discorso al Tribunale della Rota Romana*）［2001 年 2 月 1 日］（AAS 93［2001］358-364）参照。

（註 187）同 8 項（AAS 93［2001］363）参照。

（註 188）同 8 項（AAS 93［2001］364）参照。

（註 189）*Communicationes* 9（1977）122 参照。

（註 190）*Communicationes* 15（1983）222 参照。

（註 191）本論註 177 を参照。

（註 192）1991 年 4 月 19 日付のスタンキエヴィチ判決（SRRD［83］280-290）参照。

（註 193）世界代表司教会議［シノドス］第 11 回通常総会「教会生活と宣教の源泉と頂点である聖体」（2005 年 10 月 2 日〜 10 月 23 日）の『最終提言一覧』40 項（*Il Regno-Documenti* 19［2005］553）。傍点は筆者。

（註 194）教理省『離婚して再婚した人たちに対する司牧』（*Sulla pastorale dei divorziati risposati*）所収のヨーゼフ・ラッツィンガーによる「序」（Documenti e Studi 17, Libreria Editrice Vaticana, Città del Vaticano 1998, 27-28）。

（註 195）教皇ベネディクト 16 世『アオスタ教区の司祭たちに向けた訓話』（*Discorso ai sacerdoti della diocesi di Aosta*）［2005 年 7 月 25 日］（AAS 97［2005］856）参照。

（註 196）教皇ベネディクト 16 世『ローマ控訴院に向けた訓話』（*Discorso al Tribunale della Rota Romana*）［2013 年 1 月 26 日］（AAS 105［2013］168-172）参照。

（註197）同1項（AAS 105［2013］168）。

（註198）同2項（AAS 105［2013］169-170）。

（註199）同2項（AAS 105［2013］170）。

（註200）同3項（AAS 105［2013］171）。

（註201）同4項（AAS 105［2013］172）。

（註202）同上。

（註203）世界代表司教会議［シノドス］第3回臨時総会「福音宣教の観点から見た家庭の司牧的課題」、『討議要綱』（2014年）96項（*Il Regno-Supplemento* 13［2014］XXI）。

（註204）『最終報告』48項（AAS 106［2014］904）：「ほかにも、洗礼を受けた者同士の有効な結婚はすべて秘跡であるということに議論の余地がないとしても、結婚の秘跡の有効性の判断にあたり、カップルの信仰をひとつの有効な要素として勘案することも提案された」。

（註205）世界代表司教会議［シノドス］第14回通常総会「教会と現代世界における家庭の召命と使命」の『討議要綱』（2015年）114-115項（*Il Regno-Documenti* 24［2015］31）参照。

（註206）教皇フランシスコ使徒的勧告『愛のよろこび』2項。

（註207）教皇フランシスコ使徒的勧告『愛のよろこび』4項。

（註208）教皇フランシスコ『ローマ控訴院に向けた訓話』（*Discorso al Tribunale della Rota Romana*）［2015年1月23日］（AAS 108［2016］182-185）参照。

（註209）教皇フランシスコ『ローマ控訴院に向けた訓話』（2015年1月23日）（AAS 108［2016］182-183）。

（註210）教皇フランシスコ『ローマ控訴院に向けた訓話』（2015年1月23日）（AAS 108［2016］182-183）。傍点は筆者。

（註211）教皇フランシスコ自発教令『寛容な裁判官、主イエス』（2015年8月15日）参照。

（註212）教皇フランシスコ自発教令『寛容な裁判官、主イエス』、第14条の1（AAS 107［2015］: 969）。

（註213）教皇フランシスコ『ローマ控訴院に向けた訓話』（*Discorso al Tribunale della Rota Romana*）［2016年1月22日］（AAS 108［2016］136-139）参照。

（註214）同上（AAS 108［2016］138-139）。

（註215）同上（AAS 108［2016］139）。

（註216）聖トマス・アクィナス『神学大全』II-II, q. 4 a. 4 参照。

（註217）聖トマス・アクィナス『神学大全』I-II, q. 49-51 参照。

（註218）本論86項およびそこで引用されているエルサレムの聖キュリロスの洗礼に関する教話の引用も参照。

（註 219）フィレンツェ公会議、アルメニア人合同の大勅書『エクスルターテ・デオ』（DS 1312）。

（註 220）『カトリック教会のカテキズム』1623 項参照。

（註 221）教会法第 1101 条参照。

（註 222）国際神学委員会『交わりと奉仕：神の似姿につくられた人間』（2004 年）32-39 項参照。

（註 223）教皇ベネディクト 16 世『ローマ控訴院に向けた訓話』（2013 年 1 月 26 日）（AAS 105［2013］171）参照。

（註 224）第二バチカン公会議、司牧憲章『現代世界憲章』50 項；教皇聖パウロ 6 世、回勅『フマネ・ヴィテ』（*Humane Vitae*）［1968 年 7 月 25 日］、特に 12 項（AAS 60［1968］488-489）を参照。

（註 225）国際神学委員会『婚姻の秘跡に関するカトリックの教義』（1977 年）第 3 章。

（註 226）教皇ベネディクト 16 世『ローマ控訴院に向けた訓話』（2013 年 1 月 26 日）1 項（AAS 105［2013］168）。

（註 227）同 2 項（AAS 105［2013］169）。

（註 228）同上。

（註 229）教皇聖ヨハネ・パウロ 2 世使徒的勧告『家庭』、特に第 4 部「家庭の司牧――その段階、構造、責任者と状況」；教皇フランシスコ使徒的勧告『愛のよろこび』、特に第 6 章「若干の司牧上の展望」参照。

（註 230）教皇フランシスコ使徒的勧告『愛のよろこび』1 項。

（註 231）特殊な事例については、教会法第 844 条 5 号およびカトリック東方教会法第 671 条 5 号；キリスト教一致推進評議会『エキュメニズム新指針　その原則と規定の適用』（*Direttorio per l'applicazione dei principi e delle norme sull'ecumenismo*）［1993 年 3 月 25 日］122-131 項を参照。

（註 232）『ローマ・ミサ典礼書』、「種々の機会のミサ」の奉献文 4。

（註 233）聖アウグスティヌス『真の宗教について』（*De vera religione*）50, 99（CCSL 32:251）；聖アウグスティヌス『三位一体論』（*De Trinitate*）I, 6, 11 と II, 17, 29 と IV, 3, 6（CCSL 50:40 と 119-120 と 166-169）；聖アウグスティヌス『詩篇註解』（*Enarrationes in Psalmos*）65, 5（CCSL 39:842-844）；聖アウグスティヌス『書簡集』120, 3, 15 および 147（PL 33:459 と 596-622）；オリゲネス『ロマ書註解』2, 14（PG 14:913 以下）；オリゲネス『ルカ福音書講話』（*In Lucam homiliae*）1, 4（SCh 87:104-106）参照。

高久充訳

第2部

教会共同体および組織の刷新

阿部仲麻呂

1. シノドス
——イエス・キリストとの緊密な親しさを再確認しつつ生きること

　教会共同体とは、いったいいかなるものなのでしょうか。教会共同体とは、イエスをキリストとして信じる者としてのキリスト者たちの集まりが歴史的に世界各地に広まり、イエス・キリストと弟子たちとの信頼関係の尊い現実を受け継いで使徒としてその尊い現実をあかしする使徒伝承の深まりそのものである、と言えましょう。

　教会共同体の広がりと深まりは、御父の愛を身をもってあかしした御子イエス・キリストの死と復活という過ぎ越しの秘義の尊さを聖霊の導きによって自覚しつつ受け継いで全身全霊で語り伝える歩みでもあるがゆえに三位一体の神の愛のあかしの歴史的な広がりかつ深まりの救済史的な出来事でもあります。

　こうした信仰共同体の本筋が正しく伝承されているかどうかを見究めつつ慎重に反省し、より一層本筋に忠実に生きるべく決意を新たにして大胆なあかしをすべく前進する出来事が「シノドス」（全教会の構成員の協議）です。つまり「イエス・キリストといっしょに歩むことで信仰共同体を洗練させてゆくこと」（シュン［いっしょに］＋ホドス［道を歩むこと］→シノドス［いっしょに道を歩むこと］）という、「イエス・キリストとの緊密な親しさを再確認しつつ生きること」に「シノドス」の主眼が存するのです。

2. 識別（キリスト者の生き方を見究めること）の機会

　とするならば、「シノドス」とは、まさにイエス・キリストと親しく生きているかどうかという本筋を見究めるという意味で「識別」の機会です。

言い換えれば、「シノドス」とはイエス・キリストとの親しさが正しくあかしされているかどうかを見究める作業です。それゆえに、「シノドス」は本筋に立ち帰るための「識別」です。ということは、「シノドス」とは教会共同体の組織体制を揺るぎない形式として拡大させるような組織体制主義などではなく、むしろイエス・キリストとの親しさを自覚してあかしするための霊的修養のひとときです。

初代教会以降はさまざまな身分のキリスト者たちが集まって差し迫った課題の解決に力を尽くす協働がシノドスと呼ばれていましたが、自分たちがキリストとともに歩んでいるかどうかを識別する作業としての色合いが濃いものでした。その後は、司教レベルの会合や地域教会での信徒総会のような会議もシノドスと呼ばれるようになりました。

現教皇フランシスコが 2023 年秋に開催される第 16 回世界代表司教会議（通常シノドス）に向けて呼びかけている「シノドス性」という主題にまつわる話し合いを各小教区現場から開始すべく勧めた理由とは、まさにイエス・キリストと各地の信仰共同体との親しさを緊密にすべく、従来の共同体の生き方そのものを「識別」させるためです。今や、教会共同体においては世界規模での本筋への立ち帰りが遂行されようとしているのです。

ここでは、イエス・キリストとの親しさが本筋正しくあかしされているかどうかを各地の小教区現場で「識別」することの意味深さを確認しましょう。その際、第 16 回世界代表司教会議における「シノドス性」という主題の設定へと至る神学的根拠づけを据えた教理省の三つの公文書の概要をたどることで「シノドス性」の意味深さを浮き彫りにしましょう。

特に、今回の第 16 回シノドス（世界代表司教会議）の方向づけを公的に示している教皇庁教理省が 2018 年に発表した公文書である『教会の生活および使命に見られるシノダリティー（協働性）』の概要を紹介しつつ、「協働性（シノドス性）」（シノダリティー）が抱く教会共同体の展望を記述します。その展望とは一言で表現すれば聖霊による「パレーシア」（大胆に真実を生きる姿勢またはパレルシア）としてまとめることができましょう。

3．第二バチカン公会議開幕 60 周年を記念して生き方を識別すること

　2022 年秋、私たちは第二バチカン公会議開幕 60 周年という記念すべき時期を迎えました。そして、現在のローマ・カトリック教会共同体は 2023 年秋に開催されることになる第 16 回通常シノドス（世界代表司教会議）に向けて各教区の全成員を挙げて準備に余念がありません。なぜならば、現在、教皇フランシスコは教会共同体の在り方を刷新して見直すために特に「シノドス性」（協働性、共に歩むという性質、旅する神の民の歩み、聖霊の働きに促されて御子キリストとともに歩みつつ御父へと向かう教会共同体の道行き）を強調しているからです。

　各教区の試みの具体例としては、例えば世界各地の教区ごとに刊行されている多数の研究書などを参照することが助けとなりますが、そのなかでも良質な内容を備えているのはミラノ大司教区の『教会におけるシノドス性（協働性）——さまざまな視座からの研究に基づくひとつの成果』（Arcidiocesi di Milano, *La Sinodalità nella Chiesa, Un Approccio Multidisciplinare*, Centro Ambrosiano, Milano, 2018.）という研究書です。日本でも特に東京大司教区ではシノドス担当の専門的な神学顧問として小西広志師（フランシスコ会）が精力的に各所やオンラインでシノドスの意義を平易かつ明解に語り、あらゆるキリスト者を適確に支えてくださっていることは貴重な仕儀です。しかも他の諸教区や各修道会も真摯に取り組んでおられます。

　教皇フランシスコは聖イグナチオ・デ・ロヨラの『霊操』による霊的指導の経験に基づいて、現在の教会共同体が、果たして第二バチカン公会議が目指していた理想の教会共同体に合致しているのかどうかを慎重に見究めようと努めており、もしもずれがあるとすれば刷新しなければならないと考えています。つまり、キリストの生き方を基準として、現在の教会共同体の不十分さを見直すことで「識別された教会共同体」（A Discerning Church 見究めのきく教会共同体、見識を備えた教会共同体）［Gerard Whelan, *A Discerning Church; Pope Francis, Lonergan and a Theological Method for the Future*, Paulist Press, New York, 2019, pp.1-3.] への歩みを披くことが教皇フランシスコの意図なのです。

聖イグナチオ・デ・ロヨラの『霊操』は、通常は、個人的な回心を促す修養の仕方として理解される場合が多いのですが、教皇フランシスコは教会共同体という共同体的な一人格としての「キリストの花嫁」の回心を目指しています。個人と共同体とは連動しており、各人の回心は同時に共同体全体の回心とも結びついているので、「個人 − 共同体」としての一つの人格としての「キリストの花嫁」としての回心に踏み出す教皇フランシスコの姿勢は至極まっとうなものなのです。なお、このような「個人 − 共同体」としての一人格の発想は、「私は − 私たちは」信じますという二局面の連動する「信仰告白」（「使徒信条」および「ニカイア・コンスタンティノポリス信条」）ばかりか「私審判 − 公審判」という両面の責任を身に受ける人類の生き方とも共通性があるでしょう。

4. 教皇フランシスコの意図
——教会共同体の本来的な在り方を理解すること

教皇フランシスコは、これまでの司教団レベルの通常シノドス（世界代表司教会議）を踏まえたうえで、「シノドス的なアプローチ」を提唱しています。以下の文章において「シノドス的なアプローチ」が明確に表明されています。

「最も重要なのは、私たちがそれぞれ違う点をもちながらも、共に同じ道を前進することを可能にするハーモニーなのです。このシノドス的アプローチこそ、世界が今、切実に必要としているものです。相手を倒そうと対立や闘争に向かうのではなく、それぞれの違いを表に出し、互いに耳を傾けたうえで成熟に向かっていけるプロセスが必要なのです」（教皇フランシスコ［早野依子訳］『コロナの世界を生きる』PHP 研究所、2021 年、114 頁）。

上の文脈で述べられているアプローチは「相違点を表出させたうえで、それぞれを半音高い音として保持したままハーモニーを生み出」（教皇フ

ランシスコ［早野依子訳］前掲書、112頁）すこととしてたとえられています。

　聖霊の支えによる多様な者たちの協調する共同体の調和という発想は海外宣教をとおして多様な方々の協力の重要性を明確にわきまえておられる東京大司教区の菊地功大司教様の紋章にも刻み込まれているとともに就任以来の目標となっている方向性です。同様の視点を、教皇フランシスコも頻繁に強調してます。

　相手を支える宣教を促進する実践を生き抜いている牧者が共通して発見する教会共同体の指導方針は、マルコ・ポッツァ師との対話集『CREDO』（原著2020年）に収載されている「講話3　一致団結をもたらす聖霊」の箇所において明確に述べられています。聖霊による支えによって結びつけられたキリスト者の共同体として前進する教会の根本的な存在様態が教皇フランシスコによって頻繁に強調されていることからもわかりますように、シノドスは聖霊の支えを確認する機会となっているのです。

　「聖霊は私たちを一致させて教会共同体を活性化し、それぞれ異なる部分を一つの調和のとれた建物にまで構成します。……私たち一人ひとりの多様性をそのまま用いて活かしながら、聖霊は全体の統一性を構築します。聖霊が原初の創造のときから、そのようにしてきたのは、カオス（混沌）状態をコスモス（調和）状態に変える力に満ちているからです。まさに、調和を生み出す専門家が聖霊なのです。聖霊は、それぞれの人間の多様性や豊かさをそのまま活かす力量を備えています。聖霊は、それぞれの人が最も自分らしい個性を活かしながらも、同時に異なる相手を補うことで、いっそう強い絆によって統合されるように、いまもなお、創造のわざを継続する専門家です。聖霊は、このように多様なものたちを導く創造者であると同時に、多様なものたちを結びつけ、調和を与えることで、多様性に統一性を与えるお方でもあります。このように矛盾した現実を一つに結ぶほどの実力を備えたお方は聖霊をおいて他にはいないのです。……聖霊は異なる音色を一つのハーモニーにまで仕立てあげています。聖霊は教会共同体を形づくり、子どもたちや兄弟たちの居場所として、つまりあたたかい家庭としての世界を形づくります」（教皇フランシスコ、マル

コ・ポッツァ［阿部仲麻呂訳・解説］『CREDO』ドン・ボスコ社、2022 年、89
頁、90 頁、92 頁。原著は以下のとおり。Papa Francesco in dialogo con Marco
Pozza, *Io credo, noi crediamo. Una riflessione inedita sulle radici della nostra*
fede, Rizzoli, libreria Editrice Vaticana, Milano, 2020.）。

　教皇フランシスコは、司教レベルで行われる第 16 回通常シノドスにお
いて、何よりも教会共同体の本来的な在り方そのものに関しての理解を
深めることを目的としています。しかも教皇フランシスコは 2021 年から
2023 年にかけて全世界の各小教区でも信徒も含めたキリスト者の総力を
結集して「キリストとともに歩むこと」の再確認を促す話し合いを積極的
に推進するように勧めています。そのため教皇フランシスコが目指す教会
共同体の在り方に関して、教皇庁教理省は 2018 年に『教会の生活と使命
におけるシノドス性（協働性）』という公文書を発表していました。そして、
一世紀の使徒聖パウロが一コリント書簡 12 章や 13 章で強調していた「キ
リストのからだ」としての教会共同体理解も踏まえたうえで、同様の方
針を敷衍している教皇庁教理省書簡『教会は若返る』（*Iuvenescit Ecclesia*）
も 2016 年に公表していました。さらに、それ以前にも教理省では『教会
の生活における信仰感覚（センスス・フィデイ）』という公文書をも教皇フ
ランシスコの意向を受けて 2014 年に発表していたのです。教理省による、
これらの三文書は一貫して教皇フランシスコの教会刷新の望みを具体化す
るための理論的な典拠を聖書や古代教父文書に基づいて明確化しているも
のです（今回阿部が翻訳の担当をした教理省の三つの公文書の連続性と一貫性
に関しては『教会の生活および使命における協働性』9 項を読めば一目瞭然で
す）。

5.『教会の生活と使命におけるシノダリティー（協働性）』の概要

　『教会の生活と使命におけるシノダリティー（協働性）』という公文書は
「序論」と「まとめ」という枠組みの内側に挟み込まれて展開する全文は
四つの部分から成っています。順に、「序論――カイロス（恵みのとき）と

してのシノドス性（協働性）」、「1. 聖書・伝統・歴史、2. 神学、3. 具体的実施、4. 刷新」、「まとめ——霊による大胆さ」、という主題が掲げられています。ここから読み取れることは、キリスト者の教会共同体が神の恵のときを経験する日々が、聖書と伝統に支えられて織り成される歴史として記憶されつつ言語を用いて理論化されることで神学が形成され、その論拠に励まされて信仰生活の深まりの具体的な実施が可能となり、そうして常に共同体が刷新され大胆な歩みが積み重ねられてゆくという事実です。つまり信仰生活の深まりの歴史的な伝統の流れが見事に定式化されて提示されています。まさに、この公文書は教会共同体の成長発展の歩みを構造化して示す役目を果たしているのです。この流れを踏まえて教会共同体そのものの在り方を小教区現場から具体的に見直すことが教皇フランシスコの課題として浮かびあがるのです。

6. 第16回シノドスの主題——「シノドス性」（協働性）

　第16回シノドスの主題は「シノドス性」（イタリア語で「シノダリタ」、英語で「シノダリティー」）です。「シノドス性」とは邦訳することが困難なほどに多様で豊穣なる意味を担う術語ではありますが、『教会の生活と使命における協働性』5項に基づいてあえて邦訳すれば「教会共同体を形作る性質」または「協働性」あるいは「共同体の全成員がキリストとともに福音的な道を歩むという性質」と言えるでしょう。「シノドス」の原意はギリシア語の「シュン」（ともに）と「ホドス」（道）という語が複合して「ともに道を歩むこと」という名詞を形成していることによります。
しかもヨハネ福音書14:16の文脈でも明らかなように、「道」は「キリスト」御自身を指し示すので（門脇佳吉『道の形而上学』岩波書店、1990年、3頁以下も参照のこと）、「シノダリティー」という語からは「キリストという道においてキリスト者同士が相互に支え合ってともに歩む」という意味がおのずと醸成されてきます。そのことは、いまから30年前に『道の形而上学』（道の神学）の構築を提案した門脇佳吉もすでに指摘しているこ

とです。以下に引用しておきましょう。

「キリスト者とは、この『道』を求め、この『道』とともに歩む者なのである。いや、もっと正確にいえば、次のようにいわなければならないだろう。私たちが『道』を求める前に、私たちはすでにこの『道』によって生かされ、支えられている。だからこそ、この『道』を求め、それを見出し、この『道』とともに歩むことができるのである。自覚したキリスト者とは、この『道』の働きに身をも心をも刺し貫かれていることを悟り、真実を尽くしてこの『道』と一つになって生きる者となることである」（門脇、前掲書、3頁。なお、教皇庁教理省国際神学委員会『教会の生活および使命における協働性』の49項から51項にかけての文脈でも門脇が目指していた「旅する神の民」の意義を考察する共同体論が明確に述べられていることは注目に値します）。

7．聖霊の働きによって教会共同体を刷新すること

それでは、「シノドス性」が人間的な旅程の同行に留まらず、むしろ神の愛の働きとしての聖霊の促しによってキリスト者が導かれることで実現するものであることを結論として示している『教会の生活と使命における協働性』の「まとめ――霊の大胆さ（パレーシア）に支えられて、ともに旅すること（120-121項）」についても述べておきましょう。

教皇フランシスコの意向を汲む教理省は「聖霊降臨の出来事」に留意しつつ、同様の勇気ある希望の第一歩を今日の教会共同体が踏み出すことをあらゆるキリスト者の心に訴えかけようとしているからです。その際に、二千年前の教会共同体の出発点と同様に聖母マリアの同席を切に願う祈りで文書が締め括られているのが印象的です。神の母であるとともに教会の母としての聖母マリアに見守られてこそ聖霊降臨の出来事が今日も生起するのです。聖母マリアが「聖霊による大胆さ（パレーシア）」を身をもって生きた信仰者であるからです。そのことは、まさに、天使のお告げに対して力強く信頼して積極的な献身を宣言した「神の母」としての潔さととも

に失意のどん底に落ち込んでいた弟子たちを励ましつつ聖霊の降臨を勇敢に受け留めた「教会の母」としての責任感において如実に示されています。こうして聖母マリアこそが「聖霊による大胆さ（パレーシア）」を生きている信仰者として、私たちの在り方をあかしする教育者であることが理解できるようになります。つまり、聖母マリアは「聖霊によって支えられて生きる人間の大胆な前進の仕方」を十全な姿として周囲のキリスト者たちに対して示しています。

　教理省文書『教会の生活と使命における協働性』の結論部分の文脈によれば、「シノドス性」（協働性）は「聖霊の導きによる大胆さ（パレーシア）」によってこそ推進されるものとされています。キリスト者各人が「シノドス性」（協働性）を生きることを自覚して、それぞれの生活の場において創意工夫しつつ「聖霊による大胆さ（パレーシア）」に支えられて生きるときに教会共同体の輝きは増すことになります。福音のよろこびを社会の他の成員たちに対して幅広くあかしすることになるからです。つまり、教理省文書の主題としての「シノドス性」（協働性）は、結論としての「聖霊による大胆さ（パレーシアあるいはパルレシアとも発音する）」によって具体的に実現されるものとして描かれているのです。

　教皇フランシスコは教会共同体を人間的な組織としてではなく、聖霊の導きによる信仰共同体として理解しており、1世紀の聖霊降臨の出来事を規範としてキリスト者各人が現在の生活を自覚的に洗練させることを望んでいます。その意図を汲み取ってまとめられた公文書が『教会の生活および使命における協働性』なのです。

　ここで、「聖霊による大胆さ（パレーシア）」に関連する教皇フランシスコの発言を最近の著作のなかから以下に引用しておきましょう。

　「シノドス的な道のりの特徴的な点は、聖霊の役割です。私たちはグループで話し合い、耳を傾けますが、何よりも必要なのは聖霊が何を私たちに語りかけようとしているかに注意を払うことです。だからこそ私は、皆に活発に意見を言い、他人の声に慎重に耳を傾けるように促しています。そこで聖霊も語っているからです。変化と新しい可能性を受け入れるシノ

ドスでは、全員が変革を経験します。ですから、スピーチとスピーチの合間には沈黙の時間を設け、参加者が聖霊の働きを感じられるようにしています」（教皇フランシスコ［早野依子訳］前掲書、118頁）。

　シノドスの際に、参加者各人は相互に語り合います。しかし単に人間的な言葉の交流を図ることだけに終始するわけではなく、むしろ相手とともに聖霊の語りかけを聞くべく耳を傾けるのです。その具体的なの方法としては「スピーチとスピーチの合間には沈黙の時間を設け」るという工夫を凝らすことが挙げられています。沈黙のひとときによって聖霊が何かを語りかけるからです。このような仕儀からわかることは、シノドスが人間的な会議を積み重ねることではなく、むしろ聖霊の働きに気づくための共同識別の場となっていることです。教皇フランシスコは第16回シノドス（世界代表司教会議）を契機として、これまでのシノドスの意義を明確化する「シノドス性」の再考をとおして「聖霊の働きの共同識別の場」を実現させようと努めています。

　教皇フランシスコがアルゼンチンでイエズス会の修練長や神学院長を務めていたころから「識別」の重要性を繰り返し説き、教皇就任後も全教会共同体のキリスト者それぞれの「識別」を心がけていること自体が「聖霊の働きの共同識別の場」を創ろうと意図していることの証左なのです（Gerard Whelan, *op. cit.*）。

8．交わりの教会論

　ところで、教理省文書『教会の生活と使命におけるシノダリティー（協働性）』を読めば、教皇フランシスコによる「交わりの教会論」を明らかにする意図と教会共同体の交わりの実現に向けての刷新に強調点があることが見えてきます。しかし、この視点は第二バチカン公会議の『教会憲章』の流れに沿っており、日本の教会においても横浜教区の梅村昌弘司教様が就任当初からいち早く注目して重視していた共同体創りの方向性でもあります。

「シノドス性」を主題として全世界の教会共同体の成員の相互交流を促す教皇フランシスコの意図は、教会共同体の各成員がともに補い合うかたちで支え合って生きることです。つまり、互いに大切に仕え合うキリスト者ひとりひとりの在り方の具体的実践を、教皇フランシスコは呼びかけているのです。

理論づくりや討議の洗練よりも、互いに大切に仕え合うキリスト者ひとりひとりの在り方の具体的実践が重視されるという意味で、今回の第16回シノドスは従来のシノドスの理論や討議の積み重ねの習慣化された規定づけには縛られてはいません。それゆえに、今回のシノドスは「かたちなきかたち」(従来の会議遂行のスタイルには縛られないという独自のスタイル)を目指すことになるでしょう。2021年から2023年にかけて小教区現場の信徒たちの話し合いを頻繁に実施し、その場に修道者や司祭や司教もともに参加することで教会の全成員がともに考えて生きる習慣が活性化され、ともに歩むことができるようになるからです。

9. 教理省書簡『教会は若返る』(*Iuvenescit Ecclesia*) の概要
――「三位一体の神の働きの重要性」と「慈善のわざへの踏み出し」の重要性

ここで、「聖霊による大胆さ(パレーシア)」が具体的に実現する場としての教会共同体での生活および宣教のための「位階的なたまもの」と「カリスマ的なたまもの」との関係について、カトリック教会の司教たちに宛てた教皇庁教理省の書簡『教会は若返る』(*Iuvenescit Ecclesia*) の概要を要約しておきましょう。

この書簡は、「序章」(1. 宣教する教会における聖霊のたまもの、2. 教会のさまざまな活動団体、3. 本文書の目的) から始まり、つづいて五章から成る「本文」(1. 新約聖書におけるカリスマ、2. 最近の教導職における「位階的なたまもの」と「カリスマ的なたまもの」との関係、3. 「位階的なたまもの」と「カリスマ的なたまもの」との関係性の神学的な基礎、4. 教会での生活および

使命に見られる「位階的なたまもの」と「カリスマ的なたまもの」との関係性、5.「位階的なたまもの」と「カリスマ的なたまもの」との関係性の教会的な実践）がつづき、さらに聖母マリアに捧げられた「結論」で締め括られています。

　『教会は若返る』においては、特に 4 項と 5 項が特に重要です。『教会は若返る』4 項から学べるように、教会論を再考する際に、教会共同体そのものが人間的な制度組織としての要素だけで完結するものではなく、むしろ神の働きに基づいて発展成長してゆくものであることをわきまえる必要があります。つまり、使徒パウロが一コリント書簡で強調している「聖霊の働き」の重要性を確認することが欠かせないのです。しかも、聖霊だけが働いて聖化のわざを成し遂げるわけではなく、御父と御子との一致において聖霊も働くのであるから「三位一体の神の働き」こそが教会共同体を成り立たしめ、世の終わりに至るまで導く根源的な原理となるのです。その意味で三位一体論と教会論は神学の根本的な内容として連動するのです。

　しかも、『教会は若返る』5 項から学べるように、教会共同体は全体の益となるように慈善のわざに踏み出す積極性を備える必要があります。キリスト者各人のカリスマ（聖霊によって授けられた能力）は個人的な名誉のために存在するわけではなく、むしろ共同体全体の益となるような奉仕の能力として絶えず他者に開かれて慈善のわざへと具体的に生きられるものなのです。

　さかのぼって『教会は若返る』4 項においては聖霊の働きの重要性が確認されています。それぞれのキリスト者の働きは聖霊が望むがままに授けられるたまものによって実現するので、人間的な資質に依拠するものではなく、聖霊の発意によるものです。聖霊は御父と御子による救いのわざを絶えず現実化しつつ相手を目覚めさせるのですから、聖霊によって御父と御子との協働のわざが明確に相手の生き方に浸透しつつ顕在化させられます。いま述べたことは『教会は若返る』4 項の文脈を見れば明らかです。

　そして再び『教会は若返る』5 項において、共同体全体の益となる慈善のわざへの踏み出しが強調されています。つまり、聖霊の導きによって目

覚めさせられたキリスト者は個人的な自己満足のために生きるのではなく、むしろ他者へと向かって奉仕するという意味での対外的な活動を始めることになります。聖霊による新たな能力の賦与は、キリスト者を共同体全体の益となる慈善のわざへと向かわせるためのものです。もはや個人レベルでの才能の自慢や名誉心は過ぎ越されてゆくべきものであり、聖霊によって目覚めさせられることで賦与された才能を他者へと捧げて共同体全体に対して奉仕することで連帯感を強める使命が生じるのです。教会共同体を成長させるためのカリスマという視点で個々のキリスト者は自分の生き方を見直さなければなりません。

今まで述べてきたように『教会は若返る』において、「三位一体の神の働きの重要性」と「慈善のわざへの踏み出し」という要点が確認されていることは、使徒パウロによる一コリント書簡の 12 章から 13 章に至る文脈で描かれていた「キリストのからだ」としての教会共同体の理想的な在り方に基づいており、1 世紀の教会共同体の誕生の現場での重要事項が今日に至るまでの歴史上においても連綿として受け継がれ、尊重されていることを私たちにも想い出させるものです。

こうして、教会共同体の歴史において常に保たれつづけている重要事項を確認することで、今日の教会共同体もまた刷新され若返ることになります。1 世紀の使徒パウロの時代における教会共同体の在り方は、歴史上のあらゆる時代の教会共同体の基準になるのみならず、そのまま現代の教会共同体においても意味をもつ視座を教えてくれるからです。こうしてわかることは、『教会は若返る』が普遍的な教会共同体の在り方を再確認させてくれる公文書であることです。

10. 「交わりの教会論」を再考する

これまで『教会は若返る』において強調されていた「全体の益となる」教会共同体の個々のキリスト者のカリスマの理解の仕方を確認してみました。個々のキリスト者の能力は個人的な利益のためではなく、むしろ共同

体全体の益となるように定められています。そして、それぞれのキリスト者は互いに相手を補い合うかたちで共同体全体を成長させることになります。言わば「交わり」が深まるのです。その意味で、キリスト者同士の補い合いの姿は「交わりの教会共同体」の実現につながります。そのプロセスを説明する仕儀が「交わりの教会論」です。『教会は若返る』において「交わりの教会論」は13項の文脈のなかで説明されています。

　「交わりの教会論」とは、位階的なたまものにおいて生きるキリスト者とカリスマ的なたまものによって活動するキリスト者とを相互に補い合わせる共同体の在り方を私たちに想い出させる解釈の仕方です。教会共同体の内部にはさまざまな働きをするキリスト者が含まれていますが、その多様性は相互に補い合うための奉仕の姿なのであり、決して相手を批判して相互に対立するためのものではありません。すでに使徒パウロが一コリント書簡において強調していた「全体の益となるように生きる」キリスト者の本来的な在り方が「交わりの教会論」の根底を支えています。

　そして、「交わりの教会論」は『教会憲章』1項に基づいて、「キリストにおける神との親密な結びつき」において実現することが強調されているばかりか、「全人類の一致の秘跡またはしるし」としての教会共同体の他者へと向かって開かれゆくあかしの姿を再確認してもいます。つまり、キリスト者は「キリスト」とともに生きて「全人類の一致の秘跡（しるし）」となるのです。キリスト者が「キリスト」と出会うことによって神の愛を理解して他者に開かれて「一致のしるし」となることが、「シノドス性」を体現する教会共同体の形成にとって不可欠の事態なのです。『教会憲章』1項を再確認することをとおして、『教会の生活および使命における協働性』という公文書は第二バチカン公会議の教会理解を引き継いでゆくことの重みを示すのです。ということは「交わりの教会論」が、第二バチカン公会議が描き出した『教会憲章』に反映された新たな教会論の方向性を示す際のイメージとなっていることもわかるのです。

11. 教会共同体における交わりの深まりと信仰感覚

これまで「交わりの教会論」について紹介してきましたが、各キリスト者の補い合いは、各キリスト者の信仰感覚によって丁寧に実現されることについても確認する必要があります。その動向は『教会の生活および使命における協働性』の 38 項において描かれています。その項目の文章のなかでは、教会共同体における交わりの深まりと信仰感覚とをつなげて考察する動向が 18 世紀から 19 世紀に至る近代の教会制度内から生じてきたことが指摘されています。「交わりの教会論」は、聖霊の導きによる各キリスト者の信仰感覚の深まりによって成立するものですから、各キリスト者の生き方を鼓舞する聖霊によるパレーシア（大胆さ）の道行きとしても説明することができるものです。つまり、「交わりの教会論」と「聖霊による大胆さ（パレーシア）」とは一つに結びついている事柄なのです。

教会共同体における「シノドス性」（協働性）とは、多様な理解の仕方を同時に併せ持つものであり、一義的な公式や言説によって明確に定義づけることが難しいです。しかし、「三位一体の神の働きによって活動する教会共同体における相互補足の歩みとしての交わりの重要性」や「謙遜（謙虚さ）を生きるための傾聴と対話が具体的な実践のための要点」であることが、信仰生活の歴史の積み重ねを経て全体的で俯瞰的な眺望として理解可能な現在の私たちにとっては、それらの二大方針に留意しつつ生きることが要請されています。それゆえに、具体的な日常生活において実践されるべきものとしての「シノドス性」（協働性）が重視されることになります。「シノドス性」（協働性）とは決して理論的な定義づけなのではなく、むしろ相手とともに即座に協力して愛を生きるという意味での具体的な実践そのものなのです（それは教皇フランシスコが好む「よきサマリア人」のたとえによっても示されています。自分の都合にこだわるのではなく、即座に目の前の相手を助けることが肝要です）。

その際、各キリスト者にとっての生き方の基準としては、「イエス・キリストとの緊密な親しさを再確認しつつ生きること」が重要となります。

自分たちの生き方が本筋に沿ったものであるかどうかをわきまえ知る（識別する）には、キリストの生き方と自分の生き方とを比較して自分の至らなさを発見してから補足修正を施す努力を積み重ねればよいのです。キリストこそは私たちの関わる「相手」として身近な協働者としてともに歩んでくださる友なのですから。御父である神のみむねは、道（私たちがたどるべき矩）としての御子イエス・キリストをとおしてこそ明確に具現化されているのですから、キリストを基準にするという識別の中軸を聖霊による愛の駆り立てによって自覚化することが各キリスト者にとっての果たすべき責務なのです。教皇フランシスコは、その識別作業を今回の第16回シノドスの主題としての「シノドス性」を私たちに示すことによって遂行させようと望んでいます。

しかも、シノドスは「聖霊の働きの共同識別の場」としての意義を備えているのです。聖霊によって後押しされて御子イエス・キリストとともに歩み御父へと旅する巡礼の日々を生きる教会共同体による大胆な連帯こそが「シノドス性」（協働性）の姿なのであり、キリスト者は決して独りで世間の荒波によって押しつぶされることなどはないのです。人間的な成果を求める場としてのシノドスに留まるのではなく、むしろ「聖霊のはたらきに支えられた大胆さ」を発揮して前進することができるように共同識別を心がける場を拓いてゆけるようにキリスト者としての人生の歩みを自覚して実践できるように切望したいものです。

今後、「聖霊の働きの共同識別」のプロセスの定式化によって幅広い年齢層のキリスト者全体に「シノドス性」（協働性）の経験が浸透することを願うとともに、そのような浸透を円滑に前進させるべく教会の牧者たちに組織的な工夫を凝らしてもらうことを呼びかけたいです。

12. 今後の可能性——アジア圏域のさまざまな教会共同体の連携

なお、あらゆる人を招き容れてともに歩もうとする協働の努力はアジア圏域のさまざまな教会共同体においても推進されつつあります。例えば、

アジア司教協議会連盟（FABC）の神学関係局（OTC）による会合が2022年3月28日にオンライン上で開催されましたが、その会合の主題は「感染拡大時におけるキリストのからだ」でした。特に、その部会においては、キリスト者と他のあらゆる人びととの「家庭における協働」、「地域教会における協働」、「被造物界における協働」という三段階でのシノドス性を提案していました。

　しかも三段階の協働の場は連続しつつ発展するという意味で「家庭→地域教会→被造界」として把握することができるということが強調されました。第二段階の「地域教会における協働」においては、「典礼」・「ともに歩む努力（シノドス性）」・「使命」という三つの次元で深められるような具体策をまとめていました。

　感染拡大への挑戦としては、キリストの死と復活という過ぎ越しの秘義を記念する典礼の工夫をとおして、あらゆる人がキリストとともに歩めるように目に見える神の臨在のしるしを表現することで各自の使命を鼓舞することが呼びかけられています。キリストの十字架を分かち合うことができる典礼を充実させることで、前人未到の道を歩みつつ現場で他者から信頼されること、いやしの存在としてのキリストの復活を典礼をとおしてあかしすることで教会共同体の輪を広げつつ神の愛を人びとに実感させることが提案されていたのです。「典礼」の工夫によって人びととともに歩むことで各自の意欲を鼓舞することにおいて、「聖霊による大胆さ（パレーシア）」が実感されるようになるのかもしれません。

教会の生活および使命のための「位階的な賜物」と「カリスマとしての
賜物」の関係についてのカトリック教会の司教たちへの書簡

『教会は若返る』(*Iuvenescit Ecclesia*)

(2016 年)

はじめに

宣教する教会における聖霊の賜物

1.　教会は福音によって若返り、聖霊は「さまざまな『位階的な賜物』および『カリスマとしての賜物』をもって」[註1] 絶えず教会を刷新し、築き上げ、教え導いています。第二バチカン公会議は、神の民を聖化し、教導し、美徳で飾り、啓発のために特別な恵みで豊かにする聖霊の驚嘆すべき働きを繰り返し強調しています。教父たちが好んで強調するように、教会における神聖な聖霊の働きは多岐にわたっています。聖ヨハネス・クリゾストモスが、以下のように述べているとおりです。「私たちの救いのために役立つ賜物のうち、聖霊によって授けられていないものがあるでしょうか。聖霊によって、私たちは奴隷状態から解放され、自由へと招かれています。つまり、私たちは自分たちの罪という重く忌まわしい重荷を捨てて、神の子となるように導かれ、言わば新たにかたちづくられたのです。聖霊によって、私たちは司祭の集まりが行われるのを目にし、知恵ある者たちの集まりを持っているのです。この源から、啓示の賜物、いやしの恵み、そして神の教会を飾るその他のすべてのカリスマ(霊の力、聖霊の賜物)が湧き出るのです」[註2]。教会の生活そのもの、あるいは教導職の数多くの介入、そして神学研究のおかげで、教会における聖霊の多様な働き

に対する人びとの認識は良いかたちで育ってゆき、その結果、「カリスマとしての賜物」に特別な注意が向けられるようになり、いつの時代にも神の民の「カリスマとしての賜物」は、その使命を遂行するためにいっそう豊かになってゆくのです。

　福音を効果的に伝えることが、現代において特に緊急性の高い任務となっています。教皇フランシスコは、使徒的勧告『福音の喜び』（*Evangelii Gaudium*）において、次のように述べています。「私たちが憂慮し、良心のとがめを感じるべきは、多くの私たちの兄弟姉妹が、イエス・キリストとの友情がもたらす力や光、慰めを得ることができず、また自分たちを迎えてくれる信仰共同体を持たず、人生の意味や目的を見出せずに生きている、という事実に対してです」(註3)。

　「外に出てゆく」教会となるように、との教皇の招きは、「宣教」という鍵によってキリスト信者の生活全体を再考することにつながります(註4)。福音化の任務は、教会のすべての領域に関わるものです。通常の司牧活動、キリスト教信仰を放棄した人びとへの宣教、特にこれまでイエスの福音が届いたことのない人びとや、常にこれを拒絶してきた人びとへの宣教などです(註5)。この新しい福音化の不可欠な任務において、神の民の信仰生活を再び目覚めさせ、これを養うことのできる数多くのカリスマを認識し評価することが、これまで以上に必要とされています。

教会のさまざまな団体

2.　第二バチカン公会議の前後いずれの時代にも、数多くの教会の団体が発生していますが、これらの団体は、教会の刷新のため、あるいは教会生活全般における緊急の「司牧および宣教の転換」(註6)のための重要な資源でもあるのです。奉献生活の会や使徒的生活の会のような特定の目的を特徴とするすべての伝統的な共同体の価値や豊かさに、近年「信者の団体」の一つとして位置づけられる「教会内の運動」や「新しい共同体」が加わっていますが、本文書はこれらの共同体に焦点を当てています。それら

の団体を、単に特定の宗教的または社会的性質の目的のために、自発的に人が集まっているだけのものと捉えてはなりません。「教会内の運動」は、教会の展望のなかでも他と性質を異にするものです。それは、内側に強い力を秘めた実態であり、人びとを福音に惹きつける特別な魅力を伝え、人間のすべての側面に浸透しながら、傾向として全地球規模でキリスト教的生活（キリスト教的な生きかた）の提案をすることのできる団体なのです。信仰と希望と愛の生活を拡げてゆくために、（信仰）熱心な生活を共有して信者が集まることは、宣教のための交わりの秘義としての教会の内に秘めた力を十分に体現しており、キリストにおける教会一致のしるしとしてその姿を現しています。この意味で、共有された一つのカリスマから生じたこれらの教会の団体は、その目的として「教会の一般的な使徒的目的」を掲げている傾向を持ちます^{（註7）}。このような観点から、信者の団体、教会内の運動、新しい共同体は、キリストに従うことについてその新たなかたちを提案しており、そこにおいて「神との交わり」（communio cum Deo）と「信者同士の交わり」（communio fidelium）が深められるのです。こうして主イエスとの出会いの魅力と、一致の中で経験するキリスト信者としての存在の美しさが、新しい社会的背景の中にもたらされるのです。このような団体において、特定のかたちの宣教や証しも表現されています。それは、自らのキリスト信者としての召命に対する明確な意識のみならず、キリスト信者の養成のための安定した道筋や福音的な完成（完徳）に至る道を見出す助けとなり、これを発展させることに向けられています。それぞれのカリスマに応じて、異なる生活様式の信者（在俗の信徒、叙階された聖職者、奉献生活者）がこれらの団体に参加することができ、それが教会の交わりの多様な豊かさを表しています。このような団体の強い集約力は、教会がいかに「執拗な勧誘によってではなく、『相手を惹きつける魅力』によって」成長していることを示す重要な証しとなっています^{（註8）}。

　教皇ヨハネ・パウロ2世は、教会運動や新しい共同体の代表者と向きあい、世界中で説得力のある方法で福音を伝えてゆく必要性に対して、聖霊

が与えた「摂理的な答え」^{（註9）}を彼らの中に見出しました。教皇は、甚だしく世俗化した文化という形で表れる、地球規模で起こっている大きな変化の過程を考慮しつつこのように述べたのです。この聖霊のパン種は、「教会の生活に予想外の、時として破壊的なほど強烈な新しさをもたらしました」^{（註10）}。教皇ヨハネ・パウロ2世は、これらすべての教会の団体にとっての「教会としての成熟」の時期が始まっていることに言及しています。それは、これらの団体を十分に活用して、「地域の教会や小教区の中へ、そして常に司牧者と交わりその教えに注意を払うことへ」彼らを組み入れることにつながっています^{（註11）}。これらの新しい団体は、その存在によって教会の心を喜びと感謝で満たして、教会の生活に存在する他のすべての賜物と積極的に関わるように呼ばれているのです。

この書簡の目的

3. 教皇庁教理省は、この文書によって「位階的な賜物」と「カリスマとしての賜物」との関係性に基づく神学的および教会論的な要素について述べてゆきたいと思います。このことを理解することで、新しい団体が教会の交わりや宣教に実り多く秩序あるかたちで参加できるようになるのです。そのために、この書簡では、最初に新約聖書に記されているカリスマに関する教義と、これらの新しい現実に関する教導職（歴代の諸教皇）による考察の両方について、いくつかの重要な要素を紹介します。続いて、体系的な神学的秩序のいくつかの原則をはじめ、「位階的な賜物」と「カリスマとしての賜物」の特性を表す要素と併せて、新しい教会の団体を識別するためのいくつかの基準を示します。

I. 新約聖書に基づくさまざまなカリスマ

恩恵とカリスマ性

4. 「カリスマ」（charisma）という言葉は、ギリシア語の術語である「カリスマータ」（charísmata）に由来します。この言葉は、パウロの書簡の中

で頻繁に用いられ、またペトロの手紙一にも見られます。それは、もともと「豊かな贈りもの」という一般的な意味を備えているのですが、新約聖書では「神からのさまざまな賜物」を指す場合にのみ使われています。いくつかの箇所では、文脈によってより詳細な意味が与えられていますが（ロマ 12:6、一コリ 12:4、31、一ペト 4:10 参照）、より重要な意味は「賜物が各人に応じて細かく分配されること」です^{（註 12）}。それはまた、現代語においてこのギリシア語を語源とする言葉の広く知られた意味にもなっています。個々のカリスマは、すべてのキリスト信者に等しく授与されるものではないのです（一コリ 12:30 参照）。個々のカリスマは、すべてのキリスト信者に不可欠な聖別の恵み（成聖の恩恵）や、「信仰」、「希望」、「慈愛」の賜物などの基本的な恵みとは異なります。カリスマとは、聖霊が「御心のままに（神が望むままに）」（一コリ 12:11）分配する特別な賜物のことです。教会においてさまざまなカリスマが存在する必要性を説明するために、最も明確に述べた二つの文章（ロマ 12:4-8、一コリ 12:12-30）がありますが、そこでは人間の体の比喩が用いられています。「わたしたちの一つの体は多くの部分から成り立っていても、すべての部分が同じ働きをしていないように、わたしたちも数は多いが、キリストに結ばれて一つの体を形づくっており、各自は互いに部分なのです。わたしたちは、与えられた恵みによって、それぞれ異なった賜物を持っています」（ロマ 12:4-6）。体の構成部分において、多様性は避けるべき異常などではなく、むしろいのちを支えるさまざまな機能を果たすために有益で必要なものなのです。「すべてが一つの部分になってしまったら、どこに体というものがあるのでしょうか。だから、多くの部分があっても、体は一つなのです」（一コリ 12:19-20）。特別なカリスマ（charísmata）と神の恵み（cháris）とのあいだの密接な関係性について、パウロはローマの信徒への手紙 12:6 で、ペトロはペトロの手紙一 4:10 でこれを肯定しています^{（註 13）}。カリスマは、「神のさまざまな恵み」（一ペト 4:10）を表すものとして認識されています。したがってカリスマは、単純な人間の能力の問題ではないのです。カリスマが神に由来することは、さまざまな方法で表現されていま

す。ある聖書箇所によれば、それらは神に由来しているものであり（ロマ 12:3、一コリ 12:28、二テモ 1:6、一ペト 4:10 参照）、エフェソの信徒への手紙 4:7 によればキリストから来るものであり、コリントの信徒への手紙一 12:4-11 によれば聖霊から来るものなのです。この最後の箇所が最も強く繰返し強調していることから（7回も聖霊と述べています）、カリスマは通常、「聖霊の現れ」（一コリ 12:7）と言われます。しかし、このような推定は決して他の可能性を排除するようなものではなく、前述の二つの推定と矛盾するものでもないことは明らかです。西方においても東方においても、神学がその始まりから常に肯定してきたように、神の賜物は、常に三位一体の神という考え方のすべてを包含しているのです^{（註 14）}。

「全体の益となるために」授けられる賜物と慈愛の首位性

5. パウロは、コリントの信徒への手紙一 12:7 で「一人一人に霊の働きが現れるのは、利益となるためです」と宣言しています。たいていの聖書翻訳者は、「全体の益となるためです」と言葉を補っていますが、パウロが言及したカリスマのほとんどが、すべてではないにしても、直接的には全体に利益をもたらすものだからです。それゆえ全体すなわちすべての人を啓発するという目的は十分に理解されていました。例えば、聖大バシレイオスは次のように述べています。「各人は、自分のためよりも他人のためにこれらの贈りものを受け取ります。……共同生活では、一人に与えられた聖霊の力をすべての人に伝えることが必要です。自分一人で生きている人は、おそらく何らかのカリスマを持っているかもしれませんが、それを自分の内側に埋もれさせているため、それを働かせないまま無駄にしているのです」^{（註 15）}。しかしパウロは、あるカリスマがそれを受けた人だけに役立つ場合があることも否定してはいません。それは異言を話すことですが、この点（公益性）では預言の賜物とは異なります^{（註 16）}。公益性を持つカリスマは、それが「言葉の賜物」（知恵の言葉、知識の言葉、預言の言葉、勧告の言葉）であれ、「行動の賜物」（権能、職務、管理のため）であれ、個人的な効果も持ち合わせています。なぜなら共通の利益への奉仕は、

本来、それを行う人の慈愛の心の成長を促すものだからです。パウロはこの点について、もし慈愛の心が欠けていれば、最高の賜物があったとしても、それを受ける人のためにはならないという洞察を述べています（一コリ 13:1-3 参照）。マタイによる福音書の厳しい一節（マタ 7:22-23 参照）も、同じ現実に関して述べています。つまり目立ったカリスマ（預言すること、悪霊を追い出すこと、奇跡を行うこと）を行使することは、残念ながら救い主との真正な関係性がなくても実現可能なのです。その結果、ペトロもパウロも、すべてのカリスマを慈愛という方向性を持って行う必要があると主張しているのです。ペトロは、一般的な原則を次のように述べています。「神のさまざまな恵みの良い管理者として、その賜物（カリスマ）を生かして互いに仕え合いなさい」（一ペト 4:10）と。パウロは、キリスト信者の共同体の集いの中でカリスマが用いられることに特に気にかけており、次のように述べています。「すべてのことは、（互いを）造り上げるためにすべきです」（一コリ 14:26）。

カリスマの多様性

6.　いくつかの聖書の箇所では、カリスマの一覧を見つけることができますが、それは時として要約された形のものであったり（一ペト 4:10 参照）、より詳細なものであったりもします（一コリ 12:8-10、28-30、ロマ 12:6-8 参照）。その中には、「並外れた賜物」（いやし、権能の行使、種々の異言）や「通常の賜物」（教師、奉仕、慈善）、信仰共同体の指導者［牧者］としての務め（エフェ 4:11 参照）、按手によって与えられる種々の賜物（一テモ 4:14、二テモ 1:6 参照）などがあります。これらの賜物がすべて正確な意味での「カリスマ」とみなされるかどうかは、必ずしも明確ではありません。コリントの信徒への手紙一 12-14 章で繰り返し言及されているような「並外れた賜物」は、実際には後の文書（ロマ書）からは消えています。さらにローマの信徒への手紙 12:6-8 における一覧には、キリスト信者の共同体の生活に、恒常的に役立つ、あまり目立たないカリスマだけが提示されています。これらの一覧は、いずれも完全なものであることを目指し

ているのではありません。一方で、例えばパウロは、キリストへの愛のために独身を選択することは、結婚の場合と同様に、カリスマの実りとして理解されるものであることを示唆しています（一コリ7:7参照、その章全体の文脈において）。彼の例は、当時の教会が到達することのできた成長の度合いにおいて示されたものであるため、さらに別のものが付け加えられる可能性があります。実際、教会は活力を与える聖霊の働きのおかげで、時の流れの中で成長し続けているのです。

教会共同体におけるカリスマの適切な行使

7. これまでにわかっていることとして、聖書本文においては、おおよそ、異なるカリスマ同士のあいだに対立はなく、むしろそれらのあいだに調和のとれたつながりや補完性があることが明らかです。ある種の簡略化された教会論的解釈から肯定された「ユダヤ・キリスト教型の制度的な教会」と「パウロ型のカリスマ的な教会」とのあいだの矛盾については、実際のところ新約聖書の文書の中に適切な典拠を見出すことができません。一方はカリスマ的な現実、他方は制度的な現実と分けてみたり、「慈愛の教会」と「制度の教会」を対立させたりすることから距離を置いて、パウロは権威と教えのカリスマ、共同体の通常の生活に利益をもたらすカリスマ、騒々しい（異言に関する）カリスマのそれぞれの持ち主を同じ一覧表にまとめているのです [註17]。パウロ自身も、自らの使徒としての働きを「聖霊の働き」と表現しています（二コリ3:8）。彼は、主から与えられた権能（exousia）が自らに深く浸透していると感じており（二コリ10:8、13:10参照）、その権能は他のカリスマを持つ人びとにも及んでいます。彼もペトロも、カリスマを持つ人びとにそのカリスマの発揮の仕方を教えています。彼らは、おおむね好意的な受け容れ姿勢を示しています。つまり、カリスマが神に起源を持つものであることを確信しているのですが、それが教会の位階制度につき従うことを免れることを許可したり、独立した職権を付与したりするような賜物であるとは考えていないのです。パウロは、カリスマの無秩序な行使がキリスト信者の共同体において引き起こ

す不都合を認識していたように見えます^(註18)。そのため、パウロは権威をもって介入し、「教会において」（一コリ 14:19、28）、つまり共同体の集いの中でカリスマを行使するための厳格な規則を定めているのです（一コリ 14:23、26 参照）。例えば、彼は異言の行使を制限しています^(註19)。同様の規則は、預言の賜物についても定められています（一コリ 14:29-31 参照）^(註20)。

「位階的な賜物」と「カリスマとしての賜物」

8. 要約すると、カリスマに関して聖書本文を分析すると、新約聖書は、完全なかたちで体系的な教えを与えてくれてはいないものの、これを肯定しています。それは教会の考察や実践を導く大変重要な要素です。また「カリスマ」という言葉の使い方が一義的ではないことも認識しておかなければなりません。むしろその多様な意味を知っておく必要があります。それには、神学的な考察や教導職が教会の秘義についての全体的な視野の中でこれを理解するための助けとなっています。本文書では、『教会憲章』の第 4 項で明確にされている二つの思想に注目します。そこでは、「位階的な賜物」と「カリスマとしての賜物」について語られていますが、これらの関係は密接で理路整然としたものであるように見えます。それらは同じ起源を持ち、同じ目的を持っています。それらは神の賜物であるとともに、聖霊の、またキリストの賜物でもあり、教会を築き上げるためにさまざまなかたちで貢献するよう与えられたものです。教会における指導の賜物を授かった人は、他のカリスマが適切に行使されているかを監督し、すべてが教会とその福音化の使命にとって有益であるよう互いに協力し合うように見守らなければなりません。しかしその際に、聖霊は思うままにカリスマの賜物を各人に分け与えるということを知っておかなければなりません（一コリ 12:11 参照）。その聖霊は、以下に挙げる能力を教会の位階制度に与えているのです。それは、真のカリスマを識別する能力、喜びと感謝をもってそれらを歓迎する能力、寛大さをもってそれらを推進する能力、

善良な家父の注意 [1] を持ってそれらに寄り添う能力です。歴史そのものが聖霊の働きの多様性を証言しており、「使徒と預言者の土台の上に、イエス・キリスト御自身を礎として」（エフェ 2:20）建てられた教会は、聖霊の働きを通して世界中でその使命を生きているのです。

II. 最近の教導における「位階的な賜物」と「カリスマとしての賜物」との関係について

第二バチカン公会議

9. 何世紀にもわたる教会の歴史の中で、さまざまなカリスマの出現が途絶えることはありませんでした。しかし、それらに関する体系的な考察が展開されるようになったのは、ごく最近のことです。このことに関しては、カリスマの教義に関する重要な点を、教皇ピオ 12 世が回勅『ミスティチ・コルポリス』（*Mystici Corporis*）［キリストの神秘体］[註21] において示した教導に見ることができます。その一方で、「位階的な賜物」と「カリスマとしての賜物」との関係性を適切に理解するための決定的な第一歩となったのは、第二バチカン公会議の教えでした。これに関して注目すべきこれまでの歩み [註22] を見ると、教会の営みにおいて、聖書に書かれたあるいは口伝で伝えられた神のことば、秘跡、叙階による位階的な役務に加えて、それぞれの状況に置かれた信者に聖霊が授けた賜物、特別な恵み、カリスマの存在を示しています。この点で象徴的なのは、『教会憲章』の 4 項に書かれている次の文章です。「聖霊は……教会を完全な真理へと導き（ヨハ 16:13 参照）、交わりと奉仕において教会を一致させ、さまざまな位階的賜物やカリスマとしての賜物を通して教会を建て、導き、その実りによって教会を豊かにする（エフェ 4:11-12、一コリ 12:4、ガラ 5:22 参照）」[註23] のです。このように、『教会憲章』は、聖霊の賜物について説明する中で、

---

1) 訳者註：古代ローマ法の術語で、現代の民法における「善良な管理者の注意義務」のこと。

「位階的な賜物」と「カリスマとしての賜物」との区別を通して、一致の中の多様性を強調しています。重要なのは、『教会憲章』（12項）においても、神の民がキリストの預言職に参与するという文脈で、カリスマ的な実態について肯定しているということです。その中で、聖霊は「秘跡と奉仕職とによって神の民を聖化し、導き、諸徳をもって飾る」ことにとどまらず、「すべての位階の信者に特別な恵みを与え、それによって信者は、教会の刷新と拡大に役立つさまざまな役務や職務を引き受けるのに適格な者となり、準備の整った状態になる」と認識されているのです。

　最後に、カリスマの多様性と摂理的性質とが説明されています。「これらのカリスマは、特に顕著なものからより単純でより広く与えられるものも、すべてまず教会の必要に適応したもの、有益なものであるから、感謝と喜びをもって受けなければならない」[註24]のです。同様の考察は、『信徒使徒職に関する教令』[註25]にも見られます。同文書では、これらの賜物は、教会生活の中で任意のものと見なされるべきではなく、「たとえより単純素朴なものであったとしても、これらの賜物を授かるならば、一人ひとりの信徒には、教会の中でも世においても聖霊の自由さを持って、その賜物を人びとの善と教会構築のために用いる権利と義務が生じる」と断言しています[註26]。したがって真正なカリスマとは、教会の生活および使命にとって、放棄することのできない重要な賜物であるとみなされなければならないのです。最後に、公会議の教えにおいて一貫しているのは、カリスマの識別における司牧者の重要な役割の認識と、司牧者による教会の交わりの中でのカリスマの秩序ある行使に対する認識です[註27]。

第二バチカン公会議以降の教導

10.　第二バチカン公会議以降の時代に、この点に関する教導職の介入が増えてゆきました[註28]。こうした状況に寄与したのは、新しい運動、信者の団体、教会共同体の活動が活発になったことと併せて、教会内での奉献生活の位置づけを明確にする必要性でした[註29]。教皇ヨハネ・パウロ2

世は、その教導において、これらの賜物の同質性を特に強調していました。「私は、教会において、位階的な次元とカリスマ的な次元とのあいだに大きな違いや対立がないことを事あるごとに強調してきました。教会内部の運動がこのことを示す重要な動きです。イエスによって制定された神聖な教会の設立にとってどちらも重要なものです。なぜなら、両者はキリストの秘義とその救いの業をこの世に現すことに共に貢献するものだからです」^(註30)。教皇ベネディクト16世は、両者の同質性について繰り返し言及したうえで、前任者の肯定した内容をさらに掘り下げ、次のように述べました。「教会では、その根幹をなす制度がカリスマ的なものであり、他方、カリスマに一貫性と継続性とを持たせるためには、何らかの方法で制度的なものにしなければならないのです。このように、同じキリストの体のために同じ聖霊に由来する両方の次元が、この世界にキリストの秘義と救いの業とを存在させるために協働するのです」^(註31)。このように、「位階的な賜物」と「カリスマとしての賜物」は、その起源から何らかの形で相互に関連し合っているのです。最後に、教皇フランシスコは、聖霊がさまざまな賜物のあいだに創り出す「調和」について言及し、カリスマ的な運動に対して、宣教への開放性、司牧者への必要な従順、教会的帰属性を呼びかけました^(註32)。なぜなら、「御父が私たちを満たしてくださる賜物が花開き、繁栄するのは共同体の内部においてであり、すべての子どもたちに対する御父の愛のしるしとして賜物を認識することを学ぶのも共同体において」だからです^(註33)。つまり最近の教会の教導は、「位階的な賜物」と「カリスマとしての賜物」とのあいだに同質性を認めるという方向に向かっていることがわかります。両者を対立させたり、あるいは単に並置したりすることは、教会の生活や使命における聖霊の働きについての理解が誤っているか、あるいは不十分であることの徴候なのです。

III. 「位階的な賜物」と「カリスマとしての賜物」の関係性についての神学的根拠

「聖霊の賜物」の三位一体的かつキリスト論的な考察

11. 「位階的な賜物」と「カリスマとしての賜物」の関係性について、その奥深い理由を理解するには、その神学的な根拠に言及することが適当です。実際、「位階的な賜物」と「カリスマとしての賜物」とのあいだのあらゆる不毛な対立やうわべだけの並置という問題を克服することが、救いの営み（オイコノミア、経綸）そのものから必要とされているのです。なぜなら救いの営みのうちには、受肉したみことばの使命と聖霊の使命とのあいだの本質的なつながりが存在するからです。実際、御父から来るさまざまな賜物は、神の使命と繋がっていながらも、それぞれ独立したものとして働くということを前提としているのです。すなわち、すべての賜物は、御父から、御子を通して、聖霊において与えられるのです。教会における聖霊の賜物は、御子の使命と結びついており、御子の過ぎ越しの秘義（受難から復活へと至る秘義）において比類のない仕方で実現されています。イエス御自身が、自らの使命の遂行を信者の共同体に聖霊を派遣することと関連づけています[註34]。このため聖霊は、受肉し十字架につけられ復活した神のロゴスによる救いの営みと異なる救いの営みを始めることは決してできないのです[註35]。実際、教会におけるすべての秘跡の営みは、御子の受肉の聖霊論的な実現なのです。それゆえ、聖霊は伝統的に、教会の魂でありキリストの体であると考えられています。歴史の中で、神の言動は常に御子と聖霊との関係を暗に含んでいます。それはまさに、リヨンの聖エイレナイオスが、示唆的に両者のことを「御父の二つの腕」と呼んだように[註36]です。この意味で、聖霊からのそれぞれの賜物は、人となったみことばとの関係なくして存在し得ないのです[註37]。

　したがって、聖なる職務に向けられた叙階の秘跡的な恵みによって授けられる「位階的な賜物」と、聖霊によって自由に分配される「カリスマと

しての賜物」との間の本来のつながりは、受肉した神のロゴスと、常に御父と御子の霊である聖霊との関係に究極的な根源を持ちます。「聖霊の教会」を位階的で制度的な教会とは異なる切り離されたものであるという前提に立つ曖昧な神学的視点に陥ることを回避するために、二つの神聖な使命が、教会に与えられたそれぞれの賜物の中で、お互いにもう一方の要素を含んでいるということを繰り返し述べなければならないのです。実際、イエス・キリストの使命は、すでにその中に、聖霊の働きを含んでいます。教皇聖ヨハネ・パウロ2世は、聖霊に関する回勅『いのちの与え主である聖霊』（*Dominum et vivificantem*）において、御子の使命における聖霊の働きの決定的な重要性について述べていました[註38]。そして教皇ベネディクト16世は、このことを使徒的勧告『愛の秘跡』（*Sacramentum caritatis*）においてさらに掘り下げました。「既に創造のときに働いていた弁護者（パラクレートス）（創1:2参照）が、受肉した御子の存在全体の中に完全な仕方で存在しています」。イエス・キリストは「聖霊の力によっておとめマリアに宿りました（マタ1:18、ルカ1:35参照）。そして公生活の初めにヨルダン川のほとりで聖霊が鳩の姿で御自分の上に降りてくるのをご覧になりました（マタ3:16とその並行箇所も参照）。この同じ聖霊のうちにあってイエスは行動し、話し、歓喜したのです（ルカ10:21参照）。そして聖霊の中でこそご自分を捧げることができたのです（ヘブ9:14参照）。ヨハネが引用したいわゆる「告別説教」の中で、イエスははっきりと過ぎ越しの秘義においてご自分のいのちを捧げることと、弟子たちに霊を授けることとを関連づけています（ヨハ16:7参照）。そして復活したイエスは、ご自分の肉に受難のしるしを留めながらも、弟子たちに聖霊を注ぐことができるのです（ヨハ20:21参照）。こうしてイエスは弟子たちをご自身の使命に共に与からせることができたのです（ヨハ20:21参照）。弟子たちにすべてを教え、キリストが語ったことをすべて想い出させてくれるのは聖霊の働きです（ヨハ14:26）。なぜなら真理の霊（ヨハ15:26）として、弟子たちを完全な真理へ導くことが聖霊に任されているからです（ヨハ16:13）。使徒言行録では、聖霊は、聖霊降臨の日にマリアと共に集い祈っていた使徒たち

の上に降り（使2:1-4参照）、すべての民に良き知らせを宣べ伝える使命へと彼らを駆り立てているのです」[註39]。

「位階的な賜物」と「カリスマとしての賜物」における聖霊の働き

12. 神に由来する賜物に関して、三位一体論的かつ聖霊論的な視点に注目することは、「位階的な賜物」と「カリスマとしての賜物」との関係を明らかにします。実際に、「位階的な賜物」においては、叙階の秘跡と結びついているために、キリストの救いのための働きとの関係がまず前面に表れています。例えば、エウカリスティア（感謝の祭儀、聖体）の制定（ルカ22:19以下、一コリ11:25参照）、罪を赦す権能（ヨハ20:22以下）、福音宣教の使命や洗礼を授ける使徒的権能（マコ16:15以下、マタ28:18-20）などです。聖霊の働きなしには、いかなる秘跡も授けられないことも同様に明らかにされています[註40]。一方で、「思いのままに吹き」（ヨハ3:8）、その賜物を「望むがままに」分け与える（一コリ12:11）聖霊によって授けられた「カリスマとしての賜物」は、客観的に見てキリストにおける新しい命に関わるものです。それは、「ひとりひとりがそれぞれの要素として」（一コリ12:27）キリストの体を構成する部分だからです。それゆえ、キリストの臨在とその奉仕の前でのみ、「カリスマとしての賜物」を正しく理解することが可能となるのです。教皇聖ヨハネ・パウロ2世が述べたように、「真のカリスマは、秘跡におけるキリストとの出会いに向かわざるを得ない」[註41]のです。したがって、「位階的な賜物」と「カリスマとしての賜物」とは、イエス・キリストと聖霊との本質的な関係を見るとき一体化しているように見えます。聖霊は同時に、死んで復活したキリストによって与えられる救いの恵みを、秘跡を通して効果的に広める存在であり、カリスマを授ける存在でもあるのです。東方教会の典礼の伝統において、特にシリア典礼においては、「炎のイメージ」で表現される聖霊の役割によって、このことが大変明確に示されています。偉大な神学者であり詩人でもあるシリアの聖エフレムは、「憐れみの炎が降りてきてパンに宿った」[註42]と述べています。つまり彼は、賜物についてのみならず、

エウカリスティア（聖体）のパンを食する信者たちについても、聖霊の聖変化の働きを示しているのです。このような東方教会の視点は、その効果的なイメージを用いて、私たちがエウカリスティア（聖体祭儀）に参与することで、キリストがどのように聖霊を与えてくれるのかを理解するのに役立ちます。その聖霊は、信じる者たちの内で働くことによって、キリストにおける生（人生、生活、いのち）を養い、より深い秘跡的な生活、特に聖体祭儀へと彼らを新たに導きます。このようにして、歴史における三位一体の神の自由な働きは、信じる者たちに救いの賜物を授けると同時に、彼らが自分の人生を捧げて自由に完全な形でこれに応えることができるよう力を与えるのです。

IV. 教会の生活と使命における「位階的な賜物」と「カリスマとしての賜物」の関係性

交わりの秘義としての教会において

13. 教会は、自らを「御父と御子と聖霊との一致によって一つに結ばれた民」[註43] と表現しています。そこでは、「位階的な賜物」と「カリスマとしての賜物」の関係は、信者が教会の交わりや福音化の使命に十分参与することを目指しているように見えます。キリストにあってこの新しい生活へ向かうように、私たちは無条件に運命づけられているのです（ロマ 8:29-31、エフェ 1:4-5 参照）。聖霊は、「この素晴らしい信者同士の交わりを生み出し、教会の一致の源となるよう、キリストにおいてすべての人びとを親密に結びつけています」[註44]。実際、教会において、人はキリストの体の各部分となるよう召されており [註45]、キリストにあって、互いに各部分として人が結ばれるのは、教会の交わりにおいてなのです。交わりとは、常に「二つの根本的な参与です。それは、第一に、キリスト信者がキリストの命に組み込まれることであり、第二に、この世でも、またもう一つの世界でも、その慈愛が信じる者すべてに循環することなのです。それは、キリストとの一致、キリストにおける一致、そして教会におけるキ

リスト信者同士の一致なのです」(註46)。この意味で、教会の秘義は、「キリストにおいて秘跡、または神との親密な結びつきと全人類の一致のしるし、あるいは道具として」輝いています(註47)。ここに交わりの秘義としての教会の秘跡的な根源が現れています。すなわち、「基本的には、聖霊においてイエス・キリストを通して神と交わることです。この交わりは神のことばと秘跡の中で得られます」。堅信の秘跡との密接な一致において、「洗礼の秘跡は、教会における交わりへの扉でありその土台です。エウカリスティア（聖体）の秘跡は、キリスト信者の生活全体の源泉であるとともに頂点です」(註48)。これらの入信の秘跡は、キリスト信者の生活を構成する要素であり、この土台の上に「位階的な賜物」と「カリスマとしての賜物」があります。このように、その内部が秩序立てられた教会的交わりの生活は、絶えず神のことばに敬虔に耳を傾けることに基づき、秘跡によって養われてゆきます。神のことばは、秘跡、特にエウカリスティア（聖体）の秘跡に深くつながっているものとして(註49)、啓示という秘跡的な唯一の視点において、私たちの前に現れます。東方教会の伝統では、聖霊によっていのちを吹き込まれたキリストの体としての教会を、秩序ある統一体として捉えており、このことは、その賜物という面でも表されています。信者の心の中に内住する聖霊の活き活きとした臨在（ロマ5:5参照）は、カリスマの顕現においてもこの一致の根源となっているのです(註50)。ひとりひとりに与えられたカリスマは、実際に一つの同じ教会の一部をなすものであり、より熱心な教会生活のために授けられているものです。この視点は、聖ジョン・ヘンリー・ニューマンの著作にも見られます。「このように、すべてのキリスト信者の心は、カトリック教会のミニチュア（小型版）となっていなければなりません。なぜなら一つの聖霊が教会全体を創り、その各部分を御自身の神殿となさるからです」(註51)。このことから「位階的な賜物」と「カリスマとしての賜物」とを対立させたり、安易にただ並置したりすることが正当ではない理由がいっそう明らかとなります。

　これまで述べたことを要約すると、「カリスマとしての賜物」と教会の

秘跡的な構造との関係性は、それ自体変化することのない、永続的で、かつ取り消すことのできない「位階的な賜物」と「カリスマとしての賜物」とのあいだの同質性を裏づけるものです。後者の歴史的な形態は、決して永遠に保証されるものではありませんが^(註52)、それでもカリスマ的な次元は教会での生活や宣教活動において決して失われることはないのです。

「位階的な賜物」の特性

14. 神の民の各構成員の聖化と世界における教会の宣教活動に関して、さまざまな賜物の中でも「使徒の恵みが最も優れており、その霊自身が、種々の霊の賜物（カリスマ）を受けた人たちをも、使徒の受けた権威に従わせたのです」^(註53)。イエス・キリストご自身が、自らの救いの業の唯一の取り成しを確実に時代に合ったものとするために、「位階的な賜物」の存在を望まれました。「使徒たちは、キリストによって、自分たちの上に降った聖霊の特別な注ぎで満たされ（使1:8、2:4、ヨハ20:22-23参照）、彼ら自身も協力者に対して、按手によってこの霊的な賜物を授けました（一テモ4:14、二テモ1:6-7参照）」^(註54)。したがって位階的な賜物の授与は、まず司教聖別によって与えられた叙階の秘跡の完全性に遡るのです。司教として聖別されることは、「聖化の任務とともに、教える任務と統治する任務をも授かることです。しかし、これらの任務はその性質上、彼らのかしらと司教団の構成員たちとの位階的な交わりの中でしか行使することができないのです」^(註55)。したがって、「大祭司である主イエス・キリストは、司祭たちによって補佐されている司教のうちにあって、信じる者たちの間に現存します。……主は、司教たちの優れた奉仕を通して、すべての民族に神のことばを宣べ伝え、絶えず信じる者たちに信仰の秘跡を授け、司教たちの父としての務めによって（一コリ4:15参照）、神の意志により新たに生まれさせることによって、教会の新しい構成員を御自分の体に一致させます。さらに彼らの知恵と賢慮とによって、新約の民を永遠の至福への旅において統治し、導く」^(註56)のです。東方教会の伝統は、教父たちと活き活きとしたつながりを持っており、「タクシス」（taxis）［秩

序〕という特徴的な概念の中で、すべてのことを理解しています。聖大バシレイオスによれば、教会の秩序は聖霊の働きによるものなのです。そのタクシス（秩序）において、聖パウロは種々のカリスマを列挙しているのですが（一コリ 12:28 参照）、この秩序は「聖霊の賜物（カリスマ）の分配によるもの」[註57] として、使徒のカリスマを第一のものとして位置づけています。司教としての聖別に関することから始まり、その他の職階の位階的な賜物について、特に司祭のそれに関して理解することができるのです。司祭は、「福音を宣べ伝え、信者を牧し、神への礼拝を挙行するために聖別される」者であり、「司教の権限のもとで、主の群れのうち自分に任された部分を聖化し、統治する」者です。さらに司祭は、「群れの模範となり、自らの地域共同体を治め、これに奉仕する」のです[註58]。叙階の秘跡において、司教と司祭とは祭司としての塗油によって「かしらであるキリストのペルソナにおいて行動できるよう、大祭司キリストに一致させられます」[註59]。これらに加えて、助祭に授けられる賜物をも加えなければなりません。助祭は「祭司としてではなく、役務のために按手を受け」、「秘跡の恵みによって支えられ、司教との交わりの中で、また司祭と共に、典礼とことばと愛の役務において神の民に仕えるのです」[註60]。より簡潔に言えば、叙階の秘跡による「位階的な賜物」は、そのさまざまな職階において、交わりとしての教会の中でそれぞれの信者に対して、秘跡の恵みを客観的に授けること、すなわち神のみことばの教えを告げ知らせ、司牧的な配慮を行うことが、確実に遂行されるようにするのです。

「カリスマとしての賜物」の特性

15. 長い歴史を通して、「位階的な賜物」の行使によって、神の民全体の利益のためにキリストの恵みが確実に与えられているとすれば、すべての信者はそれを歓迎し、自らの生活の現実的状況の中で個人的にそれに応えるように招かれています。したがって「カリスマとしての賜物」は、秘跡を通して与えられる恵みがそれぞれ異なる形で、またあらゆる次元でキリスト信者の生活の中で実りをもたらすよう、聖霊によって自由に分け与え

られています。これらのカリスマは、「すべてまず教会の必要に適応したもの、その必要性を満たすよう向けられている」(註61) 有益なものであるため、その多様な豊かさを通して神の民は自らの福音的な使命を完全に生き、時のしるしを注意深く観察し、福音に照らしてこれを解釈します(註62)。実際、「カリスマとしての賜物」は、信じる者が完全な自由をもって時代にふさわしい方法で、救いの賜物に応えるよう彼らを動かします。すなわち各自を他者への愛の賜物とし、すべての人の前で福音の真の証人とするのです。

共有された「カリスマとしての賜物」

16. ここでは「カリスマとしての賜物」が、それぞれ特殊な性質を持っているという理由のみならず教会の交わりにおいて広範に行き渡っているという理由から、いかにそれが多種多様なものであるかを想い起こすと良いでしょう。「カリスマとしての賜物」は、「個人に与えられるものですが、他の人と共有することもできます。そうして貴い生きた遺産として時を経て継承され、人と人とのあいだに特別な霊的な類似性を生み出す」のです(註63)。カリスマの個人的な性質とその共有可能な性質との関係性は、その内に秘めた力の一つの重要な要素を示します。それは、教会の交わりにおいて個人と共同体とを常に結びつけている関係性に関わるものです(註64)。「カリスマとしての賜物」は、実際の活動において、類似性、親近感、霊的な絆を生み、それを通して創設者から始められたものが共有され、深められ真の霊的家族を作り上げます。さまざまな教会のグループは、その多様な形態において、「共有されたカリスマとしての賜物」として存在しています。教会内の運動や新しい共同体は、起源となるある特定のカリスマが、いかに信者たちを結束させ、彼らがキリスト信者としての召し出しや教会の宣教に奉仕する自らの生活を完全に生きる助けとなっているかを示しています。このカリスマの共有の具体的かつ歴史的なかたちは、それぞれに他と異なるものとされたのだと考えられます。それが、霊性の歴史が示すように、創設の起源となるカリスマからさまざまな異なる団体が設立

される理由なのです。

教会権威者による承認

17. 聖霊によって自由に分け与えられる種々の「カリスマとしての賜物」の中には、キリスト信者共同体内部の人が受け取り体験するカリスマが多くありますが、これらは特別な規制を必要としないものです。その一方で、あるカリスマが、「起源となるカリスマ」あるいは「創設的なもの」と称される場合には、その豊かさが教会の交わりの中で適切に位置づけられ、時間の経過の中で忠実に継承されてゆくように特別の承認を得なければなりません。そこで、教会の権限に属する識別という重要な任務が浮かび上がってきます[(註65)]。カリスマの真正性を見究めることは、必ずしも容易なことではありません。しかし、この識別の作業は、司牧者に与えられた義務的な奉仕なのです。実際、信者は「カリスマの真正性と、その担い手を自称する者たちの信頼性について、司牧者たちから情報の提供を受け取る権利を持っています」[(註66)]。この目的のため教会の権威者は、聖霊によってもたらされるカリスマの実際の予測不可能性を認識しておかなければならず、教会共同体を築き上げるために信仰の規範に従ってそれらを評価しなければなりません[(註67)]。これは長い時間を要するプロセスであり、その純粋性を教会が認めるまで誠意をもって識別を行い、その承認のための適切な段階を踏むことを必要とします。カリスマから生まれたグループは、その初期の熱意に満ちた時期を過ぎて安定した組織になってゆくよう、試行錯誤と経験の蓄積に十分な時間を必要とします。確認のすべての過程を通して、教会の権威者は、新しいグループにいつくしみ深い態度で寄り添わなければなりません。それは、決して欠くことのない司牧者による寄り添いです。なぜなら教会においては、「善き羊飼い」である主イエスの代理人として召命を受けた者の父性がなくなることはないからです。「善き羊飼い」の配慮に満ちた愛は、その群れを導くことを決してやめないのです。

「カリスマとしての賜物」の識別基準

18. ここからは、近年の教会の教導において注目されている、教会のさまざまなグループの「カリスマとしての賜物」の識別の基準について、いくつかの点を述べていきます。これらの基準は、カリスマが真に教会的なものであるかを識別する助けとなることを目的としています。

　a）それぞれのキリスト信者の聖性への召命がすべてに優ること。真正なカリスマを分かち合うことで生まれたすべての団体は、常に教会における聖性の手段、すなわちいつくしみと愛の完成に向けた真の力を大きくするものでなければなりません[註68]。

　b）福音宣教に献身していること。真のカリスマ的な団体とは、「教会という体と統合された聖霊の賜物であり、キリストという中心に向かって引き寄せられ、そこから福音宣教へ向かってゆく」ものです[註69]。このように、これらの団体は「教会の使徒的な目的に合致し参与すること」を実現し、「自ら新しい福音化の主体となる宣教への勢い」を明確に示さなければなりません[註70]。

　c）カトリックの信仰を告白していること。すべてのカリスマ的な団体は、その完全さをもって信仰の教育を行う場でなくてはならず、「キリスト、教会、教会の教導に従って、それを正しく解釈する人についての真理を受け容れ、これを宣べ伝え」なければなりません[註71]。したがって、「教義や教会共同体を超えて」（proagon）危険を冒してゆくこと（論争的な応報）を回避しなければなりません。実際「それら（教義や教会共同体）の内部に留まっていなければ、イエス・キリストの神に結ばれていないことになるのです（二ヨハ9参照）」[註72]。

　d）全教会との有効な交わりを証ししていること。このことは「普遍教会の一致においてその永久的かつ目に見える中心である教皇と、部分教

の一致においてその目に見える原理と基礎である司教の下に連なる者としての関係」をもたらします[註73]。これは、「教皇や司教による教義上の教えや司牧上の方針を受け容れる忠実な心構え」[註74] と「地域、国内、国際的規模の教会の企画や活動に参加する心構えがあること、信仰教育への献身とキリスト信者の育成における教育の能力」[註75] を含んでいます。

　e）教会内の他のカリスマ的団体との相互補完性を認識し尊重していること。ここから、相互協力への心構えが生じます[註76]。実際、「真のカリスマであるか否かを示す明確なしるしは、その教会的な性質です。つまりそれは、すべての人の善益のために、聖なる神の民の生活に調和して溶け込む力です。聖霊によってもたらされた真の新しい団体は、他の霊性を貶めたり、自己正当化のための賜物を求めたりはしないのです」[註77]。

　f）カリスマの識別における試練の時を受容すること。「カリスマとしての賜物」は、「教会全体にとっては霊的生活の新しさという重荷となり、最初は不都合なものに見えることさえあるもの」を含んでいることがあります。真正性の基準は以下の点にあります。「不測の事態に耐える謙遜。純粋なカリスマと新しさの視点、そして内的な苦悩が正しい関係性にあれば、カリスマと十字架の間の確固たる歴史的なつながりがもたらされるのです」[註78]。もし関係が緊迫した場合には、より深い交わりと教会としての一致のために、全員がさらなる大きな愛を実践しなければなりません。

　g）慈愛、喜び、平和、人間的な成熟（ガラ 5:22 参照）などの霊的な実りが存在していること。つまり、「教会での生活をいっそう熱心に生きること」[註79]、「神のことばに耳を傾け、黙想する」ことへのより強い熱意[註80]、「祈り、観想、典礼的および秘跡的生活への新たな意欲、キリスト信者の結婚、司祭職、奉献生活への召命が盛んになるよう活気づけること」[註81] などです。

h) 福音宣教の社会的な側面を備えていること。それには以下のことを認識しておく必要があります。すなわち、慈愛という原動力のおかげで「ケリュグマ（福音の告知）は、必然的に社会的な内容をも含みます。実に福音の中心には共同生活や他者と共に行う献身があるのです」[註82]。この識別の基準においては、教会における在俗の信徒の団体に関してだけではなく、「社会の中で、より公正で友愛的な状況を構築するための参与と連帯の活発な潮流」[註83] であることの必要性が強調されています。この点で重要なのは、「社会生活のさまざまな環境におけるキリスト信者の存在感を増大させる推進力、また慈愛に溢れた文化的で霊的な働きを創造し活性化することです。さらに、すべての人へ惜しみない愛をますます注ぐために、とらわれのない精神と『福音的な清貧』とが重要になります」[註84]。また、「教会の社会教説」を拠りどころとすることも大切です[註85]。特に、「自ら貧しくなられたキリストへの信仰、常に貧しい人びとや排除された人びとに寄り添っているキリストへの信仰から、社会の中で最も見捨てられた人びとを社会に組み入れるという展開への配慮が生まれるのです」[註86]。このようなことが真正な教会的団体に備わっていなければならないのです。

V.「位階的な賜物」と「カリスマとしての賜物」との関係性の教会における実践

19. 最後に、「位階的な賜物」と、教会の交わりの内部でカリスマ的なグループを構成する「カリスマとしての賜物」との関係性について、教会の具体的な実践のいくつかの要素について述べておく必要があります。

相互関係

20. まず、教会内で異なる賜物の間に良好な関係を築き上げるためには、部分教会の司牧的生活にカリスマ的団体が有効に働く形で組み込まれることが必要となります。それによってまず、さまざまなグループが、教会の司牧者たちの権威を、自らのキリスト信者の生活の内にある現実として認

識し、自分たちもそのように認知され、受け容れられ、必要に応じて浄められることを望み、教会の使命に奉仕するようになります。一方で、「位階的な賜物」を授与された者は、カリスマを識別し、これに寄り添いながら、教会の交わりの中で聖霊が与えるものを温かく受容し、司牧的活動の中でこれを大切にし、皆の善益のための正真正銘の手段・資源として彼らの貢献を評価しなければなりません。

普遍教会と部分教会における「カリスマとしての賜物」

21. カリスマ的な団体の普及とその独自性に関しては、普遍教会と部分教会とのあいだの無視することのできない構造的な関係性を考慮しなければなりません。これ関して私たちは、使徒信条で公言しているように、キリストの教会は「普遍教会、すなわち主の弟子たちの普遍的な共同体であり、すべての個人、集団、時間、場所の特殊性と多様性の中に存在し、そこで活動している教会である」[註87] ことを再確認する必要があります。したがって、部分的な次元は普遍的な次元に本来含まれており、その逆もまた然りです。実際、部分教会と普遍教会のあいだには「相互内在性」という関係があります[註88]。聖ペトロの後継者に与えられた「位階的な賜物」は、このような背景において、地方教会の中に普遍教会が内在するということを保証し、またはこれに貢献するために行使されます。実際に、各司教の使徒的な職務は、自身の教区内に留まることなく、教会全体にまで還流することが求められており、司教の慈愛に基づく効果的な協働体制を通じて、特に「教会の一致の中心」（centrum unitatis Ecclesiae）たるローマ教皇との交わりを通して行われるのです。事実、教皇は「聖ペトロの後継者として、司教および、数多くの信者たちの一致の永久的かつ目に見える原理であり基礎なのです。一方司教は、それぞれ個別に任用され、各自の部分教会における目に見える原理であり基礎となっているのです。それらの部分教会は普遍教会に似せてかたちづくられ、それらの内に、またそこから唯一無二のカトリックの教会が存在するのです」[註89]。このことは、それぞれの部分教会には「唯一の、聖なる、普遍かつ使徒的なキリストの

教会が真に存在し活動していること」^(註90)を意味しています。したがって、聖ペトロの後継者の権威を拠りどころとすること、すなわち「聖ペトロと共に、聖ペトロのもとでなされる（cum Petro et sub Petro）交わり」は、すべての地方教会にとって大変重要なことなのです^(註91)。

　このようなかたちで、普遍教会と部分教会との関係性の中に「位階的な賜物」と「カリスマとしての賜物」とを関係づけるための基盤があります。実際、「カリスマとしての賜物」は教会全体に与えられている一方で、これらの賜物の内に秘められた力は、実際の教区における奉仕において実現するよりほかないのです。その教区とは「司祭団の協力のもとに司牧するよう司教に委託された神の民の部分」^(註92)です。この目的において、奉献生活の事例を引用するのが良いでしょう。奉献生活は、外部の実態でもなければ地方教会から独立したものでもないのですが、急進的福音主義のごとき特徴を持ち、独特な賜物を持って、その内部で特別な形で存在しています。かなりの数の奉献生活の会と深く関係する「免属」（exemptio）という伝統的な慣例^(註93)は、体を持たず場所の制限を受けないことを意味するのではなく、また誤った仕方で理解された自治でもありません。むしろ、「免属」の慣例が意味しているのは、教会の普遍的な次元と部分的な次元との間にある、よりいっそう深い相互作用なのです^(註94)。同様に、新たに誕生したカリスマ的団体がその性質上教区を越境するものである場合、自らの団体が部分教会から完全に独立していると考えるのではなく、むしろ一つの教区という枠を超えて共有される特徴を活かして部分教会を豊かにし、これに奉仕しなければならないのです。

「カリスマとしての賜物」とキリスト信者の生活状況

22. 聖霊によって授けられた「カリスマとしての賜物」は、秘跡と神のことばの両方に関して、教会の交わりの秩序全体に関係づけることができます。それらは、それぞれの特性に応じて、洗礼、堅信、婚姻、聖職叙階から生じる任務の遂行において数多くの実りをもたらします。またこれらの

賜物は、使徒たちに由来する聖なる伝統（聖伝）に関して、より深い霊的な理解を可能にするものです。聖伝の理解は、これを学ぶことや「確かな真理の賜物」（charisma Veritatis certum）[註95] を委ねられた者による教話のほか、「霊的なことがらをより深く経験することで得られる知恵」によっても深められます [註96]。このような視点から、特に神の民の共通祭司職と位階的祭司職に注目しながら、「カリスマとしての賜物」とキリスト信者の異なる生活身分の関係について基本的な問題を列挙するのが望ましいでしょう。二つの祭司職は、「段階においてではなく、本質においても異なるものでありながら相互に秩序づけられています。それは、互いにそれぞれの方法で、キリストの唯一の祭司職に参与しているからです」[註97]。実際、これらは「キリストの唯一の祭司職に参与する 2 通りの方法なのであって、キリストの唯一の祭司職の中に、十字架の生贄という最高の業において一体とされる二つの次元が存在するということです」[註98]。

　a）まず、正当な司牧者の指導のもとにあって、秘跡の恵みを実らせるために召されたすべての信者の間に教会のグループを生み出すさまざまなカリスマの善良さを認識する必要があります。それらは、自らの召命を生きそれを発展させるための真の可能性を表しています [註99]。これらの「カリスマとしての賜物」によって、信者は神の民の共通祭司職を日常生活の中で生きることができるのです。すなわち、「彼らはキリストの弟子として、たゆまず祈り、共に神を讃美し（使 2:42-47 参照）、神に喜ばれる生きた聖なる生贄として自らを捧げ（ロマ 12:1 参照）、至るところでキリストを証しし、求める人には自分の内にある永遠のいのちへの希望について説明するのです（一ペト 3:15 参照）」[註100]。これと同じ方向性に、婚姻の身分におけるキリスト信者の生活にとって特に重要な役割を持つ教会の団体も位置づけられています。これらの団体は、有益な仕方で「教育と活動を通して、若者や夫婦自身、特に新婚の夫婦を励まし、家庭生活、社会生活、使徒的生活に向けて彼らを養成する」ことができるのです [註101]。

b）叙階された司祭も、カリスマ的な団体に参加することで、神の子と された自らの洗礼の意味や、自らの召命と特別な使命を想い起こすことが できるようになります。叙階を受けた信者は、特定の教会的グループにお いて、自身の特別な職務から求められていることを最後までやり遂げるた めの力と助けを見出すことができるでしょう。それは神の民との関係、特 に自らに委ねられた一つのグループの人びととの関係に関するものであり、 また自身の裁治権者に対して負うべき真摯な従順に関するものでもあり ます^(註 102)。同様のことは、シノドス後の使徒的勧告『現代の司祭養成』 (*Pastores dabo vobis*) において明言されているように、ある特定の教会の グループに所属する司祭候補者の場合にも当てはまるでしょう^(註 103)。こ のような関係性は、そのカリスマに由来する豊かさをもたらしつつ、自ら の特定の教育に素直に従うというかたちで表されなければなりません。最 後に、司祭がある教会内部のグループに対して行うことのできる司牧的な 支援は、その教会運動自体の特性に応じて、入籍先^(註 104)や自身の裁治 権者に従う義務^(註 105)を考慮し、教会の交わりの中で聖なる職階のため に規定された制度に常に従いながら行われなければなりません。

c）洗礼によって与えられる祭司職と、叙階によって形成される役務的 祭司職に対する「カリスマとしての賜物」の貢献は、奉献生活において象 徴的に示されています。奉献生活は、そのようなものとして教会のカリ スマ的な次元に位置づけられています^(註 106)。「清貧・従順・貞潔である キリストに向けてかたちづくられること」を実現する^(註 107)（奉献生活の） カリスマは、永続的な生活様式^(註 108)として、福音的勧告の宣言を通して、 「洗礼の恵みから、より多くの豊かな実りを得ることができる」ために授 けられています^(註 109)。奉献生活者の会の霊性は、信徒にとっても司祭に とっても、自らの召命を生きるための重要な手段となります。さらに、珍 しいことではありませんが、奉献生活の会の会員は、自身の上長による必 要な同意を得られれば^(註 110)、教会内部の新しいグループとの関係におい て、自らの召命を生きるために重要な支えとなるものを見出すことができ、

また「奉献生活の喜びに満ちた、忠実な、カリスマ的な証し」(註111) を示すこともできます。こうして「互いにより豊かになること」が可能となるのです。

d) 最後に、教導職によって、叙階されたすべての司祭に対しても福音的勧告の精神が勧められているというのは意義深いことです(註112)。由緒あるラテン典礼の伝統において、司祭に求められている独身生活(註113) もまた、明らかに「カリスマとしての賜物」と同じ方向性にあるものです。独身は第一義的には義務的なものではなく、むしろ「キリストご自身の生き方に倣う特別な方法を表すものなのです」(註114)。そこにおいて、叙階の秘跡によって与えられる使命に従って、自分自身を完全に捧げることが実現するのです(註115)。

教会の承認の形態

23. 本文書は、「位階的な賜物」と「カリスマとしての賜物」の関係性に始まり、教会内部の新しいグループの神学的かつ教会論的な位置づけを明確にすることを目的としています。したがって「カリスマとしての賜物」を教会が識別するにあたり、最適な方法を実際に見つけるための助けとなることを意図しています。現行の教会法典では、「カリスマとしての賜物」に基づく新たな教会の団体の承認について、さまざまな法律上の形態を規定しています。これらの形態については慎重に考慮する必要があり(註116)、さまざまなカリスマ的な団体の権利の基本原則と、その性質や特徴が適切に考慮されないという事態は避けなければなりません。

「位階的な賜物」と「カリスマとしての賜物」の関係性という観点から、決して切り離して考慮してはならない以下二つの基本的な基準を重視する必要があります。

a) 個々のカリスマ的なグループの特質を尊重し、特殊な経験から生まれる新しい潮流を押さえ込み、それを損なうような法的な強制を回避すること。それによって、さまざまなカリスマが教会内部においてどれもが平

凡な手段や資源にすぎないと見なされる事態を避けることができます。

　b）教会の基本的な制度（統治）を尊重し、「カリスマとしての賜物」が普遍教会と部分教会の生活に効果的に組み込まれるように努めること。また、カリスマ的な団体が、自らを教会の生活と並列的な位置づけにあると認識し、「位階的な賜物」と序列的な関係にないものと考える事態を回避すること。

結論

24.　最初のキリストの弟子たちは、聖霊の注ぎを待っているあいだ、イエスの母マリアと共に熱心に、心を一つにして祈っていました（使1:14参照）。マリアは、至聖なる三位一体によって溢れんばかりに与えられた特別な恵みを受け容れ、それを実り豊かに成熟させることにおいて完全な存在であったのです。それら特別な恵みの第一のものは、神の母であるという恵みです。教会の子どもたちは皆、聖霊の働きに完全に従順であったマリアの姿、つまり一点の曇りなき信仰と全き謙遜の中での完全なる従順を讃えることができます。すなわちマリアは、聖霊のすべての賜物を受容する従順かつ忠実な姿勢を完璧に証ししているのです。さらに第二バチカン公会議が教えているように、聖母マリアは、「母としての愛をもって、まだ旅を続けている我が子である兄弟姉妹たち、危険や困難の中にあるその兄弟姉妹たちが幸福な祖国に到達するまで、彼らを見守る」[註117]のです。それは、マリアが「聖霊に導かれるままに自らを委ね、奉仕と豊かな実りへと向かう信仰の道を歩む」者であるからであり、私たちも「今日、私たちがすべての人に救いのメッセージを告げ知らせることができるよう、また新しい弟子たちが活き活きとした福音宣教の担い手となるよう、マリアを見つめるのです」[註118]。このような理由から、マリアは教会の母として認識されており、私たちは大いなる信頼を持ってマリアに次のように願い求めるのです。マリアの効果的な助けと力強い執り成しによって、キリ

スト信者の内に聖霊を通して豊かに分配されたカリスマが、彼らに従順な姿勢で迎え容れられ、教会の生活と使命のため、また世界の善益のために実を結びますように。

　教皇フランシスコは、以下に署名した教皇庁教理省長官であるミュラー枢機卿との 2016 年 3 月 14 日の謁見の中で、本省の通常総会で採択されたこの書簡を承認し、その発行を命じました。

2016 年 5 月 15 日、聖霊降臨祭の大祝日に
ローマ、教皇庁教理省にて

教理省長官ゲルハルト・ミュラー枢機卿
教理省局長ルイス・フランシス・ラダーリア
（イエズス会、ティビカ名義大司教）

原註

（註 1）第二バチカン公会議『教会憲章』4 項。

（註 2）聖ヨハネス・クリゾストモス『聖霊降臨祭の説教』II, 1:PG 50, 464。

（註 3）教皇フランシスコ使徒的勧告『福音の喜び』（*Evangelii gaudium*）〔2013 年 11 月 24 日〕49 項。

（註 4）同 20-24 項を参照。

（註 5）同 14 項を参照。

（註 6）同 25 項。

（註 7）第二バチカン公会議『信徒使徒職に関する教令』19 項。

（註 8）教皇フランシスコ、使徒的勧告『福音の喜び』14 項；教皇ベネディクト 16 世「聖地アパレシーダでの第 5 回ラテンアメリカ・カリブ司教協議会総会開会ミサ説教」（2007 年 5 月 13 日）：AAS 99（2007）43 参照。

（註 9）教皇ヨハネ・パウロ 2 世「聖霊降臨祭の前夜における教会運動や新しい共同体の構成員への講話」（1998 年 5 月 30 日）7 項：*Insegnamenti di Giovanni*

Paolo II, XXI, 1 (1998) 1123。

（註10）同6項：*Insegnamenti di Giovanni Paolo II*, XXI, 1 (1998) 1122。

（註11）同8項：*Insegnamenti di Giovanni Paolo II*, XXI, 1 (1998) 1124。

（註12）「賜物（カリスマ）にはいろいろあります」（一コリ 12:4）、「わたしたちは……それぞれ異なった賜物（カリスマ）を持っています」（ロマ 12:6）、「しかし、人はそれぞれ神から賜物（カリスマ）をいただいています。ある人はある方法で、また別の人は別の方法で」（一コリ 7:7）。

（註13）ギリシア語では、この二つの単語（charísmata と cháris）は同じ語源を持っています。

（註14）オリゲネス『諸原理について』（*De principiis*）I, 3, 7; PG 11, 153 を参照：「聖霊の賜物（カリスマ）と呼ばれているものは、御子の業を通して手渡され、御父の業によって生み出されるのです」。

（註15）カエサレイアの聖大バシレイオス『修道士大規定』（*Regulae fusius Tractae*）7, 2: PG 31, 933-934。

（註16）「異言を語る者が自分を造り上げるのに対して、預言する者は教会を造り上げます」（一コリ 14:4）。使徒パウロは、神との個人的な関係に役立つ祈りのカリスマである異言の賜物を軽視しておらず、それが共同体に対して直接的に有益なものではないとしても、真正なカリスマとして認めています。「わたしはあなたがたの誰よりも多くの異言を語れることを、神に感謝します。しかし、わたしは他の人たちをも教えるために、教会では異言で一万の言葉を語るより、理性によって五つの言葉を語る方をとります」（一コリ 14:18-19）。

（註17）一コリント 12 章 28 節を参照。「神は、教会の中にいろいろな人をお立てになりました。第一に使徒、第二に預言者、第三に教師、次に奇跡を行うもの、その次に病気を癒す賜物を持つ者、援助する者、管理する者、異言を語る者などです」。

（註18）共同体の集いでは、カリスマが過剰に表れると不都合が生じます。ライバル意識、無秩序、混乱の雰囲気が生み出されるのです。与えられたものの少ないキリスト信者は劣等感を抱く危険性があり（一コリ 12:15-16 参照）、一方偉大なカリスマを持つ者たちは、尊大で傲慢な態度をとるようになる可能性があるのです（一コリ 12:21 参照）。

（註19）教会において異言を語る人の不思議な言葉を解釈できる者がいない場合、パウロは彼らに黙っているよう命じています。もし解釈する者が 1 人いる場合には、パウロは 2 人に、あるいは多くても 3 人までは異言を話すことを認めていました（一コリ 14:27-28 参照）。

（註20）パウロは、抑えきれないほどの預言的霊感という考えを受け容れてはおらず、代わりに以下のように述べていました。「預言者に働きかける霊は、預言者

の意に服するはずです。神は無秩序の神ではなく、平和の神だからです」（一コリ14:32-33）。さらに彼は、「自分が預言者だと思っている人、あるいは聖霊の賜物に恵まれていると思っている人は、わたしが書いていることが主の命令であることを知らなければならず、もしそれを無視する人がいれば、その人は無視される」（一コリント14:37-38）と述べています。しかし、最後には前向きな形で、預言を志すように促し、また異言を話すことを妨げずに締め括っています（一コリ14:39参照）。

（註21）教皇ピオ12世回勅『ミスティチ・コルポリス』（*Mystici Corporis*）［キリストの神秘体］（1943年6月29日）：AAS 35（1943）206-230参照。

（註22）第二バチカン公会議『教会憲章』4、7、11、12、25、30、50項；『神の啓示に関する教義憲章』8項；『信徒使徒職に関する教令』3、4、30項；『司祭の役務と生活に関する教令』4、9項を参照。

（註23）同『教会憲章』4項。

（註24）同12項。

（註25）第二バチカン公会議『信徒使徒職に関する教令』3項参照。「この使徒職の遂行のために、役務と秘跡を通して神の民の聖化をすでに行っている聖霊は、信者に特別の賜物をも与えます（一コリ12:7参照）。それは、『霊が望むままに、一人ひとりに分け与える』（一コリ12:11）ものです。こうして、『一人ひとりが賜物を授かった目的に従って、他人のためにそれを生かして奉仕し、神より授かったさまざまな恵みのよい管理者として』（一ペト4:10）、愛において体全体を築きあげる（エフェ4:16参照）ことに貢献するのです」。

（註26）同上。

（註27）第二バチカン公会議『教会憲章』12項参照。「それらの真正性と秩序ある行使の判断は、教会内の権限者に属しています。彼らに与えられた権限は聖霊を絶やすことではなく、すべてを精査し良いものはすべて確保しておくことです（一テサ5:12、5:19-21参照）」。これは直接的には特別な賜物の識別について述べているとしても、類推的に考慮すれば、ここで明言されたことはすべてのカリスマ全般に該当します。

（註28）例えば、教皇聖パウロ6世使徒的勧告『福音宣教』（1975年12月8日）58項；修道者・在俗会聖省と司教聖省、教会における司教と修道者の相互関係に関する指示（*Mutuae relationes*）［1978年5月14日］：AAS 70（1978）473-506；教皇ヨハネ・パウロ2世使徒的勧告『信徒の召命と使命』（1988年12月30日）；使徒的勧告『奉献生活』（*Vita consecrate*）［1996年3月25日］を参照。

（註29）象徴的なのは、省庁間の垣根を超えた上述の文書、教会における司教と修道者の相互関係に関する指示書 *Mutuae relationes* の言明です。そこでは「修道生活と教会の構造を互いに依存し合うことのないものと理解するのは重大な誤りであり、またカリスマ的なものと制度的なものという二つの異なる現実が存在し得る

かのように、これらを対立させるのはより重大な誤りと言えます」と強く述べています（34項）。

（註30）教皇ヨハネ・パウロ2世「教皇庁信徒評議会から発された教会運動世界会議の参加者へのメッセージ」（1998年5月27日）5項：*Insegnamenti di Giovanni Paolo II*, XXI, 1（1998）1065；同教皇の「第2回国際コロキウムに集まった教会運動へのメッセージ」（1987年3月2日）：*Insegnamenti di Giovanni Paolo II*）X, 1（1987）476-479も参照。

（註31）教皇ベネディクト16世「教皇による認定25周年記念における『交わりと解放の友愛』から発された巡礼の参加者への演説」（2007年3月24日）：*Insegnamenti di Benedetto XVI*, III, 1（2007）558。

（註32）教皇フランシスコ「教会運動、新しい共同体、協会、信徒の集団と共に祝う聖霊降臨の大祝日における説教」（2013年5月19日）：*Insegnamenti di Francesco*, I, 1（2013）208「特別なカリスマと務めを持つ司牧者たちに導かれて教会において共に歩むことは、聖霊の働きのしるしであり、また教会的な有様です。それは、すべてのキリスト信者、すべての共同体、すべての運動の基本的性質なのです」。

（註33）教皇フランシスコ「一般謁見での演説」（2014年10月1日）、オッセルヴァトーレ・ロマーノ（2014年10月2日）8頁。

（註34）ヨハ7:39、14:26、15:26、20:22参照。

（註35）教理省宣言『主イエス——イエス・キリストと教会の救いの唯一性と普遍性について』（*Dominus Iesus*）[2000年8月6日] 9-12項参照。

（註36）リヨンの聖エイレナイオス『異端駁論』IV, 7, 4: PG 7, 992-993/V, 1, 3: PG 7, 1123/ V, 6, 1: PG 7, 1137/ V, 28, 4: PG 7, 1200。

（註37）教理省宣言『主イエス』12項参照。

（註38）教皇ヨハネ・パウロ2世回勅『聖霊——いのちの与え主』（*Dominum et Vivificantem*）[1986年5月18日] 50項；『カトリック教会のカテキズム』727-730項参照。

（註39）教皇ベネディクト16世使徒的勧告『愛の秘跡』（2007年2月22日）12項。

（註40）『カトリック教会のカテキズム』1104-1107項参照。

（註41）教皇ヨハネ・パウロ2世「聖霊降臨の前夜祭における教会運動や新しい共同体の構成員への講話」（1998年5月30日）7項：*Insegnamenti di Giovanni Paolo II*, XXI, 1（1998）1123。

（註42）シリアの聖エフレム『信仰についての讃歌』10、12項：CSCO 154, 50。

（註43）カルタゴの聖キュプリアヌス『主の祈りについて』23項：PL 4, 553; 第二バチカン公会議『教会憲章』4項参照。

（註44）第二バチカン公会議『エキュメニズムに関する教令』2項。

（註 45）教理省宣言『主イエス』16 項参照：「キリストの救いの秘義の完全性は、主イエスと不可分に結ばれている教会にも属しています」。

（註 46）教皇パウロ 6 世「水曜日の演説」（1966 年 6 月 8 日）：*Insegnamenti di Paolo VI*, IV（1966）794。

（註 47）第二バチカン公会議『教会憲章』1 項。

（註 48）世界代表司教会議特別総会 *Ecclesia sub Verbo mysteria Christi celebrans pro salute mundi*『最終報告書』（1985 年 12 月 7 日）、II, C, 1：*Enchiridion Vaticanum*、9, 1800；教理省書簡『交わりとしての教会理解のいくつかの点に関して』（*Communionis notio*）［1992 年 5 月 28 日］4-5 項：AAS 85（1993）839-841 参照。

（註 49）教皇ベネディクト 16 世使徒的勧告『主のことば』（*Verbum Domini*）［2010 年 9 月 30 日］54 項；教皇フランシスコ、使徒的勧告『福音の喜び』174 項参照。

（註 50）カエサレイアの聖大バシレイオス『聖霊論』（*De Spiritu Sancto*）26 項：PG 32, 181 参照。

（註 51）J. H. ニューマン、*Sermons Bearing on Subjects of the Day*, London 1869, 132。

（註 52）奉献生活についての例として述べられた内容を参照。教皇ヨハネ・パウロ 2 世「一般謁見での演説」（1994 年 9 月 28 日）5 項：*Insegnamenti di Giovanni Paolo II*, XVII, 2（1994）404-405。

（註 53）第二バチカン公会議『教会憲章』7 項。

（註 54）同 21 項。

（註 55）同上。

（註 56）同上。

（註 57）カエサレイアの聖大バシレイオス『聖霊論』16、38 項：PG 32, 137。

（註 58）第二バチカン公会議『教会憲章』28 項。

（註 59）第二バチカン公会議『司祭の役務と生活に関する教令』2 項。

（註 60）第二バチカン公会議『教会憲章』29 項。

（註 61）同 12 項。

（註 62）第二バチカン公会議『現代世界憲章』4、11 項参照。

（註 63）教皇ヨハネ・パウロ 2 世使徒的勧告『信徒の召命と使命』24 項。

（註 64）同 29 項参照。

（註 65）第二バチカン公会議『教会憲章』12 項参照。

（註 66）教皇ヨハネ・パウロ 2 世「一般謁見での演説」（1994 年 5 月 9 日）6 項：*Insegnamenti di Giovanni Paolo II*, XVII, 1（1994）641。

（註 67）『カトリック教会のカテキズム』799 項以下を参照。奉献生活・使徒的生

活会省と司教省の指示書（*Mutuae relationes*）、51 項：AAS 70（1978）499-500；教皇ヨハネ・パウロ 2 世使徒的勧告『奉献生活』48 項；同教皇「一般謁見における演説」（1992 年 6 月 24 日）6 項：*Insegnamenti di Giovanni Paolo II*, XV, 1（1992）1935-1936 を参照。

（註 68）第二バチカン公会議『教会憲章』39-42 項、および教皇ヨハネ・パウロ 2 世使徒的勧告『信徒の召命と使命』30 項参照。

（註 69）教皇フランシスコ使徒的勧告『福音の喜び』130 項。

（註 70）教皇ヨハネ・パウロ 2 世使徒的勧告『信徒の召命と使命』30 項。教皇パウロ 6 世使徒的勧告『福音宣教』58 項参照。

（註 71）教皇ヨハネ・パウロ 2 世使徒的勧告『信徒の召命と使命』30 項。

（註 72）教皇フランシスコ「教会運動、新しい共同体、協会、信徒の集団と共に祝った聖霊降臨祭の大祝日における説教」（2013 年 5 月 19 日）：*Insegnamenti di Francesco*, I, 1（2013）208。

（註 73）教皇ヨハネ・パウロ 2 世使徒的勧告『信徒の召命と使命』30 項；教皇パウロ 6 世使徒的勧告『福音宣教』58 項参照。

（註 74）教皇ヨハネ・パウロ 2 世使徒的勧告『信徒の召命と使命』30 項。

（註 75）同上。

（註 76）同上。

（註 77）教皇フランシスコ使徒的勧告『福音の喜び』130 項。

（註 78）奉献生活・使徒的生活会省と司教省、教会における司教と修道者の相互関係に関する指示書（*Mutuae relationes*）、12 項：AAS70（1978），480-481；教皇ヨハネ・パウロ 2 世『聖霊降臨の前夜祭における教会運動と新しい共同体の構成員への講話』（19998 年 5 月 30 日）6 項：*Insegnamenti di Giovanni Paolo II*, XXI, 1（1998）1122 参照。

（註 79）教皇パウロ 6 世使徒的勧告『福音宣教』58 項。

（註 80）同上。教皇フランシスコ使徒的勧告『福音の喜び』174-175 項参照。

（註 81）教皇ヨハネ・パウロ 2 世使徒的勧告『信徒の召命と使命』30 項。

（註 82）教皇フランシスコ使徒的勧告『福音の喜び』177 項。

（註 83）教皇ヨハネ・パウロ 2 世使徒的勧告『信徒の召命と使命』30 項。

（註 84）同上。

（註 85）教皇フランシスコ使徒的勧告『福音の喜び』184、221 項。

（註 86）同 186 項。

（註 87）教理省書簡『交わりとしての教会理解のいくつかの点に関して』（*Communionis notio*）7 項：AAS 85（1993）842。

（註 88）同 9 項：AAS 85（1993）843.

（註 89）第二バチカン公会議『教会憲章』23 項。

（註 90）同教令『教会における司教の司牧任務に関する教令』11 項。

（註 91）同 2 項、および教理省書簡『交わりとしての教会理解のいくつかの点に関して』（*Communionis notio*）13-14, 16 項：AAS 85（1993）846-848 参照。

（註 92）第二バチカン公会議教令『教会における司教の司牧任務に関する教令』11 項。

（註 93）同 35 項；教会法第 591 条；カトリック東方教会法第 412 条第 2 項；奉献生活・使徒的生活省と司教省、指示書（*Mutuae relationes*）、22 項：AAS 70（1978）、487 を参照。

（註 94）教理省書簡 *Communionis notio*, 15 項：AAS 85（1993）847 参照。

（註 95）第二バチカン公会議『啓示憲章』8 項；『カトリック教会のカテキズム』888-892 項参照。

（註 96）第二バチカン公会議『啓示憲章』8 項。

（註 97）同『教会憲章』10 項。

（註 98）教皇ヨハネ・パウロ 2 世使徒的勧告『神の民の牧者』（*Pastores gregis*）［2003 年 10 月 16 日］10 項。

（註 99）教皇ヨハネ・パウロ 2 世使徒的勧告『信徒の召命と使命』29 項参照。

（註 100）第二バチカン公会議『教会憲章』10 項。

（註 101）同『現代世界憲章』52 項；教皇ヨハネ・パウロ 2 世使徒的勧告『家庭──愛といのちのきずな』（1981 年 11 月 22 日）72 項参照。

（註 102）教皇ヨハネ・パウロ 2 世使徒的勧告『現代の司祭養成』（1992 年 5 月 25 日）68 項参照。

（註 103）同 31、68 項参照。

（註 104）教会法第 265 条；カトリック東方教会法第 357 条第 1 項参照。

（註 105）教会法第 273 条；カトリック東方教会法第 370 条参照。

（註 106）奉献生活・使徒的生活省と司教省、指示書 *Mutuae relationes*、19、34 項：AAS 70（1978）、485-486、493 参照。

（註 107）教皇ヨハネ・パウロ 2 世使徒的勧告『奉献生活』31 項。

（註 108）第二バチカン公会議『教会憲章』43 項参照。

（註 109）同 44 項；『修道生活の刷新と適応に関する教令』5 項；教皇ヨハネ・パウロ 2 世使徒的勧告『奉献生活』14、30 項参照。

（註 110）教会法第 307 条第 3 項；カトリック東方教会法第 578 条第 3 項参照。

（註 111）奉献生活・使徒的生活会省『キリストからの再出発、第三千年期における奉献生活の刷新された関与』（2002 年 5 月 19 日）30 項：*Enchiridion Vaticanum*、21、472。

（註 112）教皇ヨハネ・パウロ 2 世使徒的勧告『現代の司祭養成』27-30 項参照。

（註 113）教皇パウロ 6 世回勅『司祭の独身制度』（*Sacerdotalis caelibatus*）［1967

年 6 月 24 日］：AAS 59（1967）657-697 参照。

　（註 114）教皇ベネディクト 16 世使徒的勧告『愛の秘跡』24 項。

　（註 115）教皇ヨハネ・パウロ 2 世使徒的勧告『現代の司祭養成』29 項；第二バチカン公会議『司祭の役務と生活に関する教令』16 項を参照。

　（註 116）カリスマ的性質をもつ教会の団体の承認のために最も単純な法的形態は、今日「キリスト信者の私的会」（教会法第 321-326 条、カトリック東方教会法第 573 条第 2 項-583 条参照）でしょう。しかし、それぞれに独特の性質を持つ他の法的な組織形態を慎重に検討すると良いでしょう。例えば「キリスト信者の公的会」（教会法第 312-320 条、カトリック東方教会法第 573 条第 1 項-583 条参照）、「聖職者の会」（教会法第 302 条参照）、「奉献生活の会」（教会法第 573-730 条、カトリック東方教会法第 410-571 条参照）、「使徒的生活の会」（教会法第 731-746 条、カトリック東方教会法第 572 条参照）、「属人区」（教会法第 294-297 条参照）などがあげられます。

　（註 117）第二バチカン公会議『教会憲章』62 項。

　（註 118）教皇フランシスコ使徒的勧告『福音の喜び』287 項。

阿部仲麻呂訳

4．教皇庁教理省国際神学委員会
『教会の生活および使命における協働性[1]』

（2018 年）

前書き

　5 年ごとに開催される教皇庁国際神学委員会の第 9 回目は、「教会の生活および宣教に見られるシノダリティー（協働性）」についての研究を行いました。この研究発表は、特定の小委員会で行われたものです。その委員長はマリオ・アンヘル・フローレス・ラモスであり、委員は以下のとおりです。ロヨラ共同体のシスター・プルーデンス・アレンおよびシスター・アレンカ・アルコ、モンシニョール・アントニオ・ルイス・カテラン・フェレイラ師、モンシニョール・ピエロ・コーダ師、カルロス・マリア・ガリ、ガビー・アルフレッド・ハッケム師、ヘクトル・グスタボ・サンチェス・ロハス教授、ニコラウス・セゲーヤ・メーラ師、ジェラルド・フランシスコ・ティモネル師。

　もともと、このテーマに関する一般的な議論は 2014 年から 2017 年にかけて開催された小委員会の会議および委員会本会議の積み重ねの中で行われてきました。こうしてこの文書は 2017 年の本会議において書面投票により委員会構成員の過半数の承認を得ました。その後、教皇フランシスコ

　1）　訳者註：協働性と訳している原語は、英語では sinodality、イタリア語では sinodalità、スペイン語では sinodalidad、フランス語では synodalité、ドイツ語では synodalität といった言葉で示されます。便宜上、「協働性」という漢字表現を当てていますが、必ずしも原語の意味を的確に表せていると言えないため、あえて英語の音訳表記「シノダリティー」という表現を併記することとしました。

からの賛同的な認可の回答を受け、2018年3月2日に教皇庁教理省長官であるルイス・F・ラダリア枢機卿によって発行の承認がなされました。

序論

恵みのとき（カイロス）としてのシノダリティー（協働性）

1. 教皇フランシスコは、世界代表司教会議（シノドス）の50周年を記念する式典において、今後も福者教皇パウロ6世［現在は聖パウロ6世］によって制定されたシノドスについて次のような計画的取り組みを提案しました。「教会が紀元三千年期に突入している今、主が教会としての私たちに求めておられることは協働性（シノダリティー）の歩みです[註1]」と。教皇フランシスコは、「実際にシノダリティー（協働性）とは『教会を構成する要素』であり、したがって主が私たちに求めておられることは、『シノドス』（synodos）という言葉の中に、ある意味で既にすべて含まれています」[註2]と強調しました。

2. 本文書は、この任務の神学的な意味をより深く理解するための有益なガイドラインと、そこから派生する、教会の宣教活動のための、その奥に含まれる意味合いについての司牧的な方向性を示すことを目的としています。まず序章では、予備的に「シノダリティー」（協働性）という言葉の内容と使用方法を明らかにするために、必要な語源的、概念的な情報を示し、次に第二バチカン公会議をきっかけに、このテーマに関してこれまで教導職により示されて来た含蓄ある内容や、新しい教えについて文脈に沿って説明します。

シノドス（synodos）、公会議（concilium）、シノダリティー

3. 「シノドス」（synodos）（ギリシア語の σύνοδος）とは、教会の伝統の中で古くから使われてきた由緒ある言葉で、その意味は黙示録の奥深いテーマに基づいています。前置詞の「σύν シュン」（共に）と名詞の「ὁδός ホ

ドス」（道）とからなるこの言葉は、「神の民が共に歩む道」を意味しています。この言葉は、自身を「道であり、真理であり、いのちである」（ヨハ 14:6）と啓示した主イエス御自身を指し示すと同時に、主イエスに従うキリスト信者がもともと「道に従う者」と呼ばれていたことをも意味しています（使 9:2、19:9、23、22:4、24:14、22 参照）。

　教会におけるこのギリシア語の使用法は、イエスの弟子の集団として召集された者たちを表現しており、場合によって教会共同体の同義語にもなっています [註3]。例えば、聖ヨハネス・クリゾストモスは、教会とは「『共に歩む』（σύνοδος シュノドス）ということに立脚する名称」であると書いています [註4]。彼は、教会とは実際に聖歌隊のように神に賛美と感謝を捧げるために召集された集会であり、教会を構成する人びとがその相互関係と秩序ある関係とによって、「慈愛」（ἀγάπη アガペー）と「一つの心」（ὁμονοία ホモノイア：同じ心情）に集約されているため、すべてのものを一つにまとめる「体制」（σύστημα シュステーマ）として調和のとれた現実であると説明しています。

4.　1 世紀以来、「シノドス」（synodos）は、特別な意味を伴ってさまざまなレベル（教区、地方管区、地域、総大司教区、全世界）で呼び集められた教会の集いを指し示す言葉として用いられています。それは、神のことばの光を受けて、聖霊に耳を傾けながら、時が経つにつれて露見した教義的、典礼的、法的、司牧的な問題を識別するための教会の集いなのです。

　ギリシア語の「σύνοδος シュノドス」は、ラテン語では「synodus シノドス」あるいは「concilium コンチリウム」と訳されています。コンチリウムは、世俗的な意味においては、正統な権威者によって招集された集会のことを指します。synodus と councilium の語源は異なりますが、その意味は共通です。実際 concilium は、ヘブライ語の「קָהָל（qahal カハール）」（主によって呼び集められた集会）を意味する言葉で、それがギリシア語に翻訳されたのが「ἐκκλησία エクレジア」（新約聖書ではキリスト・イエスによる神の民の終末論的な召集を意味します）という言葉なのですが、そ

のようにして concilium は synodus という言葉の意味をより豊かに表すものとなっています。

　カトリック教会における concilium と synodus という言葉の使い分けは、最近になってからのものです。第二バチカン公会議の時代、これらは同義語であり、どちらも公会議の会期のことを指していました[註5]。二つの術語の正確な区別は、ラテン教会の『教会法典』（*Codex Iuris Canonici*）［1983 年］によって導入され、特定の教会会議（地方教会の管区会議や全体会議）[註6]および公会議[註7]に対して concilium を用いる一方で、世界代表司教会議[註8]や教区代表者会議[註9]には synodus を用いるといった区別をしています[註10]。

5.　ここ数十年における神学的、教会法的、司牧的な文献の中に、「シノダリティー」（synodality）［協働性］という名詞が登場しました。これは、形容詞「シノダル synodal」と関係する言葉で、どちらも「synod」という語から派生しています。こうして、人びとは「シノダリティー」（synodality）を「教会をかたちづくる性質」、すなわち「協働的な教会」（synodal Church）として理解しているのです。この新しい表現は、慎重な神学的定義を必要とするものではありますが、それは第二バチカン公会議の時代の教導職および、最後の公会議から今日に至るまで地方教会や普遍教会の経てきた経験に始まり、教会の意識の中で成熟し獲得してきたものであることを示しています。

交わり、シノダリティー（協働性）、団体制

6.　第二バチカン公会議の教えには、術語としても概念としてもシノダリティー（協働性）は明示されてはいません。しかし公会議が奨励していた刷新の働きの中心にシノダリティーがあったと言ってもよいでしょう。

　神の民に関する教会論は、洗礼を受けたすべての人について、彼らのカリスマ、召命、任務の多様かつ秩序ある豊かさを活用することに存在する共通の尊厳と使命とを強調しています。この文脈において、教会が交わり

（communio）であるという概念は、教会の秘義と使命の奥深くにある本質を表現しており、その源泉と頂点はエウカリスティアの集い（シュナクシス［聖体祭儀］）にあります^{（註11）}。これは「教会の秘跡」（Sacramentum Ecclesiae）の内実（res）である三位一体の神との一致と、キリスト・イエスにおける聖霊の働きによって実現される信じる者同士の一致を意味します^{（註12）}。

　このような教会論的な文脈において、シノダリティーは、神の民である教会の具体的な生き方と働き方（modus vivendi et operandi）を指し、教会のすべての構成員が共に旅をし、集いに招かれて、教会の福音化の使命に積極的に参加することによって、教会の共同体としての存在を明らかにし、これにかたちを与えるものです。

7.「シノダリティー」（協働性）の概念は、教会の生活や宣教に対する神の民全体の関与と参加を意味しています。それに対して、「コレジアリティー」（団体性）の概念は、司教自身の司牧的配慮に委ねられた部分教会の奉仕の中で、またローマの司教と司教団との位階的な交わりを通して、キリストの唯一普遍の教会の中心における部分教会同士の交わりの中での司教の職務遂行の神学的な意義と形態とを定義しています。

　このように、コレジアリティー（団体性）とは、ある地域の部分教会の交わり、また普遍教会におけるすべての教会の交わりというそれぞれの規模において、教会のシノダリティーが、司教の働きによって明示され、実現される特殊なかたちであると言えます。そのためシノダリティーが、ほんとうの意味で明らかに現れてくるためには、その性質から司教たちのコレジアリティーの働きが必要不可欠なのです。

第二バチカン公会議後の新たな分岐点

8.　第二バチカン公会議によって肯定的に認められた教会の交わり、司教のコレジアリティー、意識的および協働的な実践の促進における刷新の成果は、豊かで貴重なものでした。しかし公会議が描いた方向に向かうため

には、まだ実践しなければならないことが残っているのもまた事実なのです（註13）。さらに言えば、今日、シノドス的な教会（協働性を備えている教会）のあるべき姿を実現しようとする動きは、幅広く共有されており、積極的に実践されてはいますが、明確な神学的原則と確固たる司牧的方向性とを必要としているように思われます。

9. そのため教皇フランシスコは、私たちに境界を越えていくように勧告しているのです。シノダリティーは、教会の在り方そのものを表しているのだと教皇は強調しています。それは、第二バチカン公会議以後、先達の足跡を辿る私たちが、イエスの福音から生まれ、歴史の中で今これを具体的な形で創造性をもって伝統に忠実に実現されるよう求められているものなのです。

　『教会憲章』の教えに沿って、教皇フランシスコは、特にシノダリティーが「位階的な職務そのものを理解するための最も適切な枠組みを提供している」（註14）と述べ、また「信じる者全体の信仰の感覚」（sensus fidei fidelium）（註15）の教理に基づいて、教会のすべての構成員が福音化の主体である（註16）ことも指摘しています。したがって、神の民全体を巻き込んだ宣教活動を新たに開始するためには、シノダリティー（協働性）をもった教会の活動を始動させることが不可欠な前提条件となるのです。

　さらにシノダリティーは、キリスト信者の教会一致の取り組みの核となるものでもあります。それは、協働性が、完全な交わりへの道を共に歩むための招きを表しているからであり、またその前提として、当然、真理の光に照らして賜物を交換するという論理において正当な多様性が存するという教会の理解と経験を私たちに与えてくれるものだからです。

本文書の目的と構成

10. 本文書は、その最初の二つの章において、第二バチカン公会議の教えに同調するカトリックの教会論の視点から、シノダリティーの神学的な意味をさらに深く掘り下げたいという要望に応えようとするものです。

　まず第1章では、聖書と伝統（聖伝）という規範の根源に立ち戻って、教会のシノドス的な（協働性の）かたちが、歴史的な啓示の広がりの中でどのように根づいてきたのかを明らかにし、その基本的な特徴と概念を定義し実践を統制する特定の神学的基準を明確化します。

　第2章では、第二バチカン公会議の教会論の教えに沿って、シノダリティーの神学的な基盤を示し、これらを巡礼の旅路と宣教の使命に生きる神の民という視点、交わりとしての教会の秘義という視点から、また教会の特徴である聖性、普遍性、使徒性に言及しながら分類していきます。最後に、神の民の全構成員が教会の使命に参加することと司牧者による権限の行使との間の関連性について掘り下げます。

　これらを踏まえて第3章と第4章ではいくつかの司牧的な方向づけを行います。まず第3章では部分教会において、各地域の部分教会同士の交わりにおいて、そして普遍教会において、とさまざまなレベルでの具体的な協働性（シノダリティー）の実施について述べます。第4章は、エキュメニズムの歩みや教会の社会的なディアコニア（奉仕の業）における良い影響を評価したうえで、真にシノドス的な教会を経験するために必要な霊的、司牧的な回心と、共同体および使徒としての識別について言及します。

第1章　聖書、伝統、歴史におけるシノダリティー（協働性）

11. 聖書と伝統（聖伝）に見られる教会のシノドス的生活の規範となる根拠は、神の救いの計画の中心に示されている、イエス・キリストにおいて成就し教会の働きを通して実現する全人類の神との一致と、神の内での統合への召命が光り輝いていることです。これらは、シノドス的な生活、構造、プロセス、そして活動を活気づけ規律する神学的な原則を識別するために必要なガイドラインを与えてくれています。これに基づいて、他の教会や教会的共同体において実践されてきたシノダリティーに関するいくつかの事例に言及しながら、第一千年期の教会で、そして第二千年期のカト

リック教会で発展してきたシノダリティーの形をたどることができます。

1.1 聖書の教え

12. 旧約聖書の証しによると、神は、人間を、一致のしるしのうちに前進し、万物を世話し、その目的に向かって導くため神と共に働くように召された社会的な存在として、つまり男と女とを神の似像（神のかたち）であり神の似姿（神のすがた）として創造しました（創 1:26-28）。時の初めから、罪は神の計画を邪魔し、真理や善、創造の美しさが表出する秩序をもった関係性を引き裂き、人間の心を自身の召命から遠ざけ盲目にしてしまいました。しかし慈しみに溢れる神は、契約を結び、それを更新して、散り散りになった者を一致の道へと連れ戻し、人類の自由を回復させ、神との一致と、被造物の共通の家における兄弟姉妹との一致という賜物を受け入れ、それを生きるように導くのです（例えば、創 9:8-17、15 章、17 章、出 19-24 章、二サム 7:11）。

13. 神は御自分の計画を実行させるため、アブラハムとその子孫を招集しました（創 12:1-3、同 17:1-5、同 22:16-18 参照）。この集会（קָהָל／עֵדָה ― たびたび ἐκκλησία［エクレジア］というギリシア語に訳されてきた最初の言葉）は、シナイ契約によって取り交わされたものでした（出 24:6-8、34:20 以下参照）。奴隷的生活から解放された民は、神に語りかけるに値する重要な存在となる尊厳を得ました。それらの民は、出エジプトの旅を通して神のそばに集められ、神聖な祭儀を祝い、神の律法にしたがって生活し、自分たちが唯一、神のものであることを理解するようになりました（申 5:1-22、ヨシュ 8 章、ネヘ 8:1-18 参照）。

「カハール＝集会」（קָהָל qahal／עֵדָה ‘edah）は、神の民のシノドス的な召命が表れ出る元来のかたちでした。砂漠において、神はイスラエルの部族の人口調査を命じ、それぞれに場所を与えました（民 1-2 章参照）。この

集会の中心には、唯一の指導者であり牧者でもある主がいました。主はモーセの働きを通して存在し（民 12、15、16 章、ヨシュ 8:30-35 参照）、他の人たちは、士師（出 18 章、25-26 章参照）、長老（民 11:16-17, 24-30 参照）、レビ人（民 1:50-51 参照）というように従属的で団体的な形でここに参与しています。神の民の集会は、男性だけでなく（出 24:7-8 節参照）、女性や子ども、さらには異邦人によっても構成されていました（ヨシュ 8:33、35 参照）。神の民の集会は、主が契約を更新するたびに召集されるパートナーなのです（申 27-28 章、ヨシュ 24 章、王下 23 章、ネヘ 8 章参照）。

14. 預言者たちのメッセージは、神の民に対して契約に忠実に従って長い歴史の中で苦難を経験する旅の必要性を教えました。それゆえ預言者たちは、神への心からの悔い改めを行うことや、神の憐れみの具体的な証しのもと、隣人（特に、最も貧しい人びと、虐げられている人びとや異邦人）との関わりにおける正義へと彼らを招きます（エレ 37:21、38:1 参照）。

　それが実現するようにと、神は彼らに新しい霊と心を与え（エゼ 11:19 参照）、神の民の前に新しい出エジプトの道を開くことを約束したのです（エレ 37-38 章参照）。そして、もはや石の板にではなく、彼らの心に刻まれる新しい契約を締結したのです（エレ 31:31-34 参照）。それは、主の僕が民を一つに集めることによって、全世界の地平に広がり（イザ 53 章参照）、主の民のすべての構成員に主の霊が注がれることによって封印されるのです（ヨエ 3:1-4 参照）。

15. 神は、メシアであり主であるナザレのイエスにおいて、約束した新しい契約を実現させました。イエスは自らの告知したこと（ケリュグマ）、生き方、人柄をもって、まさに神が愛の交わりそのものであり、その恵みといつくしみによって全人類を一つにしたいと願っていることを明らかにします。イエスは神の子であり、永遠に御父の心を愛するように運命づけられており（ヨハ 1:1-18 参照）、神の救いの計画（ヨハ 8:29、6:39、5:22-27 参照）を実現するために、時が満ちて人となられました（ヨハ 1:14、ガラ

4:4 参照）。彼は決して単独で行動することはなく、すべてのことにおいて御父の御心を行いました。御父は彼の中に宿っており、世に遣わされた御子を通して御自分の業を遂行するのです（ヨハ 14:10 参照）。

御父の計画は、終末論的にはイエスの受難の秘義において成就されます。それは、イエスが復活において再びそのいのちを取り戻すため（ヨハ 10:17 参照）、またご自分の息子娘、姉妹兄弟の命に参与するため、聖霊が「限りなく」注がれる中で、御自分のいのちを弟子たちと分かち合うために捧げ尽くした時です（ヨハ 3:34 参照）。イエスによる「過ぎ越しの秘義」は、まさに新しい出エジプトの出来事であり、信仰によってイエスを信じるキリスト者（ヨハ 11:52 参照）にして洗礼と聖体によってイエスに一致するすべての人びとを一つに集めます（συναγάγη εἰς ἕν）。この救いの業は、イエスが切迫した受難の中で御父に懇願した（御父との）一体性そのものです。「父よ、あなたがわたしの内におられ、わたしがあなたの内にいるように、すべての人を一つにしてください。彼らもわたしたちの内にいるようにしてください。そうすれば、世は、あなたがわたしをお遣わしになったことを信じるようになるのです」（ヨハ 17:21 参照）。

16. イエスは、神の国の福音を宣べ伝え（ルカ 4:14-15、8:1、9:57、13:22、19:11 参照）、「神の道」を教え（ルカ 20:21 参照）、その道を辿る巡礼者です（ルカ 9:51-19、28）。さらに、イエス自身が御父に至る「道」（ヨハ 14:6 参照）であり、神と兄弟姉妹との交わりの命であり真理であることを、聖霊（ヨハ 16:13 参照）によって人びとに伝えているのです。イエスの新しい掟にしたがってこの交わりを生きることは、新しい契約のもとに生きる神の民として、受け取った賜物に見合う仕方で歴史の中を共に歩むことを意味しています（ヨハ 15:12-15 参照）。ルカは、エマオへの弟子たちについての記述の中で、神の民としての教会の生き生きとした象徴（イコン）について述べています。教会は、復活した主に導かれてその長い道を歩み、主のことばによって人びとを照らし、いのちのパンで養うのです（ル

カ 24:13-35 参照）。

17. 新約聖書では、イエスが救いを与えるために御父から受けた力を表現するために、権能（ἐξουσία エクスーシア）という特別な用語を用いています。それは、聖霊の力（δύναμις デュナミス）によってすべての被造物に対して行使され、「神の子」とする恵みを与えるのです（ヨハ 1:12 参照）。使徒たちは、復活した主からこの権能（ἐξουσία エクスーシア）を受け、父と子と聖霊の御名によって人びとに洗礼を授け、主が命じられたすべてのことを守るように教えることによって、諸国の人びとを教え導くように遣わされたのです（マタ 28:19-20 参照）。このように、洗礼によって、神の民のすべての構成員は、「聖霊の塗油」（一ヨハ 2:20、27 参照）を受け、神に教えられ（ヨハ 6:45 参照）、「完全な真理に」（ヨハ 16:13 参照）導かれることのうちに、この権威を分け与えられているのです。

18. 復活した主の権能（ἐξουσία エクスーシア）は、唯一のキリストの体を建設するために、聖霊が神の民に分け与えるさまざまな霊的な賜物（τα πνευματικά タ・プネウマティカ）やカリスマ的な賜物（τα χαρίσματα タ・カリスマータ）を通して、教会の中に表れます。それらを行使する際には、客観的な秩序（τάξις タクシス）を尊重する必要があります。そうすれば、それらが調和して発展し、すべての人の益となる実を結ぶことができるのです（一コリ 12:28-30、エフェ 4:11-13 参照）。使徒の賜物はその中でも第一の地位にあり、イエスはシモン・ペトロに特別な上位の役割を与えているのです（マタ 16:18 以下、ヨハ 21:15 以下を参照）。実際、使徒たちは、キリストから託された信仰（depositum fidei）を忠実に生き抜くことによって教会を導く務めを任されていました（一テモ 6:20、二テモ 1:12-14）。しかし、「χάρισμα」（カリスマ）という術語は、聖霊の自由な発意の任意的で多様な性格をも連想させるものです。聖霊は、一般的な善を視野に入れ（一コリ 12:4-11、29-30、エフェ 4:7 参照）、常に相互に仕え合い奉仕するという見地において、各人にそれぞれの賜物を授けるのです（一コリ 12:25 参

照）。したがって、最高位の、またすべての事象を司る賜物はまさに慈愛なのです（一コリ 12:31 参照）。

19. 使徒言行録は、復活した主の意志を識別するために神の民が共同体として召される使徒的教会の歩みの重要な瞬間について、いくつかの証言をしています。教会がその道を歩むように導き、その方向性を与える立役者とは、まさに聖霊降臨の日に教会に注がれた聖霊なのです（使 2:2-3 参照）。弟子たちには、各自のさまざまな役割を果たす中で、聖霊の声に耳を傾け、進むべき道を見究める責任があります（使 5:19-21、8:26、29、39、12:6-17、13:1-3、16:6-7、9-10、20:22 参照）。その一例としては、使徒たちから「食べ物を配る」仕事を任された「聖霊と知恵に満ちた評判の良い七人」の選出（使 6:1-6 参照）や、異教徒への宣教という重要な課題に対する判断（使 10 章参照）などが挙げられます。

20. これまで述べてきた課題は、伝統的には「エルサレムの使徒会議」と呼ばれる集まりで扱われたものでした（使 15 章、およびガラ 2:1-10 参照）。そこでは、使徒的な教会が、その歩みの決定的な瞬間に、復活した主の現存に照らされながら、宣教の使命のため自らの召命を生きるという、まさにシノドス的な（協働性を伴う）出来事が生じていることがわかります。この出来事は、何世紀にもわたって教会が讃えるシノドスの模範的なかたち（パラダイム［範型］）として解釈されてきました。

　この話には、この出来事のうちに働く偉大な力が正確に記述されています。アンティオケイアの共同体は、この重要かつ議論を呼ぶ問題に直面して、エルサレム教会の「使徒たちと長老たち」（使 15:2）に相談することを決め、パウロとバルナバをエルサレムに派遣しました。エルサレムの共同体は、使徒たちや長老たちを招集して早速会議を開き（使 15:4）、その状況を検討したのです。そこでパウロとバルナバはそれぞれ起こったことを説明しました。こうして活発で開かれた議論が展開されました（ἐκζητήσωσιν 使 15:7a）。そこで人びとは特にペトロの信頼に足る証言と信

仰告白に耳を傾けました（使 15:7b-12）。

　ヤコブは、神の普遍的な救いの意志と、神が「異邦人の中からその民を選んだ」（ἐξ ἐθνῶν λαόν 使 15:14）ことを述べる預言（アモ 9:11-12、使 15:14-18 参照）に照らして、起こったことを解釈し、いくつかの行動の規範を示しながら自らの決断を下したのです（使 15:19-21）。ヤコブの演説は、教会の使命についての展望を示しています。それは、神の計画にしっかりと基づいたもので、同時に救いの歴史が徐々に展開してゆく中で、神が御自身を啓示するという事実にも開かれたものだったのです。最終的に、彼らは何人かの使者を選び、決定事項を伝達し、従うべき実践について規定した手紙を届けさせました（使 15:23-39）。この手紙はアンティオケイアの共同体に届けられ、人びとはこれを読んで喜んだのです（使 15:30-31）。

21.　教会のすべての人は、それぞれ役割や貢献の仕方は異なっていても、皆がその過程における当事者でした。課題はエルサレムの教会全体に提示され（πᾶν τὸ πλῆθος: ἔδοξε τοῖς ἀποστόλοις καὶ τοῖς πρεσβυτέροις σὺν ὅλῃ τῇ ἐκκλησίᾳ［使徒たちや長老たちは教会全体と共に］: 使 15:22）、教会は解決に向けて常にその存在を現し、最終的な決定に関与していました。しかし、最初に意見を述べるのは使徒たち（ペトロとヤコブがそれぞれ説教を行っています）と長老たちでした。彼らはそれぞれの職務を、権威をもって遂行しました。

　この時の決定は、「聖霊とわたしたちは、決定しました」（使 15:28）と述べられているように、イエスの福音への忠実さを保証し教会を正しい道に導く聖霊の働きによって、エルサレムの教会を率いるヤコブが行いました。それは、エルサレムの集会全体で受け容れられ、採択され（使 15:22）、次いでアンティオケイアの集会でも採択されました（使 15:30-31）。

　当初の意見の食い違いや活発な議論は、神の業の証しを通して、また各自の判断についての意見交換を通して、互いに聖霊に耳を傾ける中で、教会の福音宣教に奉仕する共同体の識別の成果として合意と一致に向かっていったのです（ὁμοθυμαδόν ホモテュマドン［一致に向かう］使 15:25 参照）。

22. エルサレムの使徒会議が実施された様子は、神の民の歩みを現実的な営みとして示すものでした。それは各人が固有の立場と役割を持っており、よく熟考し、かつ秩序をもって歩む姿です（一コリ 12:12-17、ロマ 12:4-5、エフェ 4:4 参照）。

使徒パウロは、エウカリスティアの集い（シュナクシス［聖体祭儀］）に照らして、教会の組織の一体性とその構成員の多様性の両方を説明するために、「キリストの体」としての教会のイメージを喚起しています。人の体では、すべての部位がそれぞれ独自の働きを持っており必要とされています。同様に教会でも、すべての人が洗礼によって等しく尊厳を持ち（ガラ 3:28、一コリ 12:13 参照）、すべての人が「キリストの賜物の量に応じて」（エフェ 4:7）救いの計画を遂行するために貢献しなければならないのです。したがって、すべての人は共同体の生活と使命に対して等しく責任を負っており、自らのエネルギーの源を唯一の主に見出しているがゆえに、特定の任務やカリスマに応じて、相互連帯の原則に基づいてその責任を果たすよう召されています（一コリ 15:45 参照）。

23. 神の民の旅の終着点は、神の栄光の輝きに包まれた新しいエルサレムです。そこは天上の典礼が挙行される場所です。黙示録は、「屠られた者として、立っている小羊」が、その血によって「すべての種族と言葉の違う民、すべての民族と国民」を神のために贖い、「神に仕えるために王、祭司とし、地上を統治するであろう」と述べ、万の数万倍、千の数千倍の天使たちが、天上と地上のすべての被造物と共に天上の典礼に加わっている様子を描いています（黙 5:6、9、11、13）。その時、神の救いの計画の最も深い意味を持つ約束が成就します。「ついに、神が人々と共に住まわれた！　神は人々の間に住み、人々は神の民となる。神は『彼らと共にいる神』となる」（黙 21:3）のです。

1.2　第一千年期における教父と伝統からの証し

24.　場所や文化、状況や時の違いを超えて一致への道を辛抱強く歩むことはまさに挑戦であり、その挑戦のために福音に忠実に歩み、さまざまな人びとの経験の中に福音の種を蒔くよう人びとは招かれています。シノダリティー（協働性）は、最初から、教会の使徒的な起源と普遍的な召命に対する創造性ある忠誠を保証し、それを具現化するものとして登場しています。それは、実質的には単一の存在というかたちを取りながら、聖書が示す内容に照らして、伝統が生きたかたちで発展してゆく中で徐々に明らかになってゆきました。したがって、この単一のかたちは、さまざまな歴史的瞬間に、また多様な文化的、社会的状況との対話の中で、異なるかたちで衰退してゆくのです。

25.　2世紀の初め、アンティオケイアの聖イグナティオスの証言は、さまざまな地方教会が互いに一つの教会をしっかりと体現していると考えるシノドス的な意識について述べています。彼は、エフェソの共同体に宛てた手紙の中で、すべての教会の構成員が、洗礼の尊厳とキリストとの友情とによって、「旅の仲間」（σύνοδοι　シュノドイ）であると述べています[註17]。さらに彼は、教会を一つの体[註18]とする神の秩序を強調しています。まさに教会は、キリスト・イエスにおける御父との一致を讃美して歌うように召されているのです[註19]。そして司祭の集団は、司教の会議体であり[註20]、共同体の構成員は、各々のさまざまな役割において、全員が共同体を築き上げるように召されているのです。教会の交わりは、司教が主宰する聖体祭儀において形づくられその姿を現し、現にその教会の交わりを生き、これを信仰のうちに祝うすべての共同体を、歴史の終わりに神が一つの国に集めてくださるという意識と希望を養っています[註21]。

　真の教会の特徴とは、使徒の教えに忠実であること、使徒の後継者である司教の指導の下で聖体祭儀を祝うこと、種々異なる職務を秩序立てて遂行することです。特にその第一の特徴と言えるのは、御父と御子と聖霊と

いう三位一体の神への讃美と栄光のために互いに奉仕する中での交わりです。3世紀半ばに、この伝統を継承し解釈したカルタゴの聖キュプリアヌスは、地域的そして普遍的なレベルで、その生活および使命を主導すべき司教とシノドスの原則について次のように述べています。地方教会は、司教なしには何もできないのですが（nihil sine episcopo）、同様にあなたがたの協議（司祭、助祭）なしでは（nihil sine consilio vestro）、あるいは信者たちの同意なしでは（et sine consensu plebis）(註22)、やはり何もなし得ないのです。まさに、「司教職（司教座）は一つであり、個々の構成員は共にその部分を構成している」（episcopatus unus est cuius a singulis in solidum pars tenetur）という規律は常に堅持されているのです(註23)。

26. 4世紀以降になると、教会管区が設立されました。これらの管区は地方教会同士の交わりを明確に示し、これを促進するもので、その長は管区大司教です。共通の課題の審議を行うために、教会のシノダリティー（協働性）を行使するための特別な手段である管区シノドス（協議会）がありました。

　ニカイア公会議（325年）の規定第6条では、ローマ、アレクサンドレイア、アンティオケイアの各地域における司教座の優位性（πρεσβεία プレスベイア）ならびに首位性を認めていました(註24)。コンスタンティノポリスの教会は、第一コンスタンティノポリス公会議（381年）で、主要な司教座のリストに加えられることになりました。この公会議の規定第3条は、この都市の司教に対してローマの司教に次ぐ栄誉ある首長としての位置づけを認めており(註25)、この称号はカルケドン公会議（451年）の規定第28条(註26)でも確認されました。その公会議において、エルサレムの司教座も上記のリストに加えられました。東方においては、このような五つの主要な司教座（pentarchia）は、五つの使徒的な司教座相互の交わりとシノダリティー（協働性）を行使するためのかたちであり保証でもあると考えられていました。

　なお西方教会は、東方教会の総大司教（パトリアルカ）の役割を認める

一方で、ローマの教会については他の総大司教座の内の一つとは考えてはおらず、普遍的な教会の中で特別な優位性を与えていました。

27. 3世紀末に遡る東方教会ではよく知られた『使徒憲章』（*Canones Apostolorum*）の第34条は、地方教会の司教の権限を超えた決定は、シノドスによって行われなければならないことを定めています。「それぞれの国（ἔθνος エトノス）の司教たちは、自分たちの中で第一位の者（πρότος プロートス）を認め、その者を自分たちのかしら（κεφαλή ケファレー）と考え、その者の承認（γνώμη グノーメー）なしには重要なことは何もなし得ない。……しかしその第一の者（πρότος プロトス）は、全員の同意なしには何もしてはならない」[註27] と述べられています。こうして教会によって実現した一致（ὁμονοία ホモノイア）に基づく「シノドス的な」活動は、聖霊においてキリストを通して父なる神の栄光を讃えるためのものであるのです。管区および主都座のレベル（そして最終的には総大司教座のレベル）における第一の者（πρότος プロトス）の役割とは、シノドス的に（協働性をもって）集まった司教たちによって表された主の権能（ἐξουσία エクスーシア）により、共通の問題を検討し、必要な解決策を導き出すために各レベルのシノドス（会議）を招集し主宰することなのです。

28. 3世紀以降、教区や管区レベルで定期的に開催されたシノドス（教会会議）は、地域で発生した規律や礼拝、教義上の問題を扱っていましたが、その決定は、常に全教会との交わりの表れとして理解されていました。この教会の意識は、まさに、それぞれの地方教会が、唯一の普遍的な教会を表すものであるという意識の証しでした。このことは、シノドスの書簡による連絡、他の教会に伝えられたシノドスの規定集、管区間の相互承認の要請、しばしば苦労を伴う危険な旅となる代表使節団の往来などを通して見ることができます。

　当初から、ローマの教会は、使徒ペトロ（ローマの司教は彼の後継者と

して認められています）とパウロがそこで殉教したという事実によって特別な敬意を受けてきました[註28]。そこで固く守られていた使徒的な信仰、教会相互の交わりのゆえに、ローマの司教が果たしていた権威ある務め、そこで証明されていたシノドス的な（協働性をもった）教会生活の実践、これらすべてが全教会にとって拠りどころとなっていたのです。また論争を解決するためにローマの教会に相談していたことから[註29]、ローマの教会は上訴の場としての機能も果たしていました[註30]。さらに西方では、ローマの司教座は、行政的にも教会法的にも他の教会組織の模範（プロトタイプ）となっていました。

29. 325 年に皇帝によって招集された第 1 回の公会議（concilium oecumenicum；普遍公会議）がニカイアで開催されました。出席者には東方の各地域の司教やローマの司教の公使が含まれていました。この公会議の信仰宣言および法的規則の決定は、当時は否定的な反応があったにもかかわらず、全教会にとって規範的な価値を持つものとして認められました。同様のことは、長い歴史上、他の機会にも見られました。司教たちがシノドス的に（協働性をもって）務めを果たすことによって、ニカイア公会議において、聖霊のうちに神の民の進むべき道を導き方向づける復活した主の権能（ἐξουσία エクスーシア）が、普遍的なレベルで初めて制度的に現れたのです。これに続く第一千年紀の公会議でも同じような経験がなされ、それらの会議を通して、唯一のカトリック教会のアイデンティティーが規定として明確にされました。そして、これらの公会議において、公会議としての権威を行使するために必要とされる意識が徐々に明らかになっていきました。すなわち、さまざまな教会の長による「協調」（συμφωνία シュンフォニア）、ローマの司教の「協働」（συνεργεία シュネルゲイア）、他の総大司教たちによる「共有」（συμφρόνησις シュンフロネーシス）、そしてそれまでの諸公会議の教えとの一致などです[註31]。

30. 教会会議の実施方法（modus procedendi）についてみると、第一千年

紀の地方教会のシノドス（会議）が、一方では使徒的な伝統に従いながらも、他方では具体的な進め方に関しては開催場所の文化的背景に影響されていました[註32]。

　地方教会のシノドスの場合、原則として、構成員のすべてが、それぞれの役割に応じて参加していました[註33]。管区のシノドスでは、参加者は各教会の司教でしたが、司祭や修道士もこれに貢献するよう招かれることもありました。一方、第一千年紀に開催された公会議には司教だけが参加していました。第一千年紀に広く採用されたシノドスの実施の仕方を形成したのは、特に教区および管区のシノドスにおいてだったのです。

1.3　第二千年紀におけるシノドスの手順の発展

31.　特に、コンスタンティノポリスの教会とローマの教会との交わりが途絶えてから（11 世紀）、またアレクサンドレイア、アンティオケイア、エルサレムの総大司教座に属する教会地域がイスラムの政治的な支配下に置かれることになった後の第二千年紀の初めから、シノドスの実施方法は東西の教会において徐々に異なる形をとるようになりました。

　東方教会では、特に総大司教や主都大司教がそれぞれ主宰するシノドスに関しては、会議の実施方法は教父の伝統にしたがっていました。しかし、多くの総大司教や主都大司教たちが共に参加する特別なシノドスもありました。コンスタンティノポリスでは、恒常的なシノドス（Σύνοδος ἐνδημούσα シュノドス・エンデームーサ）の活動が確立されました。このシノドスは、4 世紀以降アレクサンドレイアやアンティオケイアでも知られるようになり、典礼や教会法、実務上の課題を検討する通常会議を開催し、またビザンティン時代および 1454 年以降のオスマン帝国時代には、さまざまな実施方法によって開催されていました。正教会では恒常的なシノドスの慣習が今も残っています。

32.　カトリック教会の内部では、「教皇グレゴリウスによる改革の運動」

と「教会からの解放を求める者たち」（libertas Ecclesiae）との闘いを通して、教皇の権威の首位性が確認されました。これにより司教たちは、皇帝への従属から解放されたのですが、その一方で、教皇の権威が正しく理解されない場合には、地方教会の意識を弱める危険性が生じてきました。

5世紀以降、ローマのシノドスはローマの司教の「協議会」（concilium）として機能するようになり、ローマ管区の司教たちだけではなく、開催時にローマに滞在していた司教、そして司祭、助祭も出席しました。これが中世の（西方教会の）「公会議」（Concilium）のモデルとなったのです。公会議は教皇またはその公使が司会を務めましたが、司教や教会関係者だけに限定された集会ではなく、西方のキリスト教世界を表すものでもありました。そこでは、教会権威者（司教、大修道院長、修道会の上長）とともに、市民法上の権威者（皇帝や王の代理人、高官）や神学および教会法の専門家（periti）もまたさまざまな役割をもって参加していました。

33. シノドスは、地方教会のレベルでは、カール大帝（シャルルマーニュ）によって設立され西ローマ帝国で広く行われていたシノドスの慣習を引き継ぎながらも、純粋な教会的な性格を失い、王を議長として司教や他の教会の権威者が参加する王室または国家のシノドスという形態をとるようになりました。

中世期においては、より広い意味でのシノドス的な実践を復活させた例が少なからずありました。クリュニーの修道士たちの働きがその一例です。また司教座聖堂の教会参事会もシノドス的な実践を存続させるのに貢献し、修道生活の新しい共同体、特に托鉢修道会も同様の働きをしていました^{（註34）}。

34. 中世末期には、西方教会の大分裂（1378-1417年）が生じた時期に、同時に2人、後には3人が教皇の称号を主張するという特異な状況が生まれました。コンスタンツ公会議（1414-1418年）は、この複雑な問題を、中世期の教会法学に規定されていた緊急時の教会法の適用によって正統な

教皇を選出することで解決しました。しかし、このような状況の中で、教皇の首位権の上に成り立つ恒久的な仲裁制度の優位性を確立することを目的とした、公会議至上主義の思想が生まれることとなりました。

　このような公会議至上主義は、その神学的な正当化、および実践の形態に関して、聖なる伝統に適合したものではないと判断されました。しかしながら、このことは教会の歴史に対する一つの教訓となりました。常に我々を待ち受ける教会分裂の危険性を避けて通ることはできないのです。伝統の流れに沿って、保証として教皇の権威の首位性を必要とするシノドスの正しい実践なくして、教会のかしらおよびその構成員（in capite et membris）の継続的な改革を行うことはできないのです。

35. それから 1 世紀の後、プロテスタントの宗教改革が引き起こした危機に対応するためトリエント公会議が開催されました。トリエント公会議は、いくつかの特徴を持つ初の近代的な公会議でした。もはや中世のようなキリスト教世界の公会議ではなく、その参加者は、司教だけでなく観想修道院連合の長や伝統ある修道会の総長らも含まれており、その一方で、会議に出席した王侯貴族の公使は投票権を持っていませんでした。

　この公会議は、教区のシノドスを毎年開くこと、管区のシノドスは 3 年ごとに開催することといった規定を定め、トリエントでの話し合いによる教会改革の推進力を教会全体に伝えることに貢献しました。その例として、ミラノの大司教であった聖カルロ・ボロメオが、その長い在職期間中、5 回の管区のシノドスと 11 回の教区のシノドスを招集したことが挙げられます。アメリカ大陸では、リマの司教、モグロベホの聖トリビウスが同様のことを行い、3 回の管区のシノドスと 13 回の教区のシノドスを招集しました。同世紀中にメキシコでも 3 度地方教会会議が開かれました。

　トリエント公会議後に開催された教区や管区のシノドスは、当時の文化に従って、神の民全体の積極的な参加（congregatio fidelium）を目的とするものではなく、公会議の規定や命令を伝え実行するためのものでし

た。プロテスタントの宗教改革による教会権威への批判や、近代の多くの思想の批判的思潮に対する護教的な反応として、教会を「比類のない完全な社会」（societas perfecta et inaequalium）とする位階的な見方を強調し、司牧者たちとその頂点に位置する教皇を教会を教え導く者「教える教会」（Ecclesia docens）とし、その他すべての神の民を教会において学ぶ者「学ぶ教会」（Ecclesia discens）と見なすようになったのです。

36. プロテスタントの宗教改革から生まれた教会的共同体は、カトリックの伝統からは逸脱した教会論、教義、秘跡の実践および役務といった背景において、特殊なシノドス的実践形式を推奨しています。

こうした教会的共同体のシノドス的な統治は、洗礼によりもたらされる共通の使命により一定数の信者もそこに参加するのですが、ルター派の信仰告白によれば、それこそがキリスト信者の共同体の生活に最も調和した構造であるとされています。すべてのキリスト信者は、役務者（奉仕者）の選出に参加し、福音の教えと教会の秩序に忠実であることを大切にするよう求められています。このような特権は、一般的には市民を治める統治者によって行使されるもので、過去には国家と密接に結びついた体制を生み出していたのです。

改革派の伝統を持つ教会共同体は、ジャン・カルヴァンによる四つの務め（牧師、教師、長老、執事）の教義を堅持しています。それによれば、長老は、洗礼を通してすべての信者に与えられた尊厳と権限を表すものとされています。そのため長老は牧師と共に地域共同体の責任者ではありますが、一方でシノドス的な実践においては、過半数以上の一般信徒に加えて教師や他の役務者の参加が規定されているのです。

シノドス的な実践は、地域、国内、国際すべてのレベルにおいて、聖公会の共同体生活においても継続されています。「シノドス的な仕方で統治されているが、司教によって主導されている」という彼らの表現は、単に立法権（神の民であるすべての者たちが参加するシノドスに属するもの）と行政権（司教に固有のもの）との間の区別を意味するのではなく、一方では

司教のカリスマと個人的な権限との間の相乗効果、他方では共同体全体に注がれる聖霊の賜物を指しています。

37. 第一バチカン公会議（1869-1870年）は、教皇の首位性と不可謬性の教義を承認しました。これにより、ローマの司教の首位性は、「祝福されたペトロのうちに、信仰の一致と交わりの原理と永続的で目に見えるその基盤が確立されて」おり、神の民の信仰に奉仕する司教職の一体性と不可分性を保証するために置かれた職務として公会議で言及されました[註35]。教皇座宣言（ex cathedra）の定義は、「教会の同意によるのではなく、宣言そのものにおいて」変更不可能であるという原則[註36]であるものの、「教会の同意を不要とするもの」ではなく、むしろ教皇特有の務めにより教皇自身が有する権威の行使を肯定するものなのです[註37]。その内容は、司教団を通じて神の民全体の間で行われる協議（consultatio）において明示されていたことであり、この協議は、福者教皇ピオ9世が「聖母の無原罪の御宿り」の教義を説明する際に求めたもので[註38]、「マリアの被昇天」の教義の定義を拠りどころとして、教皇ピオ12世がその方法を引き継ぎました[註39]。

38. 19世紀にはすでに、ヨハン・アダム・メーラー（1796-1838年）、アントニオ・ロスミニ（1797-1855年）、ジョン・ヘンリー・ニューマン（1801-1890年）のような預言的な思想家たちの著作のおかげで、カトリック教会におけるシノドス的な実践を適切かつ確実な形で始動する必要性が唱えられていました。これらの思想家は、聖書や伝統に規範的根拠を求め、聖書や典礼、教父学の潮流によって好意的に受け容れられた改革について、他に先駆けて明言していたのです。彼らは、教会生活における主要かつ基本的な要素は、交わりという側面であることを強調していました。それは司教および教皇特有の役務と本質的に関連する「信じる者全体の信仰の感覚」（sensus fidei fidelium）を評価し、教会のさまざまなレベルでの秩序あるシノドス的な実践を前提とするものです。カトリック教会以外の教会や

教会的共同体とのエキュメニカルな関係における新しい風潮の出現や、公共的な事柄の実施や管理にあたって全市民の参加を訴える現代的な意識から起こる要求について、より慎重に識別すべき現実的な状況の発生こそが、シノドスの本質的次元において、刷新されより深く追究された教会の秘義を経験し、これを表現するよう促す推進力なのです。

39. 19世紀後半以降、新しい制度が誕生し、次第に連帯を強めていったことも忘れてはなりません。そこではまだはっきりとした教会法上の輪郭を教会は有していませんでしたが、一つの国の司教の集まりとして司教協議会が召集されました。それは特定の地域における、また地政学的状況の変化を考慮に入れた、司教職遂行の団体的な意味合いの解釈に目覚めたことを示すものでした。同じ精神において、20世紀の直前に教皇レオ13世は、ラテンアメリカ大陸の教会管区の主都座大司教たちを集めたラテンアメリカ地方全体会議を招集しました（1899年）。神学と教会的経験に基づいて、「教会は、すなわちその司牧者と同一ではないこと、聖霊の働きによって教会全体が伝統の主体もしくは『一器官』であり、信徒もまた使徒的な信仰の伝達において積極的な役割を担っていること」について認識が高まりました^(註40)。

40. 第二バチカン公会議は、第一バチカン公会議の路線を継承しつつも、それまでの数十年間に得られた成果を考慮に入れて、伝統に照らしてそれらを内容豊かにまとめ、総合的なアッジョルナメント（今日化）のプログラムに統合しました。
　教義憲章である『教会憲章』は、交わりとしての教会の性質と使命の概念について詳しく述べており、その中で、シノダリティーを適切な形で始動させるために神学的前提の概要を辿っています。教会の秘義的かつ秘跡的な概念、天の故郷に向かって歴史の中で旅する神の民としての教会の性質、その中で教会の全構成員は洗礼によって神の子として同等の尊厳を与えられ、同じ使命を託されていること、司教職の秘跡性とローマの司教と

の位階的な交わりにおける団体性の教理などが『教会憲章』に盛り込まれました。

　『教会における司教の司牧任務に関する教令』は、部分教会が主体であることを強調し、司教に対して彼らに委ねられた部分教会の司牧を司祭団との交わりにおいて行うことを奨励し、専門の顧問会または司祭評議会の助けを得ながら、司祭、修道者、信徒が参加する司牧評議会をすべての教区に設置するように呼びかけています。さらに、一地域の教会同士の交わりのレベルでは、シノドス（synodus）や管区の教会会議（concilium）という由緒ある制度が再び活発にされるべきであるという希望を表し、司教協議会制度の推進を呼びかけています。さらに『カトリック東方諸教会に関する教令』では、カトリック東方諸教会に関して、総大司教座の制度とそのシノドス的な形態を評価しています。

41.　普遍教会におけるシノドス的な実践を再び活性化するという観点から、教皇福者パウロ6世［現在は教皇聖パウロ6世］は、「世界代表司教会議としてのシノドス」を制定しました。これは「普遍教会のための恒久的な司教たちの評議会」であり、直接的かつ即時的なものとして教皇の権威下にあります。この会議には「情報を提供し、助言を与える」役割が与えられており、「ローマ教皇から権限が与えられた場合には決定権を持つこともできる」(註41) とされています。この機構は、第二バチカン公会議において経験された交わりの恩恵を神の民に継続して与えることを目的とするものです。

　教皇聖ヨハネ・パウロ2世は、紀元2000年の大聖年の際に、さまざまな交わりの仕組みを通して、教会の秘義の本質そのものを第二バチカン公会議の教えにしたがって具現化するために歩んできた教会の歩みについて評価を行いました。教皇は、数多くのことがなされてきたと強調する一方で、「しかし、この交わりの道具の潜在能力をより良く引き出すためには、まだなすべきことがたくさん残っています。急速に変化する社会の中で、今日特に、教会が扱わなければならない問題に、素早く、しかも効果

的に取り組むようにとの要求があります」^(註42)と述べました。

　前回の公会議から今日まで50年以上のあいだ、さらに広がりを見せる神の民の層において、共同体としての教会という意識が成熟し、教区や地域、世界のレベルでシノダリティーの良い経験が積み重ねられてきました。特に14回の世界代表司教会議の通常総会が実施され、司教協議会の数々の共同の経験や活動も安定的になり、またあらゆる場所でシノドス的な集会が行われてきました。さらに地域や大陸レベルの司牧的方針を進めるために、諸々の地方教会と司教座とのあいだの交わりと協働に好意的に協力を行う評議会も生まれました。

第2章　シノダリティー（協働性）の神学に向けて

42. 聖書と伝統の教えは、シノダリティー（協働性）が教会の構成要素であることを証明しています。教会は、このシノダリティーを通して、自らを旅する神の民として、また復活した主によって呼び集められた集会として自らの姿を表しかたちづくっているのです。これまで第1章では、特にエルサレムの使徒会議（使15:4-29）の模範的かつ規範的な性格を明確にしてきました。それは初代教会にとって決定的な一つの挑戦に直面した際の、教会の本質そのもの、すなわち聖霊におけるキリストとの交わりの神秘の表現である共同体的で使徒的な識別の方法を示しています^(註43)。シノダリティーは単なる実践手順などではなく、むしろ教会が生きて活動を行うための特別なかたちなのです。このような観点から、第二バチカン公会議の教会論に照らして、本章ではシノダリティーの神学的な基盤および内容に焦点を当ててゆきます。

2.1　シノダリティーの神学的な基盤

43. 教会は「三位一体の神によって集められた民」（de Trinitate plebs

adunata)^(註44)であり、神の民として呼ばれ、その資格を与えられ、「聖霊において、御子を通して、御父に対して」^(註45)その使命を果たすべく派遣されているのです。こうして教会は、イエス・キリストにおいて、また聖霊によって、全人類を抱くよう運命づけられている至聖なる三位一体の神の交わりのいのち（営み）に参加しているのです^(註46)。交わりの賜物と責務の中にシノダリティーの源、形、および目的が見出されるのですが、それはすべての構成員が、識別や宣教の使命という道を築き上げることに責任と秩序をもって参加することで、神の民の特別な生き方と働き方（modus vivendi et operandi）が表現されるからです。実際、シノダリティーを実践することは、具体的には、誠実な自己奉献を通して、神との一致や、キリストにおける兄弟姉妹との一致の中で実現する交わりを生きるよう神から召し出されることなのです^(註47)。

44. 復活したイエスは、救いの計画を実現するために、使徒たちに聖霊の賜物を授けました（ヨハ 20:22 参照）。神の霊は、聖霊降臨の日に、それぞれの土地からやってきてケリュグマ（福音の告知）を聞きこれを歓迎したすべての人に注がれ、神の唯一の民の内にすべての人が世界中から集められることを予示しました（使 2:11 参照）。聖霊は、その心の奥底で、キリストの体であり聖霊の生きた神殿である教会の交わりと使命に生命を与え、形づくったのです（ヨハ 2:21、一コリ 2:1-11 参照）。

　「教会が『聖』であり『普遍的』、また『唯一』であり『使徒的』であると信じることは、父と子と聖霊である神への信仰と切り離すことができません」^(註48)。

45. 教会が唯一であるのは、至聖なる三位一体の神の一致のうちにその源と範型と目標とを有しているからです（ヨハ 17:21-22 参照）。教会は、聖霊を通して、キリストの体の一致のうちにすべての人びとを和解させるために、地上を旅する神の民なのです（一コリ 12:4 参照）。

　教会が聖であるのは、教会が至聖なる三位一体の神の業そのものである

からです（二コリ13:13参照）。すなわち教会は、花婿が花嫁に自分を与え尽くすように、ご自身を教会に与えたキリストの恵みによって聖なるものとされ（エフェ5:23参照）、また聖霊を通して私たちの心に注がれた御父の愛によって生かされています（ロマ5:5参照）。聖なるもの（sancta）との交わりと、聖なるものとされた人びと（sancti）とのあいだの交わりという両方の意味で、聖なるものとの交わりが教会の中で実現するのです[註49]。このようにして、聖なる神の民は、聖母マリアや殉教者たち、聖人たちの執り成しに支えられて、その全構成員の召命である聖性の完成に向かって旅をし、一致と救いの普遍的な秘跡として成り立ち、派遣されています。

　教会が普遍的であるのは、教会が信仰の完全性と全体性を守り（マタ16:16参照）、地上の人びとを唯一の聖なる民として集めるために遣わされたからです（マタ28:19参照）。また教会が使徒的であるのは、教会が使徒という土台の上に建てられており（エフェ2:20参照）、彼らの信仰を忠実に伝達し、彼らの後継者たちによって教えられ、聖別され、治められているからです（使20:19参照）。

46. キリストの体における交わりと神の民の宣教の旅における聖霊の働きは、シノダリティーの元となるものです。実際に聖霊は、三位一体の神の営み（いのち）における「愛のきずな」（nexus amoris）として、その愛を教会に伝え、教会は「聖霊の交わり」（κοινωνία τοῦ ἁγίου πνεύματος）として築かれているのです（二コリ13:13参照）。洗礼を受けたすべての人にとって唯一かつ同等の聖霊の賜物は、以下に挙げるようにさまざまな形で表れます。すなわち洗礼を受けた人の平等な尊厳、聖性への普遍的な召命[註50]、イエス・キリストの祭司職、預言職、そして王職へのすべての信者の参与や、位階的な賜物およびカリスマとしての賜物の豊かさ[註51]、そして各地方教会の生活と使命などです。

47. 教会におけるシノドス的な歩みは、聖体によってかたちづくられ養われます。聖体は、「普遍教会と地方教会、そしてキリスト信者にとって、

キリスト教生活全体の中心」です^(註52)。シノダリティーの源泉および頂点は、典礼祭儀を挙行することにあるとともに、特別な方法で、エウカリスティアの集い（シュナクシス［聖体祭儀］）に完全に、そして意識的かつ積極的に参加することにあります^(註53)。キリストの御体と御血との一致によって、「わたしたちは大勢でも一つのパンであり一つの体です。皆で一つのパンを分けて食べるからです」（一コリ11:17）。

聖体は、キリストの体への帰属とキリスト信者同士の相互の帰属を目に見えるかたちで表し実現します（一コリ12:12）。さまざまな地方教会は、唯一の教会への一致の中で、聖体の食卓の周りに形成され出会います。エウカリスティアの集い（シュナクシス［聖体祭儀］）は、聖徒の交わり（communio sanctorum）における教会的な「私たち」を表現し実現するものであり、そこにおいてキリスト信者は多様な神の恵みを共有する者とされるのです。『シノドスの式次第』（*Ordo ad Synodum*）は、7世紀のトレド教会会議から1984年に公布された『司教儀式書』（*Caerimoniale Episcoporum*）に至るまで、シノドスの典礼的な性質について述べており、その冒頭の開始において伴うべきもの、またその中心に置かれているべきものとして、聖体祭儀の挙行と福音の宣言を規定しています。

48. 主は、神の民が御自分のいのちを分かち合うことができるように、あらゆる場所、あらゆる時代に、御自分の霊を神の民に注ぎ、聖体によって民を養い、シノドス的な交わりへと導きます。すなわち、「まことに『シノドス的』であることは、聖霊によって駆り立てられながら、調和して前進することを意味します」^(註54)。シノドス的な過程や出来事には、始まり、発展、終わりがあります。シノダリティー（協働性）は、教会の構造にいのちを吹き込み、教会の使命を方向づけるものなのですが、その教会の歴史的な発展については、以下のようなものとして具体的に説明することができます。つまりそれは、教会の神秘において実現する神の救いの計画が三位一体の神によるものであるという側面、またその人間論的、キリスト論的、聖霊論的、聖体論的な側面です。それらは何世紀にもわたる歳月の

中で、シノダリティーがその姿を示し実行されてきた神学的視野を示しているのです。

2.2 巡礼者および宣教者たる神の民のシノドス的歩み

49. シノダリティーは、教会の「巡礼者、旅する者」としての性質を表しています。諸国から集められた神の民（使2:1-9、15:14）のイメージは、その社会的、歴史的、宣教的な性質を表しており、それは「ホモ・ヴィアトール」（homo viator）[旅する人間] としての人間の状態と召命にぴったりと当てはまるものです。この旅の歩みこそ、キリストの神秘を御父へと至る「道」として理解するよう道筋を照らし出してくれるイメージなのです^(註55)。イエスは、神から人へと向かう道であるとともに、人から神へと至る道でもあるのです^(註56)。御自身を巡礼者とし、私たちの間に天幕を張られた（ヨハ1:14）キリストの歩みは、恵みに満ちた出来事であり、これは教会のシノドス的な歩みの中で今日も続いているのです。

50. 教会は、キリストと共に、キリストを通して、キリストのうちに旅をします。真の巡礼者、真の道（旅路）であり、私たちの故郷でもあるキリストが、愛の霊を与えてくださるので（ロマ5:5）、私たちはキリストのうちにあって「最も完全な道」（一コリ12:31）を歩むことができるのです。教会は、主が再び来られるまで、主の足跡をたどるように招かれています（一コリ11:26）。教会は、天の御国に向かう道に従う民（使9:2、18:25、19:9）なのです（フィリ3:20）。シノダリティーは、最終的な安息の地に向かって交わりのうちに旅を続ける教会の歴史的なすがたなのです（ヘブ3:7-4、44）。信仰、希望、慈愛とは、主の教会の巡礼の旅を「来たるべき都を待望しながら」（ヘブ3:14）導くとともにその形を与えるものです。キリスト信者は、この世の「巡礼者であるとともに、よそ者（寄留者）」（一ペト2:11）でもあり、すべての人に神の国の福音を宣べ伝える賜物と責任とを与えられているのです。

51. 神の民は、時の終わりに向かって（マタ 28:20）、また地の果てに向かって旅をしています（使 1:8）。教会は、さまざまな地方教会という場所を通して生き、キリストの過越から再臨（parousia パルーシア）の時へと時を超えて旅を続けています。教会は歴史ある単一の主体です。その中で、神との最終的な一致とキリストにおける全人類の家族としての統合という終末論的な運命がすでに存在し、それが働いています（註57）。教会の旅路のシノドス的なかたちは、巡礼者たるそれぞれの地方教会の中で、また中でもキリストの唯一の教会において、交わりの実践を表し推進するものです。

52. 教会のシノドス的な側面は、さまざまな地方教会同士のあいだ、および地方教会とローマの教会とのあいだの信仰について、現在まで続く伝統におけるこれらの一致を前提としています。それは通時的な意味での「古代性」（antiquitas）と共時的な意味での「普遍性」（universitas）の両面においてです。

　地方や管区のシノドス、また特定かつ普遍的な方法で行われる場合の公会議による信仰箇条や決定事項の伝達と受け取りは、信仰における交わり、すなわち教会によって表明され、いつでも、どこでも、すべての人によって信じられている信仰における交わり（quod ubique, quod semper, quod ab omnibus creditum est）（註58）を規定として示しこれを保証しているのです。

53. シノダリティーは、教会の中でその使命に奉仕することにより経験されるものです。「旅する教会は、本性として宣教者である」（Ecclesia peregrinans natura sua missionaria est）（註59）と言われているように、教会は福音宣教のために存在しています（註60）。神の民全体が、福音を宣べ伝える主体なのです（註61）。洗礼を受けた人は皆、宣教者たちの弟子であるため、宣教の主役となるように召されています。教会はシノドス的な相乗効果の中で、聖霊の声に耳を傾け福音化の方法を見究めるために、自らの

生活の中にある使命やカリスマを熱心に働かせるよう召されています。

2.3　交わりの教会論の表現としてのシノダリティー

54.　教義憲章としての『教会憲章』は、「交わりの教会論」という視点においてシノダリティーを正しく理解するための基本的な原則を示しています。冒頭の一連の数章は、教会が自分自身を理解する中で得た重要なことを表現しています。「教会の神秘」（第1章）、「神の民」（第2章）、「教会の位階的構造」（第3章）という一連の流れは、部分よりも全体、手段よりも目的を優先するという論理において、教会全体が神の救いの計画に沿ってその使命を果たすために、神の民の奉仕において教会の位階制が定められたことを強調しています。

55.　シノダリティーは、教会全体が主体であり、また教会内の全員が主体であることを表現しています。キリスト信者たちは、「旅の仲間」（σύνοδοι）なのです。彼らは、キリストの唯一の祭司職に与っていることから積極的な主体としての役割を果たすように呼ばれており[註62]、また共通善のために聖霊によって与えられたさまざまなカリスマを受け取るよう召されています[註63]。シノドス的な生活は、自由かつ多様な主体からなる教会の姿を示すもので、彼らは互いの交わりの中で一つに結びついています。この教会は、共同体の唯一の主体として、原動力に溢れる姿を表し、隅の親石であるキリストと、柱としての使徒たちの上に建てられ、数多くの生きた石の住む「霊的な家」（一ペト2:5）、「霊の働きによる神の住まい」（エフェ2:22）として建てられました。

56.　すべての信者は、洗礼によって、預言者的、祭司的、王的な神の民の一員となるため、真理といのちのことばを証し宣べ伝えるように招かれています[註64]。司教は、教え、聖化し、神の民の宣教の務めに際し自らの司牧的配慮に委ねられた部分教会を統治するうえで、特別な使徒的権威を

行使します。

　聖霊による塗油は、キリスト信者の「信仰の感覚」（sensus fidei）の中で行われます[註65]。「洗礼を受けたすべての人には、最初の人から最後の人まで、福音宣教に駆り立てる聖霊の聖化する力が働いています。神の民が聖なる者であるのは、『信仰において』（in credendo）、誤ることのない（infallibile）よう塗油を受けているからです。つまり、たとえ信仰を表すことばが見つからなくとも、信じていれば間違うことはないということです。聖霊は信者を真理へと導き、救いへと案内してくれます。人類に対する神の愛の神秘の一つとして、神は、本当に神から来るものであるか否かの識別を助ける信仰の天分、すなわち『信仰の感覚』（sensus fidei）を信者全体に与えているのです。聖霊の存在は、キリスト者に対して神の現実と本質を同じくするのと同時に、その神の現実を直感的に感じ取ることができる思慮分別を授けます」[註66]。この生まれつき与えられた性質は、「教会と共に感じ取ること（sentire cum Ecclesia）、すなわち教会と調和して耳を傾け、感じ、了解するという表現において伝えられています。これは神学者だけでなく、すべてのキリスト信者にも求められていることであり、巡礼の旅路を歩む神の民のすべての構成員を結びつけるものです。それは、まさに彼らが『共に歩む』ための鍵なのです」[註67]。

57.　教皇フランシスコは、第二バチカン公会議の教会論的視点に基づいて、シノドス的な教会のイメージを「逆ピラミッド」として描いています。そこに神の民と司教団が組み込まれ、その中にペトロの後継者があって、一致のための特別な任務を担っています。この逆ピラミッドにおいては頂点だったものは底辺だったものの下にあります。

　「シノダリティーは、教会の構成要素として、位階制の職務自体を理解するためにもっとも適切な解釈の背景となるものを示してくれています。……イエスは教会を設立された時、使徒団をその頂点に据えられました。使徒団の中でもペトロは、兄弟たちの信仰心を『確かなものにする』よう働かなければならない（ルカ 22:32 参照）『岩』（マタ 16:18 参照）でした。し

かしこの教会は、逆さまのピラミッドのように、その頂点が一番下に来るのです。権限を行使する人びとが『奉仕者』（ministri）と呼ばれるのはそのためです。つまり、そのことばの原義によれば、彼らはすべての人の中で最も小さな者たち（minori）だからです」[註68]。

2.4 普遍的な交わりのダイナミズムにおけるシノダリティー

58. シノダリティーは、交わりとしての教会の普遍性を鮮やかに表現したものです。教会の中で、キリストはその体と一つになったかしらとして存在しており、こうして教会はキリストから完全な救いの手段を受け取るのです（エフェ1:22-23）。教会が普遍的であるのは、教会がすべての人に遣わされているからであり、それはキリストの権威のもとに、また聖霊との一致のうちに、多種多様な文化的表現の豊かさの中で、全人類という家族全体を一つにするためなのです。シノドス的な歩みは二つの意味合いでそのことを表現し、教会の普遍性（カトリック性）を促進します。それは、神の民の構成員全員が信仰の完全性を共有することのできる躍動的な形を示すことと、すべての人とすべての民族にそれを伝えることに積極的な姿勢を見せることです。

59. 教会は、普遍的であるため、普遍的なものを地域的なもののうちに、地域的なものを普遍的なもののうちに実現させます。ある場所での教会の特殊性は、普遍的な教会の懐の内で実現され、普遍教会は、地方教会の中に、また地方教会相互の交わりの中に、そしてローマの教会との交わりの中に姿を表し実現されるのです。

　「普遍教会から自発的に離れようとする部分教会は、神の計画という基準点を失うことになります。……部分教会を通して正確にからだといのちとを得ていなければ、世界に広がる教会（toto orbe diffusa）は抽象的なものになってしまいます。この中心的な二つの教会に絶えず注目していることが、この関係性の豊かさを感じ取る唯一の方法なのです」[註69]。

60. この中心的なものとされる両教会の本質的な相関関係は、唯一のキリストの教会における普遍的なものと地方的なものとの共存、と表現することができます。教会ではその普遍的な性質から、多様性は単なる共存ではなく、むしろ相互の相関関係と相互依存とにおける融合、つまり三位一体の神の交わりが教会のイメージ（像）と合致する教会論的な響き合い（perichoresis）の関係性を意味するものなのです。唯一の普遍教会の中での教会同士の交わりは、「ペトロと共に、ペトロのもとで」（cum Petro et sub Petro）と言われる一致のうちに集う司教団体としての「私たち」というところの教会論的な意義を明確にするものなのです。

61. 地方教会は、異なる文化的社会的な背景において、独特な方法で唯一の神の民を実現する共同体的主体であり、「親密な交わりの絆」^(註70)を促進するために、賜物を相互に交換し分かち合います。教会の規律、典礼儀式、神学的な遺産、霊的な賜物や教会法的規範などに見られる地方教会の多様性は、「分かつことのできない教会の普遍性を大変明確に示すもの」です^(註71)。「一致の中心」（centrum unitatis）であるペトロの務めとは、「正当な多様性を保護し、同時にそれぞれの違いが統一を壊すことなく、むしろそれに役立つように保護する」^(註72)ことにあるのです。ペトロの職務は、教会の一致に奉仕し、各地方教会の特殊性を保証するためにあります。シノダリティー（協働性）は、普遍教会においては共に、各部分教会においてはそれぞれに進むべき道を識別するにあたり、教会の普遍性を擁護するための歩むべき道を示しているのです。

2.5 使徒的な交わりの伝統におけるシノダリティー

62. 教会は次の三つの意味において使徒的です。それは、過去から現在まで使徒たちという土台の上に建てられている（エフェ2:20参照）こと、聖霊の助けを借りて使徒たちの教えを保存し伝えてゆく（使2:42、二

テモ 1:13-14 参照）こと、さらに使徒たちの後継者であり教会の牧者である司教団を通して、今もなお使徒たちに導かれ続けているということ（使 20:28）です^(註73)。ここでは、教会のシノドス的な営み（生活）と、司教同士、またローマの司教との団体的で位階的な交わりのうちにある司教職において実現される使徒的な職務との関係性に注目したいと思います。

63. 『教会憲章』は、イエスが 12 人を任命し「団体（collegium）すなわち常在的な集団（coetus）の形を取り、彼らの中からペトロを選んで頭とした」と教えています^(註74)。また司教職の継承は、司教聖別を通して行われることを確認しています。この司教聖別は、司教に叙階の秘跡の完全性を授け、団体の頭と構成員から成る団体的で位階的な交わりに組み入れます^(註75)。したがって、使徒的な職務に沿った、そしてこれに由来する司教の職務は、団体的であり位階的な形をとるものと宣言されるのです。このことは、司教職をその秘跡的な根源から切り離し、また伝統から証明されている団体的要素を弱めるような解釈を圧倒し、司教職の秘跡性と司教の団体性との間の深いつながりを示しています^(註76)。このように交わりと団体性の教会論という括りの中に、「司教とその他大勢の信者との交わりの原則であり、目に見える土台」としてローマの司教に関する第一バチカン公会議の教義を取り入れているのです^(註77)。

64. 神の民における「信仰の感覚」（sensus fidei）の教理と、教皇との位階的な交わりの中にある司教たちの秘跡的な団体性の教理に基づいて、シノダリティーの神学をより深く探究することができます。教会のシノドス的な側面は、洗礼を受けたすべての人の積極的に活動する主体としての性質と共に、ローマの司教との団体的かつ位階的な交わりにおける司教職特有の役割を表すものです。

　この教会論的な視点はシノドス的な交わりを「全体」、「部分」、「個」のあいだに広げるよう導きます。部分教会、地方レベルでの部分教会のグループ、そして普遍教会という異なるレベルと形態において、シノダリ

ティーは、普遍的な信じる者の総体（universitas fidelium）の「信仰の感覚」の実践（全体的な交わり）、それぞれの司祭団と共に行われる司教団の指導の務め（部分的な交わり）、司教および教皇の一致の務め（個々の交わり）を含んでいます。このようにシノダリティーという秘められた力の中で、すべての神の民を内包する団体性という側面と司教職の遂行における共同体的要素、そしてローマの司教の首位者としての務めとが繋がってます。

　この相関関係は、三位一体の神のうちにある永遠の一致（conspiratio）の象徴である信者と牧者とのあいだにある個々の一致（singularis conspiratio）を促します[註78]。このように教会は、「神のことばが神の真理の中で完全に成就するまで、神の真理の完全性に向かって絶えず前進するのです」[註79]。

65. 教会のシノドス的な生活を刷新するためには、すべての神の民の諮問プロセスを活発に機能させることが必要です。「実務上信者に諮問するということは、教会生活において決して目新しいことではありません。中世の教会では、ローマ法の原則が用いられていました。すなわち『すべての人に関連することは、すべての人によって議論され、承認されるべきである』（Quod omnes tangit, ab omnibus tractari et approbari debet）という原則です。教会生活の三つの領域（信仰、秘跡、統治）において、実際の集会制度や合意制度は伝統的に位階的な構造に統一されましたが、それは使徒的な方法もしくは使徒的伝統であると考えられていました」[註80]。この公理は、教会論的な次元での「公会議至上主義」（conciliarism）や、政治的な次元での「元老院主義」（parliamentarianism）の意味で理解されるべきものではありません。むしろ教会の交わりの中でシノダリティーを考え実践する助けとなるものなのです。

66. 普遍的（カトリック的）で使徒的なシノダリティーという視点で見ると、「信者たちの交わり」（communio fidelium）、「司教たちの交わり」（communio

episcoporum）、「諸教会の交わり」（communio ecclesiarum）の間には相互関係があります。シノダリティーの概念は、教会内のすべての人の参加と、すべての教会の参加を含むので、団体性の概念よりもいっそう広いものなのです。厳密な意味での団体性とは、「ペトロと共に、ペトロのもとで」（cum Petro et sub Petro）一致する司教団の中で神の民の交わりに到達し、これが表現されることであり、それを通して全教会間の相互の交わりに到達し、これが表現されることなのです。シノドス（協働）性という概念には団体性の概念が含まれ、その逆もまた然りですが、これらは二つの異なる実態であるため、互いに支持し合い認め合っています。司教職の秘跡性と団体性に関する第二バチカン公会議の教えは、正しく完全なシノダリティーの神学にとって重要な神学的前提となっているのです。

2.6　教会のシノドス的生活における参加と権威

67.　シノドス的な教会とは、人びとの参加と共同責任を伴う教会です。シノダリティーを実践する際、教会は、各自の召命に応じて、教皇を頂点とする司教団にキリストから授けられた権威をもって、すべての人が参加するよう組織されることが求められています。この参加は、すべてのキリスト信者が、それぞれ資格を与えられ聖霊から受けた賜物をもって互いに奉仕するために召されているということを土台として、その上に成り立っています。牧者の権限は、体全体を造りあげるためのかしらであるキリストの霊による特別な賜物であり、人びとからの委任を受けて、またその代表者として職務を行うのではありません。この点については、二つのことを明確にしておく必要があります。

68.　まず、教会の全員に諮問（相談）することの意義と価値についてです。決議権のある投票と参考のための投票とを区別することで、さまざまなシノドス的会合や協議会で表明された意見や投票を過小評価してはなりません。「単なる参考としての投票」（votum tantum consultivum）という表現は、

これを市民法の精神のさまざまな表現にしたがって理解した場合、上述したさらに上位の場における評価や提案の重みを示すには全く不適切なものなのです^(註81)。

　シノドス的な会合で行われる諮問は、実際、異なる意味合いで理解されています。なぜなら、そこに参加している神の民の構成員は、主の呼びかけに応えて、今日の状況の中で響く神のことばを通して聖霊が教会に語ることに共同体の一員として耳を傾け、信仰のまなざしをもって時のしるしを解釈しているからです。シノドス的な教会においては、共同体全体が、その構成員の自由で豊かな多様性をもって、祈り、みことばに耳を傾け、解釈し、対話し、神の意志に最も見合った司牧的決定がなされるよう識別し、助言をするために召集されます。ですから司牧者は、自らの決定を下す際に、信者の願い、意見（vota）に注意深く耳を傾けなければならないのです。なお現行の『教会法典』では、特定の場合には、法的に確立されている手続きに従ってさまざまな意見を求め、これを聞いた後に行動しなければならないことが規定されています^(註82)。

69.　次に、司牧者に固有の統治の役割に関して詳しく述べていきます^(註83)。共同体とその牧者たち（唯一の牧者の名のもとに行動するように召されている牧者たち）は、互いに外在的な遠い存在であったり、分離していたりしてはならず、交わりの相互関係性の中で任務を分かち合うものなのです。シノドスや集会、評議会は、正当な牧者たちなしには決定を下すことができません。シノドスのプロセスは、位階的構造を持つ共同体の中で行われなければなりません。例えば教区では、識別や諮問、協力などの共同作業を通して行われる意志決定の起案のプロセスと、使徒性ならびに普遍性の保証者である司教の権限に属する意志決定の採用とを区別する必要があります。起案はシノドスの役割なのですが、決定は役務者の責任なのです。シノダリティーの正しい実践により、共同体の立場からシノドス的な識別を行い、使徒的権威を個人的、団体的に行使する職務についてより明確に表現することに貢献しなければなりません。

70. まとめとして、第1章と第2章において述べた規則的根拠と神学的基盤に照らして、教会を構成する要素としてのシノダリティーについて以下のように整理して説明することができます。

a）まずシノダリティー（協働性）は、教会における生活および使命を特徴づける独特のスタイルを示しています。それは共に旅をし、福音を宣べ伝えるために、聖霊の力に支えられて、主イエスによって召集された神の民の集会という教会の性質を表現しています。シノダリティーは、教会における普段の生き方や働き方の中に表れるものです。この生き方と働き方（modus vivendi et operandi）は、共同体がみことばに耳を傾けること、聖体祭儀を祝うこと、交わりによる兄弟愛、そして神の民全体の共同責任、およびその生活と使命への参与を通して、さまざまなレベルで、異なる務めや役割を区別する中で実現されます。

b）次に、神学的かつ教会法的な視点における、より特定的かつ限定的な意味において、シノダリティーは、教会のシノドス的な性質が制度的な面で、また同様に地域や地方さらには全世界というさまざまな段階で表れる構造や教会的な方法（プロセス）に示されます。これらの構造や方法は、教会の権威者による識別に役立つためにあり、教会は聖霊に耳を傾けて進むべき方向を見出すよう召されているのです。

c）最後にシノダリティーは、管轄権者によって召集される教会で催される教会行事が、教会の規律によって定められた特定の手続きに従って正確に遂行されることを意味します。シノダリティーは、この教会行事に、地方や地域、全世界のレベルにおいてローマの司教と団体的で位階的な交わりにある司教たちの統治下にある神の民全体をさまざまな方法で招き入れ、教会の進むべき道やその他の特別な課題について判断し、福音宣教の使命を果たすための決定や方向性を採用することを目指すものです。

第3章　シノダリティーの始動
――シノドス的な主体、構造、方法および行事

71.　第二バチカン公会議の教会論的視点から見たシノダリティーを神学的に理解することにより、私たちはそれを実践するための実際の方法を考えるようになります。それは大まかに言うと、現行の『教会法典』で規定されていることの意味と可能性を明確にするために見直しを行って、新たな推進力を与えると同時に、それを正しい形で発展させるための神学的な視点を見究めることです。本章では、地方や地域そして全世界のレベルでのシノドスの構造を説明するため、神の民のシノドス的召命に始まり、シノドス的方法ならびに行事に関わるさまざまな主体について述べてゆきます。

3.1　神の民のシノドス的な召命

72.　すべての神の民は、その根源的なシノドス的な召命によって、自己の見解を述べることが求められています。すべてのキリスト信者に授けられた「信仰の感覚」（sensus fidei）、シノダリティーを実現するさまざまな段階で行われる識別、そして一致と統治の司牧的な務めを果たす人びとの権限の循環性は、シノダリティーに秘められた力を示しています。この循環性は、洗礼による尊厳とすべての人の共同責任を増幅し、神の民の中に聖霊によって広められたカリスマが存在することを最大限に活用して、ローマの司教との団体的かつ位階的な交わりの中で牧者としての特別な務めを認識し、教会の使命の刷新のために聖霊に耳を傾けることのうちに、シノドス的な手段と諸行事とが信仰の遺産（depositum fidei）に対して忠実に遂行されることを確実にしてゆきます。

73.　この観点から、信徒の参加が重要であることがわかります。彼らは神

の民の大多数を占めており、教会共同体の生活と使命のさまざまな活動ならびに大衆の信仰心と司牧者の信仰心とが一緒になるさまざまな活動への彼らの参加を通して、また同様に、文化的および社会的生活のさまざまな分野における彼らの特定の能力から、多くのことを学べます^(註84)。

したがって、信者たちに相談（諮問）することは、シノドス的構造の枠組みにおいて識別のプロセスを開始するために必要不可欠なのです。こうして私たちは、信徒を養成する環境や、信徒が自分自身を表現し、行動することができる場として認識されるようなスペースが欠如しているという障害を乗り越えてゆく必要があります。さらには、信徒たちを教会生活の輪の端っこにとどめておく危険性のある聖職者至上主義的な考えによって生じる問題を克服しなければなりません^(註85)。これには、成熟した教会の意識をもって教育に優先的に取り組むことが必要であり、そのことを制度的な次元で通常のシノドス的活動として理解しなければなりません。

74. また、第二バチカン公会議の教えに基づいて、教会における「位階的な賜物」と「カリスマとしての賜物」との間の本質的同一性の原則を明確に評価する必要があります^(註86)。これは、奉献生活者の共同体や教会内のさまざまな運動、および新しい教会共同体を、教会のシノドス的生活に巻き込んでゆくことを意味します。これらはすべて、交わりの生活をシノドス的に組織立ててゆくという貴重な経験や、これらの共同体内で発動する共同体としての識別を押し進める力を与えてくれるもので、多くの場合、教会の生活や使命を刷新するために聖霊から与えられたカリスマに駆り立てられて誕生したもので、同時に新しい福音化の方法を発見する刺激にもなるものです。それらはまた、特定の場合においては、交わりの教会論の観点から、異なる教会的召命の間で相互に補完し合うといった事例を提示しています。

75. 教会のシノドス的な召命において、神学のカリスマは、以下のことを通して特別な奉仕をするように求められています。それは、神のことばに

耳を傾けること、英知に満ちた科学的かつ預言的な方法で信仰を理解すること、福音の光の中で時のしるしを見分けること、福音宣教のために社会や文化と対話することです。信じる者の信仰の経験と真理の観想、そして司牧者の説教とともに、神学は福音がより深く浸透することに貢献します[註87]。さらに、「その他のあらゆるキリスト信者の召命と同様に、神学者の務めは、個人的なものであると同時に共同体的かつ団体的なものでもあります」[註88]。それゆえ、教会のシノダリティー（協働性）は、神学者がシノドス的な（協働的な）方法で神学を行うよう専心させ、お互いに耳を傾け、対話し、数多くのさまざまな要求や貢献を識別し取り込んでゆくことができるよう、その能力を広げるのです。

76. 教会のシノドス的な側面は、教会のすべての決定に影響を与える交わりの力を示すことを可能にする参加と識別の手段（プロセス）を規定し、これを実施、監督することによって示されなければなりません。シノドス的な生活は、制度的な構造と以下のような手段の中に表れます。その手段とは、さまざまな段階（準備、挙行、受容）を経て、シノドス的なさまざまな行事を導くことです。その行事において教会は、その本質的なシノドス性が実行されるさまざまなレベルに応じて召集されます。

　この任務には、聖霊に注意深く耳を傾けること、教会の教えに忠実であること、そして同時に、すべての人の秩序ある参加、それぞれの賜物の交換、時のしるしの鋭い識別、宣教のための効果的な計画に最も適した手段を発見し、それが機能するよう導くための創造性が求められます。この目的のために、教会のシノドス的な特質を実現することは、第二バチカン公会議に触発されて生まれたシノドス的構造を用いながら、教会の古くからの秩序という遺産を補完し今日的なものにしなければなりませんし、新しい構造を創設することに道が開かれてもいなければなりません[註89]。

3.2 部分教会におけるシノダリティー

77. シノダリティーが実践される最初のレベルは部分教会です。ここでは、「司教が自らの司祭団と奉仕者に囲まれて司式する一つの祭壇のもとで、一つの祈りをもってささげられる同一の典礼祭儀、特に同一の感謝の祭儀において、神の聖なる民全体が十全かつ行動的に参加するとき、教会が傑出したかたちで表される」^(註90)のです。

歴史的、言語的、文化的な結びつきは、その中で人びとのコミュニケーションと象徴的な表現が生まれ、その特徴的な側面の外観を表すものですが、実際の生活においてはシノドス的なスタイルを実践することを容易にし、宣教における転換を効果的に行うための基礎となります。地域教会におけるキリスト信者の証しは、特定の人間的かつ社会的な状況の中で具現化し、宣教の奉仕にあたり、シノドス的な構造が明らかに機能し始めるようになります。教皇フランシスコが強調しているように、「これらの組織が、『底辺』と繋がっている限り、また人びとや、日常の問題から出発している限り、シノドス的な教会はそのかたちを成すことができるのです」^(註91)。

3.2.1 教区のシノドスと東方教会の教区における集会

78. ラテン典礼の教会の教区代表者会議（Diocesan Synods）や東方典礼の教会の教区集会（Eparchial Assemblies）^(註92)は、「教区における参加手段の頂点にあり、それらの中で一番重要なもの」^(註93)です。これらは実際に、部分教会において生活する神の民が召集され、キリストの名のもとに集まり、司教の主宰によって司牧上の挑戦について判断し、宣教の道を共に模索し、聖霊に耳を傾けながら適切な決定を行うために積極的に協力するという恵みに満ちた行事です。

79. 西方の教区代表者会議や東方の教区集会は、「司教による統治の行

為であると同時に、交わりの行事」[註94] でもあり、神の民としての教会
の共同責任の意識を新たにし、これを深めるものです。これらの集会は、
「全体」、「部分」、「個」の論理に基づき、神の民の全構成員による宣教の
使命への参加に関してこれを具体的な形にするように求められています。
「全体」の参加は、地域教会における神の民の心を表すすべての声に耳を
傾けることを目的としており、シノドスの準備過程における諮問を通じて
実行されます。これらの会議や集会に職権で参加している人や、司教によ
る選出あるいは任命により参加している人は、西方の教区代表者会議や東
方の教区集会の挙行を任された「一部分の人」です。これらの参加者が一
つになることで、召命や任務、カリスマや専門性、社会的地位や出身地の
多様性を反映しつつ、シノドスが有意義でバランスのとれた地域教会のイ
メージを示すようになることが重要です。司教は使徒の後継者であり、ま
た群れの牧者であって、部分教会のシノドス[註95] を召集し主宰する者で
すが、そこで自らに固有の権限をもって一致と指導の務めを果たすことが
求められています。

3.2.2　部分教会におけるシノドス的生活に奉仕するその他の機構

80.　部分教会では、教区の通常の司牧的指導において、さまざまな方法で
司教の働きを助けることを任務とする常設機関、すなわち教区本部事務局、
顧問会、祭式者会、経済問題評議会などが設置されています。第二バチカ
ン公会議の指針に基づいて、交わりとシノダリティー（協働性）を実践し
促進するための恒常的な機関として、司祭評議会や教区司牧評議会[註96]
が設立されました。

81.　司祭評議会は、第二バチカン公会議において、「司祭団を代表する司
祭たちの評議会あるいは協議会」と表現されました。その目的は、「司教
が教区を統治するのを助ける」ことです。実際、司教は司祭たちから話
を聞き、司祭に相談（諮問）し、「司牧上の必要性と教区の善益について」

司祭たちと対話するよう求められているのです^(註97)。司祭評議会は、部分教会のシノドスの包括的なダイナミズムの中に特殊なかたちで加わり、その精神によって自らを生かし、その様式をもって自らをかたちづくっています。

　教区の司牧評議会の任務は、司教とその司祭評議会が共に推進する司牧的なアプローチに専門的な貢献をすることであり、場合によっては司教の特別な権限の下で決定を行う場にもなります^(註98)。会の性格や会合の頻度、任務の目的やその遂行手順から、教区の司牧評議会は、部分教会でシノダリティーを実現するために最も都合の良い恒常的な組織として企画されています。

82.　さまざまな部分教会には、第二バチカン公会議の教えを行動に移すために、交わりと共同責任を示し、これを促進し、完全な仕方で司牧計画の策定とその評価に貢献するため、定期的な会合が開かれています。これらの会合は、教会共同体のシノドス的な歩みにおいて、教区代表者会議（教区シノドス）を実施するための枠組み、またその通常の準備機関として、非常に重要な意味を持っています。

3.2.3　小教区の生活におけるシノダリティー

83.　小教区は、教会の神秘を直接的に目に見える形で、そして日常的な形で具現化する信者の共同体です。小教区は、私たちが兄弟姉妹としてのつながりにおいて主の弟子として生きることを学び、さまざまな召命や世代、カリスマ、職務、専門性において交わりを経験する場所であり、全員が各自の貢献を調和させる中で、使命と奉仕とを堅実に生きる実体的な共同体を形成しています。

84.　小教区には、シノドス的な性質を持つ二つの機構があります。それは小教区司牧評議会と経済問題評議会で、そこでは司牧に関する諮問や活動

計画に信徒が参加しています。この意味で、前回のローマ教区のシノドス
で行われたように、現在は小教区司牧評議会の設立を勧めるにとどまって
いる教会法の規定を見直し、それを義務化することが必要だと考えられま
す^(註99)。部分教会におけるシノダリティーの効果的な力を発揮するため
には、教区司牧評議会や小教区司牧評議会が連携して働き、適切なかたち
で活用されることも必要です^(註100)。

3.3　地域レベルでの部分教会のシノダリティー

85.　地域レベルのシノダリティーの実践として、同じ地域内のグループ分
けされた部分教会において経験されるものがあります。同じ地域というの
は、最初の数世紀に教会で行われていたように、管区や国、大陸またはそ
の一部分を指します。これらは「組織的に結合した」、「彼らの共通善を
促進するための兄弟愛における一致」に基づくグループ分けであり、「普
遍的な使命のための愛に満ちた務め」から生じたものです^(註101)。（境界
を超えて）歴史的な起源を共有し、同じ文化を持ち、宣教において同様の
課題に向き合う必要性があることから、さまざまな文化や背景において神
の民が本来の形で存在するようになったのです。このレベルでのシノダリ
ティーの実践は、部分教会が共に歩むことを促し、霊的および組織的なつ
ながりを強め、相互の賜物の交換に貢献し、司牧的な選択において調和を
もたらします^(註102)。特にシノドス的な識別は、「文化の福音化の新たな
過程を促進する」^(註103)ことを意味する、選択・共有を促進し鼓舞するこ
とができるのです。

86.　一世紀以来、西方と同じく東方でも、使徒やその協力者によって設立
された諸教会は、それぞれの司教たちが主都座大司教や総大司教として認
められたのと同様に、それぞれの地方管区や地域において特定の役割を果
たしてきました。このことは、特殊なシノドス的構造を生み出しました。
その中で、各教会の総大司教や主都座大司教および司教たちは、シノダリ

ティーを促進するよう明確な仕方で招かれていました^(註104)。この取り組みは、地域レベルにおいても必要とされる司教の団体性に関する意識が増すことにより、ますます大きなものとなってゆきました。

87. ラテン典礼のカトリック教会における地域レベルのシノドス的構造は以下の通りです。管区教会会議、国または地域の全体教会会議、司教協議会およびさまざまな司教協議会のグループ、最後のものには大陸レベルのものも含まれます。東方典礼のカトリック諸教会においては、総大司教シノドス、管区シノドス、自治権を有する東方諸教会の裁治権者集会（Assembly of Hierarchs）^(註105)、カトリック東方教会総大司教合同会議（Council of Eastern Catholic Patriarchs）などがあります。教皇フランシスコは、これらの教会の構造を団体性の中間的組織と呼び、「このような組織が司教の団体性の精神を高めるのに役立つように」^(註106)という第二バチカン公会議で発せられた希望に言及しました。

3.3.1　部分教会会議

88. 地域レベルで開催される部分教会会議は、部分教会の集団においてシノドス性を実践するための特殊な仕組みです^(註107)。実際、これらの教会会議によって識別と決定の手段（プロセス）への神の民の参加が実現しています。それは、司教同士の団体的な交わりだけでなく、「司教に委ねられた神の民を構成するすべての人びと」との団体的な交わりをも表すものであり、結果的に「特に信仰に関する、より重要な決定に最もふさわしい場所」として「教会相互の交わり」も示される場となっています^(註108)。現行の『教会法典』は、これらの教会会議に、教理や制度に基づいて実践されたシノドス的な識別に関する場を改めて確認するとともに、その司牧的な性格をも強調しています^(註109)。

3.3.2　司教協議会

89.　国または地域単位の司教協議会は、国民国家の存在が認められる中で生まれたごく最近の制度で、第二バチカン公会議^(註110)では、国民国家と同様、交わりの教会論の観点から評価されていました。この司教協議会は、司教同士の団体性を示すものであり、司教たちに委ねられた教会の共通の利益のために、各国における司教の使命への奉仕に際して司教同士の協力を目的として設立されています。

　司教協議会の教会論的な重要性は、教皇フランシスコによって言及されています。教皇は教義学的分野においてもその重要性を認めるような研究を行うことを推奨しています^(註111)。そのような研究は、司教協議会の教会論的な性質や教会法上の規定、および司教の団体性の実践と地域レベルでのより組織立てられたシノドス的生活の実施に関する具体的な任務の割り振りについて考察しながら行うことが重要となります。こうした観点から、過去数十年間において積み重ねられてきた経験のみならず、東方教会の伝統や神学、法律にも注目する必要があります^(註112)。

90.　神の民のシノドス的な歩みを促進するうえでの司教協議会の重要性は、「司教一人ひとりがそれぞれ自分の教会を代表している」^(註113)ということにあります。効果的な参加の方法論の展開は、司教協議会から出された司牧的方向性を起案する段階において、信者への諮問（相談）を行い、教会の多様な経験を得るための適切な手続きや、専門家としての信徒の参加を伴って、シノダリティーの実現に奉仕する司教団体の構造を最大限活用するという方向へ向かっています。国内レベルでのシノドス的プロセスを稼働させるために重要なのは、例えば、イタリアの教会が10年ごとに開催している大会など、司教協議会によって推進される教区大会です^(註114)。

91.　普遍教会のレベルでは、世界代表司教会議の準備をより的確に行うことによって、準備段階での信徒や専門家への相談（諮問）を通して、神の

民全体を巻き込んで行われるシノドス的プロセスに対して、司教協議会が最大限効果的な形で貢献することが可能になります。

3.3.3　カトリック東方教会の総大司教座

92.　カトリック東方諸教会における総大司教座は、同じ神学的、典礼的、霊的、教会法的遺産を持つ管区または地域の教会同士の交わりの表れであるシノドス的構造を形成しています^(註115)。総大司教シノドスでは、団体性およびシノダリティーを実践するためには、総大司教とそれぞれの教会の代表である他の司教との間の調和が必要となります。総大司教は、ローマの司教と普遍教会との交わりの中で、同じ一つの総大司教教会における信者の交わりを通じて、多様性の中での一致と普遍性が実現されるよう促すのです。

3.3.4　司教協議会内の地方教会会議とカトリック東方諸教会の総大司教座内の地方教会会議

93.　全国的な規模で司教協議会の誕生につながったのと同じ理由で、広範囲な地域や大陸レベルのさまざまな司教協議会内の会議や、東方典礼のカトリック諸教会における自治権を有する教会の裁治権者集会やカトリック東方教会総大司教合同会議が創設されました。これらの教会の構造は、グローバル化への挑戦という課題を念頭に置きつつ、さまざまな背景における福音のインカルチュレーションに注目を集めることに寄与し、その普遍的な統一の中で「教会の持つさまざまな顔の美しさ」^(註116)を表現するのに役立っています。これらの教会論的な意義と教会法上の規則は、より深く研究されるべきであり、その場合、「ある社会文化的地域」において^(註117)、そこに属する部分教会を特徴づける生活や文化に関する特定の条件をはじめ、シノドス的な参加の手段（プロセス）に寄与し得ることをも念頭に置いて研究する必要があります。

3.4 普遍教会におけるシノダリティー

94. 教会にとって本質的に重要なシノダリティーは、普遍教会のレベルでは、信じる者の総体の同意（consensus fidelium）のダイナミックな循環、ならびに司教の団体性とローマの司教の首位性において表れます。この基本原理のもと、教会はその時々に、現実的な状況や挑戦からその対応を求められています。それらの求めに応えるため、教会は、信仰の遺産（depositum fidei）に忠実に、また聖霊の声に創造力をもって耳を傾け、真理の識別のため、また宣教の道において同じ目的に向かって進むために、共に神の民を構成するすべての人の声を聴くように招かれています。

95. このような教会論的背景において、普遍的なレベルでのシノダリティーの実践に関するローマの司教特有の任務がはっきりと浮かび上がってきます。教皇フランシスコは次のように述べています。「私は確信しています。シノドス的な教会においては、ペトロの首位権の行使もより大きな脚光を浴びることになると。教皇は独り、教会の上に立つのではありません。その中にあって、一人の洗礼を受けた者として、また司教団の中では一人の司教として、同時に使徒ペトロの後継者として、全教会を愛のうちに統括するローマの教会を指導するよう呼ばれています」^{（註 118）}。

96. 司教団は、全世界レベルでのシノダリティーの実践において、代替不可能な務めを果たしています。実際、司教団は、そのかしらであるローマの司教を本質的に内包し、ローマの司教との位階的な交わりの中で行動しているため「全教会における最高権威の主体」^{（註 119）}なのです。

3.4.1 公会議

97. 公会議は、普遍教会のレベルで、司教の団体性や教会のシノダリ

ティーが表れる最も完全かつ荘厳な特別行事です。このため、第二バチカン公会議は、これを「いとも聖なるシノドス」(Sacrosancta Synodus) と定義しています[註120]。そこでは、教会全体への奉仕のために、司教団の長であるローマの司教に結ばれた司教団の権限が行使されます[註121]。第二バチカン公会議の文書公布の際に、福者教皇パウロ6世 [現在は聖パウロ6世] が使用した「教父たちと共に一つとなる」(una cum Patribus) という公式表現は、普遍教会の司牧的任務の主体として公会議を主宰する教皇と司教団との親密な交わりを明確に示すものです。

98. 公会議は部分教会の交わりとしての、唯一、普遍の教会を表す特別なかたちを成しています。なぜなら「すべての『司教』は教皇と共に全教会を代表する」[註122]からです。公会議において司教たちが、ローマの司教を頂点とする司教団を通して神の民全体を代表するという事実は、司教叙階によって司教が部分教会の長となり、秘跡によって使徒の後継者ならびに司教団の一員となるということに由来しています。このように公会議は、司教と教皇との交わりにおける教会のシノダリティーの最高の実現形体なのです。なぜならそれは、普遍教会が進むべき道を見究めるために、牧者たちを介して一つに集められた部分教会同士の交わりを表すものだからです。

3.4.2 世界代表司教会議

99. 福者教皇パウロ6世によって恒常的なシノドス的組織として設立された世界代表司教会議は、第二バチカン公会議の最も貴重な成果の一つです。世界代表司教会議を構成する司教たちが、カトリックの司教職全体を代表していることから[註123]、この会議は、教皇との位階的な交わりにおいて、普遍教会への配慮として司教団が参加するものなのです[註124]。つまり、「すべてにおいてシノドス的な教会の内部にあって司教団の団体性を表すもの」[註125]であることが求められているのです。

100. すべてのシノドス的な集会は、準備、挙行、実施という段階を経て進められます。教会の歴史は、司牧者や信者たちの意見を聞くことを目的とした諮問の手段（プロセス）の重要性を証明しています。教皇フランシスコは、神の民の「信仰の感覚」（sensus fidei）をより広く注意深く聞くための改善指針を示しました。それは、世界代表司教会議が「教会生活のあらゆる段階で行われる傾聴の力が収束する場となるように」、部分教会のレベルでの諮問の手続きが開始されることです^(註126)。

　神の民への諮問のプロセス、教会の代表としての司教たち、ローマの司教の主宰の任務を通じて、世界代表司教会議は、教会生活のあらゆる段階においてシノダリティーを実践し、促進するための特権的な構造となっています。この諮問によるシノドスのプロセスは、神の民の中にその出発点を有し、それぞれの地域文化への適用（インカルチュレーション）の実施段階を通して、そこにその最終的な到達点を見出します。

　しかし、世界代表司教会議は、司教団が普遍教会への司牧的配慮として参加するための唯一の方法ではありません。『教会法典』はそのことについて次のように強調しています。「司教団が普遍教会のためにその任務を団体として遂行する方法については、教会の必要に応じてこれを選定し推進する権限がローマ教皇に属する」^(註127) のです。

3.4.3　シノドス的な首位権の行使により奉仕する構造

101. 枢機卿会議は、もともとはローマの教会の司祭と助祭、および近郊の教区の司教から構成されていたもので、歴史的にローマの司教のシノドス的な評議会であり、その特有の職務遂行を支援する機関です。この機能は何世紀もの年月を経て発展してきました。しかし枢機卿会議は、現在の形態においては、普遍教会の顔を映し出すもので、普遍教会のために教皇の職務を補佐し、その目的のために定期的に招集されます。この機能は、ローマの司教を選出するために枢機卿会議がコンクラーベに召集される際に独特な仕方で遂行されます。

102. ローマ教皇庁は、普遍教会のために教皇の務めを恒常的に執り行う機構として設立されており^{（註128）}、その性質上、司教の団体制と教会のシノダリティーに密接に関係しています。交わりの教会論に照らして改革が遂行されるよう求められていたことから、第二バチカン公会議は、シノダリティーを拡大してゆくことに寄与する要素をいくつか挙げてそれらに注目しています。例えば、「すべての教会の考え、希望、必要をローマ教皇にいっそう十分に伝える」ために、教区司教に加わってもらうこと、「教会のことがらに関して、信徒も自分たちにふさわしい役割を担うよう」、信徒に諮問（相談）することなどが挙げられます^{（註129）}。

第4章　新たなシノダリティーへの転換

103. シノダリティーは、皆が一致して、また次のように約束された主イエスの導きのもとに、教会の生活と宣教の使命を活性化するよう秩序立てられています。「二人または三人がわたしの名によって集まるところに、わたしも共にいる」（マタ 18:20）、「わたしは世の終わりまでいつもあなたがたと共にいる」（マタ 28:20）。教会のシノドス的な刷新は、当然シノドス的構造の再活性化を通してなされますが、何よりもまず、神の恵み深い呼びかけに応えることによって、すなわち神の国の実現に向けて歴史の中を旅する神の民として生きることのうちに実現されます。この招きに応えることについては、この章でいくつか具体的な表現を取り上げたいと思います。それは、交わりの霊性についての教育、傾聴、対話、共同体的な識別の実践、そしてエキュメニカルな歩み、兄弟愛、連帯、包摂的社会倫理の構築における預言的な奉仕職（ディアコニア）の重要性についてです。

4. 1　教会の生活および使命のシノドス的刷新のために

104.「教会の刷新は、本質的には教会の召命に対する成熟した忠誠心の中に成り立つ」^(註130) ものです。自らの使命を遂行する際に、教会は絶えず方針転換するよう求められているのですが、それは「司牧的で宣教的な転換」でもあり、常に召命に忠実であるための精神、姿勢、実践および構造の刷新にあるのです ^(註131)。シノドス的な思考によって形成された教会の精神は、すべての洗礼を受けた者がキリストの弟子として宣教する資格を持ち、そうなるために召されているという恵みを喜んで受け容れ、これを奨励します。これに続く教会生活のための司牧的な転換に向けた大きな挑戦は、各人の賜物からその役割に至るまで、福音化のための証しにおいて、すべての人の相互協力を強化することにあります。その際、信徒を聖職者化するのではなく、また聖職者を信徒化するのでもなく、いかなる場合であれ「彼ら（信徒）をさまざまな決定の外に追いやるような過剰な聖職者主義」に傾くことを避けなければならないのです ^(註132)。

105. シノダリティーの実践に向けた司牧的転換を実現するためには、教会の文化の中に未だに存在しているいくつかのパラダイムを乗り越える必要があります。なぜならそれらは、交わりの教会論による刷新が未だに行われていない教会の考え方を示すものだからです。このようなパラダイムには、次のようなものが含まれます。司牧者たちの任務が宣教に関する責任に集中してしまっているということ、奉献生活やカリスマ的賜物に対する評価が不十分であること、専門分野における信徒、中でも特に女性の特別かつ専門的な貢献があまり活かされていないこと、などです。

106. 交わりとシノダリティーの実践という観点から、司牧活動におけるいくつかの基本的な方向性を示すことができます。

　a）部分教会をはじめすべての教会のレベルにおいて、「全体」、「部分」、

「個」の間のダイナミックな循環にしたがって、司教の務め、信徒の参加と共同責任、およびカリスマ的賜物との間の関係性の循環を実践すること。

b）普遍教会の内にある部分教会同士の交わりの表現として、神の民全体によって営まれるシノダリティーと司牧者の団体性の行使とを統合すること。

c）神の民のシノドス的な歩みと司教の団体的な職務との相乗効果のうちにあって、すべての部分教会との交わりの中でローマの司教が普遍教会の統合と指導を通してペトロ的な務めを遂行すること。

d）完全な一致に向けて共に歩むという不可逆的な約束において、それぞれの伝統を調和させた多様性のうちに、他の教会や教会的共同体に対してカトリック教会が自らを開放すること。

e）邂逅の文化を共に実現するため、社会的な奉仕（ディアコニア）と、異なる宗教的信仰告白や信条を生きている人びととの建設的な対話を心がけること。

4.2　交わりの霊性とシノドス的な生活のための養成

107. 御父によって集められ、キリストにおいて「秘跡すなわち神との結びつきと全人類一致のしるしであり道具」[註133]となるために聖霊に導かれた神の民である教会の精神は、交わりの霊性に向かう個人的な回心から湧き出すように生まれ、それによって養われます[註134]。教会のすべての構成員は、これを聖霊の賜物、また聖霊の約束として受け容れるよう招かれています。洗礼によって始まり聖体祭儀によって成就される恵みを交わりの中で生きることを学ぶため、聖霊の賜物と約束は、その衝動に従順に用いられ実行されなければなりません。これは、自己中心的に理解され

た「私」から教会的な「私たち」への過ぎ越しであり、そこではすべての「私」がキリストを着る者として（ガラ 3:27 参照）、神の民の唯一の使命において責任ある積極的な主体として兄弟姉妹と共に生き、旅を続けます。

それゆえ、教会は「交わりの家であり学校」になる必要があります[註135]。心や精神の転換がなければ、またお互いに歓迎し合い、耳を傾け合うための修練がなければ、交わりの際の外的な道具はほとんど何の役にも立たないでしょう。それどころかそれらは、心も顔もない単なる仮面になってしまうかもしれません。「法規に見出される賢明さは、明確な規定を提示することで、教会の位階組織を明示し、不適切な意図や主張への誘惑を回避させるためにあるのであって、交わりの霊性は、信頼すること、そして開かれること、という指針をもって、制度的なものにも一つの魂を与えます。それは、神の民全員の尊厳と責任に、十分にこたえるためです」[註136]。

108. すべての信者が、自身に与えられている「信仰の感覚」（sensus fidei）を生き、成熟させるために必要な心構えと同じものが、シノドス的な道においてこれを実践するためにも必要です。このことは、私たちが、福音の要請や人間の美徳がしばしば評価されないばかりか適切な教育の対象とされないような文化的背景の中に生きているため[註137]、シノドス的な精神の形成に必要不可欠です。このような心構えの中でも特に忘れてはならないのは、聖体の秘跡とゆるしの秘跡とを中心とした教会生活への参加、神のことばとの対話、ならびにそれを日常生活において実践するために神のことばに耳を傾けること、信仰と道徳とに関する教導に従うこと、互いにキリストの体を構成する者としての意識を持ち、兄弟姉妹そして何よりもまず最も貧しく最も排除されている人びとに向けて自らが派遣されていることを自覚することです。

これは、「教会と共に感じる」（sentire cum Ecclesia）という標語に要約されている行動です。この「教会との調和の中で聴き、試み、感じる」ことは、「旅する神の民の構成員すべてを結びつける」ものであり、「彼らが

『共に歩む』ための秘訣」なのです^(註138)。具体的には、「（洗礼を受ける前の）個人ならびにキリスト信者が養成される場所、祭壇奉仕者、奉献生活者、司牧的役務者が学ぶ場所、家庭や共同体が構築される場所、それらすべての場所における教育の原則として、交わりの霊性に焦点を当てることです」^(註139)。

109. エウカリスティアの集い（シュナクシス［聖体祭儀］）は、交わりの霊性の源でありパラダイム（範型）です。そこには、シノドス的な愛情（affectus sinodalis）を形成するよう招かれたキリスト信者の生活特有の要素が表現されているのです。

　a）三位一体の神への祈願——エウカリスティアの集いは、至聖なる三位一体の神への祈願から始まります。教会は御父によって集められ、聖霊の注ぎの中で、生きたキリストの秘跡となるのです。「二人または三人がわたしの名によって集まるところにわたしも共にいる」（マタ18:19）と言われたように。神聖な三つのペルソナの交わりにおける至聖なる三位一体の神の一致は、キリスト信者の共同体の中に表れます。この共同体は、共通善のために、聖霊から受けた各自の賜物やカリスマを行使することを通して、「真理と愛における一致」^(註140)を生きるように招かれています。

　b）和解——エウカリスティアの集いは、神と兄弟姉妹との和解によって、私たちに交わりへの道を開きます。罪の告白は、御父のあわれみ深い愛を讃えることです。それは、罪による分裂の道ではなく、一致への道を歩みたいという願いを表しています。「もしあなたが祭壇に供え物を持って行くとき、兄弟があなたに恨みを持っていることを想い出したら、まず行って兄弟と和解し、それから戻ってきて供え物を捧げなさい」（マタ5:23-24）。シノドスの行事は、私たちが自分の弱さを認識し、お互いに許しを請うことを前提としています。和解は、新しい福音化の活動を生きるための歩みなのです。

c) 神のことばへの傾聴——エウカリスティアの集いにおいて、私たちは神のことばのメッセージを受け取り、それによって私たちの道を照らすため、みことばに耳を傾けます。私たちは、聖書、特に福音書の黙想を行い、秘跡、特に聖体祭儀を挙行することによって、また兄弟姉妹、特に貧しい人びとを迎えることによって神の声を聞く方法を学びます。

司牧的な務めを果たし、聖体のパンと共にみことばのパンを裂くように召された者は、共同体の生活の現実において、そしてその場において神のメッセージを伝えるために、共同体の生活に精通している必要があります。聖体祭儀の持つ対話的な構造は、共同体の識別のパラダイムとなります。お互いに耳を傾ける前に、弟子たちは、まずみことばに耳を傾けなければなりません。

d) 交わり——聖体は、神との、また兄弟姉妹との「交わりを生み出し、育む」^(註141)ものです。キリストによって聖霊を通して生み出された交わりには、洗礼を受けた者として等しい尊厳を有し、御父からさまざまな召命を受け、それを責任持って生きる男女が参加しています。この召命は、洗礼、堅信、叙階および聖霊の特別な賜物から生まれるもので、多くの構成員が結束して一つの体を形成するためのものです。豊かで自由な仕方で、多様性が一致へ向かってゆくということが、シノドスの行事で盛んに実現されなくてはなりません。

e) 宣教の使命——「行きなさい、派遣です」（イテ、ミサ　エスト［Ite, missa est]）。聖体において実現された交わりは、私たちを宣教へと駆り立てます。キリストの御体と御血を受けた人は誰でも、宣教の喜びの体験をすべての人と分かち合うように招かれています。シノドス的な行事によって、教会はキリストによる救いを待ち望む人びとにキリストをもたらすために宿営の外に出かけてゆくように促されます（ヘブ 13:13 参照）。聖アウグスティヌスは、私たちは「神に向かう旅路において、心を一つにし、想

いを一つにしなければなりません」[註142]と述べています。共同体の一体性は、「神がすべてにおいてすべてである」（一コリ15:28）終末論的な目的地へ向かう長い時代の道のりを導く内的な終着点（テロス［télos］）なしには本物であると言えません。私たちは、神に向かって共に歩むために、すべての人に向かって「外へ出てゆく」生き方を生きることなくして、どうして本当の意味でのシノドス的な教会となることができるだろうか、と常に自問し続けなければならないのです。

4.3　共同体の識別のための傾聴と対話

110.　教会のシノドス的な生活は、教会の全構成員の間で、信仰、生活、宣教活動について真のコミュニケーションを図ることによって実現されます。その中に、祈りによって生き、秘跡によって養われ、互いの愛とすべての人への愛において実現される、キリストの花嫁としての喜びと試練への参加によって成長する聖徒の交わり（communio sanctorum）が表れます。シノドス的な歩みの中で、「聖霊が教会に語っていること」（黙2:29）を知るために、共同体が神のことばに耳を傾けることを通して自らの姿を明確にするよう、こうしたコミュニケーションが求められています。

　「シノドス的な教会とは、耳を傾ける教会です。……神の民、司教団、ローマの司教。各々がお互いに耳を傾け、皆が聖霊に耳を傾けるのです」[註143]。

111.　シノドス的な対話を深めるためには、話すときにも聞くときにも勇気が必要です。相手より優位に立とうとしたり、相手に打撃を与えるような話題で相手を打ち負かそうとしたりするなど、議論の中で躍起になることを指しているのではありません。しかし、聖霊によって示唆された意識の中で気づく、共同体の識別に役立つと思われるものは何でも敬意をもって伝え、同時に、他の人びとの意見の中に、その聖霊が「全体の利益のため」（一コリ12:7）に示唆するものがあれば、それを受け容れる開かれた

姿勢を取ることが必要なのです。

　「一致は対立に勝る」という基準は、対話の実施のため、異なる意見や経験の取りまとめ、また「生活の領域で歴史を構築していく方法となる連帯が、対立や緊張、抵抗の場において多様性の一致を実現することができる」のを学ぶための特別な価値を持ちます。そしてそれが「相違の中で交わりを築くこと」を可能にします[註144]。実際、対話は、問題となっている事柄の審理において解決の道を照らすために、新たな視点や考え方を獲得する機会を与えてくれます。

　それは、「世界を関係のうちに見ること、共通の認識となるもので、他者の見方によって見ること、すべてのものを共通にみること」[註145]を採用することと関係します。福者教皇パウロ6世にとって、真の対話とは、「友情、そしてとりわけ奉仕という背景」[註146]においてなされるいわば霊的なコミュニケーションであり[註147]、それには愛情や尊敬、信頼や思慮深さといった特別な態度が必要とされるのです[註148]。教皇ベネディクト16世が強調したように、真理は「対話（ディア・ロゴス）を生み出すロゴスであり、それゆえコミュニケーション（交わり）とコミュニオン（一致）を生み出す」ものだからです[註149]。

112. シノドス的な対話において重要な姿勢は謙遜です。それにより、一人ひとりが神の意志に従順で、キリストにあってお互いに従順であることができるようになります[註150]。使徒パウロは、フィリピの信徒への手紙の中で、「同じ思いと、同じ愛を抱き、心を合わせて、思いを一つに」（フィリ2:2）するために、謙虚さの意味とそれがどのように作用するのかを、交わりの生活との関連で示しています。彼は、基本的に共同体の生活を蝕む二つの誘惑に注目しています。何らかの思想について狂信的であること（ἐριθεία　エリテイア）と虚栄心（κενοδοξία　ケノドクシア）です（フィリ2:3a）。一方、必要な姿勢は謙遜（ταπεινοφροσύνη　タペイノフロシュネー）であり、自分よりも他者を上とみなし、また共同体の利益や関心を第一に考えることです（フィリ2:3b-4）。

その中でパウロは、彼に関して信仰によって共同体が設立されたことに触れています。「キリスト・イエスの心（想い）を自分の心としなさい」（フィリ2:5）と述べている通りです。弟子の「心、想い」（φρόνησις フロネーシス）は、私たちがキリストにおいて生きている中で御父から受け取ったものでなければならないということです。キリストの「ケノーシス：自己無化」（フィリ2:7-10）は、御父に対するキリストの従順を表す根本的な態度であり、彼の弟子たちにとっては、謙遜の心をもって師であり主であるキリストの意思を感じ、考え、共に識別することへの呼びかけとなるものです。

113. 識別は、シノドス的なプロセスや行事の核心となります。これまで、教会のシノドス的な生活においては常にそうでした。交わりの教会論と特別な霊性、その系統を引く実践は、神の民全体をその使命に参加させ、「今日これまで以上に必要となるのが……個人的のみならず共同体的な識別の原則と方法について自らを養成すること」(註151)であるといった状況を生み出しました。それは教会として、聖霊の導きのもとに時のしるしを神学的に解釈することによって、キリストにおいて終末論的に成就された神の計画(註152)に奉仕するために従うべき道を見出し、これを歩むことです。それは歴史上のすべてのカイロス（神の計画が成就する時）において成就しなければならないものでもあります(註153)。この共同体的な識別の作業によって、特定の歴史的状況における神の呼びかけに気づくことができるようになるのです(註154)。

114. 共同体における識別の作業は、神の民から湧き上がるはっきりとした、時には無言の叫びを通して現れる聖霊の「うめき」（ロマ8:26参照）に注意深く、勇気をもって耳を傾けることを意味します。それは、「神の民の叫びを神と共に聞くまで、神に耳を傾け、神が私たちを招いたその意思を生きるようになるまで、神の民に耳を傾ける」(註155)ことなのです。キリストの弟子は、「みことばを熟考し、自分の民のことも配慮する」者

でなければなりません^{（註 156）}。識別の作業は、祈りや黙想、聖霊の声を聞くために必要な考察や研究の場で行われなければなりません。これは、兄弟姉妹との誠実で穏やかな客観的対話によって、それぞれの共同体やそれぞれの状況下での経験と実際の問題とに注意を払い、賜物の交換によって、またキリストの体を築き、福音を宣べ伝えるためのすべてのエネルギーの結集の中で行われます。またそれは、主の意思を理解するための愛情と思考の混ざり合う浄化の場において、そして聖霊に対する私たちの心の解放を弱める可能性のあるすべての障害から福音によって解放されることを追い求めることのうちに、行われなければならないのです。

4.4　シノダリティーとエキュメニカルな旅

115.　第二バチカン公会議は次のように教えています。自らの内にキリストの唯一普遍の教会^{（註 157）}が存在するカトリック教会は、数多くの理由から、自らを洗礼を受けたすべての人びととの交わり（一致）であると自認しており^{（註 158）}、「キリストの霊は、これらの教会と共同体を救いの手段として使うことを拒否しないのであって、これらの手段の力はカトリック教会に委ねられた愛と真理の充満そのものに由来する」^{（註 159）}のです。それゆえカトリック信者は、十字架につけられて復活した主の前で、他のキリスト信者と共に、完全で目に見える一致を目指して旅することを約束するのです。主は、長い歴史の中で自らの体に与えられた傷を癒し、愛の内にある真理に基づいて、聖霊の賜物によってその相違に折り合いをつけることができる唯一の存在なのです。

　エキュメニカルな（教会一致のための）取り組みは、神の民全体を巻き込んで実施される旅として示される行動であり、これを実現するには、何世紀にもわたってキリスト信者同士を隔ててきた不信感の壁を取り払うために、また私たちが共有する洗礼の力によって唯一の主の賜物として私たちを結びつける数多くの豊かさを発見し、共有し、喜ぶために、回心と相互の開放を必要とします。それは祈りに始まり、みことばへの傾聴と、キ

リストにおいて互いの愛を経験することに至るまで、また福音を証することから、貧しい人びとや排除された人びとへの奉仕に至るまで、そして正義と連帯の社会に向けた取り組みから、平和や共通善に向けた取り組みまでを含むものです。

116. 近年エキュメニカルな対話において、シノダリティーの中に教会の性質を明らかにする側面や、多様な表現形態を伴う教会の一致を支える側面が見られるようになったことを、喜びをもって記したいと思います。まさに、それはコイノニア（交わり）としての教会という概念に向かっているということを示唆します。コイノニアは、特別なシノドス的構造や手段（プロセス）によって、地方教会ごとに、また地方教会と他の教会との関係性の中で実現されるのです。

　ローマ・カトリック教会とギリシア正教会との間の対話において、最近の『キエティ文書』は、教会共同体は、至聖なる三位一体の神を根源とし、第一千年紀の東方と西方において「首位権者と結びつき分かつことのできないシノダリティーの構造」を発展させたと明示しています [註161]。その神学的、教会法的な遺産は、「第三千年紀の初めにおいて、過去の分裂による傷を癒すために必要な拠りどころとなる」ものなのです [註162]。

　信仰および規律に関する世界教会協議会（World Council of Churches' Commission on Faith and Order）の文書『教会——共通の展望に向けて』（*The Church. Towards a Common Vision*）は、以下のことを強調しています。「全教会は、聖霊の導きのもとにあって、教会生活のすべてのレベル（地方、地域、普遍）において、協働的で協議的なものです。協働性（シノダリティー）や協議性（コンシリアリティー）は、三位一体の神のいのちの秘義を反映するものであり、教会の構造は、交わりとしての共同体の生活を実現するために、それらを表現しているのです」[註163]。

117. このような教会の見方に従うと、私たちは、解決しなければならない重要な神学的な課題に、冷静かつ客観的に注意を向けることができます。

第一に、キリストの霊が「信仰の感覚」（sensus fidei）を呼び覚まし、養い、その結果として自身の使命を判断する能力や責任を持つようになったすべての受洗者のシノドス的な生活への参加と、秘跡的に与えられた特別なカリスマに由来する司牧者特有の権限との関係性の問題についてです。第二に、地方教会と普遍教会との交わりの解釈があります。これは、地方教会の司牧者とローマの司教との交わりを通して示されるもので、異なる文化における正当な信仰の表現方法の多様性にどれだけ関連性があるか、また変化することのないそれ自体の特性と普遍的な一致にどれだけ関連性があるかを判断することを伴います。

　このような背景において、シノドス的な生活を実践し、その神学的な意義をより深く掘り下げることは、エキュメニカルな旅を続けるうえでの挑戦であり、貴重な機会でもあります。実際、それは今後のシノダリティーの展望において、信仰の遺産（depositum fidei）に対する創造的な忠実さを持って、また「真理の諸順位」（hierarchia veritatum）^(註164)の基準に見合ったかたちで、「賜物の交換」を約束するものとなります。賜物の交換は、私たちが一致に向かって旅をする中で、互いにこれをより豊かなものにすることができます。そしてこの一致は、教会の美しい姿の中に映し出されたキリストの神秘の、無数の尽きることない豊かさがそれぞれ折り合いをなす調和のようなものなのです。

4.5　シノダリティーと社会的な奉仕（ディアコニア）

118.　神の民は、福音のパンだね、塩、光をすべての人と分かち合うために、歴史の中を旅します。それゆえ、「福音宣教には対話の道も含まれる」^(註165)のです。私たちは、真理を求め、正義を築くために自らを捧げているさまざまな宗教や世界観、文化において生きている兄弟姉妹と共に、私たちの傍を歩むキリストの存在を認識するよう、すべての人の心を開くためにこの道を歩むのです。出会いや対話、協力などの取り組みは、共に歩む巡礼の貴重な行程として理解されており、神の民のシノドス的な旅

は、決して融和主義や妥協に陥ることなくすべての人との対話を実践するために必要な精神（ethos）を身につける、いわば人生の学校であることを示します。さらに、民族同士が相互に支え合う意識を持つようになることで、世界を私たちの共通の家と考えなければならなくなった今日、教会は、その特徴である普遍性と、教会が自らを表現するシノダリティー（協働性）とが、多様性の中の一致と自由の中での交わりの醸成を促すものであることを世に示すよう招かれています。これは、出会いと連帯、敬意と対話、包摂と統合、無償の贈り物と感謝、それぞれの文化的豊かさを促進するために、神の民の生活やシノドス的な回心によってなされる重要な基本的貢献です。

119. 教会のシノドス的な生活は、正義や連帯、平和の旗のもとに、特に人びととの社会的、経済的、政治的な生活を促進する奉仕（ディアコニア）として役立っています。「神はキリストのうちに、個人だけでなく、人間同士の社会関係も贖う」[註166]のです。対話の実践や、人びとが共有し得る効果的な解決策を模索することは、その中で平和や正義を確立すべく取り組まれているところですが、民主的な参加の手続きが構造上、危機的状態にある場合や、その原則や着想の価値に対する信頼が失われ、権威主義的で技術主義的な逸脱の脅威がある場合には、絶対的に優先されるべき事柄です。このような状況において、貧しい人びとの叫びや大地の叫びを聞き[註167]、社会の選択や計画を決定する際、貧しい人びとの居場所と特権的な役割、財産の普遍的な使途、連帯の優先性や共通の家への配慮について危機感をもって呼びかけることは、すべての神の民の社会的活動の重要な義務であるとともに、その活動基準でもあるのです。

　まとめ——霊の大胆さ（パレーシア［parrhesia］）のうちに共に旅すること

120. 教皇フランシスコは次のように教えています。「共に歩むことは、教

会を形作る道であり、神のまなざしと心で現実を解釈することを可能にする合言葉であって、主イエスに従ってこの傷ついた時代にいのちの奉仕者となるための条件です。シノドス的な生活と歩みは、私たちが何者であるかを露わにし、私たちの決定に命を与える交わりの力を見せてくれます。このような視点に立って初めて、私たちの司牧の在り方を真に刷新し、今日の世界における教会の使命に適応させることができるのです。こうすることによってのみ、私たちはこの時代の複雑さに向き合い、これまでに達成された旅を認識し、『霊の大胆さ』（παρρησία）［パレーシア］²⁾ をもって歩み続けることが決意できるのです」^{（註168）}。

121. シノドス的な旅において神の民に求められる聖霊のパレーシア（大胆さ）とは、信頼や率直さ、そして「世界に一致の秘跡が存在し、それゆえ人類が迷いと混乱に向かうことはないと宣言する」ために、「広大な神の視野に入る」勇気なのです^{（註169）}。シノダリティーを根気よく熱意をもって生きた経験は、神の民にとって、イエスが約束した喜びの源であり、新しい命を醸成するものであって、宣教活動の新たな段階のための跳躍台となるものです。

　「聖霊に祈るために弟子たちを集め（使1:14参照）、聖霊降臨において起きた宣教の爆発的な盛り上がりを可能にした」^{（註170）} 神の母であり、教会の母である聖マリアが、神の民のシノドス的な旅路に同行し、道を指し示し、この新たな福音化の段階の、美しく、優しく、力強い在り方を教えてくださいますように。

---

2)　訳者註：παρρησία「霊の大胆さ」と訳されるこの言葉は、邦訳の際に「パルレシア」とも表記されます。これには他に次のような意味もあります。言いたいことを全部さらけ出して言えること、大胆な自由さ、素直な様子、人をはばからないこと、隠さないで公然と語ることなどです。

原註

（註1）教皇フランシスコ「シノドス（世界代表司教会議）開催50周年を記念する式典のあいさつ」2015年10月17日：AAS 107（2015）1139。

（註2）同上。

（註3）G. Lampe, *A Patristic Greek Lexicon*, Oxford（Clarendon Press）1968, 1334-1335.

（註4）Ἐκκλεσία συνόδου ἐστὶν ὄνομα（『詩篇註解』*Expositio in Psalmos*, 149, 1: PG 55, 493）；教皇フランシスコ「シノドス（世界代表司教会議）開催50周年を記念する式典のあいさつ」AAS 107（2015）1142を参照。

（註5）第二バチカン公会議『神の啓示に関する教義憲章』[『啓示憲章』と略す] 1項、『典礼憲章』1項参照。

（註6）教会法第439条第1項、第440条第1項。

（註7）同第337条第1項。

（註8）同第342条。

（註9）同第460条。

（註10）『カトリック東方教会法典』（1990年）は、一方では公会議（カトリック東方教会法第50条）、他方では司教シノドス（同第46条第1項）、総大司教教会の司教シノドス（同第192条）に言及している。また、主幹大司教教会の司教シノドス（同第152条）、主都大司教シノドス（同第133条第1項）、総大司教座の常設シノドス（同第114条第1項）が挙げられています。

（註11）教皇庁教理省、書簡『交わりとして理解される教会のいくつかの側面に関するカトリック教会の司教への手紙』1項（1992年5月28日）を参照。この中で、第二バチカン公会議『教会憲章』4、8、13-15、18、21、24-25項；『啓示憲章』10項；『現代世界憲章』32項；『エキュメニズムに関する教令』2-4、14-15、17-19、22項および、「1985年の第2回臨時司教総会の最終報告書」（II, C, 1）に言及して、次のように述べられています。「第二バチカン公会議の文書において、すでに焦点が当てられている『交わり』（コイノニア）という概念は、教会の秘義の核心を表現する際に非常に適しており、新たなカトリックの教会論を読み解くための鍵となり得るのです」。

（註12）第二バチカン公会議『教会憲章』1項参照。

（註13）聖ヨハネ・パウロ2世使徒的書簡『新千年期の初めに』（*Novo Millennio Ineunte*）44項参照。

（註14）教皇フランシスコ「シノドス（世界代表司教会議）開催50周年を記念する式典のあいさつ」（2015年10月17日）：AAS 107（2015）1141。

（註15）国際神学委員会『教会の生活における信仰の感覚（センスス・フィデ

イ）』（2014 年）91 項参照。

（註16）教皇フランシスコ使徒的勧告『福音の喜び』（*Evangelii Gaudium*）［2013 年 11 月 24 日］120 項参照。

（註17）アンティオケイアの聖イグナティオス『エフェソの信徒への手紙』IX, 2; F.X. Funk（ed.）, *Patres apostolici* I, Tübingen, 1901, p.220。

（註18）アンティオケイアの聖イグナティオス『スミュルナの信徒への手紙』VIII, 1-2（Funk, I, p.282）；『エフェソの信徒への手紙』V, 1（Funk, I, p.216）；III, 1（p.216）；『トラリアの信徒への手紙』IX, 1（Funk, I, p.250）。

（註19）アンティオケイアの聖イグナティオス『エフェソの信徒への手紙』IV（Funk, I, p.216）。

（註20）アンティオケイアの聖イグナティオス『トラリアの信徒への手紙』III, 1（Funk, I, p.244）。

（註21）『ディダケー』IX, 4（Funk, I, p.22）。その後、このような慣習は一定の形で制度化されました。アンティオケイアの聖イグナティオス『スミュルナの信徒への手紙』VIII, 1-2（Funk, I, p.282）；聖キュプリアヌス『書簡』（*Epistula*）69, 5（CSEL III, 2, p.720）；『カトリック教会の一致について』（*De catholicae ecclesiae unitate*）23（CSEL III, 1; pp.230-231）；聖ヨハネス・クリゾストモス『ヨハネ福音書に関する説教』（*In Iohannem homiliae*）46（PG 59, 260）；聖アウグスティヌス『説教』（*Sermo*）272（PL 38, 1247s.）を参照。

（註22）聖キュプリアヌス『書簡』14, 4（CSEL III, 2, p.512）。

（註23）聖キュプリアヌス『普遍教会の唯一性について』（*De catholicae ecclesiae unitate*）5 項（CSEL III,1, p.214）。

（註24）*Conciliorum Oecumenicorum Decreta*, Bologna 2002, pp.8-9.

（註25）同 p.32。

（註26）同 pp.99-100。

（註27）*Canones Apostolorum*（Mansi, *Sacrorum Conciliorum nova et amplissima collectio* I, 35）。

（註28）すでに 2 世紀に、アンティオケイアの聖イグナティオス『ローマの信徒への手紙』（*Ad Romanos*）IV, 3（Funk, I, pp.256-258）；聖エイレナイオス『異端駁論』（*Adversus haereses*）III, 3, 2［SCh 211, p.32］参照。

（註29）ローマの聖クレメンス『手紙 1』5, 4-5（Funk, I, pp.104-106）参照。

（註30）サルディカの教会会議（343 年）の決定第 3 条および第 5 条（DH 133-134）参照。

（註31）第二ニカイア公会議（DH 602）参照。

（註32）アフリカでは、ローマの元老院との地方自治体の会議（Concilia municipalia）の手続きが承認されていました（例えば、256 年のカルタゴ教会会議

を参照）。イタリアでは、ローマ帝国の統治慣習の中で知られていた手続き方法が用いられました（381 年のアクイレイア教会会議参照）。西ゴート王国と後にフランク王国では、シノドスの遂行については、そこで知られている政治的手続きを反映する傾向がありました（7 世紀の *Ordo de celebrando Concilio* 参照）。

　（註 33）地方のシノドスへの信徒の参加については、オリゲネスの『ヘラクレイデスとの対話』（*Dialogus cum Heraclide*）IV, 24［SCh 67, p.62］を参照。北アフリカで行われていた手続きについては聖キュプリアヌスの『書簡』17, 3（CSEL III, 2, p.522）；『書簡』19, 2（CSEL III, 2, pp.525-526）；『書簡』30, 5（CSEL III, 2, pp.552-553）を参照。256 年のカルタゴのシノドスについては、可能な限り平民の大部分の 出 席 Praesente etiam plebis maxima parte（*Sententiae episcoporum numero* LXXXVII, CSEL III, 1, pp.435-436）が認められていました。聖キュプリアヌスの『書簡』17, 3 では、キュプリアヌスは自分の決定を平民全体の合意のもとに行うつもりであることを示していますが、同時に協働司教の特別な重要性を認めています。

　（註 34）個々の修道院は管区ごとにまとめられており、会の全会員を管轄する総長の下に置かれていました。さらに、修道会の上長（総長、管区長、個々の修道院の院長）は、定められた期間、修道会の会員の代表者によって選出され、その権限の行使にあたっては顧問会または評議会がこれを補佐していました。

　（註 35）第一バチカン公会議教義憲章『キリストの教会における永遠の牧者』（*De Ecclesia Christi Pastor Aeternus*）［DH 3059］。第二バチカン公会議『教会憲章』18 項参照。

　（註 36）第一バチカン公会議『キリストの教会における永遠の牧者』（DH 3074）；第二バチカン公会議『教会憲章』25 項。

　（註 37）「除外されるのは、ある規定が、権限を持つ条件として、事前にまたは結果的に、この同意を必要とするという理論です」（国際神学委員会『教会の生活における信仰の感覚［センスス・フィデイ］』40 項）。

　（註 38）教皇福者ピオ 9 世回勅『ウビプリムム・ヌルス』（*Ubiprimum nullus*）［1849 年］6 項。

　（註 39）教皇ピオ 12 世回勅『デイパラエ・ヴィルジニス・マリアエ』（*Deiparae Virginis Mariae*）AAS 42（1950）782-783。

　（註 40）国際神学委員会『教会の生活におけるセンスス・フィデイ（信仰の感覚)』（2014 年）41 項。

　（註 41）教皇福者パウロ 6 世自発教令『アポストリカ・ソリチトゥード』（*Apostlica sollicitudo*）［1965 年 9 月 15 日］；AAS 57（1965）776。

　（註 42）教皇聖ヨハネ・パウロ 2 世使徒的書簡『新千年期の初めに』44 項。

　（註 43）教皇ベネディクト 16 世、2007 年 5 月 13 日にアパレシーダで開催された第 5 回ラテンアメリカ・カリブ諸国司教総会の開会式のミサでの説教（AAS 99

[2007] 435）：「これが、私たちが教会で活動するときの方法です。……これは単なる手順の問題ではなく、むしろ聖霊におけるキリストとの交わりの秘義という教会の本質を反映したもので……、聖霊と私たちにとって良いものと映ったのです」。

（註 44）第二バチカン公会議『教会憲章』2-4 項；『教会の宣教活動に関する教令』1965 年 12 月 7 日、2-4 項。

（註 45）第二バチカン公会議『教会憲章』51 項；『啓示憲章』2 項；『典礼憲章』6 項。

（註 46）第二バチカン公会議『教会憲章』4、8、13-15、18、21、24-25 項；『啓示憲章』10 項；第二バチカン公会議『現代世界憲章』32 項；『エキュメニズムに関する教令』2-4、14-15、17-18、22 項参照。

（註 47）第二バチカン公会議『現代世界憲章』24 項。

（註 48）『カトリック教会のカテキズム』750 項。

（註 49）第二バチカン公会議『教会憲章』49 項。

（註 50）同 39-42 項。

（註 51）同 4 項、12 項 b；教理省書簡『教会は若返る』（*Iuvenescit Ecclesia*）［2016 年 5 月 15 日］12-18 項参照。

（註 52）『ローマ・ミサ典礼書』総則 16 項。

（註 53）第二バチカン公会議『典礼憲章』10、14 項参照。

（註 54）ヨーゼフ・ラッツィンガー『教会における教会会議の機能について——司教同士の交わりの重要性』（*Le funzioni sinodali della Chiesa: l'importanza della comunione tra I Vescovi*）、*L'Osservatore Romano*（1996 年 1 月 24 日）4 面。

（註 55）聖トマス・アクィナス『神学大全』I, 2；III, 序文を参照。

（註 56）教皇聖ヨハネ・パウロ 2 世回勅『人間のあがない主』（*Redemptor Hominis*）7-14 項参照。

（註 57）国際神学委員会『教会論のテーマ選択』（1985 年）II を参照。

（註 58）レランスの聖ヴィンケンティウス『再考録』（Vincent of Lérins, *Commonitorium*）II, 5；CCSL 64, 25-26, p.149 を参照。

（註 59）第二バチカン公会議『教会の宣教活動に関する教令』2 項。

（註 60）教皇福者パウロ 6 世使徒的勧告『福音宣教』14 項。

（註 61）第二バチカン公会議『教会の宣教活動に関する教令』35 項。

（註 62）第二バチカン公会議『教会憲章』10 項。

（註 63）同 12、32 項。

（註 64）『カトリック教会のカテキズム』783-786 項参照。

（註 65）第二バチカン公会議『教会憲章』12 項 a。

（註 66）教皇フランシスコ使徒的勧告『福音の喜び』119 項。

（註 67）国際神学委員会『教会の生活における信仰の感覚（センスス・フィデ

イ）』（2014 年）90 項。

（註 68）教皇フランシスコ「シノドス（世界代表司教会議）開催 50 周年を記念する式典のあいさつ」（AAS 107 ［2015］1139）1141-1142。

（註 69）教皇福者パウロ 6 世使徒的勧告『福音宣教』62 項。教理省書簡『交わりとして理解される教会についてのいくつかの側面に関するカトリック教会の司教への手紙』第 2 章を参照。

（註 70）第二バチカン公会議『教会憲章』13 項 c。

（註 71）同 23 項。

（註 72）同 13 項 c。

（註 73）『カトリック教会のカテキズム』857 項。

（註 74）第二バチカン公会議『教会憲章』19 項。

（註 75）同 21 項。

（註 76）同 22 項 a：「主の制定によって、聖ペトロと他の使徒たちとが一つの使徒団を構成したように、同じ理由で、ペトロの後継者であるローマ教皇と使徒たちの後継者である司教たちとは、互いに結ばれている」。

（註 77）同 23 項 a。

（註 78）第二バチカン公会議『啓示憲章』10 項参照。

（註 79）同 8 項。

（註 80）国際神学委員会『教会の生活における信仰の感覚（センスス・フィデイ）』（2014 年）、122 項。

（註 81）F. Coccopalmerio, *La 'consultività' del Consiglio pastorale parrocchiale e del Consiglio per gli affari economici della parrocchia*, in "Quaderni di Diritto ecclesiale" 1 (1988) 60-65（F. コッコパルメリオ『教区司牧評議会および教区経済問題評議会の諮問機関としての可能性』[*Quaderni di Diritto ecclesiale*], 1 [1988] 60-65）参照。

（註 82）『教会法典』は次のように規定しています。「上長が一定の団体または集会の同意もしくは意見を必要とする場合、法律に則り（教会法第 127 条第 1 項；第 166 条。第 166-173 条参照）招集または諮問を行わなければならない。ただし、意見を徴することのみに関しては、局地法または固有法に別段の定めがある場合には、この限りではない。当該行為が有効となるために、出席者の絶対多数の同意が得られるか、または全員の意見が徴されなければならない」（教会法第 127 条第 1 項）。

（註 83）第二バチカン公会議『教会憲章』27 項。

（註 84）教皇フランシスコ使徒的勧告『福音宣教』126 項。

（註 85）同 102 項。

（註 86）第二バチカン公会議『教会憲章』4、12 項；教理省書簡『教会は若返る』（*Iuvenescit Ecclesia*）10 項参照。

（註87）　第二バチカン公会議『啓示憲章』8 項参照。

（註88）　国際神学委員会『今日のカトリック神学──展望、原則、基準』（2012 年）45 項。

（註89）　教皇フランシスコ「シノドス（世界代表司教会議）開催 50 周年を記念する式典のあいさつ」AAS 107（2015）1143。

（註90）　第二バチカン公会議『典礼憲章』41 項；『教会における司教の司牧任務に関する教令』11 項参照。

（註91）　教皇フランシスコ「シノドス（世界代表司教会議）開催 50 周年を記念する式典のあいさつ」、AAS 107（2015）1143。

（註92）　教会法第 460-468 条、カトリック東方教会法第 235-243 条を参照。東方教会の伝統では、「シノドス」という術語は、司教の集合体に対して用いられています。他に以下の書を参照のこと。司教省・福音宣教省『教区シノドスに関する指示書』（*Istruzione sui sinodi diocesani*）［1997 年］；『司教の司牧的任務のための指示書』（*Apostolorum Successores*）［2004 年］166-176 項。

（註93）　司教省『司教の司牧的任務のための指導書 *Apostolorum Successores*』166 項。

（註94）　同上。

（註95）　第二バチカン公会議『教会における司教の司牧任務に関する教令』（Christus Dominus）11 項 b 参照。

（註96）　同 27 項参照。

（註97）　第二バチカン公会議『司祭の役務と生活に関する教令』7 項。

（註98）　教皇聖ヨハネ・パウロ 2 世使徒的勧告『教会と世界における信徒の召命と使命』（*Christifideles laici*）25 項参照。

（註99）　*Libro del Sinodo della Diocesi di Roma──secondo Sinodo Diocesano*, 1993, p.102（ローマ司教区世界代表司教会議会報──第 2 回教区会議、1993 年、102 頁）。

（註100）　教皇聖ヨハネ・パウロ 2 世使徒的勧告『教会における信徒の召命と使命』27 項参照。

（註101）　第二バチカン公会議『教会憲章』23 項 c；『教会における司教の司牧任務に関する教令』36 項。

（註102）　教皇聖ヨハネ・パウロ 2 世使徒的書簡『新千年期の初めに』29 項。

（註103）　教皇フランシスコ使徒的勧告『福音の喜び』69 項。

（註104）「何世紀もの間変わることのない教会管区の長の任務は、教会におけるシノドス性の特徴的なしるしなのです」（教皇フランシスコ自発教令『寛容な裁判官、主イエス』（*Mitis Iudex Dominus Iesus*）手続き規則 5 項：AAS107［2015］960）。東方典礼のカトリック教会では、2 種類の主都座の機関が存在します。総大司教教

会の管区としての主都座と、「独立した、自治権を有する」（sui iuris）主都大司教教会の主都座です（それぞれカトリック東方教会法第 133-139 条、第 155-173 条参照）。後者の「自ら統治する権利」（ius se regendi）はシノダリティーの特徴であり、教会全体の刺激となりうるものです（『エキュメニズムに関する教令』16 項；『カトリック東方諸教会に関する教令』3、5 項参照）。

（註 105）ラテン教会について、カトリック東方教会法第 332 条で言及されています。すなわち典礼の違いを超えた広範なシノダリティーの形態です。

（註 106）教皇フランシスコ「シノドス（世界代表司教会議）開催 50 周年を記念する式典のあいさつ」AAS 107（2015）1143。

（註 107）1917 年の『教会法典』では、少なくとも 20 年に 1 度は管区会議を開催することが規定されていましたが（第 283 条）、現行教会法典は「開催が適当と思われるときに」開催することを推奨しています（第 440 条）。

（註 108）教皇聖ヨハネ・パウロ 2 世による世界の希望に向けたイエス・キリストの福音の奉仕者である司教に関するシノドス後の使徒的勧告『神の民の牧者』（*Pastores Gregis*）62 項。

（註 109）教会法第 753 条および第 445 条参照。部分教会の公会議については同第 439-446 条を参照。

（註 110）第二バチカン公会議『教会憲章』23 項；『典礼憲章』37-38 項；『教会における司教の司牧任務に関する教令』36、39 項参照。

（註 111）教皇フランシスコ使徒的勧告『福音の喜び』32 項参照。

（註 112）第二バチカン公会議『教会憲章』23 項；『カトリック東方諸教会に関する教令』7-9 項参照。

（註 113）第二バチカン公会議『教会憲章』23 項。

（註 114）教皇フランシスコ「第 5 回イタリアの教会大会の参加者への講話」AAS 107（2015）1286 参照。

（註 115）カトリック東方教会法第 28 条。

（註 116）聖ヨハネ・パウロ 2 世使徒的書簡『新千年期の初めに』40 項。

（註 117）第二バチカン公会議『教会の宣教活動に関する教令』22 項。

（註 118）教皇フランシスコ「シノドス（世界代表司教会議）開催 50 周年を記念する式典のあいさつ」AAS 107（2015）1144。

（註 119）第二バチカン公会議『教会憲章』22 項。

（註 120）同 1、18 項を参照。

（註 121）同 25 項『教会における司教の司牧任務に関する教令』4 項；教会法第 337 条第 1 項を参照。

（註 122）第二バチカン公会議『教会憲章』23 項 a。

（註 123）教皇福者パウロ 6 世自発教令『アポストリカ・ソリチトゥード』

（*Apostolica sollicitudo*）I, Ib, AAS 57（1965）776；第二バチカン公会議『教会における司教の司牧任務に関する教令』5項；教会法第342-348条参照。

（註124）第二バチカン公会議『教会における司教の司牧任務に関する教令』5項。

（註125）教皇フランシスコ「シノドス（世界代表司教会議）開催50周年を記念する式典のあいさつ」AAS 107（2015）1143。

（註126）同1140。

（註127）教会法第337条第3項。

（註128）教皇フランシスコは次のように述べています。「教皇庁の奉仕の普遍的な性質は、ペトロによる奉仕の務めの普遍性から湧き上がり、そこに端を発する」ものであり、したがって『奉仕のわざによる優位性』を説明するものです」（「ローマ教皇庁における降誕祭の挨拶」、2017年12月21日）。

（註129）第二バチカン公会議『教会における司教の司牧任務に関する教令』10項。

（註130）第二バチカン公会議『エキュメニズムに関する教令』6項。

（註131）教皇フランシスコ使徒的勧告『福音の喜び』25-33項；第5回ラテンアメリカ・カリブ司教区総会『アパレシーダの最終文書』365-372頁参照。

（註132）教皇フランシスコ使徒的勧告『福音の喜び』102項。

（註133）第二バチカン公会議『教会憲章』1項。「この世界を旅する中で、唯一で聖なる教会は、一致に向けて……しばしば痛みを伴う緊張感を強いられてきました。第二バチカン公会議は、おそらくかつてないほど教会のこの秘義的な交わりとしての側面を実現すべく取り組んできました。」；共同体における友愛の生活に関して述べた、奉献生活・使徒的生活会省『キリストの愛が私たちを一つにまとめる』（*Congregavit nos in unum Christi amor*）［1994年2月2日］の9項参照。

（註134）教皇ヨハネ・パウロ2世使徒的書簡『新千年期の初めに』（*Novo Millennio Ineunte*）43項。

（註135）同上。

（註136）同45項。

（註137）教皇フランシスコ使徒的勧告『福音の喜び』64項および77項参照。

（註138）国際神学委員会『教会の生活における信仰の感覚（センスス・フィデイ）』（2014年）90項。

（註139）教皇聖ヨハネ・パウロ2世使徒的書簡『新千年期の初めに』43項。

（註140）第二バチカン公会議『現代世界憲章』24項参照。

（註141）聖ヨハネ・パウロ2世による教会との関係における聖体に関する回勅『教会にいのちを与える聖体』（*Ecclesia de Eucharistia*）40項。

（註142）ヒッポの聖アウグスティヌス『修道規則』I, 3, PL 32, 1378。

（註143）教皇フランシスコ「シノドス（世界代表司教会議）開催50周年を記念する式典のあいさつ」AAS 107（2015）1140。

（註 144）教皇フランシスコ使徒的勧告『福音の喜び』228 項。

（註 145）教皇フランシスコ回勅『信仰の光』（*Lumen fidei*）27 項。

（註 146）教皇福者パウロ 6 世回勅『エクレジアム・スアム』（*Ecclesiam suam*）［1964 年 8 月 6 日］83 項、AAS 56（1964）644。

（註 147）同 83-85 項。

（註 148）同 90 項

（註 149）教皇ベネディクト 16 世回勅『真理における愛』（*Caritas in veritate*）4 項。

（註 150）ヌルシアの聖ベネディクトゥス『修道規則』72 章 6 節参照。

（註 151）教皇聖ヨハネ・パウロ 2 世「第 3 回聖体大会の開催におけるイタリアの教会に向けた教話」（1995 年 11 月 23 日）。1995 年パレルモ教会会議、イタリア司教協議会の司牧方針『歴史の中で愛徳という賜物と共に』1996 年、32 項より引用。

（註 152）第二バチカン公会議『啓示憲章』4 項参照。

（註 153）第二バチカン公会議『現代世界憲章』4、11 項参照。

（註 154）教皇聖ヨハネ・パウロ 2 世による世界代表司教会議後の使徒的勧告『現代の司祭養成』（*Pastores dabo vobis*）10 項参照。

（註 155）教皇フランシスコ「シノドス（世界代表司教会議）開催 50 周年を記念する式典のあいさつ」AAS 107（2015）1141。

（註 156）教皇フランシスコ使徒的勧告『福音の喜び』154 項参照。

（註 157）第二バチカン公会議『教会憲章』8 項参照。

（註 158）同 15 項参照。

（註 159）第二バチカン公会議『エキュメニズムに関する教令』3 項。

（註 160）ローマ・カトリック教会とギリシア正教会との間の神学的対話のための共同国際委員会「第一千年期におけるシノダリティーと首位性——教会の一致に奉仕する共通の理解に向けて」（キエティ、2016 年 9 月 21 日）1 項参照。

（註 161）同 20 項。

（註 162）同 21 項。

（註 163）信仰と職制に関する世界教会協議会（World Council of Churches' Commission on Faith and Order）『教会——共通の展望に向けて』（*The Church: towards a Common Vision*）［2013 年］53 項。

（註 164）第二バチカン公会議『エキュメニズムに関する教令』11 項 c 参照。

（註 165）教皇フランシスコ使徒的勧告『福音の喜び』238 項。

（註 166）教皇庁正義と平和評議会『教会の社会教説綱要』52 項；教皇フランシスコ使徒的勧告『福音の喜び』178 項参照。

（註 167）教皇フランシスコによる共通の家の保護に関する回勅『ラウダート・

シ——共に暮らす家を大切に』（*Laudato si*）49 項参照。

　（註 168）教皇フランシスコ「イタリア司教協議会第 70 回総会の開会式での演説」
（ローマ、2017 年 5 月 22 日）。

　（註 169）教皇フランシスコ「司教省に対する訓話」（2014 年 2 月 27 日）。

　（註 170）教皇フランシスコ使徒的勧告『福音の喜び』284 項。

阿部仲麻呂、田中昇訳

第3部

教会の倫理的刷新

田中　昇

　教皇庁教理省の基本的な任務は、カトリックの教義および道徳の保持と促進とされています。第3部では、近年、教理省から発表された文書のうち、道徳・倫理の分野の法的、規範的な性格を持つ代表的なものを二つ紹介します。それは、教皇ヨハネ・パウロ2世の自発教令『諸秘跡の聖性の保護』（*Sacramentorum sanctitatis tutela*）［SST］と共に公布された教理省『教理省に留保される犯罪に関する規則』の2021年の最新改訂版と、2020年に初版が発表され2022年に改訂された最新の『聖職者による未成年者への性的虐待事例を扱う手続きにおけるいくつかの点に関する手引き』です。もちろん、教会生活における倫理上の問題を扱った文書はこれだけではありません。

　カトリック教会は、21世紀の冒頭（2001年）から、聖職者による重大な倫理上の問題行為に関して、上記の教皇ヨハネ・パウロ2世の自発教令『諸秘跡の聖性の保護』（SST）と当時の教理省の特別規則によって規律してきました。これには聖職者による秘跡の偽装事案も含まれていますが、なかでも、特に聖職者による年少者への性的虐待の事案に関しては、その手続きが、地方教会の裁治権者から始められ最終的には教理省の法廷において審判がなされるように定められました。この規則は、さらに2010年、2021年に改訂され、さらにその具体的な規則の適用について教理省は2020年に適用のための手引き書を発表しました。なお2015年以後は教皇庁に未成年保護評議会（Pontificia commissione per la tutela dei minori）が設置され情報処理や相談にあたってきましたが、2022年の教皇庁の組織改変[1]に伴い教理省の一部門となりました。

---

1)　教皇フランシスコは、使徒憲章『プレディカーテ・エヴァンジェリウム』

　現在、全世界のカトリック教会を悩ませる大きな倫理的な問題として、特に聖職者によるさまざまな不祥事があげられます。その中で最も重大なものとして取り上げられているのが、先述の年少者への性的虐待の問題です。事件として数えられるものだけでも、あまりに膨大な数に及ぶのですが、未だに年を追うごとに事件の発覚が止まることがないという事実には言葉を失います。もちろん聖職者による性的虐待の問題には成人に対する事件も含まれます。成人への性的虐待の事案に関しては、未成年者と違って教理省には留保されていないものの、より慎重な対応が求められるため、教会法典の規則と併せて教皇フランシスコが 2019 年に公布し 2023 年に改訂した自発教令『あなたがたは世の光である』（*Vos estis lux mundi*）［VELM］によって、報告制度や予備審査、訴訟手続きに関する特別規則に従う必要があります。

　なお単純に躓きを生じさせる聖職者による継続的な性的関係に起因する不祥事は、通常の教会法の刑事手続きによって対処されます。

　さらに聖職者によるセクハラ、パワハラ、モラハラ、アカハラといった類の、いわゆるハラスメント行為で被害に遭ったという多くの人びとの叫びがあることも忘れてはなりません。その他に、教会財産の勝手な使い込みや、ゆすり、たかりも含めた不当な金銭のやりとり、さらには小さな職務懈怠にはじまり、教会共同体を傷つけ、場合によっては崩壊にさえ追い込むような悪辣な聖職者の日常的な態度による問題も含めると、実に数えきれないほどの罪と犯罪が、世界中の教会において繰り返されているのです。こうした不祥事に対処するために、国家法上での訴えとは別に、教会では原則として『教会法典』（2021 年 12 月に改訂され厳格化された刑法）に定められた法規によって対応します。その際、聖職者の身分からの追放処分が緊急に必要とされ、通常の手続きでは解決困難な場合、教皇庁聖職者省、あるいは福音宣教省に付与された特別権限に基づく手続き規則に従っ

（*Predicate Evangelium*）［2022 年 3 月 19 日発表、6 月 5 日発効］によって教皇庁組織を再編成しました。

た措置がなされます[2]。ただし未成年者に対する事案については、やはり最終的な判断が使徒座、教理省に委ねられています。また教会においてその他の特に重大とされる諸秘跡の執行に関するいくつかの犯罪については、『諸秘跡の聖性の保護』により教理省にその審判が留保されており、その特別規則によって規律されています。

　覚えておかなければならないのは、こうした法的手続きが教皇ないし教皇庁によって制定されてはいるものの、その適正な運用がなされるか否かは、現場の司教、裁治権者に委ねられているということです。この点については、これまで広く行われていたような裁治権者の恣意的な判断を退け、被害者に寄り添い、正義と愛、真理と平和に基づいて魂の救いのために、必ず法的手続きを実施するよう、教皇フランシスコの自発教令『コメ・ウーナ・マードレ・アマレーヴォレ』（*Come una madre amarevole*）［2016年］、自発教令『あなたがたは世の光である』（*Vos estis lux mundi*）［2023年］ならびに自発教令『パシーテ・グレジェム・デイ』（*Pascite gregem Dei*）［2021年］および2021年に改訂された新しい刑法規定（教会法第1311条第2項）で繰り返し規定され、恣意的にうやむやにされたり、不当な扱いをした場合、教会権威者に対しても罰則が適用されることも盛り込まれました。実際、先述の自発教令でも述べられているように、多くの事案が裁治権者の不適切な判断によって適切な措置がなされない状態に置かれてきたことも事実です。それについては、教会の権威者の素養や任命上の問題も含めて、誠実な対処が求められて然るべきでしょう。

　教会の輝きを失わせるこうした倫理上の問題は、決して聖職者だけによるものではありません。犯罪事案として扱われることは少ないかもしれませんが、多かれ少なかれ、教会内の聖職者、修道者、信徒を含むカトリック信者の不謹慎な態度、冷酷な眼差しや不誠実な態度、できる限り自らの

---

　2)　聖職者省の管轄する地域の特別な手続き規則と、福音宣教省が管轄する地域の特別な手続き規則が、2009年から2010年にかけて制定されました。詳しくは田中昇『聖職者の違法行為と身分の喪失　その類型と手続き規則』（2017年、教友社）を参照。

評価を落とさず臭いものに蓋をするといったような姿勢は、多くの場合、教会内外でその印象をこの上なく悪いものにしています。実に、こうした教会の倫理的な問題によって、世界中で教会は多くの人びとの信頼と多くの財産を失っているのですが、同時に多くの人びとの魂を救うどころか、反対に傷つけ悲しみと絶望の淵に追いやっている責任を考えなくてはなりません。これが目を背けてはならないカトリック教会の愚かな現実であることは皆が理解しておく必要があります。

　教会の福音宣教が捗らないという現実は、宣教に対する教会の姿勢や方法、意欲の問題だけでなく、実のところ教会内部の不祥事に起因するものでもあると言えます。世俗社会の思想や価値観、文化的な影響が問題なのだといって片づけることは、教会の現実を見ず真理に心を開いていない無責任な態度だと言えます。言い換えれば、現在の教会は、世に対して、とても聖書の教えを率直に伝えられるような組織にはなっていないがゆえに、宣教などとてもできるような状況ではないということも言えるのではないでしょうか。キリストの福音の精神を生きられていない組織に、それを伝えるというのは到底無理な話なのです。ヨーロッパをはじめとする世界において、教会そのものへの信頼が得られていないことには、それ相応の理由があり、まずはその解決、回心が必要不可欠です。

　2021年、『教会法典』の第Ⅵ集（刑法）改訂のための使徒憲章『パシーテ・グレジェム・デイ』（*Pascite gregem Dei*）において、教皇フランシスコは次のように述べています。「過去に愛徳の実践と制裁の規律への訴えとの間に存在する緊密な関係性について、教会内で適切な認識が欠如していたことにより多くの被害が生じました。経験が教えてくれている通り、このような認識不足のせいで、勧告や助言だけでは十分でないような倫理的規律に反する行動を取った者を、適切な解決策を講じずそのままにさせてしまっていた恐れがあります。このような状況は、しばしば時間が経つにつれて、そうした行動が、矯正が困難となるまで頑迷なものとしてしまい、多くの場合、信者の間に躓き（スキャンダル）や混乱を引き起こしかねない危険をはらんでいました。こうして、司牧者や上長にとって刑罰を

適用することが必要不可欠なこととなったのです。ある司牧者が刑罰制度に訴えることをないがしろにするのであれば、その人が自らの役割を正しく忠実に果たしていないことは明らかです」。それゆえ、改正された教会法第第1311条第2項にあるように、「教会を統治する者は、司牧的な愛と生活の模範、ならびに助言や励ましとによって、そして必要な場合には法の規定に従って刑罰を科すまたは宣告することによって、共同体そのものおよびそれぞれの信者の善益を守りかつ促進していかなければならない」のです。

　このように教皇は、これまで教会が適切な制裁を科すことをしないできた姿勢の弊害を再認識し、司牧の責任者において正しい法の適用によって問題を解決し、信仰者と共同体の傷を癒し、信頼を回復し、善益を促進することこそが教会の正しい道であることを示したのです。そもそも教会の権威者は、自己に委ねられたキリスト信者の尊厳を守り成長させるためにその権能を与えられています。それは、特に心身が傷つき悩み苦しむ兄弟姉妹への深い愛情による寄り添い、牧者のように抱きかかえ、傷を包んで癒し再び福音の喜びに生きることができるよう導くために与えられるものであって、決して自己保身のためでも犯罪を犯した信徒、修道者、聖職者を擁護するためでもないことは自明の理です。しかし世界的に見て、これまで性暴力や金銭問題の事案を中心とした多くの不祥事例において、教会の権威者は、傷ついた羊たちを守り救うどころか、事実を隠蔽し、自己保身のために秘密主義という名の偽善を適当に用いて、哀れな羊たちを絶望と悲しみに追いやってきたのではないでしょうか。実のところ、教会の拡大として福音宣教の最大の難敵は、教会自身のうちに潜んでいる悪ではないかとさえ思えるのです。

　その意味で、信義則という法理、なかんずく教会の聖性を追求するための法の原則は、教会の権威を担う者に始まり、すべての信仰者、信仰共同体が、神のみことばの前に自らの有様を真摯にみつめこれを糺す態度、互いに教え合い論し合う姿勢、謙遜さ、誠実さ、賢明、柔和、節制といった徳に飾られていることを、その基本姿勢として求めています。それは決し

て悪に対して見て見ぬふりをしたり自分の都合で悪事を肯定したりするような態度、あるいは善なるものを歪んだ心や偏見をもって勝手に悪だと決めてかかるような真理と正義に逆らうような態度であってはならないのです。

　教会法制上の問題として、教会の司法権の独立性の曖昧さを指摘することができます。これは統治権者である教区司教や聖職者修道会の上級上長が、立法、行政、司法という三つの権限を一手に担っているということに起因します。近代国家の正常な機能を目指すうえで提唱された三権分立の原則は、基本的に教会においては未解決のままなのです。これは教会の権能の主体たる裁治権者というものが基本的に独任制であることに由来します。そのため、一切の教会内での問題は、司教や上長の匙加減にかかっていました。当然、権威者にとって、自分が管理責任を務める組織においてあからさまに事件が取り沙汰されるのは好ましくないことでしょう。そのため、訴えがなされても、明確な問題として取り上げないで適当に済ませるということが起きてきたのです。司教が扱わないと決めた以上、教会裁判所は教会法制上職権で行動することはできないのです。教会裁判官の立場にある司祭が、こうした事態に遭遇することは、極めて心苦しい思いに駆られます。

　ここに教会の法制上の一つの問題があります。つまり、先の教皇の自発教令の言葉はそれが世界中で長年起こってきたことであるかのように受け取れます。聞こえの悪い言い方ですが、事案を握りつぶすことで、言い換えればごく僅かな人間の不平不満や魂の苦悩を、さも大した問題ではない、教会に躓きを与えるようないい加減な発言はやめるべきだ、他にすべき重要なことがある……等と、教会権威者は、適当な方便を繰り返して、多くの問題を放置することで済ませてきたのではないかと思うのです。もちろん、すべての事案について、信者は行政不服審査手続きを使徒座へ申請する権利を有するので、自己の裁治権者の作為不作為に関する違法不当を使徒座へ訴えることができます。とはいえ、小さき者の一人を大切にできない人間に、神の民全体を世話する使命が務まると言えるのでしょうか。弱

い立場の人、苦悩にある人に寄り添うどころか、正面から関わろうとしないという教会権威者の姿勢は、キリストの精神とはまるでかけ離れています。

　実際、教会の制度についての知識が多くの信者に浸透していないことも、教会において刑法および刑事訴訟法が規定されていること、そのための教会における裁判機能があるということが知られずにきた原因かもしれません。そのため教皇フランシスコは、教会法典の刑法を改正した際、明確に教会権威者は信者の訴えを聞き、より適切な仕方で刑法を適用すべきことを義務づけたのだといえます。

　そして覚えておくべきことは、現行の教会法は、刑法規定がすべての信者に適用され、原則として教区司教でも無答責では済まされないとされている点です。そのうえ刑事訴訟手続きを放置する不作為も、善意悪意関係なく無過失責任が問われることとされています（『コメ・ウーナ・マードレ・アマレーヴォレ』［*Come una madre amarevole*］1項参照）。

翻訳した教理省の文書について

　教皇ヨハネ・パウロ2世の自発教令『諸秘跡の聖性の保護』（*Sacramentorum sanctitatis tutela*）［SST］と共に公布された教理省の『教理省に留保される犯罪に関する規則』（2021年改訂版）[3] は、使徒座、特に教理省に留保される犯罪を規定した第1部と、その手続き規則を定めた第2部から構成されています。

　第1部で次の犯罪が教理省に留保されるものとして定められています。①信仰の背棄、異端、離教、②聖体への冒瀆的な扱い、ミサ挙行の権限を欠くのにこれを試みること（同）、ミサの偽装、カトリック教会との完全な交わりを欠く教会的共同体の教役者と聖体祭儀あるいは聖餐式等を行うこと、（汚聖を目的として）ミサにおいて一形色のみ、あるいはミサ以外の

　3）　訳者註：Ioannes Paulus II, m.p. *Sacramentorum Sanctitatis Tutela*, AAS 93 （2001）737-739.

機会に両形色を聖別すること、③神の十戒のうちの第六戒に反する共犯者を赦免すること（秘跡は無効）、権限を欠いているにもかかわらず秘跡的告白を聞くこと、ゆるしの秘跡の偽装、ゆるしの秘跡の挙行に際して、あるいはその口実で、告白者を第六戒の罪を犯すよう誘惑すること、秘跡的告白の直接的・間接的侵犯、ゆるしの秘跡における告白を録音し情報伝達手段によって流布させること、④女性を叙階すること、女性として叙階を受けること（秘跡は無効）、⑤18歳未満の未成年ないし恒常的に理性の働きが十分でない者と第六戒に反する罪を犯すこと、いかなる方法であれ18歳未満のポルノ素材を取得・保持・流布させること。

　改正された第2部の規則に関しては、教理省に留保されたこれらの事案についての訴えは、まずそれぞれの部分教会において裁判上（司法手続き）でも、裁判外（行政手続き）においても進めることができるとされ、最終的な審判は教理省の法廷に委ねられています。また手続きの遂行については、元来教会法の専門家でなければならないもの（裁判官、公益保護官）以外は、学位による制限に関しては免除も可能とされており、かつ男女を問わず適当とされる信徒にも委任することができるとされています。

　この手続き方法の詳細を説明しているのが『聖職者による未成年者への性的虐待事例を扱う手続きにおけるいくつかの点に関する手引き』（2022年改訂版）です。この手続きは、大まかに犯罪が行われたと疑われる情報を得た段階から始まり、教会法の刑事訴訟手続きの流れに沿って、予備調査、予防的な措置、訴訟手続き、審判（審理の結論、科刑ないし償いや戒告など他の措置）に至るまでの詳しいガイドとなっています。そのため手引き書そのものは、何ら新しい規則を定めたものではありません。実際に該当事案に関係する人は、手引きの内容に沿って必要な情報を収集していくべきでしょう。また事案の報告を受けた裁治権者、教会組織責任者においては、手引きに従って、関係者への丁寧な対応、教理省への報告が求められます。詳しい内容については直接本文でご確認ください。ただし、特に注意が必要と思われるのは、こうした事案が、霊的指導（私的な相談）の

ような秘跡外の内的法廷、もしくはゆるしの秘跡といった秘跡的内的法廷で聴罪司祭に伝えられた場合です。手引き書（14項）にもある通り、聖職者による性犯罪の被害者、特に未成年者がこうしたケースを告白する場合、聴罪司祭は秘跡的告白の秘密を守る必要があるため、被害者本人が両親や主任司祭に犯罪行為について話すよう説得するよう努めなければなりません。

　この手引き書は、改訂された教会法典の刑法も規定している通り、教会としては、いかなる事案においてであれ、被害者のみならず、加害者（被疑者）に対する適切な保護の必要性も規定しています。現実的に起こり得る問題として、被害を教会権威者に訴え出た者が、当該権威者や被疑者である聖職者から、訴えをきっかけにまるで悪人扱いを受けたり、周辺の信者に訴えに関する情報を漏らし、その人物の悪評を振り撒くなどして、被害を訴えた人物に深刻な二次的な被害を負わせるといったケースがみられます。あるいは、嫌疑をかけられた聖職者が、事実確認すらなされていない状態で、既に追放の審判が下されたかのような扱いを受けるという事態も起こり得ます。そのいずれもが、全き愛といつくしみ、真理と正義の源である神と、そのみ旨を実現するために与えられた教会の法の精神に反することは言うまでもありません。

　法の原則に従って、事件が判決等により解決をみるまでは、事案にかかわる人びとと、教会法務に携わる人びととにおいては特に、自身の思い込みや拙速な善悪の判断（それに基づく当事者への差別的行動や関係者が望む結果にわざと調査・審理を誘導する行為など）は禁物であり、常に慎重かつ中立的姿勢で事案にのぞみ、客観的に個々の証拠物の評価から確定することのできる真実のみを眼前に置くことが重要です。そして法の役割とは、常に人間そのものを裁くのではなく事件そのものを審判するものであって、人間が人間を裁くのではない（それは神の業である）ということを忘れてはなりません。

5．教皇ヨハネ・パウロ2世

『教理省に留保されるより重大な犯罪に関する規則』と共に
公布されるべき自発教令形式による使徒的書簡

『諸秘跡の聖性の保護』

　諸秘跡の聖性の保護、中でも最も神聖な聖体の秘跡とゆるしの秘跡の聖性の保護は、神の十戒の第六戒を守るなかで主との交わりに招かれている信者を純粋に保護すること、すなわち「教会において常に最高の法である人びとの救い」（salus animarum）［教会法第1752条］が実現するように、司牧的配慮によって教会が自ら違反の危険を未然に防ぐためにこれに介入するよう要請されるものです。

　実際、過去に私の前任者たちは、諸秘跡の聖性の保護、とりわけゆるしの秘跡の聖性の保護のために、教皇ベネディクト14世の憲章『サクラメントゥム・ペニテンツィエ』（*Sacramentum Poenitentiae*）［1741年6月1日公布］[註1]をはじめとしたいくつかの使徒憲章を公布しています。1917年にその源泉と併せて公布された『教会法典』（*Codex Iuris Canonici*）の諸条文は、それらと同じ目的の上に成り立っており、それによってこの種の犯罪に対する教会法上の制裁が確立されました[註2]。

　近年では、これらの犯罪および類縁の犯罪を防ぐために、検邪聖省（現在の教理省）が、1962年3月16日に、すべての総大司教、大司教、司教および東方典礼も含む他の地区裁治権者に宛てた指針『クリーメン・ソリチタツィオーニス』（*Crimen sollicitationis*）をもって、これらの事案を審理する方法を確立しました。それは、当時、行政的であろうと司法的であろうと、この種の裁判管轄権が、唯一検邪聖省に専属的に委ねられていた

からです。ただし、1917年に公布された『教会法典』の第247条第1項によれば、当時の検邪聖省の枢機卿は、あくまで同省の次官の職にあり、あくまでも教皇が検邪聖省の主導権を持っていました。それゆえ、教皇自身の権威によって公布されたこの指針は、法的拘束力を有するものであることを心に留めておかなければなりません。

今は亡き教皇パウロ6世は、ローマ教皇庁組織に関する使徒憲章『レジーミニ・エクレジエ・ウニヴェルセ』（*Regimini Ecclesiae universae*）［1967年8月15日公布］によって、検邪聖省が「改訂され、承認を受けた固有の規則に従って」審理を行ううえでの行政的ならびに司法的管轄権を持つことを確認しました（註3）。

最後に、私自身に与えられた権限により、1988年6月28日に公布した使徒憲章『パストル・ボヌス』（*Pastor bonus*）において、私は明確に次のように定めました。「教理省は、信仰に反する犯罪、および倫理に反するより重大な犯罪、ないし諸秘跡の執行において犯されたより重大な犯罪が報告された場合、それに関して調査を行い、必要な時はいつでも、一般法と固有法の両方に従って教会法上の制裁を宣言あるいは科すことを行うものとする」（註4）。その際、同省が、さらに確認および明確化するために行う訴訟は、使徒座裁判所の管轄権によるものとなります。

私が、教理省の『アジェンディ・ラツィオ・イン・ドクトリナールム・エグザミネ』（*Agendi ratio in doctrinarum examine*）（註5）を承認した後、その管轄権が専属的に教理省に留保されている「倫理に反する生き方によって犯されたもしくは諸秘跡の執行において犯されたより重大な犯罪」について、また「教会法上の制裁を宣言あるいは科すため」の特別な手続きの規則についても、より詳細な点を確定する必要がありました。

そこで自発教令の形式を持つこの使徒的書簡をもって、私は上述の任務を遂行し、ここに『教理省に留保されるより重大な犯罪に関する規則』を併せて公布します。この規則は二部構成となっており、第1部は「本質的な規則」、第2部は「手続き規則」について定めています。したがって、私はすべての関係者が、これらの規則を誠実かつ忠実に順守するように命

じます。なおこれらの規則は、公布されたその日から法的効力を有するものとします。

これらの規則に反対するものは、それが特別に言及すべきものであっても何ら妨げとなるものではありません。

2001 年 4 月 30 日
聖ピオ 5 世教皇の記念日に
ローマにて
聖ペトロのかたわらで
教皇在位第 23 年
教皇ヨハネ・パウロ 2 世

原註

（註 1） 教皇ベネディクト 14 世憲章『サクラメントゥム・ペニテンツィエ』(*Sacramentum Poenitentiae*)［1741 年 6 月 1 日］, in *Codex Iuris Canonici*, Pii X Pontificis Maximi iussu digestus, Benedicti Papae XV auctoritate promulgatus, Documenta, *Documentum* V, in AAS 9 (1917) Pars II, 505-508 参照。

（註 2） Cf. *Codex Iuris Canonici anno 1917 promulgatus*, cann. 817, 2316, 2320, 2322, 2368 §1, 2369 §1.

（註 3） 教皇パウロ 6 世による教皇庁組織に関する使徒憲章『レジーミニ・エクレジエ・ウニヴェルセ』(*Regimini Ecclesiae universae*)［1976 年 8 月 15 日］, n. 36, in AAS 59 (1967) 898 参照。

（註 4） 教皇ヨハネ・パウロ 2 世による教皇庁組織に関する使徒憲章『パストル・ボヌス』(*Pastor bonus*)［1988 年 6 月 28 日］, art. 52, in AAS 80 (1988) 874 参照。

（註 5） 教理省 *Agendi ratio in doctrinarum examine*, 29 iunii 1997, in AAS 89 (1997) 830-835.

田中昇訳

6．教皇庁教理省

『教理省に留保される犯罪に関する規則』

（2021 年 10 月 11 日改訂版）

第 1 部　本質的な規則

第 1 条　(1)　教理省は、使徒憲章『パストル・ボヌス』（*Pastor bonus*）の第 52 条の規定により、本規則第 2 条第 2 項に従って、信仰に反する犯罪、ならびに倫理に反してまたは諸秘跡の執行において犯された重大な犯罪について審理し、必要な場合にはいつでも、一般法および固有法の規定によって、教会法上の制裁を宣言するか科す。ただし、使徒座内赦院の管轄権下にあるものはその限りではない。さらに、『アジェンディ・ラツィオ・イン・ドクトリナールム・エグザミネ』（*Agendi ratio in doctrinarum examine*）［教理の審査に際しての行動原理］が順守されなければならない。

（2）　教理省は、本条第 1 項に挙げられる犯罪に関して、ローマ教皇から指令を受けたうえで、枢機卿、総大司教、使徒座の使節、司教、さらには教会法第 1405 条第 3 項およびカトリック東方教会法第 1061 条 に挙げられるその他の自然人を審理する権利も有する。

（3）　教理省は、本条第 1 項に挙げられる同省に留保された犯罪を後述の規定に従って審理する。

第 2 条　(1)　第 1 条に挙げられる信仰に反する犯罪とは、教会法第 751 条、第 1364 条およびカトリック東方教会法第 1436 条、第 1437 条に規定された、異端、背教および離教である。

（2）　本条第 1 項に挙げられる事案において、法の規定に従って第一審の

裁判手続きまたは裁判外の決定を行うのは、ラテン教会の裁治権者ないしはカトリック東方諸教会の裁治権者である。ただし、教理省へ上訴または訴願をする権利は妨げられない。

　（3）本条第1項に挙げられる事案において、法の規定に従って伴事的破門制裁あるいは大破門制裁を外的法廷で赦免する権限を持つのは、ラテン教会の裁治権者ないしはカトリック東方諸教会の裁治権者である。

第3条（1）教理省に判断が留保されている、最も尊い生贄すなわち聖体祭儀の聖性および聖体の秘跡に反する重大な犯罪とは、次のものをいう。

　1. 教会法第1382条およびカトリック東方教会法第1442条に規定されているように、汚聖の目的で、聖別された両形式の聖体を持ち去るかもしくは保持する、あるいは冒瀆すること。

　2. 教会法第1379条第1項第1号に規定されているように、聖体祭儀の典礼行為を試みること。

　3. 教会法第1379条第5項およびカトリック東方教会法第1443条 に規定されているように、聖体祭儀の典礼行為を偽装すること。

　4. 教会法第1381条およびカトリック東方教会法第1440条に規定されているように、使徒継承性を欠き司祭叙階の秘跡的尊厳を認めない教会共同体の奉仕者と共に、教会法第908条およびカトリック東方教会法第702条によって禁止されている聖体祭儀を共同で挙行すること。

　（2）さらに、汚聖の意図をもって聖体祭儀において、もしくは聖体祭儀外で片方または両方の形式を聖別する犯罪は、教会法第1382条第2項に規定されているように、教理省に留保される。

第4条（1）教理省に判断が留保されている、ゆるしの秘跡の聖性に反する重大な犯罪とは、次のものをいう。

　1. 教会法第1384条およびカトリック東方教会法第1457条に規定されているように、神の十戒の第六戒に反する罪の共犯者を赦免すること。

　2. 教会法第1379条第1項第2号に規定されているように、禁止されて

いるにもかかわらず秘跡的赦免の付与を試みること、または秘跡上の告白を聴くこと。

3. 教会法第1379条第5項およびカトリック東方教会法第1443条に規定されているように、秘跡的赦免を偽装すること。

4. 教会法第1385条およびカトリック東方教会法第1458条に規定されているように、ゆるしの秘跡の執行において、またはその機会に、またはその口実で、聴罪司祭自身が当事者となる第六戒に反する罪に誘惑すること。

5. 教会法第1386条第1項およびカトリック東方教会法第1456条第1項に規定されているように、直接的または間接的に、秘跡的告白の守秘義務に背くこと。

6. 教会法第1386条第3項に規定されているように、聴罪司祭またはゆるしの秘跡を受けた者が秘跡的告白の中で口にしたことを、それが本当のものであろうと、真実を装ったものであろうと、何らかの技術的手段で記録しまたは社会的な通信手段を用いて悪意をもって流布すること。

（2）本条第1項に挙げられる犯罪の訴訟においては、告発者または秘跡を受けた者自身が明確に同意しない限り、告発者または秘跡を受けた者の名前を、被疑者にも、その弁護人にも、他の誰にも知らせてはならない。また、告発者の信憑性についても、特別な注意を払って評価しなければならない。さらに、被疑者の弁護権を保証したうえで、秘跡的告白の守秘義務に背くようないかなる危険も絶対に避けるよう注意しなければならない。

第5条　女性を聖職者に叙階する試みも、教理省に留保される重大な犯罪となる。

1. 聖職叙階を試みた者もしくは聖職叙階を受けようとした女性が、教会法典の対象となる信者である場合、教会法第1379条第3項に規定されているように、赦免が使徒座に留保される伴事的破門制裁を受ける。

2. 聖職叙階を試みた者もしくは聖職叙階を受けようとした女性が、カトリック東方教会法典の対象となる信者である場合、赦免が使徒座に留保

される大破門制裁を受ける。

第6条　教理省に判断が留保されている倫理に反する重大な犯罪とは、次のものをいう。

　1.　聖職者が、18歳未満の未成年者もしくは恒常的に理性の働きを欠いている者に対して神の十戒の第六戒に反する犯罪を犯すこと。当該聖職者が未成年者の年齢について無知であった場合もしくは錯誤していた場合でも、軽減事由または免除事由とはならない。

　2.　聖職者が、いかなる方法であれ、かつ、いかなる手段で撮影されたものであれ、18歳以下の未成年者のわいせつな図像を取得、保持すること、または人に見せ、流布させること。

第7条　第2条から第6条までに挙げられている犯罪を遂行した者は、教会法およびカトリック東方教会法、ならびに本規則において個々の犯罪に対して定められているものに加え、必要であれば犯罪の重大性に応じた正当な刑罰でもって処罰されなければならない。その者が聖職者であった場合、聖職者の身分からの追放または罷免による処罰も含まれる。

第8条　（1）教理省に留保されている犯罪に関する訴追権は、20年の時効をもって消滅する。

　（2）時効は、教会法第1362条第2項およびカトリック東方教会法第1152条第3項の規定に従って起算される。ただし、本規則第6条第1号に挙げられている犯罪においては、時効は未成年者が18歳になった日から起算されるものとする。

　（3）教理省は、本規則が発効する以前に犯された犯罪を含め、同省に留保されているすべての個別の事案に対して、時効の適用を除外する権限を有する。

第2部　手続き規則

第1章　裁判所の管轄権

第9条（1）教理省は、前条までに定義されている犯罪の審理に関して、ラテン教会においてもカトリック東方諸教会においても、使徒座の最高裁判所である。

（2）この最高裁判所は、自己に留保されている犯罪と併合して行う場合にのみ、違反者が人的なつながりや共犯性を理由に起訴されているその他の犯罪についても審理する。

（3）この最高裁判所に留保されている犯罪は、裁判手続きもしくは裁判外の決定によって処罰される。

（4）この最高裁判所が固有の管轄権の範囲内で出す判決は、教皇による承認を必要としない。

第10条（1）ラテン教会の裁治権者ないしはカトリック東方諸教会の裁治権者は、重大な犯罪について知ったか、あるいは少なくともそれが疑われる事実について情報を得た場合には、その都度、教会法第1717条およびカトリック東方教会法1468条の規定に従って予備調査を行ったうえで、教理省に通知する。同省は、特別な事情があって訴訟を自らに移管させる場合を除き、ラテン教会の裁治権者ないしはカトリック東方諸教会の裁治権者に対し、手続きを進めるよう命ずる。

（2）予備調査の開始当初から、教会法第1722条およびカトリック東方教会法第1473条に定められている措置を課すのは、ラテン教会の裁治権者ないしはカトリック東方諸教会の裁治権者の管轄権に属する。

（3）事案が予備調査を行うことなく直接教理省に提訴された場合、一般法に従ってラテン教会の裁治権者ないしはカトリック東方諸教会の裁治権者の権限に属する訴訟の準備は、教理省自身が行うこともできる。同省は、

直接、または代理人を通してこの措置を行う。

第11条　教理省は、同省に留保されている犯罪に関する訴訟において、違反が単に手続き上のものであった場合、弁護権を保証したうえで調書を追認して有効とすることができる。

第2章　裁判による手続き

第12条　(1) この最高裁判所の裁判官は、法律そのものにより、教理省の構成員である。

(2) 裁判所の長は、同等な地位にある者の筆頭者である教理省長官が務める。長官が空位であるかまたは職務の遂行に妨げがある場合、その職務は教理省次官が務める。

(3) その他の裁判官を任命するのは、教理省長官の権限に属する。

第13条　本規則に挙げられた訴訟を担当するすべての裁判所において、有効に職位を遂行できるのは、

1. 裁判官および公益保護官の場合、教会法の博士号あるいは少なくとも修士号を有し、品行方正で、分別と法務経験において卓越した司祭だけである。

2. 公証官と事務局長の場合、優れてよい評判を有し、かつ、いかなる疑惑もかけられる余地のない司祭だけである。

3. 弁護人と訴訟代理人の場合、教会法の博士号あるいは少なくとも修士号を有し、団体の長が承認したカトリック信者である。

第14条　教理省は、特別な事案においては、司祭であるという要件を免除することができる。

第15条　裁判所の長は、公益保護官の意見を徴したうえで、第10条第2

項に挙げられるものと同等の権限を有する。

第16条 (1) 他の裁判所において、いかなる形であっても訴訟が終了した際には、裁判所事務局は、できる限り速やかにすべての裁判記録を教理省に送付しなければならない。

(2) 被疑者および教理省最高裁判所の公益保護官は、第一審の判決発表から60日間の上訴有効期限内に、上訴を提起することができる。

(3) 上訴は、教理省の最高裁判所に提起されなければならない。同裁判所は、訴訟に関する任務を他の裁判所に付与する場合を除き、他の裁判所もしくは同じ使徒座最高裁判所の別の裁判団が第一審で判決を下した訴訟の第二審を審理する。

(4) 単に第9条第2項に挙げられるその他の犯罪に関する判決に対しては、教理省の最高裁判所への上訴は認められない。

第17条 上訴審の段階で、公益保護官が別種の起訴内容を提示した場合、本最高裁判所はこれを受理し、第一審として審理することができる。

第18条 次の場合、裁判は確定したものとされる。

1. 第二審において判決が出された場合。

2. 判決に対する上訴が、第16条第2項に挙げられている期限内に提起されなかった場合。

3. 上訴審の段階で、審理が時効により消滅したか、または取り下げられた場合。

第3章 裁判外の手続き

第19条 (1) 教理省が裁判外の手続きを開始することを決定した際には、教会法第1720条およびカトリック東方教会法第1486条を適用するべきである。

（2）教理省の指令を事前に受けたうえで、永久的な贖罪的刑罰を科すことができる。

第20条（1）裁判を行わずに取り扱う場合の手続きを進めることができるのは、教理省、ラテン教会の裁治権者ないしはカトリック東方諸教会の裁治権者、もしくはそれらの代理者である。

（2）この代理者の職務を果たすことができるのは、教会法の博士号あるいは少なくとも修士号を有し、品行方正で、分別と法務経験において卓越した司祭のみである。

（3）こうした手続きを行う場合、教会法第1720条の規定に従って、裁判補佐人の職務を果たす者の要件は、教会法第1424条に挙げられるものが有効とされる。

（4）調査を担当する者は、本条第2項および第3項に挙げられる職務を果たすことができない。

（5）カトリック東方教会法第1486条の規定により、公益保護官の職務を果たすことができるのは、教会法の博士号あるいは少なくとも修士号を有し、品行方正で、分別と法務経験において卓越した司祭のみである。

（6）公証官の職務を果たすことができるのは、優れてよい評判を有し、かつ、いかなる疑惑もかけられる余地のない司祭のみである。

（7）違反者は、常に弁護人または訴訟代理人を用いなければならない。弁護人または訴訟代理人は、教会法の博士号あるいは少なくとも修士号を有し、教理省、ラテン教会の裁治権者ないしはカトリック東方諸教会の裁治権者、もしくはそれらの代理人が承認したカトリック信者である。違反者が弁護人または訴訟代理人を用意することができない場合、管轄権を有する権威者はそれを1名指名しなければならない。この者は、違反者が自らの弁護人または訴訟代理人を選任するまで、その任務に留まる。

第21条　教理省は、司祭であるという要件および第20条に挙げられる学位要件を免除することができる。

第22条　いかなる形であっても裁判外の手続きが終了した際には、裁判所事務局は、できる限り速やかにすべての裁判記録を教理省に送付しなければならない。

第23条　(1) 教会法第1734条の規定に従って、教理省の公益保護官および違反者は、教会法第1720条第3号に基づく裁治権者もしくはその代理人が出した決定の取り消しまたは変更を書面で請求する権利を有する。

　(2) 教理省の公益保護官および違反者は、教会法第1735条の規定を順守したうえで、前項所定の請求を行った後にのみ、教会法1737条に従って同省の定期会合に位階的訴願を提起することができる。

　(3) 教理省の公益保護官および違反者は、カトリック東方教会法第1486条第1項第3号に基づくカトリック東方諸教会の裁治権者もしくはその代理者が出した決定に対して、カトリック東方教会法1487条に基づき同省の定期会合に位階的訴願を提起することができる。

　(4) 単に第9条第2項に挙げられるその他の犯罪のみに関する決定に対しては、教理省の定期会合への訴願は認められない。

第24条　(1) 教理省の公益保護官および被疑者は、教理省に留保される犯罪の事案における同省の個別の行政行為に対して、60日間の訴願有効期限内に、同省に訴願を提出する権利を有する。教理省は、訴願の価値と合法性を審理するが、使徒憲章『パストル・ボヌス』第123条に挙げられるさらなる訴願は排除される。

　(2) 被疑者は、本条第1項に挙げられる訴願の提出にあたって、適切な委任状を備え、教会法の博士号あるいは少なくとも修士号を有するカトリック信者である弁護人を常に用いなければならない。これに違反した場合には、訴願は受理されないものとする。

　(3) 本条第1項に挙げられる訴願が受理されるためには、訴願内容が明確に示され、基礎となる法律上および事実上の訴願理由が含まれていなけ

ればならない。

第25条　裁判外の手続きによる刑罰の決定は、以下の場合に確定的なものとなる。

　1. 教会法第1734条第2項または第1737条第2項に定められている有効期限が無為に経過した場合。

　2. カトリック東方教会法第1487条第1項に定められている有効期限が無為に経過した場合。

　3. 本規則第24条第1項に挙げられる有効期限が無為に経過した場合。

　4. 本規則第24条第1項に基づいた教理省の決定である場合。

第4章　結びとしての諸規則

第26条　違反者に自己弁護権が与えられたうえで、犯罪の遂行が明確になった場合、手続きがいかなる状態や段階にあろうとも、聖職者の身分からの追放または罷免、ならびに独身の義務の免除のために、第2条から第6条に挙げられる特に重大な事案を直接教皇の決定に委ねることは、教理省の権利である。

第27条　いかなる時期であっても、教理省を通じて、独身の義務を含む聖職叙階に由来するすべての義務の免除、ならびに必要な場合には修道誓願の免除を教皇に提出することは、被疑者の権利である。

第28条　（1）第6条に挙げられる犯罪に関する告発、ならびに裁判および決定を除き、本規則で規定されている犯罪に関する訴訟は、教皇庁機密の対象となる。

　（2）誰であれ、この機密を漏洩する者、もしくは故意あるいは重大な過失によって被疑者または証人、あるいはそれ以外の資格で刑事訴訟に関係する者にその他の損害を与える者は、被害者または裁判所事務局からの請

求に基づき、相応の刑罰をもって処罰されなければならない。

第 29 条　これらの訴訟においては、本規則の規定と併せて、ラテン教会およびカトリック東方諸教会の教会法典における犯罪および刑罰、ならびに刑事訴訟に関する条文が適用されるものとする。

田中昇、髙久充訳

7．教皇庁教理省

『聖職者による未成年者への性的虐待事例を扱う 手続きにおけるいくつかの点に関する手引き』

Ver. 2.0

（2022 年 6 月 5 日）

註記：

a．自発教令『諸秘跡の聖性の保護』（SST）に付属する教理省が公布した『諸規則』（*Normae*）の第 6 条に掲げられている犯罪事案に加えて、他の諸々の教理省に留保される犯罪に関しても（場合により修正を加えたうえで）本手引きが適用されます。

b．略号については次のとおりです。CIC：（現行）『教会法典』；CCEO：『カトリック東方教会法典』；SST：自発教令『諸秘跡の聖性の保護』（2021 年改定版の諸規則を含む）、VELM：自発教令『あなたがたは世の光』（2019 年）；DDF：教理省。

c．2021 年 5 月 23 日の使徒憲章『パシーテ・グレジェム・デイ』の公布を受けて、現行教会法典の第 6 集の改訂版が 2021 年 12 月 8 日に発効しました。しかし刑法不遡及の原則に加え、教会法第 1313 条の次の規定を想起しなければなりません。

　「（1）犯罪が遂行された後に法律が変更された場合、違反者に対してより有利な法律を適用しなければならない。（2）後法が前法を廃止するかまたは少なくともその刑罰を廃止した場合には、この刑罰は直ちに中止される」。

　したがって、2021 年 12 月 8 日以前に犯された犯罪行為については、旧

版の（教会法典の）第 VI 集の規則を検討し正しく適用されているか検証する必要があります。

d. 2021 年 10 月 11 日の『レスクリプトゥム・エクス・アウディエンツィア・サンクティッシミ』（*Rescriptum ex audientia Sanctissimi*）によって既に改正されていた『教理省に留保される犯罪についての諸規則』は、2021 年 12 月 7 日に新版として公表され 2021 年 12 月 8 日に発効しました。この手引き書に記載されている表記は、これらの規則に準拠しています。

*　　　　　*　　　　　*

0.　はじめに

　教理省は、教会の各々の管轄領域において刑事訴訟を行う際に守るべき手続きについて数多くの質問に答えるため、この手引き書を作成しました。本文書は、第一に聖職者によって犯された未成年者への性的虐待に関して、教会の法規を具体的な行動規範として適用する必要に迫られる各々の裁治権者および法務担当者に向けられたものとなっています。

　これは、犯罪の報告にはじまり訴訟手続きにおける最終的な解決に至るまで、先述の犯罪に関して真実を検証する役割を担うことになるすべての人を助け、段階的に解決に導くことを意図した一種の「マニュアル」です。

　本文書は、この分野に関する規則集でもなければ、これまでの法規定を更新するものでもなく、単に手続きの道筋をより明確にするための提案です。均質な手続きは、より良い司法行政に寄与するため、その順守が推奨されます。

　本手引きの主な根拠となっているのは、二つの現行教会法典（『教会法典』および『カトリック東方教会法典』）、自発教令『諸秘跡の聖性の保護』（*Sacramentorum Sanctitatis Tutela*）［SST］と共に発布され、2019 年 12 月 3 日および 6 日の『レスクリプトゥム・エクス・アウディエンツィア・サ

ンクティッシミ』に基づいた刷新を考慮した教理省に留保される犯罪についての諸規則、そして自発教令『あなたがたは世の光』（*Vos estis lux mundi*）（VELM）です。以上に加えて、近年より詳細かつ確固なものとなった教理省のさまざまな実践も参照すべきです。

　本文書は柔軟性をもたせた手引き書であるがゆえに、その基準となる規則が改訂されたり、教理省の実践が更なる明確さや改正を必要としたりする場合には、その都度、定期的な更新を行うことができます。

　この手引き書においては、あえて第一審刑事訴訟手続きの実施に関する指示は盛り込まれていません。それは、現行教会法典において既に説明されている手続きが十分明確かつ詳細であると考えるからです。

　この手引き書によって、重大な犯罪（delictum gravius）に対する正義の要求が、教区、奉献生活の会および使徒的生活の会、司教協議会など、さまざまな教会領域でより良く受け入れられ、実践されるための手助けとなれば幸いです。なぜならこうした犯罪は、全教会が癒しを求める、痛みを伴う深い傷に他ならないからです。

I.（本文書において）何が犯罪とみなされますか？

1.　ここで扱われる犯罪には、聖職者によって未成年者に対して行われる神の十戒の第六戒に反するすべての外的罪が含まれます（cf. can. 1398 §7, 7° CIC; art. 6 §1, 1° SST）。

2.　この犯罪の類型は非常に幅広いものです。例を挙げると、性行為（合意の有無にかかわらず）、性的な意図をもった身体的接触、露出、自慰行為、ポルノ素材制作、売春への誘導、各種コミュニケーション手段を用いたものをも含む性的な会話および教唆またはそのいずれか等が含まれます。

3.　こうした事例における「未成年者」の概念は、時代とともに変化して

きました。2001 年 4 月 30 日までは、16 歳未満の人を指していました（いくつかの部分教会の法規においては、既に年齢が 18 歳に引き上げられていました。例：アメリカ［1994 年以降］およびアイルランド［1996 年以降］)。しかし、自発教令『諸秘跡の聖性の保護』(*Sacramentorum Sanctitatis Tutela*) が発令された 2001 年 4 月 30 日以降、年齢は全世界において 18 歳に引き上げられ、これは現在も有効とされています。実質的に人が「未成年」であったかどうかは、事件発生時に施行されていた法律の定義に従って決定されるため、こうした概念の変更を考慮する必要があります。

4. この「未成年」という言葉は、心理学の分野で提案される、未成年者との間でなされた「ペドフィリア」の行為と、既に思春期を過ぎた青少年との間でなされた「エフェボフィリア」の行為との区別を反映していません。なぜなら、この種の犯罪についての教会法上の定義は、彼らの性的成熟度によって影響を受けないからです。

5. 2010 年 5 月 21 日に公布された自発教令『諸秘跡の聖性の保護』(SST) の改訂版によって、常態として理性の働きが不完全である者は未成年者と同等の扱いとなると定められました（cf. art. 6 §1, 1° SST)。この未成年者に準ずる者という分類の拡大は、2021 年の SST の第 2 次改訂で変更されることなく確認されました（cf. art. 6, 1° SST)。「心身の虚弱な成人」(vulnerable adult) という表現の使用に関しては、「健康を損なった人、心身に欠陥を有する人、あるいは事実上、一時的であれ理解したり何かを欲したり、危害を加える他者に対して抵抗しようとしたりする能力が制限された、人としての自由を奪われた状態にあるすべての人びと」と別の文書 (cf. art. 1 §2, b VELM) において説明される通りです。この定義には、教理省の能力に関する状況、すなわち 18 歳未満の未成年者と「理性の働きが不完全な状況にある」者に限定されているもの以外の状況も含まれていることに留意すべきです。これらの事案以外の状況は、それぞれの管轄省が扱います（cf. art. 7 §1 VELM)。

6. また『諸秘跡の聖性の保護』（SST）は、未成年者が関係する特定の三つの類型の新しい犯罪、すなわち聖職者による、いかなる方法または手段を用いたものであれ性的衝動を満たす目的で行われる14歳未満（2020年1月1日以降は18歳未満とされています）の未成年者のポルノ画像の取得、（一時的なものも含む）所持または頒布を導入しました（cf. art. 6 §1, 2° SST）。2019年6月1日から12月31日までの間は、聖職者あるいは奉献生活の会または使徒的生活の会の会員による、14歳から18歳の未成年者に関するポルノ素材の取得または所持、頒布は他の省の管轄とされています（cf. artt. 1, 7 VELM）。2020年1月1日以降、聖職者がこれらの犯罪を犯した場合には教理省の管轄となります。2021年12月8日に発効した新たな教会法第1398条第1項第2、3号は、こうした問題をより広範に取り扱っており、教理省の権限は、art.6 SSTに規定されている事案に限られます。2021年に公布され現在有効な『諸秘跡の聖性の保護』の規範となる条文は、関連法を要約する目的から、これらの変更を含むものとなっています（cf. art. 6, 2° SST）。

7. これらの三つの犯罪は、（改訂された）『諸秘跡の聖性の保護』の発効の後、すなわち2010年5月21日以降のみ、教会法規に基づいた訴追が可能となることに注意しなければなりません。一方、未成年者を関与させたポルノ制作は、本手引き書の第1項から第4項に示された犯罪類型に該当するため、この日付以前に発生した事例についても訴追しなければなりません。

8. ラテン教会に属する修道者について規定する法律（cf. can. 695 CIC）に従えば、彼らが（本手引き書）第1項が定める犯罪を犯した場合、修道会から除名させられることもあり得ます。次の事柄に留意する必要があります。a）こうした除名処分は、刑罰ではなく修道会総長による行政行為であること。b）除名の決定には、教会法第695条第2項および第699条、第700条の関連する手続きに従って慎重に行わなければならないこと。c）

修道会からの除名は、修道会籍の喪失、誓願および誓願宣立から生じる義務の消滅（cf. can. 701 CIC）、および教会法第701条が規定する条件が満たされるまでに叙階権の行使が禁止されること。なおこの規則は、適切な変更を行ったうえで、使徒的生活の会に確定的に登簿された会員にも適用されます（cf. cann. 729, 746 CIC）。

II. 犯罪の可能性についての情報（犯罪に関する報告 notitia de delicto）を得たときには、どのように行動すべきでしょうか？

a）犯罪の報告とは何を意味するのですか？

9. 犯罪に関する報告 notitia de delicto（cf. can. 1717 §1 CIC; can. 1468 §1 CCEO; art. 10 SST; art. 3 VELM）は、犯罪の報告 notitia criminis と呼ばれることもありますが、方法の如何を問わず西方教会・東方教会の裁治権者に伝えられるすべての情報を指します。またこれが正式な告発である必要はありません。

10. したがって、この報告は、複数の情報源からもたらされることもあり得るのです。すなわち、口頭または書面によって、被害者とされる者、その後見人、または事件の情報を得たと主張する者が裁治権者に正式に届け出る場合、裁治権者が監視の任務を行っているときに情報を得る場合、各地の市民法に則って行政当局から裁治権者に届け出がなされる場合、通信メディア（各種ソーシャルメディアを含む）によって当該情報が拡散される場合、伝聞など、適切なすべての方法による報告が考えられます。

11. 犯罪の報告は匿名の情報源、すなわち身元不明の人物または身元の特定が不可能な人物によって伝えられることがあります。特に不法行為の可能性を証明する書類が添付されている場合、告発者が匿名であるからといって、自動的にその報告が虚偽であるとみなされるべきではありません。しかし、容易に理解されるように、こうした種類の報告は、細心の注意を

払って取り扱うことが適切であり、ましてこうした匿名での報告の方法を
奨励することは決して望ましいものではありません。

12. 同様に、第一印象として信憑性が疑われる情報源からもたらされた犯
罪の報告を、単純に独断で拒絶することも望ましくはありません。

13. 犯罪の報告には詳細な状況が提供されない場合があります（例えば
当事者の名前、場所、時間等）。しかし、たとえ漠然とした不確実な情報で
あったとしても、報告は適切に評価すべきであり、可能な範囲で十分慎重
に考察されなければなりません。

14. ゆるしの秘跡の告白の中で伝えられた重大な犯罪（delictum gravius）
に関する情報は、この上なく厳重な秘跡的秘密として順守されなければ
ならないことを念頭に置く必要があります（cf. can. 983 §1 CIC; can. 733 §1
CCEO; art. 4 §1, 5° SST）。 したがって、ゆるしの秘跡を行っている間に重
大な犯罪の情報を得た聴罪司祭は、権威者が適切に行動を起こせるよう、
ゆるしの秘跡を受ける者が他の手段でその情報を知らせるよう説得に努め
る必要があります。

15. 裁治権者に課せられた監視義務の実行は、裁治権者に従属する聖職者
を常時監視することを要求するものではありませんが、こうした分野にお
ける聖職者たちの行動について、とりわけ疑惑や不祥事、秩序を著しく乱
す行動に気づいた場合には、裁治権者が情報入手の義務を免除されること
は決して認められません。

b）犯罪の報告を受けた場合、どのように対応すべきか？

16. 『諸秘跡の聖性の保護』 第 10 条 1 項（cf. can. 1717 CIC; can. 1468
CCEO）は、「真実らしく」思われる犯罪についての情報を得た場合、予
備調査を行うよう規定しています。こうした真実らしさに根拠がないこと

がわかった場合、犯罪の報告についてそれ以上調査する必要はありませんが、そうした決定の理由を記載した文書とともに関連記録を保管しなければなりません。

17. 明確な法的義務がない場合でも、教会権威者は、被害を受けた人または他の未成年者を更なる犯罪行為の危険から守る必要があるとみとめられる場合は、その都度、所轄の行政当局に告発を行わなければなりません。

18. 問題がデリケートなものであることを考慮して（例えば、神の十戒の第六戒に反する罪が犯された際に目撃者がいることは稀です）、真実らしさの欠如に関する判断は（これにより予備調査が省略される恐れがあることからも）、教会法の規定に則った手続きを進めることが明らかに不可能である場合にのみ行われるものとなります。例えば、報告された犯罪が起きた時点で、その人がまだ聖職者になっていなかったことが判明した場合、被害者とみなされる人物が未成年者でないことが明らかな場合（この点については第3項を参照）、告発された人物が、事件発生時刻に犯罪の現場に居合わせることが不可能であったことが周知されている場合などが挙げられます。

19. このような事例においても、裁治権者は、犯罪の報告があったこと、真実性の明らかな欠如により予備調査を見送る決定を行ったことを教理省に報告することが望ましいとされます。

20. この場合、未成年者に対して行われた犯罪でなくとも、不適切かつ不謹慎な行為が認められ、共通善を守り不祥事を避けるために必要であるとみなされる場合は、報告された人物に対する行政処分（例えば職務の制限）、あるいは教会法第1339条が規定する予防的処分（cf. can. 1312 §3 CIC）またはカトリック東方教会法第1427条が規定する公的な戒告措置を取ることが、裁治権者の権限として認められていることを覚えておかなければな

りません。また、重大な罪ではない犯罪が確認された場合、裁治権者は、状況に応じて適切な法的手段に訴えなければなりません。

21. 教会法第1717条およびカトリック東方教会第1468条によると、予備調査を実施する任務は、犯罪の報告を受けた裁治権者、もしくはこの者が任命する適切な人物に属します。この義務が行われなかった場合、『教会法典』および『カトリック東方教会法典』、自発教令『コメ・ウーナ・マードレ・アマレーボレ』（*Come una madre amorevole*）［いつくしみ深い母のように］、さらに自発教令『あなたがたは世の光である』（*Vos estis lux mundi*）第1条第1項 b の規定に従って処罰される犯罪とみなされます。

22. こうした任務は、報告された聖職者の裁治権者に属しますが、犯罪が起きたとみなされる場所の裁治権者がこの任務を負うことも可能です。後者の場合、問題の聖職者が修道者である場合には、特に管轄権をめぐる衝突や任務の重複を避けるために、関係する裁治権者同士が連絡を取り合い、協力し合うことが有益であることは当然有益です（cf. n. 31）。

23. 裁治権者による予備調査の開始または実施に問題が生じた場合は、助言を求めたり、疑問を解決したりすべく教理省に速やかに連絡を行わなければなりません。

24. 犯罪の報告が、裁治権者を介することなく、直接教理省に伝えられる場合もあり得ます。こうした場合、教理省は、裁治権者に調査を依頼することもできれば、『諸秘跡の聖性の保護』第10条3項に則って教理省が自ら調査を行うこともできます。

25. 教理省は、自らの判断に基づくか明示的な依頼があった場合、または必要に応じて、別の裁治権者に予備調査を要請することもできます。

26. 教会法に則った予備調査は、行政当局による同一事件の調査の有無とは別に実施されなければなりません。しかし国家法により、行政当局の調査と並行して調査を行うことが禁じられている場合、管轄権を有する教会権威者は、予備調査の開始を控え、事件の内容を教理省に報告しなければなりません。その際、有益な資料を添付するものとします。調査結果を入手するに際して、または他の事由により、行政機関の調査の終了を待つことが適切とみなされる場合は、裁治権者は、それに関して教理省の助言を求める必要があります。

27. 調査活動は、各国の法律を順守して実施されなければなりません（cf. art. 19 VELM）。

28. ここで扱う犯罪についても刑事訴訟の時効期間が存在しますが、それが時代と共に大きく変化してきたことに留意する必要があります。現在効力を有する時効期間は、『諸秘跡の聖性の保護』第8条が規定する通りです[註1]。しかし『諸秘跡の聖性の保護』第8条は、同時に、教理省に対して各事案における時効の適用除外を認めているため、裁治権者は、時効成立の期間が過ぎたことが確認されたとしても、犯罪について報告すると同時に、場合によっては予備調査を開始し、その結果を教理省に報告しなければなりません。時効成立を保持するか、時効適用を除外するかの決定は、唯一教理省によってなされます。報告書を送付する際、裁治権者は、時効の適用除外について、現状（その聖職者の健康状態、年齢、この者による弁護権行使の可能性、訴えられた犯罪行為によってもたらされた損害、躓きなど）を踏まえて個人的な意見を表明することができれば有益でしょう。

29. こうしたデリケートな準備作業において、裁治権者は教理省に助言を求め、教会法の刑法分野に詳しい専門家と自由に協議することができます（事件の処理中は随時可能）。しかし後者の場合、後の予備調査に悪影響を与えたり、事件や問題となっている聖職者の有責性があたかも確定したも

のであるかのような印象を与えたりする情報が不適切または不正に公に拡
散されることのないよう、十分注意を払わなければなりません。

30. 既にこの段階において、職務上の秘密順守が義務づけられていること
に注意する必要があります。しかし報告者、被害を受けたと主張する者と
証人に対しては、事件に関するいかなる黙秘義務も課されないことに留意
しなければなりません。

31. 『あなたがたは世の光である』第2条第3項の規定に従って、犯罪の
報告を受けた裁治権者は、直ちに、事件が発生した場所の裁治権者、およ
び報告された人物の裁治権者、報告されたのが修道者であればその裁治権
者である上級上長、教区の聖職者であれば入籍している教区の裁治権者ま
たは司教に報告を行わなければなりません。地区裁治権者または東方教会
の裁治権者と、報告された人物の裁治権者または東方教会の裁治権者が同
一でない場合、これらの者は、誰が調査を実施するかについて合意するた
め、互いに連絡を取り合うことが望ましいとされます。報告が奉献生活の
会または使徒的生活の会の会員に関わるものである場合、上級上長は総長
にも報告を行い、教区法の修道会であれば関係する司教にも報告する必要
があります。

III. 予備調査はどのように実施されますか？

32. 予備調査は、教会法第1717条またはカトリック東方教会法第1468条
が規定する規範と方法に則って実施されます。こうした規範と方法は以下
に示される通りです。

a) 予備調査とは何ですか？

33. 予備調査は裁判ではなく、告発の対象となっている事実が起こったか
どうかという社会通念上の確信を得ることが目的ではないことを常に念頭

に置く必要があります。予備調査は次の目的を有しています。a）犯罪の報告を詳細に調査するのに有益な情報の収集。b）真実性に関する裏づけ。Fumus delicti（犯罪の疑い）と呼ばれるもの、すなわち法律上および事実上、訴えが真実であるとみなすのに十分な根拠を持っているものかどうかを明確にすること。

34. このため、32 項で引用した教会法規が示している通り、予備調査においては、事件およびその状況、その刑事的責任に関して、犯罪の報告より詳細な情報を収集しなければなりません。しかし、この段階で厳密な証拠収集（証言や鑑定）を行う必要はありません。それはその後の刑事訴訟手続きにおいて実施されるものだからです。重要なのは、可能な限り報告の根拠となった事実関係、犯罪行為の回数と時期、それが発生した状況、被害者とされる者に関する事実関係を再構築することです。また上記の事柄に加えて、身体的、心理的・道徳的な被害についての初期評価が行われます。さらに、秘跡的内的法廷との関係の判断にも注意が払われなければなりません（しかし、これに関しては、『諸秘跡の聖性の保護』第 4 条第 2 項[註2]の要請を念頭に置くことが必要です）。また、被告人に帰せられる他の犯罪があれば、それらを付け加え、その者の来歴から浮上してくる問題行動等の兆候も書き加えることができます（cf. art. 9 §2 SST）[註3]。その種類や出どころがいかなるものであろうと（行政当局によって実施された調査や裁判の結果も含む）情状を詳述し、報告の信憑性を立証するのに真に有益だと思われる証言と資料を収集することが適切でしょう。この段階で、既に、法律が規定する通り（刑罰の）免除、軽減、加重の事由があれば摘示することができます。この時点で、告発者および被害者とされる者の信憑性に関する証言を集めることは有益でしょう。この手引き書の付録として、予備調査の実施者が手元に置き、記入すべき有用な情報をまとめる表（参考）を掲載します（69 項参照）。

35. 予備調査中に、他の犯罪についての報告が得られた場合は、同じ調査

の一環として更なる調査を実施することとします。

36. 先に示した通り、行政当局の調査の結果（または国家法上の裁判所における裁判記録のすべて）を取得することによって、教会法に則って実施される予備調査が不要となる可能性があります。行政当局の調査の基準（例えば、時効成立の期間、犯罪の類型、被害者の年齢等の基準）は、教会法の規定と大きく異なることがあるため、予備調査の実施者は、いずれの場合も、行政当局の調査の評価に十分注意を払う必要があります。こうした場合においても、疑問が生じた際には教理省に助言を求めることが望まれます。

37. 犯罪が既に周知されていて疑いの余地のない場合において、予備調査が不要となることがあります（例えば、国家法上の裁判記録の取得または当該聖職者の自白等による）。

b）予備調査を開始するためにはどのような法律行為が必要ですか？

38. 裁治権者が、予備調査の実施（21項参照）にあたって、他の適当な人物を用いるのが適切とみなす場合、教会法第1428条第1項から第2項またはカトリック東方教会法第1093条が示す基準[註4]に従って選定するものとします。

39. 調査を行う者の任命に際しては、教会法第228条およびカトリック東方教会法第408条（cf. art. 13 VELM）の規定に従って信徒によって提供される協力を考慮し、裁治権者は、教会法第1717条第3項およびカトリック東方教会法第1468条第3項に則って、後に刑事訴訟手続きが行われる場合、当該人物は裁判官を務めることができないことを念頭に置かなければなりません。後の手続きが裁判外で行われる場合、代理者と補佐官の任命に際しても同じ基準を用いることが実践上、推奨されます。

40. 教会法第1719条およびカトリック東方教会法第1470条の規定に従っ

て、裁治権者は予備調査開始の決定をします。その中で調査を指揮する者を任命し、明文をもって、この者が教会法第1717条第3項およびカトリック東方教会法第1468条第3項によって規定される権限を有することを示します。

41. 明確な法の規定はないものの、予備調査を実施する者を補佐し、この者によって作成される記録の公信力を保証する（cf. can. 1437 §2 CIC; can. 1101 §2 CCEO）司祭である公証官を任命することが望ましいとされます（cf. can. 483 §2 CIC; can. 253 §2 CCEO. ただし、これらの条項には、その選定に関する他の基準が示されています）。

42. ただし、これらは裁判の訴訟記録には当たらないため、記録が有効であるために公証官の立ち会いを必要とするわけではありません。

43. 予備調査の段階では公益保護官の任命は行いません。

c）予備調査中、どんな補完的法律行為が可能または義務づけられていますか？

44. 教会法第1717条第2項およびカトリック東方教会法第1468条第2項、自発教令『あなたがたは世の光である』第4条第2項および第5条第2項は、告発によって偏見、報復、差別がもたらされることがないよう、関係者（被告人、被害者とされる者、証人）のプライバシーの保護について言及しています。予備調査の実施者は、こうした目的のために、すべての予防措置を講じるものとし、特にプライバシーを守る権利は、教会法第220条およびカトリック東方教会法第23条によってすべての信者に保証されている権利であることからも、細心の注意を払わなければなりません。しかし、これらの条項は、違法な被害からこうした権利を守ろうとするものであることに留意すべきです。したがって、共通善が危険に晒される場合は、告発の存在について情報を公開したとしても、必ずしも名誉毀損には当た

りません。さらに、調査記録に関して、行政当局による提出命令や国家法
上の裁判所からの差し押えがあった場合は、教会が入手した証言や資料に
おける情報の秘匿義務を、教会が保証できなくなることを関係者に知らせ
ておく必要があります。

45. いずれにせよ、こうした問題について公表しければならない場合は、
なおさら、事実に関する情報提供を行うにあたって細心の注意を払う必要
があります。例えば、本質的かつ簡潔な表現を用い、世間を騒がせるよう
な発表は避け、告発された人物の有罪・無罪について早まった判断を行う
ようなことがあってはならず（これは、告発の根拠の検証を目的とする刑事
訴訟手続きによってのみ立証されるものです）、被害者とされる者がプライバ
シー保護の意思を表明している場合はこれに従わなければなりません。

46. 先述の通り、この段階においては、未だ報告された人物の有罪性を確
定することはできないため、教会の名、修道会または使徒的生活の会の名
において、あるいは個人の資格において、すべての断定（公的発言または
私的な通信において）を行うことは、事件に関する判断を先取りする可能
性があるため、細心の注意をもってこれを避けるようにしなければなりま
せん。

47. また『諸秘跡の聖性の保護』第６条の規定に従った犯罪に関する告発、
手続き、決定は、職務上の秘密順守義務の対象であることを念頭に置かな
ければなりません。しかし、これによって告発者が（とりわけ行政当局に
報告する意図を持つ場合）自らの行為を公にすることが妨げられるわけで
はありません。さらに、犯罪の報告のすべてが告発にあたるわけではない
ため、44項が規定する名誉の尊重を念頭に置いて、秘密順守義務の有無
を検討することも可能です。

48. さらにこうした事件については、裁治権者が、受け取った犯罪の報告

および開始された予備調査に関して、行政当局に通知する義務を有するかどうかという問題に言及する必要があるでしょう。すなわち、a）国家法を順守しなければならないこと（art. 19 VELM）。b）国の法律に抵触しない限り被害者とされる者の意思が尊重されなければならないこと。後述する通り（56項）、被害者とされる者は国家の行政当局に対して義務と権利を行使することが奨励されますが、その際にはこうした奨励が行われたことを証明する記録を保存するように努め、被害者とされる者に対して、いかなる形態においても報告を思いとどまらせるよう働きかけることは避けなければなりません。いずれにしても、この点に関しては、常に使徒座と各国家との間で締結された合意（協定、協約、申し合わせ）があればこれらを順守するものとします。

49. 国家法が裁治権者に対して、犯罪の報告に関して情報提供を命じる場合、たとえ国家法に基づいた手続きが開始されないことが予想される場合であっても（例えば、時効となっている場合や犯罪の類型に関する定義が教会法のそれとは異なっている場合など）、その命令に従わなければなりません。

50. 国家法の司法当局が、訴訟関連文書の提出を求めたり、こうした書類の押収を命じたりする正式の執行命令を出した場合、裁治権者は当局に協力しなければなりません。こうした要求または押収の正当性に疑問がある場合、裁治権者は、その地域の法制度において使用可能な救済策について法律の専門家に相談することができます。いかなる場合においても、教皇使節に直ちに報告を行うことが適切とされます。

51. 未成年者またはこれに準ずる者の聴取が必要な場合は、その国の市民法の規則を採用するものとし、未成年者が信頼する成年の同伴を認めたり、被告人との直接的な接触を避けたりするなど、当事者の年齢および状態に適した方法を採用しなければなりません。

52. 予備調査段階において、裁治権者に属する特に細心の注意を要する任務として、予備調査について被告人に通知するかどうか、いつそれを知らせるかを決定することが挙げられます。

53. この任務に関しては統一的な基準はなく、また明確な法律の規定も存在しません。関係者のプライバシーの保護（cf. cann. 50, 220 CIC; can. 23, 1517 CCEO）に加えて、このことが予備調査に悪影響を及ぼしたり、信者の躓きとなる危険性、ならびに有益もしくは必要なすべての証拠を事前に収集したりする利点等を考慮する必要もあり、（被告人への告知によって）危険に晒される善益を相対的に評価する必要があります。

54. 報告された人物の聴取が決定した場合、この聴取が訴訟を開始するための前段階であることから、（教会権威者の）職権による弁護人の任命は義務づけられていません。しかし本人が有益だとみなす場合は、この者が選ぶ弁護人を立ち会わせることができます。またその際、報告された人物に宣誓を求めることはできません（教会法第 1728 条第 2 項およびカトリック東方教会法第 1471 条第 2 項を類推的に［ex analogia］適用するため参照）。

55. 教会権威者は、被害者とされる者およびその家族が尊重され敬意をもって扱われるように努めなければならず、また彼らを受け入れ、話を聞き、寄り添わなければなりません。以上の事柄は、個別的な奉仕を通して行うこともできます。さらにさまざまな支援、すなわち個々の事例に従って霊的な援助・医療面での援助・心理的な援助も実施します（cf. art. 5 VELM）。同様のことは被告人についても行うことができます。しかし、裁判の結果を先取りしようとしている印象を与えないよう留意する必要があります。

56. この段階では、被害者とされる者が、国家の行政当局に対する市民法上の権利行使の妨害と解釈し得るすべての行為を避けなければなりません。

57. 国または教会による、被害者とされる者のための情報提供・支援機関、教会権威者のための諮問機関がある場合は、それらに相談（諮問）することも有意義です。こうした機関は、助言、指導、援助のみを目的とするものであり、そこで行われる分析はいかなる意味においても、教会における手続きの決定に寄与するものではありません。

58. 関係者の名誉および公共善を保護する目的において、また同様に他の要因（不祥事の拡散、将来における証拠隠蔽の危険性、脅しをはじめとする被害者とされる者の権利行使の妨害や他の被害者の保護を妨害する行為の開始）を回避すべく、『諸秘跡の聖性の保護』第10条2項に従って裁治権者は、予備調査の開始時より教会法第1722条およびカトリック東方教会法1473条に記載されている予防措置を命じる権利を有します^(註5)。

59. これらの教会法典の条項に記載されている予防措置は単なる包括的なリストであり、これらの中から一つまたは複数の措置を選択することが可能とされています。

60. このことは、裁治権者が、自らの権限に従って他の懲戒措置を科すことを妨げるものではありません。しかしそうした措置は、狭義の意味での「予防措置」と定義され得るものではありません。

d) 予防措置はどのように課されるのですか？

61. 第一に、予防措置は刑罰ではなく行政行為であり（刑罰は刑事訴訟手続きの結果としてのみ科される）、その目的は先述の教会法第1722条およびカトリック東方教会法第1473条によって定められたものであることを明記する必要があります。本来の期日より先に裁きを受けた、ないし処罰されたと思われることのないように、当事者にはこの措置が刑罰的なものではないことを明示しなければなりません。さらに予防措置は、その理由が

消滅した場合には取り消されなければならず、刑事訴訟手続きが終了した時点で中止されるものであることを強調する必要があるでしょう。またこうした措置は、状況に応じて変更（加重または軽減）することが可能です。いずれにしても、措置を講じた理由が消滅したかどうかは、特に慎重に判断することが求められます。さらに、こうした措置は（一度取り消されても）再び課すことが可能です。

62. 聖職者に対する予防措置として職務行使の禁止を指示する古い表現として suspensio a divinis（聖務の停止）が未だに用いられている様子が散見されます。しかし、現行の法規定においては、聖職停止制裁（suspensio）は正式な刑罰であり、この（予備調査）段階で科すことはできません。そのため、suspensio ad cautelam（予防的停止制裁）という表現も含めて、こうした用語の使用は避けるべきです。こうした規定に関しては、公的な職務行使の差し止め（divieto）または禁止（proivitio）と呼ばれるほうがより適切です。

63. 犯罪があったとされる場所、または被害者とされる者から当該聖職者を遠ざけることこそが事件の解決策であるとみなして、単にこの者をその職務、管轄地域、修道院から移動させるという選択だけがなされることは回避するべきです。

64. 58 項が定める予防措置は、適法に通知される個別的命令によって課されます（cf cann. 49, 1319 CIC; cann. 1406, 1510 CCEO）。

65. 予防措置を変更または取り消す場合は、適法に通知される専用の決定をもって行う必要があります。しかし手続きの完了後であれば、予防措置は法の効果によって消滅するため、これを行う必要はありません。

e) 予備調査を終了するためには何をすべきですか？

66. 予備調査の期間は、公正かつ適切な正義の実行を目指すものとして、犯罪の報告について根拠があると認められる信憑性への到達、fumus delicti（犯罪の疑い、つまり報告が真実であるとみなすのに十分な根拠）の存在の確認という調査目的を達するのに適した期間とすることが推奨されます。予備調査期間の不当な延長・遅延は、教会権威者側の過失とみなされる可能性があります。

67. 調査が、裁治権者が任命した適切な人物によって実施された場合、この人物は、すべての調査記録を、自身の調査結果の評価報告とともに裁治権者に提出しなければなりません。

68. 教会法第1719条およびカトリック東方教会法第1470条に従って、裁治権者は、予備調査終了の決定を行わなければなりません。

69. 『諸秘跡の聖性の保護』第10条1項に従って、裁治権者は、予備調査が完了した際、結果の如何にかかわらず、関連する記録の公正な謄本をできる限り速やかに教理省に送付しなければなりません。裁治権者は、記録の謄本および本手引き書の付録の表に、調査結果に対する自らの評価書（意見書 votum）を添付し、今後の手続きの進め方について意見があればこれを記載するものとします（刑事訴訟手続きを開始することが適切か、開始するならどのような種類の手続きとすべきか、市民法上の当局によって科される刑罰で十分と考えるか、裁治権者による行政的措置の適用が望ましいか、犯罪の時効を認めるか、あるいは時効の免除を認める必要があるかどうか等）。

70. 予備調査を実施した裁治権者が、対象者の上級上長である場合、通常、後に教理省とやりとりすることになる総長にも調査のファイルの謄本を送付する（あるいは、教区法の修道会であれば関係する司教に送付する）ことが望まれます。総長は、69項の規定の通り、自らの意見書を教理省に送付

します。

71. 予備調査を行った裁治権者が、疑いのある犯罪行為が発生した場所の地区裁治権者でない場合、予備調査を行った裁治権者は、この地区裁治権者に調査結果を報告します。

72. 報告に際して、記録の謄本1部を送付します。また文書には、公証官による真正証明を受けておくことが望ましいとされます。仮に予備調査専任の公証官が任命されていない場合は、教区本部（管区本部）の公証官によってこれが実施されなければなりません。

73. 教会法第1719条およびカトリック東方教会法第1470条は、すべての記録の原本は各本部の機密記録保管庫に保管しなければならないと規定しています。

74. 『諸秘跡の聖性の保護』第10条1項に従って、調査記録が教理省に送付された後、裁治権者は、教理省からのこの件に関する連絡または指示を待たなければなりません。

75. その間に予備調査または報告に関する新たな他の事件が浮上した場合、当然これらはできる限り速やかに教理省に伝達され、既に教理省が所持している記録を補完することが必要です。こうした要件に関して（別の）予備調査を開始することが有効だとみなされる場合は、速やかに教理省に報告しなければなりません。

IV. この時点で教理省は何ができるのでしょうか？

76. 予備調査のすべての記録を受理した後、教理省は、通常、裁治権者あるいは総長に対して（問題となる人物が修道者である場合、奉献・使徒的生

活会省に対しても、聖職者が東方教会に属する場合は東方教会省に、聖職者が福音宣教省管轄下の地区に属する聖職者である場合は福音宣教省にも）速やかに回答し、（未だ通知されていない場合）事件に対応するプロトコル番号を伝えます。以後、教理省とのすべてのやり取りにおいて、この番号を参照する必要があります。

77. 次に、記録を注意深く検討した後、教理省によって選択される行動には、事件の取り下げ、さらなる予備調査の掘り下げの要求、また通常、刑罰的命令として実施される非刑罰的な規律的処分、予防的処分または償い、あるいは警告または戒告の言い渡し、司牧的配慮による他の方法の決定等、複数にわたる可能性があります。教理省で行われた決定は、それを実施するための適切な指示とともに裁治権者に伝達されます。

a）非刑罰的規律的処分とは何ですか？

78. 非刑事的規律的処分とは、被告人に対して何かをするように、またはしないように命令を下すものです。これは、裁治権者または教理省によって発令される個別的命令によって課され（cf. can. 49 CIC; can. 1510 §2, 2° CCEO）、ます。これらの事例においては、通常、事件によって範囲の差こそあれ、職務行使の制限が課され、時には決められた場所への居住義務が言い渡されることもあります。これはあくまでも刑罰ではなく、公共善と教会の規律の保証と保護、信者の躓きを避けることを目的とした統治権による行為であることを強調しておかなければなりません。この種の命令は、守らなかった場合の罰則をもって脅かすものではありません。

b）刑罰的命令とは何ですか？

79. この措置が課される通常の形式は、教会法第1319条第1項およびカトリック東方教会法第1406条第1項が規定する刑罰的命令です。カトリック東方教会法第1406条第2項は、威嚇を含む刑罰に関する警告は刑罰的命令と同義であるとしています。

80. この命令を行うのに必要な方式は既に述べた通りです（can. 49 CIC; can. 1510 CCEO）。しかし、これが刑罰的命令である以上、命令を言い渡された人物が、決定された措置に違反した場合に科される罰則について命令書の本文に明記されていなければなりません。

81. 教会法第 1319 条第 1 項の規定によると、刑罰的命令において終身的な贖罪的刑罰を言い渡すことはできません。さらに、刑罰は明確に確定されたものでなければなりません。東方諸教会に属する信者に対しては、カトリック東方教会法第 1406 条第 1 項において他の除外例が規定されています。

82. こうした行政行為については法の規定に基づく不服申し立てが認められています。

c）予防的処分、償い、公的な戒告とは何ですか？

83. 予防的処分、償い、公的な戒告の定義については、それぞれ教会法第 1339 条および第 1340 条第 1 項、カトリック東方教会法第 1427 条[註6]を参照してください。

V．刑事訴訟手続きにおいてはどのような決定が可能ですか？

84. 刑事訴訟手続き終了時の決定には、裁判における手続き、裁判外の手続きにかかわらず、3 種類の結果が考えられます。

・被告人に対して問われた犯罪の有責性が、社会通念上の確実性をもって確認されれば、有罪（確認される = constat）となります。この場合、この者に科される、または宣言される教会法上の制裁の種類が具体的に示されなければなりません。

・事件は存在しない、被告人は犯罪を犯していない、事件は法律によって犯罪とみなされない、または事件が責任を負うことのできない人物によって犯された等の理由により、被告人の非有責性が社会通念上の確実性をもって確認されれば、無罪（ないことが確認される = constat de non）となります。

・事件の存在を示す証拠、被告人が犯罪を犯したことの証拠、責任を負うことのできない人物によって犯罪が犯されたことの証拠の不足または不完全、証拠の矛盾等により、社会通念上の確実性をもって被告人の有責性に到達することができなかった場合は、取り下げ（確認することができない "non constat"）となります。

　適切な訓戒および予防的処分、司牧的配慮によってなされる他の手段をもって、公共善または被告人の善益を推進することが可能です（cf. can. 1348 CIC）。

　決定（判決または命令）は、「（犯罪の事実が）確認された」のか、「（犯罪が）なかったことが確認された」のか、または「（犯罪の事実を）確認することができなかった」のかを明らかにするために、以上の三つのうちどれに相当するかを示さなければなりません。

VI. どのような刑事手続きが可能ですか？

85. 法律によると、裁判上の手続き、裁判外の手続き、『諸秘跡の聖性の保護』第 26 条 によって導入された手続きという三つの刑事手続きが可能です。

86. 『諸秘跡の聖性の保護』第 26 条 [註7] が定める手続きは、非常に重大

な事例にのみ限定される、教皇の直接決定によって完了するものです。しかし、たとえ犯罪の実行が明白であったとしても、被告人には弁護権の行使が保証されることが規定されています。

87. 裁判上の刑事訴訟手続きに関しては、『教会法典』および『諸秘跡の聖性の保護』第9条、第10条第2項、第11-18条、第26-29条の特別規定を参照してください。

88. 裁判上の刑事訴訟手続きは、第二審の判決によって既判事項（res judicata）を決定する2度の一致した判決による確定を必要としません（cf. art. 18 SST）。そのため確定した判決に対する異議申し立ては、不正を立証する証拠が提示される場合に限り、原状回復（restitutio in integrum）の訴え（cf. can. 1645 CIC; can. 1326 CCEO）、または無効の申し立て（cf. can. 1619 CIC; can. 1302 CCEO）のみが可能です。この種の手続きのために実施される裁判は、いつでも最低3名の裁判官によって構成される合議制によるものとします。第一審の判決に対する上訴権は、不正な判決を言い渡されたと思料する被告側によっても、教理省の公益保護官によっても行使され得ます（cf. art. 16 §2 SST）。

89. 『諸秘跡の聖性の保護』第10状第1項および第16条第3項によると、裁判上の刑事訴訟手続きは教理省内で実施するか、下級審の裁判所に委託することも可能です。そこでなされた決定については、執行に関する特別の書簡が関係者に送付されるものとします。

90. 裁判上または裁判外の刑事手続きの実施中は、被告人には58項から65項が規定する予防措置を課すことができます。

a) 裁判外の刑事手続きとは何ですか？

91.「行政手続き」と呼ばれることもある裁判外の刑事手続きは、裁判に

かかる時間を短くするために、裁判手続きにおいて規定される方式を簡略化した刑事訴訟手続きの一形態です。ただし、これによって正当な手続きによって認められている裁判上の保証が排除されるわけではありません（cf. can. 221 CIC; can. 24 CCEO）。

92. 教理省によってのみ対処される犯罪に関しては、『諸秘跡の聖性の保護』第19条は、職権に基づき、あるいは裁治権者の求めに従って、教理省のみが個別の事例について、この方法による手続きの実施を決定するものと規定しています。

93. 裁判上の手続きと同様に、裁判外の刑事手続きも教理省内で実施するか下級審の裁判所または被告人の裁治権者に委託するか、裁治権者の求めがあった場合などは、これに従って教理省によって委任された第三者に委託することも可能です。そこでなされた決定については、執行に関する特別の書簡が関係者に送付されるものとします。

94. 裁判外の刑事手続きは、ラテン教会と東方教会でその進行の方式に多少の違いがあります。従うべき法典の規則について不確実な点がある場合（東方教会で活動するラテン教会の聖職者の場合、またはラテン教会の管区で活動する東方教会の聖職者の場合等）、どちらの法典に従うべきかについては教理省に問い合わせる必要があり、以後その決定に忠実に従わなければなりません。

b）『教会法典』の規定による裁判外の刑事手続きはどのように進行するのでしょうか？

95. 裁治権者が、教理省により裁判外の刑事手続きを進めるよう委任された際は、自身がこの手続きを行うか、それとも教会法の知識を持つ代理を任命するかをまず決めなければなりません。裁治権者は、すべての手続きを代理者に委任することも、最終的な決定権を留保することもできま

す。さらに、評価段階において裁治権者またはその代理者を補佐する2名の補佐官を任命しなければなりません。補佐官の選択に際しては、教会法第1424条および第1448条第1条において列挙される基準に従うのが適切とされます。また41項に記載された基準に従って1名の公証官も任命する必要があります。公益保護官の任命は規定されていません。

96. 上述の任命は、特別の決定によって行われなければなりません。受任者に対しては、秘密を順守しつつ、受けた任務を忠実に遂行するよう宣誓が求められます。行われた宣誓は記録によって証明されなければなりません。

97. その後、裁治権者（またはその代理者）は、被告人を召喚する決定を発して手続きを開始します。この決定には、召喚された人物、出頭すべき場所および日時、召喚される目的すなわち、告発の記録（決定書の文言にその要点が示されている必要があります）、および対応する証拠（決定書にこの時点で列挙する必要はありません）の明確な指摘、並びに弁護権行使の可能性について記載されていなければなりません。決定の中で、この手続きのために任命された役職者を示すことが適切です。

98. 2021年に公布された新しい規範により（cf. art. 20 §7 SST）、教理省に留保された事項における裁判外の手続きの場合、被告人は教会法第1723条および第1481条1-2項の規定に従い、自ら選択を行うか、職権で任命された弁護人および／または訴訟代理人の支援を受けることが法律により明示的に規定されています。教会法第1483条の要件が満たされていることを確認するために、裁治権者（またはその代理者）は、告発と立証について知らされる法廷が開かれる前に、教会法第1484条第1項に従って、適切かつ真正な代理人の委任状によって、弁護人および／または代理人の任命について通知を受ける必要があります^(註8)。

99. 被告人が出頭を拒否または無視する場合、裁治権者（またはその代理者）は２度目の召喚を行うかどうかを検討します。

100. １回目または２回目の召喚を拒否または無視した被告人に対しては、この者の出欠席にかかわらず、手続きが進行することを通知しなければなりません。この通知は１回目の召喚に出頭しなかった場合に予め行っておくことが可能です。被告人が出頭を無視または拒否した場合、そのことを記録して手続きを先に進めます。

101. 告発および証拠の提示を行う法廷の日時が到来した際は、被告人およびこの者を支援する弁護人に、予備調査の記録ファイルが提示されなければなりません。その際、職務上の守秘義務があることを明らかにしなければなりません。

102. 事件がゆるしの秘跡に関わるものであれば、『諸秘跡の聖性の保護』第４条第２項が順守されなければならないことに特に注意を払う必要があります。これによれば、被告人に対して被害者とされる者の名前を明かすことが明示的に許可されている場合を除いて、その名前に言及してはならないと規定されています。

103. 告発および証拠の提示を行う審理での補佐官の立ち会いは義務づけられていません。

104. 告発および証拠の提示は、被告人に自らを弁護する可能性を与えるために行われます（cf. can. 1720, 1° CIC）。

105.「告発」とは、予備調査の結果に基づいて、被害者とされる者、またはその他の人物が主張する犯罪発生の事実の報告を意味します。したがって、告発の提示とは、被告人に対して、犯罪を成り立たせるもの（発生

場所、被害者とされる者の数および場合によってはその氏名、発生状況等）に従って、この者に帰される犯罪について知らせることを意味します。

106.「証拠」とは、予備調査において収集されたすべての資料およびその他の取得された資料を指します。特に、被害者とされる者による告発の調書、関連資料（診療カルテ、電子的手段を含む往復書簡、写真、購入証明書、銀行口座明細等）、証人による供述調書、予備調査実施者が受理した、または実施した鑑定の結果（医学鑑定——とりわけ精神医学鑑定——、心理学鑑定、筆跡鑑定）が挙げられます。さらに国家法によって課される守秘義務に関する規定があればこれを順守しなければなりません。

107. 上に挙げたものすべてが「証拠」と呼ばれます。訴訟手続きの前段階において収集されたものであっても、裁判外の手続きが開始された時点で自動的にそれらすべてが証拠とされます。

108. 手続きのいずれの段階においても、裁治権者またはその代理者が、予備調査の結果に基づいて適切とみなす場合、更なる証拠の収集を命じることは正当とされます。これは、抗弁の段階において、被告人の要請に基づいて実施することも可能です。当然のことながら、その結果は抗弁中に被告人に提示されます。この者には弁護側の要請に従って収集されたものが提示されますが、告発または証拠の新たな要素が見つかった場合には、告発や証拠に異議を申し立てる新たな法廷が開かれなければなりません。それ以外の場合（新たな証拠が見つからなかった場合）、これらの資料は単に弁護側の補完的要素とみなされます。

109. 抗弁には２通りの方法があり得ます。a）出席者全員が署名する専用の調書（特に、裁治権者またはその代理者、被告人および弁護人がいる場合は弁護人、公証官）によって、その場で抗弁を受理することによる方法。b）適切な期限を設けて、その期限内に裁治権者またはその代理者に書面にお

いて上述の抗弁を提出することによる方法。

110. 教会法第1728条第2項に従って、被告人には犯罪を自白する義務は
なく、また被告人に真実を述べる旨の宣誓を求めることもできないという
ことに十分注意する必要があります。

111. 当然のことながら、被告人の抗弁には、弁護側の証人の聴取の要求
や資料および鑑定結果の開示等、認められたすべての手段を用いることが
できます。

112. こうした証拠（そして特に、証人がいる場合には証人による供述の聴取）
の受理に関しては、訴訟手続きの総則によって裁判官に認められている裁
量基準が適用されます^{（註9）}。

113. 個別の事案において必要とされる場合、裁治権者またはその代理者
は、手続きにおける参加者の信憑性を評価しなければなりません^{（註10）}。
しかし事案がゆるしの秘跡に関係する場合、『諸秘跡の聖性の保護』第24
条第2項に従って、告発者の信憑性についても評価する義務があります。

114. これは刑罰手続きであるため、訴訟段階において告発者の参加は義
務づけられていません。 実際、告発者は告発の実施および証拠の収集に
貢献することで自身の権利を既に行使したとみなされます。告発の時点で、
裁治権者またはその代理者の前で既にこれが実行されているからです。

**b)『教会法典』の規定による裁判外の刑事手続きはどのように進行する
のでしょうか？**
115.『教会法典』は、第1720条第2号が規定する通り、2名の補佐官に
対して、彼らが行う諸証拠および弁護側の陳述の評価を一定の適切な期限
内に提示するよう求めています。こうした評価を行うために、共同で審理

を実施するよう決定の中で求めることも可能です。こうした審理は、当然のことながら、事案の分析および議論、事物の比較対照を容易にすることを目的とします。こうした審理は、義務的ではなく単に推奨されているものであり、法律による特別な方式は規定されていません。

116. 補佐官には手続きに関するすべてのファイルを提供し、これらを検討、評価するのに適切な時間を与えなければなりません。彼らに対して職務上の守秘義務があることを確認することは望ましいとされます。

117. 法律の規定はないものの、補佐官の所見は、担当者による後の最終的な決定（命令）の起草を容易にするために書面において作成されることが望ましいとされます。この意見は、裁治権者またはその代理者の評価を目的としており、被告人またはその弁護人と共有すべきではありません。

118. 同じ目的で、諸証拠および弁護側の陳述の評価が同一の審理において実施される場合、発言および討論の内容を記録しておくことが望ましいとされます。これは参加者によって署名された調書という形態でもかまいません。これらの書面は職務上の守秘義務事項とみなされ、公開されてはなりません。

119. 犯罪が確証された場合、裁治権者またはその代理者（cf. can. 1720, 3° CIC）は、躓きの償い、正義の回復、違反者の矯正を行うのに最も適切とみなされる刑罰または予防的処分、償いを科し、手続きの完了の決定を発します。

120. 裁治権者は、『諸秘跡の聖性の保護』第19条第2項に従って終身的な贖罪的刑罰を科そうとする場合、事前に教理省の委任を受けなければならないことを常に念頭に置いておく必要があります。この委任によって、教会法第1342条第2項が規定する命令によって終身的な刑罰を科すこと

の禁止が、当該事例に限って除外されることになるからです。終身的な刑罰が科される場合、教理省から委任を受けた命令に関して明示的な言及が判決文に含まれている必要があります。

121. 終身的な刑罰は、唯一、教会法第 1336 条第 2-5 項によって規定されるものとし（註11）、教会法第 1337 条および第 1338 条が規定する警告に配慮しなければなりません（註12）。

122. 裁判外の手続きであるため、刑罰的命令は（判決と同様に）刑罰を科すものであっても、裁判手続きの最後に言い渡される判決とは異なることを念頭に置いておく必要があります。

123. ここで問題となっている命令は、裁治権者またはその代理者の個別的行為であるがゆえに、補佐官によって署名されてはならず、公証官によって真正証明を受けることのみが可能です。

124. すべての命令について規定されている一般的な方式（cf. cann. 48-56 CIC）に加えて、刑罰的命令は、告発の主要な要素の概略を述べていなければならず、特に決定が法律上、また事実上依拠している理由（つまり、決定が拠り所とする法律の条項、犯罪を規定する条項、刑罰の軽減または除外ないし加重する情状を規定する条項等、および少なくとも主要な点に限っては、それらの適用を決定するに至った法論理を列挙すること）を、手短であれ説明しなければなりません。

125. 理由の陳述が非常にデリケートな課題となることは確かです。なぜなら、命令の発令者が、告発の資料と抗弁における主張を比較対照しながら、犯罪の実行または不実行、あるいは社会通念上の確実性、不確実性について確かであるとみなすに至った理由を提示しなければならないからです。

126. 教会法およびその正式な表現について、皆が知識を有しているわけではないことを了解したうえで、刑罰的命令においては、法律用語の正確さを追求するよりも、主としてどのような判断がなされたかの説明に重きを置くことが求められます。適切な場合には、この点に関して、適当な人物に支援を求めることができます。

127. 命令は、その全体を（つまり主文だけではなく）適法な手段（cf. cann. 54-56 CIC）^(註13) を用いて、然るべき方式に則って通知されなければなりません。

128. いかなる事例においても、教理省には手続き記録（まだ報告されていない場合）および通知された命令の真正証明を行った写しを送付しなければなりません。

129. 教理省が、裁判外の刑事手続きを自らの管轄へ移す場合、91 項以降で規定されている実施事項を教理省が行うことになるのは自明ですが、必要に応じて下級審の協力を求めることも認められています。

d）『カトリック東方教会法典』の規定による裁判外の刑事手続きはどのように進行するのでしょうか？

130. 94 項で述べた通り、『カトリック東方教会法典』の規定による裁判外の刑事手続きは、東方教会独自のいくつかの規定をもって進められます。反復を避けつつ滞りなく議論を展開するために、こうした独自の規定のみを指示するものとし、ここまで詳述してきた『教会法典』と同一の手順に加えて、以下に示す［カトリック東方教会法典への］適応を行う必要があります。

131. 第一に、カトリック東方教会法第 1486 条の規定には厳密に従わなけ

ればならないことを念頭に置くべきです。これが順守されなければ刑罰的命令としての有効性を欠くことになります。

132. 『カトリック東方教会法典』に従った裁判外の刑事手続きにおいて、補佐官の立ち会いは求められていませんが、公益保護官の立ち会いは義務とされています。

133. 告発および証拠の提示を行う法廷での審理は、公益保護官および公証官の立ち会いの下で進められなければなりません。この立ち合いは義務とされています。

134. カトリック東方教会法典第1486条第1項2号の規定に従って、告発および証拠を通知する審理およびこれに続く防御の提示は口頭でのみ行われます。しかしこのことは、審理のために答弁書を書面で提出することを禁止するものではありません。

135. カトリック東方教会法第1426条第1項が定める刑罰が、カトリック東方教会法第1401条が規定するところに到達するために、真に適当かどうかを特別な注意をもって判断することが求められます。科すべき刑罰の決定においては、カトリック東方教会法第1429条 [註14] および第1430条 [註15] が順守されなければなりません。

136. 『諸秘跡の聖性の保護』第19条第2項に従って、カトリック東方教会法第1402条第2項の禁止事項は適用されないことを、カトリック東方教会の裁治権者またはその代理者は常に念頭に置いていなければなりません。したがって、『諸秘跡の聖性の保護』第19条第2項が求める通り、事前に教理省の委任を受けることで、終身的な贖罪的刑罰を命令によって科すことができるのです。この教理省からの事前委任の特権については、命令に明示的に記載されなければなりません。

137. 刑罰的命令を言い渡すためには、119 項から 126 項において指示されているものと同じ基準が適用されます。

138. さらに、通知は、カトリック東方教会法第 1520 条の規定に従って行われ、然るべき方式に則ったものでなければなりません。

139. 以上に言及されていない事項に関しては、教会法典に従った裁判外の刑事手続きの記載事項に従うものとし、教理省において手続きが実施される場合においても同様とします。

e) 刑罰的命令は教皇庁機密とみなされますか？

140. 先に言及した通り（47 項参照）、手続き記録および決定は、職務上の守秘義務事項に該当します。そのため、いかなる資格においてであろうと手続きに参加する人びとに対して、常にこのことを確認する必要があります。

141. 被告人には命令（決定書）の全文を通知しなければなりません。被告人が訴訟代理人を用いていた場合には、訴訟代理人にもこの通知を行うものとします。

VII. 刑事手続きが終了した際はどうなるのでしょうか？

142. 実施された手続きの種類により、手続きに関わった者に対して異なった帰結がもたらされると考えられます。

143. 『諸秘跡の聖性の保護』第 26 条に従った手続きが行われた場合は、ローマ教皇により決定が下されるため決定に対する上訴は不可能です（cf. can. 333 §3 CIC; can. 45 §3 CCEO)。

144. 裁判による刑事訴訟手続きが行われた場合は、法律が規定する不服申し立て、すなわち判決無効の訴え、原状回復の訴え、上訴の可能性が開かれています。

145. 『諸秘跡の聖性の保護』第16条第3項に従って、第二審としての控訴審理裁判所は唯一教理省の裁判所だけです。

146. 上訴を提起するためには、法律の規定に従うものとし、『諸秘跡の聖性の保護』第16条第2項によって変更された上訴提起期限に細心の注意を払う必要があります。この条項は60日という厳密な上訴権消滅期限を設けており、教会法第202条第1項およびカトリック東方教会法第1545条第1項の規定に従って計算する必要があります。

147. 裁判外の刑事手続きが行われた場合は、命令に対する不服申し立てを提起することが可能であり、法律の規定に則って、すなわち教会法第1734条以下および東方教会第1487条に従って実施する必要があります（Ⅷ参照）。

148. 教会法第1353条およびカトリック東方教会法第1319条、第1487条第2項によれば、上訴および不服申し立ては刑罰を中断する効力を有しています。

149. 刑罰が中断され、刑事訴訟手続きが延期されることにより、訴訟の段階に相当する状況に戻るものの、58項から65項が規定する警告と方法を伴った予防措置は有効に保たれます。

VIII. 刑罰的命令に対する不服申し立てが行われた場合は何をすれば よいですか？

150. 二つの法典において、法律は異なる手続きを定めています。

a) 刑罰的命令に対する不服申し立てが行われた場合、『教会法典』はどのように規定しているでしょうか？

151. 刑罰的命令に対する不服申し立てを提起しようとする者は、教会法第 1734 条に従って、まず適法な通知より 8 日間の明確な有効期間内に、発令者（裁治権者またはその代理者）に対して変更を求めなければなりません。

152. 発令者は、教会法第 1735 条に従って請求を受理した日から 30 日以内に、自らの命令を変更するか、請求を棄却しその旨を返信することができます。また、一切の返答を行わないことも認められています。

153. 変更された命令、または請求の拒否、発令者の沈黙に対して、不服申し立てをする者は、自ら、または命令の発令者（cf. can. 1737 §1 CIC）を通して、あるいは訴訟代理人を通して、教会法第 1737 条第 2 項が規定する 15 日の有効期間内に教理省に訴えることが可能です。

154. 命令の発令者に対して位階的不服申し立てが提起された場合、発令者は直ちに当該不服申し立てを教理省に送付しなければなりません（cf. can. 1737 §1 CIC）。その後（不服申し立てが直接教理省に提起された場合も同様に）、命令の発令者は唯一教理省からの指示または要請を待つだけでよく、いずれの場合も、不服申し立ての審査の結果が出次第、教理省は発令者にこれを知らせます。

b) 刑罰的命令に対する不服申し立てが行われた場合に関して、『カトリッ

ク東方教会法典』はどのように規定しているのでしょうか?

155.『カトリック東方教会法典』の規定は、『教会法典』より簡便です。実際、カトリック東方教会法第 1487 条第 1 項によれば、不服申し立てを行う者は、通知から 10 日の有効期限内にこれを教理省にのみ送付するものと規定しています。

156. この場合、命令の発令者は、教理省からの指示または要請を待つだけでよく、いずれの場合にも、不服申し立ての審査の結果が出次第、教理省は発令者にこれを知らせます。しかし、発令者が裁治権者である場合、この者は 148 項の規定に従って、不服申し立てによる(刑罰の)効力中断の決定を行わなければなりません。

IX. 常に念頭に置くべきことは何ですか?

157. 犯罪の報告があった時点から、被告人は、独身の義務、同時に修道誓願を行っていればこれを含む、聖職者としての地位に関連するすべての義務の免除を請願する権利を有しています。裁治権者は、被告人にこの権利について知らせなければなりません。聖職者がこの権利を行使すると決意した場合、教皇に宛てて、自己紹介と当該義務の免除を求める理由を簡潔に述べた専用の請願書を書かなければなりません。請願書には明確な日付および請願者の署名を付す必要があります。請願書は、裁治権者の意見書と共に教理省に送付されます。教理省は手続きをさらに進め、教皇が請願を受け入れるのであれば、その免除の答書を裁治権者に送付し、請願者へ適法に通知するよう求めます。

158. 153 項および 155 項の規定もしくは教会法第 1720 条第 3 号またはカトリック東方教会法 1486 条第 1 項第 3 号の規定に則って教理省が発した命令により、裁判外の刑事手続きが終了した場合、『諸秘跡の聖性の保護』第 24 条により、不服申し立ての可能性が規定されています[註17]。不服申

し立てが認められるためには、請願内容（petitum）を明示し、根拠とされる法律上および事実上の理由を記載しなければなりません。不服申し立てにあたっては、必ず、そのために権限を与えられた弁護人が任用されていなければなりません。不服申し立ては、教理省に直接提示する必要があります。

159. 2011 年に教理省が行った勧告に応じて、司教協議会が聖職者による未成年者への性的虐待事例の取り扱いに関するガイドラインを既に作成している場合、その文書を考慮に入れなければなりません。

160. 犯罪の報告が既に死亡した聖職者に関わるものであることがあります。このような場合は、いかなる刑事訴訟手続きも開始することはできません。

161. 報告された聖職者が予備調査中に死亡した場合、それに続く刑事訴訟手続きを開始することは不可能です。いずれにせよ、裁治権者は教理省に対してそのことを報告しなければなりません。

162. 告発された聖職者が刑事訴訟手続き中に死亡した場合、そのことを教理省に報告する必要があります。

163. 予備調査の段階において、告発された聖職者が（使徒座の）免除の付与によって、または他の手続きにおいて科された刑罰によって聖職者としての身分を喪失した場合、裁治権者は、司牧的慈愛および、被害者とされる者に対して正義を果たす必要性に鑑み、予備調査を最後まで行うことが適切かどうかを検討しなければなりません。聖職者の身分喪失が、既に開始された刑事訴訟手続きが開始してから起こった場合は、可能性のある不法行為における責任を明確にし、刑罰を科すためだけであっても、手続きを最後まで行うことができます。事実、重大な罪に関する決定に関しては、

被告人は手続き時ではなく、犯罪発生時に聖職者であったことが重要であることを念頭に置く必要があります。

164. 『諸秘跡の聖性の保護』第28条の規定に鑑み、管轄権を有する教会権威者（裁治権者）は、被害者とされる者および被告人の求めがあった場合は、これらの者に対して手続きの各段階について然るべき方法によって報告を行わなければなりません。これを行う際には、漏洩によって第三者に害を及ぼす可能性のある教会法上の秘密または職権上の秘密を漏らさないよう注意しなければなりません。

＊　　　　　　＊　　　　　　＊

　この手引き書は、教会法、とりわけ刑罰および訴訟手続き上の問題を扱う実務者の養成に代わるものではありません。法律とその意図に対する深い知識のみが、然るべき奉仕を真理と正義へと導くのであり、重大な犯罪（delicta graviora）に関しては、それが教会的交わりを深く傷つけるものであるがゆえに、特に注意深く真理と正義が追い求められなければなりません。

原註

　（註1）『諸秘跡の聖性の保護』第8条（1）教理省に留保されている犯罪に関する訴追権は、20年の時効をもって消滅する。
　（2）時効は、教会法第1362条第2項およびカトリック東方教会法第1152条第3項 の規定に従って起算される。ただし、本規則第6条第1号に挙げられている犯罪においては、時効は未成年者が18歳になった日から起算されるものとする。
　（3）教理省は、本規則が発効する以前に犯された犯罪を含め、同省に留保されているすべての個別の事案に対して、時効の適用を除外する権限を有する。
　（註2）『諸秘跡の聖性の保護』第4条（2）本条第1項に挙げられる犯罪の訴訟

においては、告発者または秘跡を受けた者自身が明確に同意しない限り、告発者または秘跡を受けた者の名前を、被疑者にも、その弁護人にも、他の誰にも知らせてはならない。また、告発者の信憑性についても、特別な注意を払って評価しなければならない。さらに、被疑者の弁護権は保証したうえで、秘跡的告白の守秘義務に背くようないかなる危険も絶対に避けるよう注意しなければならない。

（註3）『諸秘跡の聖性の保護』第9条（2）　この最高裁判所は、自己に留保されている犯罪と一括して行う場合にのみ、違反者が人的なつながりや共犯性を理由に起訴されているその他の犯罪についても審理する。

（註4）教会法第1428条（1）　裁判官または合議制裁判所の長は、訴訟行為を遂行させるために1名の聴取官を裁判所の裁判官のうちから、または司教がこの任務のために承認した者のなかから選んで指名することができる。

（2）司教は聴取官の任務のために、品行、賢明さ、および学識に優れた聖職者または信徒を承認することができる。

カトリック東方教会法第1093条（1）　裁判官または合議制裁判所の長は、訴訟行為を遂行させるために1名の聴取官を任命することができる。聴取官は、裁判所の裁判官のうちから、または司教がこの任務のために承認したキリスト信者のうちなかから選ばれる。

（2）東方教会の教区司教は、司教は聴取官の任務のために、品行、賢明さ、および学識に優れたキリスト信者たちを承認することができる。

（註5）　教会法第1722条　躓きを避け、証人の自由の守り、正義が行われることを配慮するために、裁治権者は公益保護官の意見を徴し、被告自身を召喚したうえで、訴訟のいずれの段階においても被告に聖なる奉仕職、教会内の職務および任務を行うことを禁止すること、特定の場所もしくは地域に住むことを命じ、または禁止すること、さらに公にミサに参加することをも禁止することができる。こうしたすべては、その理由がなくなれば取り消されなければならない。かつ刑事訴訟が停止するとき、法律上当然に終了する。

カトリック東方教会法第1473条　躓きを避け、証人の自由の守り、正義が行われることを配慮するために、裁治権者は……被告に聖なる奉仕職、教会内の職務および任務を行うことを禁止すること、特定の場所もしくは地域に住むことを命じ、または禁止すること、さらに公にミサに参加することをも禁止することができる……。

（註6）　教会法第1339条（1）　犯罪を犯す急迫の危険にある者に対して、または捜査の結果、犯行の重大な嫌疑のある者に対して、裁治権者は自らまたは他者を介して、その者を訓戒することができる。

（2）行動によって、躓きまたは秩序の大きな混乱を引き起こした者を、裁治権者は人および事実の特別な状況に適合した方法で戒告することもできる。

（3）訓戒および戒告は、常に、少なくとも何らかの文書をもって証明されなければならない。その文書は、本部事務局の秘密の記録保管庫に保管しなければならない。

（4）ある者に一再ならず訓戒または説諭を行っても無駄であった場合、もしくはその効果が全く期待できない場合、裁治権者は、行うべきことまたは避けるべきことを注意深く規定した刑罰的命令を出さなければならない。

（5）事案の重大性によって求められる場合、特にある者が再び犯罪に陥る危険がある場合、裁治権者は、法律の規定によって科される刑罰、または判決もしくは決定によって宣告される刑罰に加え、個別の決定によって定める監視措置を講じなければならない。

同第1340条（1）外的法廷において科され得る償いとは、何らかの敬神行為、信心業、愛徳の業を果たすことである。

（2）秘密の犯罪に対しては、決して公然の償いを科してはならない。

（3）裁治権者は、慎重に、訓戒および戒告の予防処分に償いを加えることができる。

（註7）『諸秘跡の聖性の保護』第26条　違反者に自己弁護権が与えられた後で、犯罪の遂行が明確になった場合、手続きがいかなる状態や段階にあろうとも、聖職者身分からの追放または罷免、ならびに独身の義務の免除のために、第2条から第6条に挙げられる特に重大な事案を教皇の直接の決定に委ねることは、教理省の権利である。

（註8）教会法第1483条　代理人および弁護士は、成年に達した評判のよい者でなければならない。かつ、弁護士は、教区司教の特段の許可がない限りカトリック信者でなければならず、また教会法の博士であるか、またはそれと同等の学識を有し、かつ当該司教によって認可されなければならない。

（註9）次の条文を類推適用する。第1527条（1）訴訟の審理に役立つと思われ、かつ、法に抵触しない限り、いかなる証拠も提出することができる。

（2）当事者が裁判官に却下された証拠を認めるように主張する場合は、当該裁判官が速やかにこれについて決定しなければならない。

（註10）次の条文を類推適用する。第1572条　証言を評価するに当たって、裁判官は必要と思うとき証明書を求めたうえで、次のことを考慮しなければならない。

1. 当人の立場およびその素行。

2. 当人自身の知識、特に自らの見聞による証言か、または自己の意見、風聞、もしくは他人からの伝聞による証言か否かについて。

3. 証人が意思強固であり、終始一貫しているか、またはこれに反し不安定、不確実、もしくは逡巡しているか否かについて。

4. 証人がその証言に一致する共同証人を有するか、または他の証拠によって確

認できるか否かについて。

（註11）教会法第1336条（1）　法律によって定められる他の刑罰のほかに、犯罪を犯した者に科すことができる終身または期限の定めのあるもしくは期限の定めのない贖罪的刑罰は、本条第2項から第5項までに列挙されているものである。

（2）命令：

1. 特定の場所または地域に居住すること。

2. 司教協議会が定める規則に従って罰金を支払うこと。あるいは教会のために用いられる一定の金額を納めること。

（3）禁止：

1. 特定の場所または地域に居住すること。

2. あらゆる場所で、または一定の場所もしくは地域において、または一定の場所もしくは地域外において、すべてまたは一部の職務、任務、奉仕職、役務を遂行すること。職務または任務に固有の義務の一部の行使のみを禁止することもできる。

3. 叙階による権能に基づくすべてまたは一部の行為をなすこと。

4. 統治権に基づくすべてまたは一部の行為をなすこと。

5. 何らかの権利または特権を行使すること。勲章または称号を用いること。

6. 教会法上の選挙において選挙権または被選挙権を得ること。教会の評議会または団体に投票権を持って参加すること。

7. 聖職者服または修道服を着用すること。

（4）剥奪：

1. すべてまたは一部の職務、任務、奉仕職、役務。職務または任務に固有の義務の一部のみを剥奪することもできる。

2. 告白を聴く権限、教話をする権限。

3. 統治の受任権。

4. 一部の権利、特権、勲章、称号。

5. 司教協議会が定める規則に従って教会の報酬の全額または一部。ただし、第1350条第1項に規定されたものは例外とする。

（5）聖職者身分からの追放。

（註12）教会法第1337条（1）　一定の場所または地域への居住の禁止は、聖職者および修道者に適用することができる。これに対して居住の命令は、教区司祭および会憲の範囲内で修道者に適用することができる。

（2）一定の場所または地域への居住命令のためには、その地の裁治権者の同意が必要である。ただし、教区外の聖職者に対しても、償いまたは矯正のためにあてがわれた家についてはこの限りでない。

同第1338条（1）　第1336条に挙げられた贖罪的刑罰は、刑罰を定める上長の権能のもとにない権能、職務、任務、権利、特権、権限、恩恵、称号および勲章につ

いては準用されない。

（2）叙階による権能を剥奪することはできない。ただし、その権能の全面的行使，またはその権能の部分的行使のみを禁止することができる。かつ学位を剥奪することもできない。

（3）第1336条第3項に示される禁止については、第1335条第2項の懲戒罰に関する規定を順守しなければならない。

（4）第1336条第3項に禁止事項として挙げられている贖罪的刑罰のみが、伴事的刑罰となり得る。あるいは、法律または命令によって他の刑罰を制定することができる。

（5）第1336条第3項に規定されている禁止は、行為を無効とする刑罰にはならない。

（註13）教会法第54条（1）個別的決定は、その適用が執行者に託された場合には執行の時から、託されない場合には決定の通知がその決定権者によって被付与者に到達した時から、効力を有する。

（2）個別的決定は、それが順守を促すために、法の規定に従って適法な文書によって通知されなければならない。

同55条　極めて重大な理由によって決定の正文が伝達されないときに、1人の公証官または2人の証人の面前で、被付与者に対して読まれ、かつその次第を書面に作成したうえで、全出席者によって署名された場合、その決定は通知されたとみなされる。ただし、第37条および第51条の規定は順守されなければならない。

同56条　決定は、被付与者が、その決定を受領または聴取するために、正式に出頭を求められたとき、正当な理由なしに出頭せず、または署名を拒絶した場合には、通知されたとみなされる。

（註14）カトリック東方教会法1429条（1）一定の場所または区域の居住の禁止は、聖職者および修道者に科すことができる。これに対して居住の命令は、教区司祭および会憲の範囲内で修道者に科すことができる。

（2）一定の場所または区域の居住命令のためには、その地の裁治権者の同意が必要である。ただし、教皇庁立または教区立の修道会の家については上級上長が許可した場合、償いまたは矯正のために当てられた家についてもこの限りでない。

（註15）同1430条（1）剥奪と禁止は、刑罰を定める上長の権限のもとにない権限、職務、任務、権利、特権、権能、恩恵、称号および勲章については準用されない。

（2）叙階による権限を剥奪することはできない。ただし、その権限の全面的行使、またはその権限の部分的行使のみを禁止することができる。かつ、学位を剥奪することもできない。

（註16）教会法第1737条（2）訴願は15日の有効期間内に行われなければなら

ない。その期間は第 1734 条第 3 項所定の場合に決定が通知された日から数える。その他の場合は第 1735 条の規定に従って数える。

（註 17）『諸秘跡の聖性の保護』第 24 条（1） 教理省の公益保護官および被疑者は、教理省に留保される犯罪の事案における同省の個別の行政行為に対して、60 日間の訴願有効期限内に、同省に訴願を提出する権利を有する。教理省は、訴願の価値と合法性を審理するが、使徒憲章『パストル・ボヌス』第 123 条に挙げられるさらなる訴願は排除される。

田中昇訳

総括的な解説——教皇フランシスコによる刷新（2013-2023 年）

阿部仲麻呂

1.「教会共同体そのものの刷新」を目指して

　教皇フランシスコが第 266 代ローマ教皇に就任した 2013 年から 2023 年に開催予定の第 16 回通常シノドス（世界代表司教会議）に至るまでの時期はちょうど 10 年間です。その 10 年をとおして教皇が一貫して遂行してきたことが「教会共同体そのものの刷新」でした。本書も 2023 年に開催されるシノドスに備えて教皇フランシスコの努力の内実を見据えつつも、彼が就任 10 周年を迎えることの意味を真摯に問おうとしています。

　「教会共同体そのものの刷新」とは、まず自分たちが拠って立つ信仰の意味を見つめ直し、その信仰を育むための組織を正常化し、信仰を生活において実践する際の倫理をわきまえることです。もっと単純化して言うとするならば、「生き方をわきまえること」（識別）です。

　教皇フランシスコの最大の特長は「刷新を目指す識別」を目標に掲げて全地球規模の霊的指導を施そうとする姿勢です。もちろん彼は具体的な実践を好む司牧者でありますが、それ以上に相手の心のありようを適切に導く霊的指導者としての資質が強いのです。

　教皇は人間的な格差社会がもたらすあらゆる人びとひとりひとりの「貧しさ」を見直し、神のはからい（神の国）のもとで生きることのよろこびを選び取ろうとしています。言わば、目の前の相手に集中して丁寧に関わり、身近な親しさをもって励まし、その姿勢を次々に他の相手にも示し、結局は地球全体のあらゆる人の「豊かさ」を実現しようとして奔走しているのが教皇フランシスコなのです。その「豊かさ」とは、相手を理解

し、相手を支え、相手から理解され、相手から支えていただき、人間がお互いに本音で交流して充実した成長を遂げることです。開放的な関わり合いによる「ほんものの家族づくり」を目指しているのが教皇フランシスコです。彼は物事を決して理念的にまとめるだけで終わらせません。すぐに相手の気持ちを察して動くだけの敏捷な機動力を備えているのです。相手と活き活きと関わりながら、相手の必要性に応じて諸問題を矢継ぎ早に解決する気迫に満ちています。その意味でも教皇フランシスコは「司牧者」です。そして、名前をもつひとりの相手を具体的に導いて、立ち直らせて活躍させる名監督でもあります。

　しかも、彼は使徒的勧告『福音の喜び』94項のなかで、キリスト者たちに対して、「閉鎖的な態度」（新しいグノーシス主義）を戒めており、しかも「人間的にのみ物事を眺めて解決しようとする身勝手さ」（新しいペラギウス主義）にも警戒するように勧めています。これら二つの立場から「霊的な世俗性」が生ずると教皇フランシスコは述べています。「霊的な世俗性」とは「人間の栄光と個人の幸せを求めること」です（『福音の喜び』93項）。彼が目指しているのは、「開放的な態度で相手に信頼して協力する共同体づくり」です。キリスト者は、気をつけないと「閉鎖主義」（自分の心の安らぎや小さな幸せだけに集中してしまい、周囲の人びとの苦しみに鈍感になること）や「自力主義」（神や隣人に頼ることなく自己中心的に物事を自分の能力だけで解決しようとして傲慢になり、孤独な絶望感のなかで自暴自棄になること）に陥る危険性があります。その危険性に陥らないためには、あえて「開放主義」（自分の心を開いて周囲の人びとの痛みにも目を向けること）や「他力主義」（神や隣人に頼って、いっしょに助け合うこと）を心がける必要があるでしょう。弧絶状態から共同体的な家族の絆を構築する状態へと回心することが肝要なのです。

　相手の痛みに気づくことが「貧しさとの闘い」です。そして、相手の気持ちを察してふるまうように、「指導者層の回心」も急務となるのです。こうして「小さき者たちへの親しさ」が実現します。教皇フランシスコは次のように述べています。「教会は、自分から出てゆき、イエス・キリス

トを中心にして宣教し、貧しい人びとのために献身しなければなりません」(『福音の喜び』97項)。

　教皇フランシスコが第266代目のローマの司教に就任してからの初ミサの際の聖ヨセフの祭日の説教のなかにすべての青写真が描き込まれていました。教皇は就任当初から自分が何をすべきかを明確に意識していたことがうかがえます。一貫性のある指導者を私たちは戴いているのです。教皇フランシスコが初の教皇ミサの説教をとおして私たちに一番伝えたかったことは「聖家族になる」という勧めです。聖母マリアのように、あるいは聖ヨセフのように、それぞれが補い合って幼子イエスを育てる家庭を創りだすことこそが急務です。大人たちが子どもを育む、あたたかい家庭という発想は使徒的勧告『愛の喜び』および使徒的勧告『キリストは生きている』の内容にも結びつくものです。しかも、教皇は全人類が一つの家族であり、地球全体が家であるという大きな視野をもっています。その立場は回勅『ラウダート・シ』でも強調されています。

　人類家族の住む地球という家。その発想にもとづいて世界を眺めれば、貧しい状況に追いやられている人という呼び方や小さい者たちというとらえ方は意味をなさなくなります。むしろ、「私の兄弟姉妹が痛んでいる状況」を決して見過ごせなくなり、すぐにでも手を差し伸べたくなるものです。自分の身内として相手を眺める視点があるときに、私たちはすぐに動きます。しかも、たとえ血のつながりがなかったとしても、誰もが、親しい友人や恩人などに対しては優遇措置をとることでしょう。血のつながりで物事を見るだけではなく、さらに幅を広げて他者を「かけがえのない相手」として処遇する立場を選ぶのが、キリストに倣う教皇の生き方です。

　教皇フランシスコは決して大義名分を掲げたりはしません。彼は大それた社会活動を推進することよりも、まず目の前の身内が苦しんでいることを黙って見ていられなくて行動しています。つまり、教皇にとっては「私の大切な相手」しか見えていないのです。相手を尊敬して愛情深く眺める立場はキリストの生き方をなぞることで深まります。教皇フランシスコはキリストに倣う生活をしているだけなのです。彼がキリストのように相手

を眺め、支える生き方を選んだのは16歳の少年期においてでした。16歳から23歳までの7年間の苦闘が教皇の人生を決定づけました。彼が最も言いたいことは「キリストを選び、キリストとともに」という一事なのです。その人生の識別を、教皇は「シノドス」と呼んでいるのです。

2. 教会共同体そのものの刷新のための方策
──(1)「自己刷新」と (2)「十字架」

教皇フランシスコが目指す「教会共同体そのものの刷新」を実現するための方策は教皇自身の若き日からのキリストと共に生きる歩みにおいて明確に示されています。つまり教皇は自身の回心の経験にもとづいて教会共同体を導いているのです。私たちも、まずキリストと出会うことで「自己刷新」をつづけて、まことの道そのものであるキリストと共に「十字架」を担って生きること（シノドス）から始める必要があります。

(1)自己刷新── 16歳の少年と無名の司祭の謙虚さ

16歳の少年は、1953年9月21日の聖マタイの祝日に心を新たにしました。教皇紋章の言葉「主が私を憐み、選ばれた」という一句は聖ベダの言葉から採られていますが、もともとは使徒マタイの召し出しの場面にもとづいています。2013年に77歳で教皇に就任したホルヘ・マリオ・ベルゴリオ枢機卿は16歳の回心のときの感慨を紋章に刻み込んだのでした。こうして少年期の最初の志は今でも保たれています。教皇が若者を大事にする理由は自らの霊的な目覚めの経験にもとづいています。若者こそが自己刷新して成熟する可能性を秘めているからです。若者は尊い者です。

その昔、とある集会に向かう途中で、急に祈りを捧げたくなったその少年はサン・ホセ・デ・フローレス教会に入り、ひざまずいたのです。すると彼は自分の真横を通った司祭の落ち着きと謙虚な姿が印象に残り、思わずゆるしの秘跡を受けることにしたわけです。司祭からの助言を得て、少年はキリストを選び取って人生の新たな歩みに入る決意をしました。聖マ

タイの祝日に、心の底で働く神の後押しと謙虚な司祭との出会いがあり、少年の人生を一変させたのでした。

　少年は「キリストのまなざし」を実感し、自分がありのままに受け容れられて招かれていることを確信しました。言わば「信仰の眺め」を理解し始めたことがホルヘ少年の自己刷新の始まりとなったのです。新たな認識を獲得した少年のよろこびは回勅『信仰の光』や使徒的勧告『愛の喜び』8章に反映されており、23歳でイエズス会修練院にて聖イグナチオ・デ・ロヨラの『霊操』に沿って研鑽を積むことで「識別」という視点にまで洗練されました。しかし、絶えずキリストを選び続ける作業は死ぬまで繰り返されるような遠大なものであるとともに、もともとの自分の頑固な性質との闘いとならざるを得ないものです。使徒的勧告『喜びに喜べ』5章で「闘い」が主題となっていることを見ればわかるでしょう。

　少年でも真剣に生きて重要な歩みを始めることができる、という使徒的勧告『喜びに喜べ』における信念は教皇自身の人生の道行きから導きだされた想いです。彼は自分自身の経験にもとづいて公文書を書いているのです。

(2)十字架を生きる──21歳の青年とシスター・ドロレスの励まし

　回勅『信仰の光』16項や20項では「愛の頂点としての十字架」という感慨が強調されています。21歳で肋膜炎による肺の病を得たホルヘ青年は病院のベッドに寝たきりになりました。来る日も来る日も痛みが身体をさいなみました。最も活躍できる年代に、なぜ自分は痛みに打ちのめされているのだろうか、不満と怒りがホルヘ青年を苦しめたのです。自分を受け容れることができない、やるせなさと自暴自棄。

　そこにシスター・ドロレスが見舞いに訪れ、ささやかな一言を残して去りました。「あなたは十字架のキリストに似ています」。こうして青年は自分の身体の痛みがキリストの十字架の痛みと重なるという視点で自分の境遇を理解する訓練を繰り返しました。そして自分の痛みを他者のために捧げて過ごすキリストの大きな愛の示し方をも身に着けることになりました。

不遇な入院生活が聖なる生き方の貴重な機会に変貌したのです。

　大きな愛をいだいて十字架を生きる姿勢を、青年は深めたのですが、後年、イエズス会に入会して聖イグナチオ・デ・ロヨラの病床の苦闘を学んだ際に、自らの入院経験の意味を一層明確につかむことになりました。なお、シスター・ドロレスはホルヘ青年が幼かったころから洗礼の際の立ち合いや初聖体の勉強を世話した人でした。

　しかも後年、ホルヘ元管区長からあらゆる対外的な仕事を取り上げるかたちでアルゼンチンから締め出すイエズス会の一部の仲間たちからの仕打ちを受けた50代の壮年期、1990から92年のコルドバでの暗夜の日々の際もホルヘは自分を苦しめた相手に対して決して仕返しをしない、という決意を固めたのでした。彼は、イエズス会の仲間たちから理解されないという自分の苦しみをキリストの十字架と同じ視点で捉え直し、悪意には善意で対処する姿勢を選んだのです。「相手の悪意に対して石つぶてを投げるよりも、相手に手を差し伸べるほうがよい」という言葉を、当時の黙想指導の際にシスター方に語ったからです。

　仲間たちから理解されない苦境に立たされていたホルヘ司祭に手を差し伸べたのがブエノスアイレスの大司教を務めていたクアラチーノ枢機卿でした。枢機卿はホルヘが補佐司教に任命されるように奔走し、教皇ヨハネ・パウロ2世に働きかけたのです。一番の暗闇のなかでホルヘは補佐司教に任命され、イエズス会を越えてアルゼンチンの教会の多くの人びとのための牧者として羽ばたく人生の転機を迎えました。

　その後、ホルヘ司教は大司教位を継ぎ、枢機卿に親任され、教皇に選ばれたのです。教皇名をフランシスコにしたのは、キリストの真似をしてあらゆるものを慈しんで生き抜いたアッシジの聖フランチェスコの聖痕の奥深さを理解していたからだと言えましょう。聖フランチェスコは十字架のキリストと一体化するほどに純粋に力強く生きた先達でした。

3. 識別（生き方を見究めること）のための苦難の時期

　これまで、16 歳と 21 歳のホルへの成長の歩みをたどりました。その後は 23 歳にしてイエズス会修練院にてペドロ・アルペ師と出会ったことがホルへへの大きな転機となりました。1959 年当時、アルペ師はイエズス会日本管区長であり、自ら広島で被爆しながらも、過去にスペインで学んでいた医学の知識を活かして日本人の治療や生活の復興に尽くしました。その後は、より一層貧しい地域を調査して新たな宣教活動に乗り出す準備をするためにアルゼンチンをはじめとする世界中のスラム街の視察を続けました。ホルへ青年はアルペ師による日本の復興の話題や聖フランシスコ・ザビエルによる日本宣教の歴史の開幕の意義に興味を示し、日本の殉教者たちの信仰心に圧倒されたのです。日本の人びとの真摯な歩みを理解し、自分も宣教師として彼らと関わりたいという夢がホルへ青年の心に芽生えたのです。その日から 60 年目が 2019 年の教皇としての日本訪問のときとなったのです。ホルへ青年の夢は後年、総長に就任したアルペ師によって却下されました。医師の素養を備えていたアルペ師がホルへの 21 歳時の肺病のカルテに気づいたからでした。アルペ師には相手の最もよい道を準備し適切な助言を与える能力がありました。厳しいけれども適確な指導を与える慈父との二人三脚がホルへを鍛え上げてゆくことになりました。

　さかのぼれば、ホルへは 16 歳にしてキリストに倣う決意をしながらも、イエズス会に入ったのは 7 年後でした。決意を実行に移すまでに時間がかかっているのです。どうして 7 年の歳月が必要だったかと言えば、司祭としての奉仕生活を選ぶのか、大切な女性との結婚生活を選ぶのか、大いに迷ったからです。教皇はあたたかい家庭で育ち、家族愛の重要性を身をもって理解していたのです。同時に、16 歳のときの回心の経験によってキリストとともに生きることの意味にも目覚めていました。二つの尊い道のどちらを究めればよいのか苦悩した時期が、教皇の若き日々であったのです。7 年間の苦闘は、絶えず目覚めて識別するという使徒的勧告『喜びに喜べ』5 章の視点そのものにまで結実しているのです。私たちも教皇と

同様におりおりの苦難のまっただなかで自分の人生を見究めて前進しなければならないのです。

4. 本書の構成——日本の教会共同体の刷新のための戦略を示す

ところで、もともとの本書の原題は『ポストコロナ時代のカトリック教会刷新のヒント　信仰の実態、教会共同体、倫理的問題——近年の教理省、国際神学委員会の公文書の翻訳と註解』でした。

先ほども眺めてみたように教皇フランシスコの教会刷新は 2013 年から 2023 年に至る 10 年にわたる息の長い活動によって展開されてきていますが、その活動を支える教理省もまた教皇の意向に忠実に沿いながら活動を共にしてきたのです。特に現在の教理省長官はイエズス会出身のルイス・F・ラダーリャ枢機卿であり、教皇フランシスコの意向をじゅうぶんに理解している協力者です。教皇と教理省長官はスペイン語を母国語としており、絶えずキリストを求めて聖書にもとづく日々の黙想と愛徳の具体的実践を調和させる生活を基盤としている点で共通した生き方を深めております。言わば気心の知れた信頼関係に裏打ちされた志を同じくして二人三脚で前進しているのです。

これは私事ですが、阿部も今から 25 年前に 28 歳の新司祭としてローマに留学した際に数多くの知人たちからラダーリャ教授の恩恵論は学問的にも霊的にも司牧的にも優れた統合が見事に果たされた秀逸な講義だと絶賛する言葉を耳にしたほどです（阿部自身はプロスペル・グレック教授［アウグスティノ会、解釈学者、枢機卿に叙任された］やジャック・デュプイ教授［イエズス会、教義神学・諸宗教神学者］やジェアード・ウィックス教授［イエズス会、基礎神学者］のほうに師事しましたのでラダーリャ教授から習う機会を逃しましたが、ラダーリャ教授のイタリア語の『三位一体の神』という研究書やスペイン語の『恩恵論』の教科書を愛読しており東京カトリック神学院での神学講義の際に参考にしています）。

本書では、その刷新に関わる 2014 年から 2022 年に至る教理省の七つの

公文書が翻訳されています。本書の第1部では「信仰の刷新」が話題となり、第2部では「教会共同体および組織の刷新」が論じられ、第3部では「教会の倫理的刷新」が企図されています。これらの三部構成そのものが「刷新」という視点でまとめられています。言わば、本書では教会共同体そのものを刷新するために三つの視点からの見直しを図ろうとしているわけです。

　本書によれば、刷新とは信仰・組織・倫理という側面から着手することが着実な成果につながるという一つの戦略が提示されているのです。まず自分たちが拠って立つ信仰の意味を見つめ直し、その信仰を育むための組織を正常化し、信仰を生活において実践する際の倫理をわきまえることが共同体を刷新するための急務なのです。

　何よりも本書は日本の教会共同体にとって明確な戦略を示すためにこそ刊行されました。それゆえ、本書の内容が共同体の指揮官である各教区の司教様方に是非とも引き続き真摯に戦略を練っていただく際の一助となれば、というささやかな提言となっていることも明らかとなるのです。そして、司祭や助祭や神学生や修道者や信徒の皆様にとっても本書を読むことは司教様方の活動を支えて共同体の一致をもたらす際の方向性を理解するうえで必要不可欠の学びとなります。こうして、本書をひとつの手がかりとして日本の教会共同体が一致団結して前進してゆくことで教皇フランシスコの悲願としての「教会共同体そのものの刷新」が着実に実現されるように企画者たち（田中・髙久・阿部）は切望している次第です。

　信仰・組織・倫理という教会共同体そのものの刷新に必要な三つの側面に言及している教皇庁の公文書を探してみたときに、教理省の諸文書が重要であることが見えてきました。教理省とは世界中のキリスト者の信仰および道徳に関する方針を明確に定めて聖書のみことばと教会共同体の教えを正しく説明する役目を果たす教皇庁の重要な部署です。そのような責任のある部署が公表した諸文書は遺憾ながらこの日本では部分的にしか翻訳されておりません。そこで、「教会共同体そのものの刷新」に関わる内容を備えた教理省の公文書を選んで翻訳したものを一冊にまとめることで日

本のキリスト者の心に希望を灯すことができれば、という素朴な感慨をいだいていたのが本書の企画者たちだったのです。

5．ポストコロナ時代のカトリック教会
——私たちがこれからなすべきこと

　私たちがこれからなすべきこと、としては「何よりも目の前の相手を大切にすること」が最も重要なことではないでしょうか。これが教皇フランシスコの若き日からの信念です。彼は常に具体的な生活のなかで出会う相手を受け容れ、理解し、支えます。つまり教皇フランシスコは決して理念で物事を操作することはありません。私たちも人間同士の争いのまっただなかに入り込んで闘うのではなく、「神のいつくしみの視点」を学んで橋渡し役を果たすことができるように前進してゆきたいものです。

　2020年以降、新型コロナウイルス蔓延の件で、世界でも日本でも生活することそのものに危機感があり、解決の見通しのない状況が延々と続いています。先行きがわからない状況で、ひたすら生きないといけないという、まさに結論の予測すらできない不安が広がっていました。

　現在の日本のローマ・カトリック教会は新型コロナウイルス対策の一環として毎日のミサに信徒たちが集まることを少し自粛してきました。全国の16教区の司教様たちの大半は信徒たちに「ミサに参加することを免除」するとともに「各自の生活の場での心のなかでの祈り」を奨励し、特に75歳以上の年齢の信徒には自宅で祈るように通達したほどです。

　それでも各地の司教の協力者としての司祭たちは毎日自室で独りだけのミサを捧げてキリストの最後の晩餐・受難・十字架上の死・復活という一連の出来事の現在化としての「過ぎ越しの秘義」の伝統を絶やさないように真摯に祈りを続けてきました。

　ともかく信徒たちは祈りに参加する公的な場を失うことを余儀なくされたのです。つまり、信徒たちはミサ聖祭に与からなければ実際の聖変化（パンがキリストの聖なるからだに高められること）の現場に居合わせること

ができず、リアルな聖体拝領の恵みも経験できない状況に置かれていました。それぞれの信徒は自宅からオンライン上でのミサの映像を眺めながら司教や司祭と心を合わせて祈り、心のなかでひたすらキリストへの想いを深めることで「霊的聖体拝領」（キリストのからだをいただきたいという熱望を心のなかで強く自覚し、敬虔な態度で頭を下げて、心のなかにキリストをお迎えすること）を続けてきました。

　しかし工夫して前進してきたのも確かです。具体的には、教会堂内の換気を改善して参列者席の間隔を離し、日曜日のミサ聖祭の回数を増やして参列者を分散させたり、各教会に所属する信徒を住所ごとに区分けして1か月に1度だけの日曜日のミサ聖祭に交代であずかるようにお願いしてきました。日曜日のミサ聖祭の参列を75歳以下の年齢の信徒だけに絞ることで、高齢者の健康を護り、平日の水曜日か金曜日に75歳以上の年齢の信徒を招いて個別に聖体拝領の機会を与える教会もあったほどです。このように信徒たちが密集しないように努める教会も多くあったのです。

　単純に言えば、私たちの生活は「新型コロナウイルス以前」・「新型コロナウイルス到来」・「新型コロナウイルス以後」という3時期に分けられるようになるでしょう。新型コロナウイルスの到来を軸として、その前後で生活様式がまったく変わっているからです。パラダイム（枠組み）の転換が生じているのです。個人的に言えば、新型コロナウイルス以前はカトリック教会においては「形式的な祈りが横行していた時期」であり、新型コロナウイルス到来の今は「祈りの中身を充実させる時期」であり、今後の新型コロナウイルス以後は「祈りの形式と中身とを一致させる時期」ではないか、と考えています。今までは教会堂内に座って祈るという形式が実現できない状況でしたから、まずは自室でひたすら心のなかの想いを洗練させ深めることしかできなかったからです。3年前までは教会堂内に座ってはいたものの心のなかの想いは案外うっぺらで、心底祈りに徹し切れてはいなかったのかもしれません。しかし、ここ数年は「想いの祈り」を深める沈潜期だったのではないでしょうか。自分の信仰を鍛え直す「おこもりのひととき」として真摯に神と隣人とを想い続けることが肝要

であったでしょう。今までの鍛錬が、いずれ万事が解禁となったときに必ず実を結ぶことになるはずです。「真摯に相手を想える心の実力」さえ身につけておけば、実際に教会堂に自由に入れる日が来たときに一層充実した祈りを捧げることができるようになるからです。

　ともかく、今の各地の司教区の責任ある司教様方や小教区の司牧を担当されている神父様たちはかなりの苦労を強いられている、と筆者は個人的に考えています。この大変な状況のなかで、司牧者として派遣されて、全体を見渡しながらも各地の教会で主任司祭として働いているのですから。これまで経験したことのない事態を前にして、司教や司祭たちは適確な判断を続け、複数の信徒たちの真逆の意見を調停し、安心感をもたらさなければならないのです。困難な時期に、彼らは司牧者としての責任ある対応を続けるように過酷な要請を受けているのです。

　何よりも、いまこそ、想いの深さが重要となってくるひとときです。想いにおいて相手（神や隣人たち）とつながっていることで、幾世代にもわたる全人類地球規模の壮大なる「キリストのからだ」としての教会共同体が現前してくるはずです。

あとがき——ジャズ・トリオのセッションのように

阿部仲麻呂

　このたび教会共同体の刷新という重要課題をめぐって田中昇師と髙久充氏と阿部仲麻呂とでジャズ・トリオのセッションのように愉しくも真剣に作業することができました。それぞれが職人気質なので、ときに火花を散らしつつも即興を愉しみ、相手を尊敬して相互の演奏の息づかいをじゅうぶんに聴き取ることで響き合い、一冊の本を刊行するに至りました。

　本書には教皇庁関連の合計七つの公文書が収録されています。田中昇師と髙久充氏の翻訳の労作に阿部の翻訳を加えることで一冊のまとまりが成立しました。私たちは翻訳をとおして基礎資料づくりに力を尽くしました。言わば、現場で生きるための下準備を整えました。先輩・同僚・後輩に感謝するためです。

　その際に田中師は教皇庁教理省関連の七つの公文書の相互関連性を適確に理解して三部構成の見事な割り振りを行うことで、日本の読者が本書の意味内容を容易に把握できるように工夫してくれました。本書の構成においては、緻密で誠実な作業を積み重ねる田中師の美質がいかんなく発揮されています。

　そして欧米諸国の現代語のみならずギリシア・ラテンの古典文学書や歴史書や哲学・神学書にも通暁している歴史学者の髙久充氏による適確な監修作業によって田中師と阿部の翻訳内容も安定性を獲得することができました。煩雑で面倒な作業を丁寧に積み重ねることで見事に翻訳のかたちを整えてくれた労に深く感謝しております。

　阿部は以前から田中師の教会法学上の学識と教会司牧現場での情熱とおもいやりに満ちた配慮に関して常に尊敬の念をいだいておりました。そし

て、以前から髙久氏の歴史学関連の諸論文や数多くの翻訳作品（教友社から上梓されてきた数々の教会法関連の著作群）にも触れつつ学ばせていただくことが多く感謝の念をいだいておりました。それゆえに、これまで密かにあこがれをいだいていたお二人とともにこのたびの共同作業を実現させることができて感無量です。

　田中師はもともと化学研究者かつ技術者で、教会法学・市民法学・司牧神学の専門家であり、髙久氏は教会史学・歴史学・古典文献学・翻訳の専門家です。そして、阿部は基礎神学・教義神学・教父神学を研究しております。研究者というものは概して自身の専門分野の研究に没頭して後進の教育や一般社会への平易な解説をあとまわしにしがちになります。しかし、今回は三者とも協力して後進の教育や一般社会への平易な解説を優先する仕儀となりました。なぜならば、新型コロナウイルス蔓延の後の時代を切り拓く積極的な冒険をとおして教会共同体を勇気づけるとともに社会のあらゆる人にも希望の灯を提供したいと切望したからです。つまり、相手に心を開いて、ともに歩むことで共同体を新たな心もちへと招き、協調する悦びを生じさせたいと願ったのです。

　教会共同体の刷新は、聖職者たちが日ごろの信徒の皆様おひとりおひとりの家庭および職場での真剣な奉仕活動の労苦に気づき、感謝しつつ、はげますことから始まるのだとおもいます。その意味で各小教区において信徒の皆様とともにキリストを中心に御迎えして「エウカリスティア」（感謝の祭儀）を心をこめて捧げる共同体づくりを洗練させることが、やはり重要となります。

　最後に本書の刊行を快く許諾してくださった東京大司教区の菊地功大司教様をはじめとして、常にあたたかく見守ってくださる稲川保明司教総代理様、そして本書の刊行に力を尽くしてくださった方々に深く感謝いたします。特に教友社の阿部川直樹社長様と阿部川えり子様に御礼申し上げます。

　2022年9月8日　聖マリアの誕生の祝日に　横浜教区・鷺沼教会にて

編者・訳者略歴

阿部仲麻呂 (あべ・なかまろ　Alexander Nakamaro ABE)

　1968年東京都渋谷区出身。1982年受洗、1990年カトリック・サレジオ会入会、1997年司祭叙階。1992年上智大学文学部哲学科卒業後（途中1989-90年修道会の規定により修練期で研鑽し大学を休学）、サレジオ学院高等学校講師・カテキスタ（1992-94年）を経て、1996年上智大学神学部卒業。同大学院を経て1999年ローマ教皇庁立グレゴリアン大学院神学部基礎神学専攻学科修士課程修了。2003年から神学の教員を各所で務め始め、2009年上智大学大学院神学研究科博士後期課程組織神学専攻修了後、神学博士号を取得（専攻：基礎神学、教義神学［三位一体論］、教父神学、日本近代哲学、美学）。

　現在、東京カトリック神学院教授、福岡カトリック神学院・上智大学・桜美林大学・サレジオ修練院などの講師、横浜教区カトリック鷺沼・都筑教会協力司祭（2018年-）、日本カトリック神学会理事（2004年-）、日本宣教学会常任理事（2013年-）、日本カトリック教育学会常任理事（2019年-）、サレジオ会日本管区VDB担当指導者（2023年-）、サレジオ学院常務理事（2023年-）を兼務。

　1999年10月教皇庁世界諸宗教対話集会に招かれた。2003年から2009年まで福岡サン・スルピス大神学院および東京カトリック神学院の哲学・神学課程でも教えた（両校は2009年から合併し日本カトリック神学院と改称された）。2009年から2019年までは日本カトリック神学院で教えた（2019年からは福岡と東京のカトリック神学院として個別の歩みが始まった）。2007年から2010年まで日本カトリック司教協議会諸宗教部門委員、2008年から2014年まで国際日本文化研究センター研究員（末木文美士による仏教研究プロジェクト）、2008年から2014年まで公共哲学京都フォーラムにて講演を行い、コメンテーターも務めた（金泰昌による東アジア思想プロジェクト）。2017年から小倉紀蔵による京都大学の東アジア思想共同研究に招かれ参与した。2018年から19年まで日本カトリック司教協議会ブラクイト・デオ特別検討委員会委員を務めた。2019年4月から未来哲学研究所企画委員、2022年2月から龍谷大学国際社会文化研究所プロジェクト「指定研究『異文化理解と多文化共生——仏教・キリスト教・イスラームの実践的対話に向けた比較宗教学』」所員。2010年から今日に至るまで全国約500箇所以上で信徒の信仰講座や諸教区・諸修道会司祭の黙想指導に携わる。2012年から2014年までサレジオ神学院養成担当学務主任。上長の命令で1987年から研究生活に入り35周年を迎えている。

　［博士論文］「日本における『神の自己無化』理解の現状と展望」（岩島忠彦・宮本久雄・黒住真・竹内修一による指導、上智大学、2008年）。
　［主要単著］①『信仰の美學』（春風社、2005年）、②『神さまにつつまれて』（オリエンス宗教研究所、2007年）、③『使徒信条を詠む』（教友社、2014年、2021年再版）、④『キリストとともに』（オリエンス宗教研究所、2023年）他多数。
　［主要共著］⑤上智大学編『新カトリック大事典』第Ⅲ巻（研究社、2002年）。⑥新田善

之他編『宗教と文化』（ノートルダム清心女子大学キリスト教文化研究所、2005 年）。⑦高橋章編『近代日本のキリスト者たち』（パピルスあい、2006 年）。⑧日本カトリック司教協議会諸宗教部門編『諸宗教対話』（カトリック中央協議会、2006 年）。⑨日本ニューマン協会編『時の流れを超えて』（教友社、2006 年）。⑩ Chi-I, *Pararse a contemplar. Manual de espiritualidad del budismo Tendai*, Sigueme, Salamanca, 2007. (ホアン・マシア＋阿部仲麻呂解説・翻訳；智顗『天台小止観　スペイン語訳』シグエメ社、2007 年）。⑪東京フランシスカン研究所編『フランシスカン研究　フランシスコ会学派〈下〉』（聖母の騎士社、2007 年）。⑫末木文美士他編『宗教／超越の哲学』講座哲学第 13 巻（岩波書店、2008 年）。⑬光延一郎編『キリスト教信仰と現代社会』（サンパウロ、2008 年）。⑭白百合女子大学キリスト教文化研究所編『賛美に生きる人間』（教友社、2008 年）。⑮日本カトリック司教協議会諸宗教部門編『カトリック教会の諸宗教対話の手引き実践 Q & A』（カトリック中央協議会、2009 年）。⑯上智大学編『新カトリック大事典』第 Ⅳ 巻（研究社、2009 年）。⑰宮本久雄他編『死と再生』（日本キリスト教団出版局、2010 年）。⑱ The Catholic Bishop's Conference of Japan Subcommittee for Interreligious Dialogue, *Guidelines on Interreligious Dialogue for Catholics in Japan*, The Catholic Bishops' Conference of Japan, 2010. ⑲『韓日哲学対話（모색 씨알철학과 공공철학의 대화）』（シアル研究所、韓国、2010 年）。⑳ダニエル・コール他編『公共する人間 5　新井奥邃』（東京大学出版会、2010 年）。㉑片岡龍他編『公共する人間 1　伊藤仁斎』（東京大学出版会、2011 年）。㉒宮本久雄他編『危機と霊性』（日本キリスト教団出版局、2011 年）。㉓加藤信朗監修『キリスト教と日本の深層』（オリエンス宗教研究所、2012 年）。㉔宮本久雄他編『女と男のドラマ』（日本キリスト教団出版局、2013 年）。㉕春風社編集部編『奥邃論集成』（春風社、2014 年）。㉖末木文美士編『妙貞問答を読む』（法蔵館、2014 年）。㉗末木文美士編『比較思想から見た日本仏教』（山喜房佛書林、2015 年）。㉘大法輪閣編集部編『徹底比較　仏教とキリスト教』（大法輪閣、2016 年）。㉙キリスト教文化事典編集委員会編『キリスト教文化事典』（丸善出版、2022 年）、㉚『ひびきあう日本文化と福音』（教友社、2023 年）、他多数。

　［主要解説］㉛森一弘（阿部仲麻呂コメント）『聖書のことば』（平凡社、2005 年）。㉜奥村一郎（阿部仲麻呂解説）『選集第 4 巻　日本語とキリスト教』（オリエンス宗教研究所、2007 年）。㉝教皇ヨハネ・パウロ 2 世使徒的勧告（阿部仲麻呂解説）『家庭』（カトリック中央協議会、2005 年）。㉞教皇ヨハネ・パウロ 2 世回勅（阿部仲麻呂解説）『聖霊』（カトリック中央協議会、2005 年）。㉟五木寛之・森一弘（阿部仲麻呂解説）『神の発見』（学研パブリッシング、2013 年）。㊱パゴラ・エロルサ・ホセ・アントニオ（フスト・セグラ、加藤喜美子共訳、阿部仲麻呂推薦文）『イエス　あなたはいったい何者ですか』（ドン・ボスコ社、2015 年）。㊲柳沼千賀子（阿部仲麻呂序文・解説）『聖ニューマンの生涯』（教友社、2021 年）。㊳岡田武夫（阿部仲麻呂監修・解説）『「悪」の研究』フリープレス、2021 年、他多数。

　［主要訳書］㊴マーガレット・チャンバーレン（阿部仲麻呂訳）『しってるかい？　かみさまのおはなし』（ドン・ボスコ社、1994 年）。㊵メアリー・バチェラー、ジョン・ヘイサム（阿部仲麻呂・佐倉泉共訳）『イエスの物語』（ドン・ボスコ社、1995 年）。㊶レオナルド・ボフ（阿部仲麻呂訳）「解放の神学とエコロジー」（『神学ダイジェスト』第 81 号、上智大学神学会、1996 年、69-79 頁所載）。＝山田経三『二十一世紀の挑戦にこたえる教会』新世社、1997 年、145-147 頁、243-258 頁にも拙訳が転載された。＝芦名定道・小原克博『キリス

ト教と現代』世界思想社、2001 年、196 頁および 253 頁に拙訳のボフ論文の内容が紹介された。㊷教皇ベネディクト 16 世（吉池好高・櫻井尚明・澤田豊成・阿部仲麻呂共訳、岩島忠彦監修）『カトリック教会のカテキズム要約［コンペンディウム］』（カトリック中央協議会、2010 年）。㊸ジャック・デュプイ（越知健・越知倫子共訳、阿部仲麻呂監訳・註釈・解説）『キリスト教と諸宗教』（教友社、2018 年［初版］、2021 年［第二刷］）。㊹教皇フランシスコ、マルコ・ポッツァ（阿部仲麻呂訳・解説）『CREDO』（ドン・ボスコ社、2022 年）、他多数。

髙久　充（たかく　みつる）

1978 年茨城県生まれ。2000 年筑波大学第一学群人文学類（ヨーロッパ史）卒業。2003 年上智大学文学研究科史学専攻博士前期課程（西洋史）修了。2006 年教皇庁立グレゴリアナ大学教会史学部修士課程修了。2012 年上智大学文学研究科史学専攻博士後期課程（西洋史）単位取得退学。2019 年 9 月教皇庁立グレゴリアナ大学教会史学部博士課程単位取得退学。翻訳者・東京大学史料編纂所学術専門職員・東京 YMCA 国際ホテル専門学校非常勤講師。

　[著書・論文]「ルネサンス教皇の文化──ピウス 2 世のピエンツァ改造を中心として」、『紀尾井史学』20 号（2000 年）、『人文主義者教皇の関心──ピウス二世の「覚え書」について』（上智大学文学研究科史学専攻修士論文、2003 年）、*I viaggi del papa Pio II. Affari della Chiesa, affari dello stato e interessi culturali*（教皇庁立グレゴリアナ大学教会史学部修士論文、2006 年）、『移動する聖所──エマウスの歴史的変遷』（豊田浩志編著『神は細部に宿り給う──上智大学西洋古代史の 20 年』南窓社、2008 年、共著）、『ポルトガル・トルレ・ド・トンボ国立公文書館所蔵「モンスーン文書」の研究と目録（vol.1-vol.30）』（研究分担者岡美穂子、東京大学史料編纂所、2019 年、共著）、『聖地巡礼ガイド──イエス・キリストの足跡をたどる』サンパウロ、2020 年）。

　[訳書] ピウス二世『覚え書第八巻』（池上俊一監修『原典イタリア・ルネサンス人文主義』、名古屋大学出版会、2010 年、共訳）、アンドレ・コント＝スポンヴィユ「魂の救い」（『神学ダイジェスト』115 号、2013 年冬季号）、アンソニー・J・ベヴィラクア枢機卿「信徒の役割──ヨハネ・パウロ二世『信徒の召命と使命』より」（『神学ダイジェスト』117号、2014 年冬季号）、ドナル・ドール「社会的関心と連帯の教え」（同、118 号、2015 年夏季号）、ミロスラヴ・ヴォルフ「宗教による暴力の正当化について」（同、119 号、2015 年冬季号）、ルドルフ・フォン・ジンナー「宗教と力をめぐる政治神学」（同、119 号、2015年冬季号）、アントニオ・スパダロ「回勅『ラウダート・シ』への手引き──創造主への賛歌　皆の家を守るために」（同、119 号、2015 年冬季号）、ブライアン・M・ドイル「社会的三位一体神学と交わりの教会論」（同、120 号、2016 年夏季号）、クリストファー・ラム「家庭に関するシノドス」（同、120 号、2016 年夏季号）、ディエゴ・ファレス「貧しさとこの惑星の脆弱さ」（同、121 号、2016 年冬季号）、ルチアーノ・ラリヴェーラ「イデオロギー的批判を越えて」（同、121 号、2016 年冬季号）、メアリ・R・ダンジェロ「福音と家

庭」（同、122 号、2017 年夏季号）、ファン・カルロス・スカノーネ「教皇フランシスコと「民の神学」」（同、123 号、2017 年冬季号）、ダニエル・K・フィン「社会の構造的罪とは何か」（同、123 号、2017 年冬季号）、・ジェームズ・F・キーナン「罪をめぐる新たな理解とその可能性」（同、124 号、2018 年夏季号）、ハビエル・アレグレ・サンタマリア「模範としてのヨハネの黙示録」（同、125 号、2018 年冬季号）、ヨハン・バプティスト・メッツ「時間のうちにある神──キリスト教の黙示文学的ルーツ」（同、125 号、2018 年冬季号）、ジェラルド・オコリンズ「『愛のよろこび』とその背景」（同、126 号、2019 年夏季号）、オースティン・イヴリー「教皇フランシスコとカリスマ刷新」（同、127 号、2019 年冬季号）、イェルク・ミヒャエル・フェゲルト「性的虐待への取り組みに対する外部協力の可能性と限界──聖職者主義の代わりに共感を」（同、127 号、2019 年冬季号）、ドーン・M・ノスウェア「教会の使命としてのエコロジー正義──宇宙の救済のために」（同、128 号（2020 年夏季号）、ドイツ正義と平和委員会「核軍縮の出発点としての核兵器非合法化」（同、128 号、2020 年夏季号）、アントニオ・スパダロ「若者シノドスと使徒的勧告『キリストは生きている』」（同、129 号、2020 年冬季号）、ディエゴ・ファレス「霊的識別──『キリストは生きている』より」（同、129 号（2020 年冬季号）、デヴィッド・ホレンバッハ「パンデミックで最も苦しむのは誰か」（同、129 号、2020 年冬季号）、貫志俊彦・朱益宜・黄淑薇編『描かれたマカオ　ダーウェント・コレクションにみる東西交流の歴史（*Images of Macau: East-West Exchange and the Derwent Collection*）』勉誠出版、2020 年、共訳、デヴィッド・カーハン「聖書解釈の視点としての空間性」（『神学ダイジェスト』130 号、2021 年夏季号）、エリザベス・A・ジョンソン「マリア研究の母体としてのガリラヤ」（『神同、131 号、2021 年冬季号）、ジュンノ・アローショ＝エステヴェス「聖ヨセフ年──父の心で」（同、131 号、2021 年冬季号）、ジェシカ・コブレンツ「抑鬱状態における恩恵の可能性」（同、132 号、2022 年夏季号）、アンソニー・バリアーニ「旧約聖書における『食べること』の役割」（同、132 号、2022 年夏季号）。

　　［監修・協力書］ウィリアム・バンガート『イエズス会の歴史』（上智大学中世思想研究所監修、原書房、2004 年）、『第二バチカン公会議改訂公式訳』（カトリック中央協議会、2013 年）、ジャンフランコ・ラヴァージ『出会い』（田中昇訳、フリープレス、2014 年）、カルロス・エンシナ・コンメンツ『ゆるしの秘跡と内的法廷』（田中昇編訳、教友社、2015 年）、使徒座裁判所ローマ控訴院『自発教令「寛容な裁判官、主イエス」適用のための手引』（田中昇編、教友社、2016 年）、田中昇『カトリック教会における婚姻──司牧の課題と指針』（教友社、2017 年）、田中昇訳・髙久充監訳『カトリック教会の婚姻無効訴訟──ローマ控訴院の判例とその適用』（教友社、2020 年）、エドワード・スリ、田中昇、湯浅俊治『ミサ聖祭　聖書にもとづくことばと所作の意味』（フリープレス、2020 年）、田中昇編訳『改訂新版　ゆるしの秘跡と内的法廷──免償を含む実践上の課題と指針』（教友社、2021 年）。

田中　昇（たなか　のぼる）

　カトリック東京大司教区司祭。東京管区教会裁判所副法務代理。カトリック豊島教会主任司祭・北町教会主任司祭（兼務）。

　1999年、早稲田大学理工学部応用化学科卒業。2001年、早稲田大学大学院理工学研究科博士前期課程修了（応用化学専攻）。2004年、三菱化学（株）での研究開発職を経て東京カトリック神学院入学。2010年、カトリック東京大司教区司祭として叙階される。2011年、教皇庁ウルバノ大学にて神学学士号（STB）取得。2013年、カナダ・トロント教区にて教会法務研修。2013年、ローマ控訴院、「婚姻無効・解消訴訟・叙階無効訴訟ディプロマコース」修了。2014年、教皇庁立ウルバノ大学にて教会法学教授資格・修士課程（JCL）修了。2014年、教皇庁聖職者省「教会法実務ディプロマコース　Corso di Prassi Amministrativa Canonica」（2013-2014年）修了。2014年、ローマ教区にて教会法務研修。2016年、教会公認のエクソシストとして活動。2020年、教皇庁内赦院「内的法廷の実務講習　Corso sul foro interno XXX」修了。2023年、ローマ控訴院「教会法務・司牧養成コース　Corso di formazione giuridico-pastorale」修了。

　宗教法学会、アメリカ教会法学会（CLSA）会員。上智大学神学部・同大学院神学研究科非常勤講師、南山大学人文学部（在名古屋教皇庁認可神学部）非常勤講師、東京カトリック神学院教授。行政書士、墓地管理士、火葬技術管理士1級、終活アドバイザー、甲種危険物取扱者等の資格保有。

　［最近の主な著訳作］R・E・ブラウン『ヨハネ共同体の神学とその史的変遷——イエスに愛された弟子の共同体の軌跡』（湯浅俊治監訳、2008年、教友社）、R・E・ブラウン『解説「ヨハネ福音書・ヨハネの手紙」』（湯浅俊治監訳、2008年、教友社）、G・ラヴァージ、教皇庁四旬節黙想会講話『出会い　祈りにおける神との再会』（髙久充監訳、2014年、フリープレス）、M・ヒーリー『カトリック聖書注解　マルコによる福音書』（湯浅俊治監訳、2014年、サンパウロ）、『カトリック教会における婚姻——司牧の課題と指針』（2017年、教友社）、『聖職者の違法行為と身分の喪失——その類型と手続き規則』（2017年、教友社）、L・サバレーゼ『解説・教会法　信仰を豊かに生きるために』（2018年、フリープレス）、『教会法神学論集　教会法から見直すカトリック生活』（2019年、教友社）、『カトリック教会の婚姻無効訴訟——ローマ控訴院の判例とその適用』（ダニエル・オロスコ、髙久充共訳、2020年、教友社）、『ミサ聖祭　聖書にもとづくことばと所作の意味』（エドワード・スリ、湯浅俊治共著、2020年、フリープレス）、『教会音楽の再生』（東京小石川ロータリークラブ『Pygmalius』創刊号、2020年）『ゆるしの秘跡と内的法廷——免償を含む実践上の課題と指針』（2021年、教友社）、教皇庁聖職者省『司祭召命のたまもの——司祭養成基本綱要』（2022年、カトリック中央協議会）、「2020年の教皇庁国際神学委員会文書における信仰の欠如と婚姻の無効」（2022年『南山神学』45号）、「カトリック教会の祓魔式」（2023年『南山神学』46号）。

Nihil obstat, Tokyo,
Bartholomaeus Yasuaki INAGAWA, vicarius generalis,
censor deputatus, curiae archidioecesanae Tokiensis

IMPRIMATUR, Tokyo,
Tarcisius Isao KIKUCHI, Archiepiscopus Tokiensis,

Die 21 mensis februarii anni 2023
Prot. N. 1 / 2023 L

カトリック教会は刷新できるか

〈信仰・組織・倫理〉に関する教理省・国際神学委員会の公文書の翻訳と解説（2014-22年）

発行日⋯⋯⋯2023年5月13日 初版

編　者⋯⋯⋯阿部仲麻呂／田中 昇
訳　者⋯⋯⋯阿部仲麻呂／髙久 充／田中 昇
発行者⋯⋯⋯阿部川直樹
発行所⋯⋯⋯有限会社 教友社
　　　　　　275-0017 千葉県習志野市藤崎6-15-14
　　　　　　TEL047（403）4818　FAX047（403）4819
　　　　　　URL http://www.kyoyusha.com
印刷所⋯⋯⋯モリモト印刷株式会社

落丁・乱丁はお取り替えします